겨레문화 23

우리 영토를 지켜온 위인들 이야기

양태진 지음

머리말

유구한 역사 속에 수없이 부침(浮沈)해 온 유명인 가운데 가장 추앙되어야 할 위인은 민족의 생존과 국토를 수호, 상실(喪失)되었던 고토(故土)를 수복하고 경략해온 인물들이라 하겠다. 이러한 유형의 인물들을 통사적(通史的) 측면에서 고찰해 볼 때 주관적이기는 하나 다음의 몇 가지 형태로 나누어 볼 수 있지 않나 생각한다.

첫째, 조상 전래의 영토를 회복하고 그 경지(境地)를 개척·경략해 온 인물.

둘째, 선민(先民) 전래의 영토를 올바로 수호하는데 헌신해 온 인물.

셋째, 고토(故土) 회복을 위해 진력해 온 인사들.

반면에 영토사적 측면에서 볼 때 지탄 내지 비난받아야 할 인물들도 적지 않다. 이러한 유형으로 고토 회복의 기회를 방관 내지 상실케 하거나, 개척해 놓은 영토를 명분 없이 방기(放棄)하였거나 영토를 축소케 하고, 경략에 소극적인 군주나 지도자들은 비난받아 마땅하다.

그 이유는 영토문제 연구가 역사연구에 필수불가결하기 때문이다. 필자는 지난 생애 전반에 걸쳐 이 분야에 몰두해 오면서 주로 우리나라 강역(疆域)변천 내지 강계(疆界)분야에 집착해 왔다.

그러는 가운데 아무래도 이 분야에 기여한 인물들에 대한 조명(照明)이 불가피함을 깨닫게 되어 본서를 엮게 되었다. 이 가운데 이미 역사적으로 널리 알려진 분들을 비롯하여 다소 덜 알려진 분들도 있으나 이러한 분들의 영토관에도 관심을 두고 기술해 보았다.

기술체계상 제1편에 우리의 선민(先民)들은 누구이며, 이들과 동이족(東夷族)과는 어떤 관계였는가를 살펴보았고, 이들 동이족의 탁월한 영도자였던 치우천왕(蚩尤天王)은 어떤 분이었는가를 고찰해 보았다. 제2편에서는 고조선의 고토(故土)를 다물(多勿), 경략하였던 중원 대륙의 경략자이며 고구려 건국의 시조 동명성왕과 백제가 중원 대륙 깊숙한 땅을 경략하였던 사실, 이름그대로 우리나라 판도를 넓혔고 경략하였던 광개토대왕 등등에 관해서도 기술하였다.

　제3편에서는 내륙의 고토 못지않게 해양영역에서도 동서남해에 걸쳐 폭 넓게 경략, 활동해 온 인물들에 관해 살펴보았다. 제4장에서는 후대에 이르러 계속되는 외침 속에서도 영토수호를 위해 혼신의 힘을 다해 진력한 고려시대의 인물들을, 제5장에서는 북방에서 할거하던 야인(野人)들의 횡악(橫惡)을 제압하고 강계(疆界)를 수호하고자 하였던 인물들, 제7장에서는 백두산정계비의 건립과 그 후에 제기된 감계담판을 위해 헌신하였던 분들, 제8장에서는 내 나라 내 민족의 터전임을 확신하고, 간도지역 수호를 위해 신명을 다 바친 분들의 생애와 끝으로 최근에 까지도 이어져 오는 독도문제와 관련된 인사들도 짚어 보았다.

　이상과 같은 내용을 본서에 담아 기술하였으나 불비 미흡한 점이 적지 않으리라 생각하면서도 일단 출간하기로 하였다.

　부족하고 잘못된 점은 이유여하를 막론하고 필자의 책임임을 밝혀 두면서 독자 여러분의 기탄없는 질책과 충언이 있기를 바란다. 끝으로 출판 여건이 어려운 가운데서도 이 책이 간행되도록 힘써주신 이회 출판사 김흥국 사장님을 비롯한 여러 분들께 진심으로 감사를 드린다.

2012년 12월 1일
저자 양 태 진

차 례

머리말 / 3

제1장 동이(東夷)와 치우천왕(蚩尤天王) / 7
1. 동이(東夷)의 연원(淵源) ··· 7
2. 동이(東夷)족인 치우천왕(蚩尤天王) ··· 29

제2장 대륙경략의 주요 인물들 / 43
1. 고조선의 영토를 회복한 고구려 시조 동명성왕 ····················· 43
2. 중원내륙지대(中原內陸地帶)를 경략한 백제 ···························· 54
3. 고토(故土)를 회복한 광개토대왕 ·· 65
4. 대륙수호(大陸守護)의 명장(名將) 을지문덕(乙支文德) 장군 ········ 74
5. 당(唐)나라도 두려워한 연개소문(淵蓋蘇文) ······························ 88
6. 안시성(安市城) 전투의 영웅 양만춘(楊萬春) 장군 ·················· 100
7. 고구려를 계승한 발해국의 대조영(大祚榮) ···························· 109

제3장 해상영역을 지킨 영웅(英雄)들 / 119
1. 해상왕국(海上王國)을 건설한 장보고(張保皐) ························· 119
2. 일본 땅이 될 수 없는 대마도(對馬島) ····································· 128
3. 동해상의 영웅 안용복(安龍福) ··· 145
4. 이규원(李圭遠)과 울릉도(鬱陵島)〈검찰일기(檢察日記)〉 ········· 159
5. 독도수호(獨島守護)에 헌신한 특수의용대(特殊義勇隊) ·········· 168

제4장 고려국의 영토를 지켜온 영웅들 / 173

1. 서희(徐熙) 장군의 등장 ·· 173
2. 구주대첩(龜州大捷)의 명장(名將) 강감찬(姜邯贊) 장군 ············ 182
3. 군기개량(軍器改良)으로 국토를 수호케 한 최무선(崔茂宣) ········ 194
4. 고려국의 북계(北界)를 확장한 윤관(尹瓘) 장군 ···················· 201
5. 고려 말 명신 최영(崔瑩) 장군과 요동정벌(遼東征伐) ·············· 213

제5장 조선의 영토 수호와 개척에 헌신한 인물들 / 227

1. 명신으로 장군으로 명망 높았던 최윤덕(崔潤德) ··················· 227
2. 육진(六鎭)을 개척한 김종서(金宗瑞) 장군 ························· 239
3. 조선조 효종대왕의 북벌의지(北伐意志) ···························· 250

제6장 백두산 정계비와 국경문제 / 259

1. 조선 최초의 정계비 건립과 그 후의 국경론 ······················· 259
2. 정계비 건립 170여 년 후 제기된 감계론(勘界論) ·················· 282

제7장 간도 귀속문제와 감계담판(勘界談判) / 319

1. 미완의 감계담판(勘界談判)과 간도 귀속문제 ······················ 319
2. 국계(國界)문제 해결을 위한 명저 〈북여요선(北輿要選)〉 ········· 326
3. 북여요선은 북방영토문제 해결의 명저 ····························· 367

맺는 말 / 368

참고문헌 / 370
찾아보기 / 379

제1장

동이(東夷)와 치우천왕(蚩尤天王)

1. 동이(東夷)의 연원(淵源)

1) 이(夷)에 관한 제서(諸書)

　인류가 살아온 터전에 대해 역사는 그것이 씨족이든 부족이든 간에 그들을 조상으로 받드는가 하면, 그들이 어떤 종족이고 이들의 활동무대가 어디이며 어떻게 생활해 왔는가를 기술하고 있다. 따라서 이들에 대한 혈연 내지 종족사(種族史)는 인류역사 연구에 중시되고 있는 이유이기도 하다.
　우리의 선민(先民)들이 인류역사상 일찍부터 활동해 온 사실에 동의한다고 할 때 이들 선민들에 대한 고찰이 응당 제기되어야 하고, 아울러 우리 한민족의 연원과 이들이 건설한 국가의 영역이 어느 지경(地境)에 까지 이르러 왔었는가를, 그리고 우선 우리의 선민(先民)들은 어떤 종족(種族)인가에 대해 살펴보지 않을 수 없다.

설문해자(說文解字)에 이(夷)는 종대종궁동방지인야(從大從弓東方之人也)라 하여 대궁(大弓)과 관련지어 설명하고 있다. 후한서 동이전(後漢書 東夷傳)에는 동방(東方)을 이(夷)라 하며, 이(夷)는 뿌리를 의미하는데 만물이 땅에 뿌리박고 있듯이, 천성이 유순하고 도(道)가 있어 도(道)로써 다스리기 쉬운 불사군자국(不死君子國)이라 하였고, 동이족(東夷族)은 어질고 살리기를 좋아한다 하였다.[1]

이러한 동이족(東夷族)의 거주 지역은 산동반도(山東半島)로부터 회사유역(淮泗流域)에 분포해 온 집단으로 한족(漢族)과의 접촉은 은대(殷代)이후 부터이다. 은(殷)나라 말기에는 인방(人方)으로 불리었으며, 한 때 은(殷)으로부터 대규모의 정벌을 당한 적도 있다.

은대(殷代)의 갑골문(甲骨文)에도 이에 대한 기록이 있으며 서주시대(西周時代)의 금석문(金石文)에도 동이(東夷), 남이(南夷), 회이(淮夷)라는 명칭이 보인다.[2] 갑골문(甲骨文)의 기록에 의하면 상대(商代)에는 갑골문의 단대(斷代) 제1기인 무정(武丁)시대부터 제2기인 조경(祖庚) 조갑(祖甲)시기를 제외하고는, 제을(帝乙) 제신시기(帝辛時期)인 제5기에 걸쳐서 이족(夷族)의 정벌에 힘써 왔음을 알 수 있다.

특히 5기 복사(卜辭)중에는 인방(人方)과의 전쟁기록이 무려 28회나 기록되어 있는데 이는 상(商)나라의 국력약화를 초래하는 결정적인 요인이 되고있다.[3] 한족(漢族)들이 점차 여러 민족간의 이질성(異質性)을

---

1) 後漢書 卷八十五 東夷列傳 第七十五 : 王制云 東方日夷 夷者柢也 言仁而好生 萬物柢地而出 故天性柔順 不死之國焉.
2) 王獻唐, 人與夷, 中華文史論叢, 1982-1, pp.203-213. 및 陳夢家, 殷墟卜辭綜述, 中華書局, 1956, pp.301-310.
3) 郭沫若主編, 甲骨文合集, 中華書局, 1984. 癸卯卜 黃貞王旬無憂在正月王來征夷方在攸侯喜鄙永 … 正月王來征夷方在攸……. 未王卜 貞旬 … 征夷方在舊 … 憂在九月王征夷方在雇 …… 癸巳卜貞王旬無憂在二月齊次 惟王來征夷方.

드러내면서 만(蠻) 융(戎) 적(狄)이라 구분하고 음양오행사상(陰陽五行思想)이 발달함에 따라 방위개념(方位概念)이 첨가되어 서융(西戎) 남만(南蠻) 북적(北狄) 등의 명칭으로 변이(變稱), 고착(固着)되어왔다.

즉 동이(東夷) 남만(南蠻) 북적(北狄) 서융(西戎)이라는 식으로 방위에 따른 구분이 확실하게 정립(定立)되어, 중국저변의 이민족(異民族)을 동서남북으로 나누어 부르기 시작하였음을 예기 왕제편(禮記 王制篇)을 통해 알 수 있다.[4]

이렇게 볼 때 초기의 동이(東夷)라는 것은 한족(漢族)이 동방의 이민족에게 부쳤던 범칭(凡稱)으로 특정 종족을 지칭하는 고유명사라기보다는 방위개념을 첨가한 한족(漢族)에 대한 상대적 개념으로 보인다.

그런데 이들 한족(漢族)의 활동영역이 확대되고 지리적 지식량이 늘어나면서 섬자 일정한 송속적 개념의 성격을 띠게 되었다.

동이족(東夷族)은 주로 중국 서북부에서 수렵생활(狩獵生活)을 하다가 동쪽으로 이동(移動)하여 한 줄기는 산동방면(山東方面)으로 내려가고, 다른 한 줄기는 다시 동(東)으로 나와 만주지역과 한반도 일대로 퍼져 살게 되었다.

동이족(東夷族)에 대한 적용의미는 진(秦)나라 통일을 전후하여 다르게 나타나고 있다. 즉 진(秦)나라 통일이전에는 한족(漢族)과 대립관계에 있으면서 황하(黃河)와 회하(淮河)유역을 중심으로 한 중국 동북부와 기타지역에 거주하는 북방 몽골리안계 종족을 일컬었으나 진(秦)나라 통일이후에는 산동반도 일부가 중국사에 흡수됨으로써 발해만(渤海灣)을 끼고 만주와 한반도로 분포한 한예맥(韓濊貊)을 동이(東夷)라 불렀다.

---

4) 禮記 卷12 王制篇에 東方曰夷 南方曰蠻 北方曰狄 西方曰戎 東方曰夷 被髮文身 有不火食者矣.

또 다른 설로 동이가 기자조선(箕子朝鮮)과 밀접한 관련이 있다는 주장을 제기하고 있는데 이같은 견해는 흑도문화(黑陶文化)가 동이의 분포와 일치하고 용산문화(龍山文化)가 은문화(殷文化)로 연결이 되는 것을 전제로 할 때 은(殷)나라가 동이족(東夷族)의 한 부류가 되고 은(殷)나라의 후예인 기자가 세운 기자조선이 동이족이 세운 나라라는 인식하에서 비롯된 설이다.5)

그런데 이 당시 은(殷)나라의 후예인 기자가 세운 기자조선은 산해경(山海經)에 기술된 대로 북해(北海) 모퉁이의 대륙조선(大陸朝鮮)이다. 한서(漢書)에는 현토(玄菟) 낙랑(樂浪)은 무제시(武帝時)에 설치되었던 조선 예(濊) 맥(貊) 구려(句麗)의 만이(蠻夷)들이라 하였다.

은(殷)나라의 도(道)가 쇠함에 기자는 조선으로 갔다 라고 기자조선에 대해 언급하고 있다. 즉 한서(漢書)의 찬자(撰者)는 기자가 옮겨간 조선지역을 동이(東夷)로 인식하면서 동이지역이 기자의 가르침으로 교화되었기 때문에 공자(孔子)도 중국의 도(道)가 어지러워지자, 동이(東夷)로 가고자 했다는 것이다.6)

그러나 후한서 삼국지(後漢書 三國志) 등의 동이전(東夷傳)에는 읍루(挹婁) 왜(倭) 등이 포함되어 있어 동이의 범주를 쉽사리 판가름하기 어렵다. 대체로 동이에 관해서는 흑도문화(黑陶文化)와의 관련성, 무문토기(無文土器) 청동기문화(靑銅器文化)의 담당자로서의 역할과 구체적인 종족적 특징을 구분케 하는 과제로 남겨두고 있다.

그런가 하면 삼국지(三國志), 위서 동이전(魏書 東夷傳), 서경(書經)

---

5) 史記 卷38, 宋徽子世家, 武王旣克殷 訪問箕子 … 於是武王乃封箕子於朝鮮.
6) 林惠祥, 中國民族史 孟子曰 舜東夷之人也 舜殷之祖 隱人爲東夷 與於東方而殷亡後 箕子東走朝鮮 亦是 東夷活動 中心地. 崔在仁, 上古朝鮮三千年史, 精神文化社, 1998, pp.52~53.

등에 동이의 무리는 동쪽은 바다에 닿았고 서쪽은 사막에 까지 이르렀다 하고 위서(魏書) 권30(卷三十) 동이전(東夷傳)에 부여(夫餘) 고구려(高句麗) 동옥저(東沃沮) 읍루(挹婁) 예(濊) 한전(韓傳)을 수록하고 있는데 당해 시기는 대략 왕분(王莽) 초부터 삼국시대 말기(8~265년)까지의 사실이 기록되어 있다.[7]

  삼국지 위서 동이전(三國志 魏書 東夷傳)은 중국 정사(正史)중 처음으로 동이 각 민족의 위치, 지세(地勢), 국력, 통치형태, 생활풍습 등을 비교적 상세히 다룬 사료적 가치가 높은 자료로 평가되고 있다.

  당(唐) 태종(太宗) 정관연간(貞觀年間:18~20;644~646)에 방현령(房玄齡) 등이 봉칙찬(奉勅撰)한 서진(西晉) 52년간과 동진(東晉) 102년간의 역사를 기록한 진대(晉代)의 정사(正史)인 진서(晉書)에는 제기(帝紀) 10, 지(志) 20, 열전(列傳) 70, 재기(載記) 30권 등 모두 130권으로 엮어져 있다. 이 진서(晉書) 권97 사이열전(四夷列傳) 동이(東夷)조에 부여(夫餘) 마한(馬韓) 진한(辰韓) 및 숙신(肅愼)에 관한 사항이 실려 있다.

  남제서(南齊書) 동남이열전(東南夷列傳)에는 동이고구려(東夷高句麗)가 서쪽 위(魏) 오랑캐와 경계를 접하고 있다고 하였는데 남제서(南齊書)는 남조(南朝) 양(梁)의 소자현(蕭子顯:489~537)이 찬(撰)한 것으로 남제(南齊) 7대(479~502) 24년간의 정사(正史)로 본기(本紀) 8, 지(志) 11, 열전(列傳) 40 등, 모두 59권으로 되어 있다.

  동서(同書) 권58 동남이열전(東南夷列傳)에 고려(高麗) 백제(百濟) 가라전(加羅傳) 등이 수록되어 있는데 대체로 남제(南齊)시대의 교섭사실을 전하고 있다. 양서(梁書)는 당(唐) 태종(太宗) 정관연간(貞觀年

---

7) 漢書 卷28下 地理志 下 玄菟 樂浪 武帝時置 皆朝鮮 濊貊 句麗蠻夷 殷道衰 箕子去之朝鮮. 同 漢書에 또한 殷道衰 箕子去之朝鮮 敎其民以禮義 田蠶 織作 …… 可貴哉 仁賢之化也! 然東夷柔順 異於三方之外 故孔子悼道不幸設浮於海 欲居九夷 有以也夫.

間:3~10;629~636)에 도사렴(姚思廉)이 봉칙찬(奉勅撰)한 양조(梁朝) 6세 (502~557) 56년간의 정사(正史)로 본기(本紀) 6, 열전(列傳) 50, 모두 56권으로 되어 있다. 이 책 권54 동이열전(東夷列傳)에 고구려 백제 신라전이 수록되어 있는데 특히 신라전은 중국사서상 최초로 등장해 사료적 가치가 높다.

여기에 동명(東明)을 고구려의 선조(先祖)로 기술하고 있는데 이같은 기술은 양서(梁書)가 최초이다. 남사(南史) 이맥열전(夷貊列傳)에는 동이(東夷)의 여러 나라 가운데서 조선이 제일 강대하였다고 하는데 기자의 교화를 입어 그 기물(器物)에도 예악(禮樂)이 남아 있다고 기록하고 있다.[8] 이 남사(南史)는 당 태종(627~649) 때 이연수(李延壽)가 찬(撰)한 남조(南朝) 4대(宋, 齊, 梁, 陳) 170년간(420~589년)의 정사(正史)로 본기(本紀) 10, 열전(列傳) 70 모두 80권으로 되어 있다. 이 책 권79에 이맥열전(夷貊列傳) 하(下)에 고구려 백제 신라전이 수록되어 있는데 대체로 남조(南朝)의 정사(正史)를 산삭(珊削) 편찬한 것으로 새로운 사실은 보이지 않는다.

수서(隋書) 권81 동이열전(東夷列傳)에 고구려 백제 신라 말갈전(靺鞨傳)이 수록되어 있다. 수서(隋書)는 당 태종 정관 3~10年(581~618) 사이에 위징(魏微:580~543) 등이 봉칙찬(奉勅撰)한 수조(隋朝) 3대 38년간(581~618)의 정사(正史)로 제기(帝紀) 5, 열전(列傳) 50, 지(志) 30, 그리고 장손(長孫) 무기(無忌)가 편찬한 양(梁) 진(陳) 제(齊) 주(周) 수(隋)의 지(志) 모두 85권으로 되어 있는데 말갈(靺鞨)편에 구이(九夷)가 살고 있는 곳은 하(夏)와는 동떨어져 있고 산과 바다가 막혀있어 도어(道御)하기가 쉽다고 적고 있다.[9]

---

8) 東夷之國 朝鮮爲大 得箕子之化 其器物猶有禮樂云.

구당서(舊唐書) 동이열전(東夷列傳) 권199 상(上) 동이전(東夷傳)에 고구려 백제 신라전이 수록되어 있는데 고구려 백제는 멸망시 까지, 신라는 문성왕(文聖王 3년:841) 때까지의 기사가 서술되어 있다. 이러한 구당서(舊唐書)는 후진(後晋) 고조(高祖) 천복(天福 5:940)~출제(出帝) 개운(開運 2년:945) 사이에 유상(劉昫:887~946) 등이 봉칙찬(奉勅撰)한 당(唐) 20대 290년간(618~907)의 정사(正史)로 본기(本紀) 20, 지(志) 30, 열전(列傳) 150 모두 200권으로 되어 있다. 신당서 권220 동이열전에 고구려 백제 신라전이 수록되어 있고 고구려 백제는 멸망시 까지, 신라는 문성왕(文成王:839~856) 때까지의 사실이 기록되어 있다.10)

신당서의 체계는 구당서보다 높게 평가되나 후대의 기술인 까닭에 사료적 가치에 있어서는 구당서에 못 미친다.

신오대사(新五代史)는 송(宋)나라 구양수(歐陽修:1007~1072)가 구오대사(舊五代史)의 결함을 개수할 목적으로 지은 오대(五代)의 역사로 본기(本紀) 12, 열전(列傳) 45, 고(考) 3, 세가(世家) 10, 십국세가연보(十國世家年譜) 1, 사이부록(四夷附錄)3 등 모두 74권으로 되어 있다.

이밖에 후한서 동이전(後漢書東夷傳)을 비롯해 삼국지(三國志) 위서(魏書) 진서(晉書) 권97, 사이열전(四夷列傳) 남제서(南齊書) 동남이열전(東南夷列傳) 량서(梁書) 남사(南史) 이맥열전(夷貊列傳) 수서(隋書) 구당서(舊唐書) 신당서(新唐書) 신오대사(新五代史) 구오대사(舊五代史) 논어(論語) 예기(禮記) 산해경(山海經) 등 숱한 사서(史書)에도 동이(東夷)에 관해 언급하고 있다.

---

9) 九夷所居 與中夏懸隔 然天性柔順 無獷暴之風 雖縣邈山海 而易以道御.
10) 崔在仁, 上古朝鮮三千年史, 精神文化社, 1998, pp.20~21.

특히 사기(史記)를 비롯한 전한서(前漢書) 후한서(後漢書) 삼국지(三國志) 송서(宋書) 남제서(南齊書) 위서(魏書) 등에는 논찬(論贊), 평어(評語) 등 역사적 사실의 기술과 함께 시대에 따라 변하는 동이(東夷)에 대한 인식태도를 기술하고 있다.

이상의 여러 사서(史書)에 언급되어 있는 동이(東夷)란 한족(漢族)이 주로 중국 동북방에 분포하고 있던 종족을 부르던 고유명칭으로 특정한 종족을 지칭하기 보다는 한문화권(漢文化圈)의 상대적인 문화개념으로 호칭된 것으로 중국의 상고문화와 관련해 선진문헌(先秦文獻)에서부터 오늘에 이르기 까지 동이(東夷)에 대한 기록을 남기고 있다.[11]

1) 구이(九夷) 및 구려(九黎)로 명기된 동이제족류(東夷諸族類)

동이족(東夷族)은 견이(畎夷) 우이(于夷) 방이(方夷) 황이(黃夷) 백이(白夷) 적이(赤夷) 현이(玄夷) 풍이(風夷) 양이(陽夷) 등으로 구분하고 이들을 통칭 구이족(九夷族)이라 한다. 중국문헌에서 이(夷)와 더불어 자주 보이는 것이 구이(九夷)와 사이(四夷)이다.

구이(九夷)가 이(夷)의 아홉 가지 종류를 총칭하는 말로 알려져 있다. 즉 예기(禮記) 예제편(禮制篇)의 공영달(孔穎達)의 소(疏)[12], 박물지(博物志) 지(地)[13]에도 잘 나타나 있다.

위와 같은 기록으로 미루어 보아 이(夷)는 구(九), 융(戎)은 칠(七), 적(狄)은 팔(八) 등, 종족수를 나타내는 것처럼 보인다. 그런데 여기서

---

11) 奇修延, 東夷의 概念과 實體의 變遷에 관한 硏究, 白山學報, 第42號, 1992.12, pp.12~14.
12) 禮記 禮制篇, 孔穎達 疏, 爾雅 釋地云 九夷八狄七戎六蠻謂之四海 孫炎云 海之言.
13) 博物志 地, 七戎六蠻九夷八狄 形類不同 摠而言之 謂之四海 言皆近于海也.

말하는 '九'는 고대에는 많다 라는 의미를 갖고 있는 것으로, 중국문헌에 흔히 보이는 구주(九州) 구천(九川) 구하(九河) 구산(九山) 등의 사용 용례로 미루어 보아 많다 라는 의미로 보여진다.

설문(說文)에도 '九'가 다수를 의미하는 것으로 풀이 되고[14] 죽서기년(竹書紀年), 후한서 동이열전(後漢書 東夷列傳)[15], 이아(爾雅) 이순(李巡) 주(注) 등 속에도 九와 구이(九夷)에 대해 열거하고 있다.[16]

구이(九夷)의 명칭이 시간의 추이에 따라 다르게 나타나고 있는데 이는 이(夷)의 종족이 단지 아홉 개의 부류에 그친 것이 아니라 최소한 대표적인 종족이 9개종이 아닌가 추단된다.

서경(書經)의 대우모(大禹謨)[17]에도 사이(四夷)는 중국나 천자(天子)에 대한 상대개념(相對槪念)으로 쓰여졌으며 같은 책 여오(旅獒)에도[18] 사이(四夷)는 사예(四裔) 사해(四海)와 같은 의미로 중국 중원지역에 대비되는 개념으로 보여진다. 따라서 사이(四夷)는 동이(東夷) 서융(西戎) 남만(南蠻) 북적(北狄) 등을 모두 포함하는 개념으로 중국변방을 가리키는 말로도 보인다. 후한서 동이열전(後漢書 東夷列傳)에 보이는 만이(蠻夷) 융(戎) 적(狄)을 사이(四夷)라 하면서 공(公) 후(侯) 백

---

14) 說文, 九 陽之數也 象其屈曲究盡之形.
15) 竹書紀年, 帝芬卽位 三年 九夷來御 曰畎夷 于夷 方夷 黃夷 白夷 赤夷 玄夷 風夷 陽夷라 하였고, 後漢書 東夷列傳에,夷有九種 曰畎夷 于夷 方夷 黃夷 白夷 赤夷 玄夷 風夷 陽夷 故孔子欲居九夷라 하다.
16) 爾雅, 李巡 注中, 以爲九夷 一曰玄免 二曰樂浪 三曰高麗 四曰滿飾 五曰鳧 六曰索家 七曰東屠 八曰倭 九曰天鄙.
17) 書經 大禹謨, 無怠無荒 四夷來王.
18) 旅獒, 明王愼德 四夷咸賓 畢命에는 四夷左衽 罔不咸賴 孟子 梁惠王편에 位中國而撫四夷. 左傳 昭公 十七年 吾聞之天子失官 學在四夷 左傳 昭公 二十三年 古者天子守在四夷 詩經 小雅奧藻何草不黃篇序 四夷交侵 中國背叛 淮南子 一卷 原道訓 海外賓服 四夷納職.

(伯) 자(子) 남(男)을 모두 제후(諸侯)라고 부름과 같은 표현으로 간주하지 않았나 여겨진다. 사이(四夷)라는 표현은 선진시대(先秦時代)의 문헌인 시경(詩經)에는 보이지 않으며 서경(書經)에 3회, 사기(史記)에 16회, 한서(漢書)에 60회, 후한서(後漢書)에 25회로 중국인의 세계관이 확립된 시기인 한대(漢代) 이후에 자주 언급되어 있어 주목된다.[19] 한대(漢代)의 사서(辭書)인 설문해자(說文解字)에 '이(夷)는 동방지인(東方之人), 예기(禮記) 왕제편(王制篇)의 동방왈(東方曰) 이(夷), 남방왈(南方曰) 만(蠻), 북방왈(北方曰) 적(狄), 서방왈(西方曰) 융(戎)이라는 귀절만 보아도 한대이후(漢代以後) 중국인들이 자신들의 동부에 거주하는 비화하집단(非華夏集團)을 이(夷)로 표현한 것임을 알 수 있다.

산동성(山東省) 일대에서 보이는 갑골문(甲骨文) 가운데 시방(尸方) 또는 인방(人方)이 곧 이족(夷族)집단이라 하였고[20] 죽서기년(竹書紀年)을 비롯한 각종 선진문헌(先秦文獻)이나 금문(金文)에 나오는 회이(淮夷) 남이(南夷) 서이(徐夷:또는 서융(徐戎) 방이(方夷) 견이(犬夷) 우이(于夷) 황이(黃夷) 백이(白夷) 적이(赤夷) 현이(玄夷) 풍이(風夷) 양이(陽夷) 래이(萊夷) 도이(島夷:또는 조이鳥夷) 우이(嵎夷) 등을 춘추전국시대(春秋戰國時代)까지 산동성(山東省) 강소성(江蘇省) 북부일대에 거주하였던 동이로 보는데 별다른 이의가 없다.

후한서 동이전(後漢書 東夷傳)은 5세기 중엽 범엽(范燁)이 편찬한 사서(史書)로 동이전 내용은 약 3/4 정도가 앞서 편찬된 삼국지(三國志)의 관련기사를 그대로 전사(轉寫)한 것이다. 그러나 중국사서 가운데

---

19) 王獻唐, 1982 人與夷 中華文史論叢 2 : 逢振鎬, 東夷及其史前文化試論 東夷古國史硏究 第1輯, 1988 참조.
20) 甲骨文에는 尸 人 夷는 分化되지 않았다고 하며 淮 方 于 犬 陽 등은 地名, 白 赤 黃 玄은 服飾 風은 토오템을 관한 것으로 해석됨.

최초로 체계적인 동이관(東夷觀)을 제시하였다는 점에서 사학사적(史學史的)인 의의를 인정받고 있다. 범엽(范燁)은 춘추시대이후 전국(戰國), 진(秦), 한초(漢初)에 이르는 동이(東夷)를 선진(先秦)시대 이전 동이(東夷)로 빈번히 언급된 회이(淮夷)와 사기(史記) 한서(漢書) 중 동이(東夷)의 대표로 지목된 조선과의 특별한 관계가 시대에 따른 중국인의 동이개념의 변화를 서술한 것처럼 보이게 하고 있다. 즉 중국 고대사의 동이개념을 혼동시킨 오류를 범하였음을 지적당하고 있다.21) 그러나 실상은 하은주(夏殷周) 삼대(三代)에 걸쳐 중국민족의 형성 및 그 문화의 청조에 중요한 역할을 한 동이는 한민족(韓民族)의 계보임이 틀림없다. 따라서 초기 민족사와 문화적 수준과 활동무대의 중심적이었다. 예문통(蒙文通)22)은 고사견징(古史甄微)에서 도이(島夷)를 해대민족(海岱民族)으로 칭하면서 고대 중국의 3대족 가운데 하나로 보았다.

전사년(傅斯年)23)은 이하동서설(夷夏東西說)에서 동이에 대한 면밀, 광범위한 자료를 통해 동이역사(東夷歷史)가 하역사(夏歷史)와 같은 수준이었다고 밝히고 있다.

특히 그는 고문헌의 분석을 통해 태호복희씨(太昊伏羲氏) 소호금천씨(小昊金天氏)를 조신(祖神)으로 삼았던 세력들이 바로 대표적인 동이계였음을 밝히고 중국문명사 초기에 동이(東夷)가 크게 기여했으며 중국의 상고사는 서방의 하(夏) 주(周)와 동방의 이(夷) 은(殷)의 대결로 전개된 것이라고 보았다. 이 이론은 후에 대문구문화(大汶口文化)

---

21) 秦并六國 其淮泗夷皆散爲民戶 陳涉起兵 天下崩潰 燕人衛滿避地朝鮮 因王其國前東夷와 後東夷와의 관련설에 따른 是非를 낳게 하고 있다.
22) 蒙文通 古史甄微 商務印書館 1933 참조.
23) 傅斯年 夷夏東西說 中國上古史論文選集 上 華世出版社 1979.

의 발견에 따라 다시 각광(脚光)을 받게 되었다.

3) 동이족(東夷族)의 분포(分布)

동이족(東夷族)들은 주로 황하유역, 남만주, 요하연안, 요동반도, 대능하연안지대(大凌河沿岸地帶), 조선내지 등으로 이동 분산 거주하였다. 이 가운데 중국북방지대인 산동, 북경, 황하유역에 정착한 이들이 동이족원류(東夷族源流)이다. 이들은 황제(黃帝)이래 한족(漢族)과 다툼을 벌이고 상(商) 은(殷)나라를 건설하였다.

주(周)나라 말기에 재차 부흥하여 진한(辰韓) 변한(弁韓) 청구국(靑丘國) 고죽국(孤竹國)을 건국하여 기원전 200년경 까지 강대한 국가를 경략하였다. 진시황(秦始皇)의 만리장성 구축으로 동이족은 성내외(城內外)로 양단(兩斷), 산동(山東) 및 기타 여러 지역의 동이족들이 한족(漢族)으로 동화, 흡수, 소멸되는데 전한시대(前漢時代) 무제(武帝)이래 동이족은 분산되면서 동이족 대신에 예(穢) 맥(貊) 및 한(韓)으로 호칭되기도 하였다.[24]

지리적으로 보아 아시아 대륙 중앙을 기준으로 할 때 동쪽인 오늘날의 강소(江蘇) 안휘(安徽) 산동(山東) 하북(河北) 등 東(黃)海 가까이 살고 있던 이(夷)의 여러 부족들을 동이(東夷)라고 통칭한데 반해 섬서(陝西) 산서(山西) 등 서쪽에 사는 이족(夷族)들을 서이(西夷)라고 불렀다. 그런가 하면 동이족(東夷族)의 주거지는 고대 북중국 중앙부로 소위 중원(中原) 동쪽에 사는 이족(異族)을 원근(遠近)과 황해(黃海) 내외(內外)를 막론하고 일괄 총칭한 족명(族名)으로 보고 있기도 하다.[25]

---

24) 유.엠.부찐, 古朝鮮, 國史編纂委員會, 1986, p.57. 金貞培, 고조선의 주민구성과 문화적 복합, 백산학보, 12호 1974.

유명한 백이숙제(伯夷叔齊) 역시 기주(冀州)에 살았는데 발해변(渤海邊)인 영평부(永平府) 주변에 자리 잡고 있던 고죽국(孤竹國)의 왕자이다. 예기(禮記)26)에 대련(大連) 소련(小連) 선거상(善居喪) 삼일불태(三日不怠)라 하고 있는데 기주(冀州)는 또한 공자의 고향인 노국내(魯國內)이었거나 또는 그 인근에 자리 잡았을 것으로 추측되는 대련(大連) 소련(小連)으로 보며 동쪽에 사는 사람들을 이(夷)라고 하는데 그들은 머리를 다듬지도 않고 몸에 문신(文身)을 새기며 식사준비에도 불을 사용하지 않는다. 서쪽에 사는 사람들을 융(戎)이라 하고 북쪽에 사는 사람들을 적(狄)이라고 불린다고 하고 있다.27)

춘추시대(春秋時代) 수수(睢(淮)水)가 이인(夷人)들을 동이(東夷)라 한다고 열국지(列國誌)와 책부원귀(册府元龜)에 언급하고 있기도 하다. 오늘날 섬서(陝西)지방인 주(周)나라 문왕(文王)을 맹자(孟子)에서 서이지인(西夷之人)라고 하여 대륙 내에 동이(東夷) 서이(西夷)라는 칭호가 있어왔다.

이러한 칭호는 순전히 지역 거주구분에 따른 칭호로 혈통, 체질, 품성, 언어는 동일하며 타 선주민(先住民)이나 한족(漢族)과는 다른 언어를 사용하였다.

동이(東夷)에 대해 여러 사서(史書)에 언급되어 있는 사항을 간략히 간추려 보면, 상서(尙書) 중호지고(仲虺之誥)에 동쪽에서는 서이(西夷)의 불만을 진압해야 했고 맹자(孟子) 이루 하(離婁 下)에는 순(舜)은 동이에서 이주한 자였으며 우왕(禹王)은 서이 출신이다.

---

25) 大韓獨立運動總史編纂委員會編, 韓(桓)國民族總史考, 同委員會刊, 檀紀4319年, p.15.
26) 禮記, 孔子曰 大連 小連 善居喪 三日不怠 三月不懈 期悲哀三年憂 東夷之子也.
27) 古朝鮮, 유.엠.부찐, 국사편찬위원회, 1986, pp.57~58, 再引用.

사기 권27에 고대에는 동물군과 천막의 형상을 한 구름은 북이의 공격에 대한 전조(前兆)로, 막대기와 배의 형상을 한 구름은 남이(南夷)의 공격에 대한 전조(前兆)로 보았다.

사기(史記) 권110, 흉노사(匈奴史) 자료집(資料集)에 왕위(王位)에는 모돈(冒頓)이 들어앉았고 흉노(匈奴)는 강하게 되었고 그들은 모든 동이족을 정복했다 라고 하고 있다.

동이족은(東夷族)은 상고북중국(上古北中國) 내부의 東海(黃海)부근인 현 강소(江蘇) 안휘(安徽) 산동(山東) 하북(河北) 요동반도(遼東半島) 등지에 살던 이족(夷族)과 중국대륙 중앙지를 벗어난 동북만주 조선 내륙 일본열도 등에 거주한 이인(夷人)으로 양분(兩分)하고 구이(九夷)를 논하면서 북중국내부의 구족(九夷:上古九夷塞內外)과 중국외부(中國外部)의 구이(九夷:後代九夷 塞外九夷 海東九夷)로 구분 짓고 북중국내부의 구이(九夷:上古九夷塞內外)로는 동래집(東萊集)과 후한서(後漢書)에 동일한 명칭들이 열거되고 있다.[28]

이족(夷族)들은 삼황제(三黃帝) 이래 하은대(夏殷代)를 거쳐 그 일부는 신동반도와 발해안(渤海岸)과 양자강구(揚子江口)와 그 이북(以北) 해안부근 일대에 분포, 산재해 있던 이족(異族)들이다. 즉 東海(黃海) 안 가까운 곳에 살던 이들을 동이(東夷), 그리고 빈기(邠岐) 위수(渭水) 지방에 살던 종족들을 서이(西夷)라 하였다. 견이(畎夷)는 견이(犬夷) 대봉(大封) 곤이(昆夷)라고도 하면서 새내구이(塞內九夷)에 속하였던 여러 이족(夷族)중 가장 강력한 정치집단이었다. 후한서(後漢書)에 성탕왕(成湯王) 즉위 후 빈유기산간(邠睢岐山間:現 山西省 西南과 陝西省 中南部一帶)에 들어가 있는 견이(畎夷)를 쳐 쫓았다. 견이(畎夷)는 그전

---

28) 東萊集, 上古有 畎夷 嵎夷(于夷) 方夷 黃夷 白夷 赤夷 玄夷 藍夷(風夷)之稱이라 하였고 後漢書에도 同一한 名稱들이 列擧되어있다.

후걸(後桀)의 난(亂) 때에 그곳으로 들어와 점령해 살고 있었다.29)

이보다 훨씬 앞선 하대(夏代)의 일로써 후한서(後漢書)에 옛날 하(夏)나라 태강왕(太康王)이 실정(失政)함에 사방의 이족(夷族)이 배반하더니 견이(畎夷)를 정벌하였으나 7년 후에야 견이(畎夷)가 사자(使者)를 보내 예(禮)를 표하였다는 것이다.30) 여기에서 주목되는 것은 여러 견이족(畎夷族)의 존재(存在)와 영역(領域), 그리고 이들의 세력(勢力)이 만만치 않았다는 점과 대립(對立)·반목(反目)이 7년간이나 지속된 후에야 교류가 있었다는 점이다.

대륙 황해변 박(亳)땅에 수도(首都)를 정한 탕왕(湯王)이 수도 서쪽 빈기(邠岐)지방의 견이(畎夷)를 공격함에 이곳으로부터 보다 서쪽이나 북쪽으로 피해갔다. 그러나 유왕(幽王)때 호경(鎬京 현: 陝西省 西安府 屬縣)으로 견이족(畎夷族)이 쳐들어와서 주실동천(周室東遷)의 원인이 되게 하였는데 이 당시에 와서 견이족(畎夷族)을 견융(犬戎)이라 불려지기도 하였다. 견(畎), 곤(昆), 견(犬), 대융(大戎)의 원류(源流)는 같으며 견(畎) 또는 견(犬)의 음인 우리말 큰(大)을 사음(寫音)한 것이다. 곤(昆) 또한 그 음(音)인 곤으로〈큰〉을 나타낸 동시에 맏(伯 大 長)이라는 훈(訓)으로 대형(大兄) 백형(伯兄)인 대백(大)伯을 의미한다.

위의 견이(畎夷), 곤이(昆夷), 견이(犬夷), 대융(大戎)은 큰이를 이두화(吏讀化)한 것으로 견이족(畎夷族)의 한 분파를 견융(犬戎) 이외에 강이(羌夷) 강융(羌戎) 산융(山戎)이라 하고 상은대(商殷代)이래 적개심(敵愾心)이 높아지면서 대자(大字) 우(右)상변에 각각 한 점을 찍어 원래의 大자와 구별해 놓고 이를 개라는 의미로 폄하하였다. 개의 뜻을 나

---

29) 後漢書, 成湯卽位 征犬夷 先是 后傑之亂 畎夷入居 邠岐之間 成湯旣與 伐而攘之.
30) 後漢書, 昔夏后氏 太康失國 四夷皆叛 及后相卽位 乃征畎夷 七年然後來賓.

타나는 글자로 구(狗)가 있음에도 불구하고 상대(商代)이래로 큰이(大夷)를 욕보이기 위해 만들어 낸 글자로 보인다. 우이(嵎夷) 우이(于夷)의 우(嵎), 우(于)는 우로 上을 나타내는 것이며 곤(昆)은 大를 의미한 것이다. 대봉(大封) 역시 큰 이(夷)로 보아야 한다.[31]

다른 한편 이(夷)란 타민족을 가리키는 용어로 주로 지리적 구분에 따른 것이다. 즉 중국 동쪽 지경(地境)에 사는 종족을, 뒤에는 북동(北東) 지경(地境)에 사는 종족에 대한 지칭인데 가장 먼저 동이(東夷)라는 말을 사용한 것은 산동반도(山東半島)에 사는 종족에 대해서이다. 이후 제(齊)나라에 의해 산동지역(山東地域) 여러 종족들이 정벌을 당한 이후 요서(遼西)와 요하유역(遼河流域) 즉 남만주에 살던 종족들을 동이(東夷)라 칭하였다고 하는가 하면, 또 다른 설로 엠 붸 끄류꼬프는 남만주 종족을 동이(東夷)로 부르게 된 것은 중국인들이 인류주거지의 사극형(四極型)을 유지하기 위한 노력에 따른 것으로, 기원전 6세기~4세기 사이의 문헌에는 동이와 후한서에 나오는 동이와는 전혀 관계가 없는 것으로 보고 있다.[32]

은상시대(殷商時代)에는 조이(鳥夷) 우이(嵎夷) 래이(萊夷) 회이(淮夷) 백이(百夷) 적이(赤夷) 현이(玄夷) 풍이(風夷) 양이(陽夷) 등이 있었다고 한서(漢書) 권85에 기록하고 있다.

사기(史記)의 성왕치세(成王治世) 부분에 동이와의 충돌을 기록하고 있음은 은(殷) 부제(紂帝)의 적대국(敵對國)이 되었고 은(殷)이 멸망한 후에 주(周)와의 전쟁이 시작되었다.

---

31) 大韓獨立運動總史編纂委員會編, 韓(桓)國民族總史考, 同委員會刊, 단기4319년, p.19. 東夷를 똥이로 발음하는 중국인들은 최근세기에 까지 좀도둑이란 멸시적인 의미로 폄하하고 있기도 하다.
32) 황병란, 중국고대사, 모스크바, 1958 참조.

상서(尙書)에는 성왕(成王)이 동이(東夷)를 평정하였을 때 숙신인(肅愼人)이 축하의 뜻을 전하기 위해 내방하였다고 기록하고 있다.

이에 왕은 영백(榮伯)에게 명해 숙신(肅愼)에 대해 감사의 뜻을 표하는 법령을 공포하도록 하였다. 그러면서도 분명한 것은 양측간에 긴장은 계속해 유지되었다는 점이다. 기원전 7세기에는 산융(山戎)의 옆에 도하(屠河) 고죽(孤竹) 영지(泠支) 예맥(穢貊) 등이 자리하고 있었다는 사실이다.[33]

한족(漢族) 황제(黃帝)가 동이족(東夷族) 군장(君長) 치우(蚩尤)와 충돌한 시기는 B.C.2600년경인데 동이(東夷) 조상의 동방이동로(東方移動路)는 B.C.3000년경(약 5천 년 전) 송화강연안(松花江沿岸)의 북만주 평야에 농경(農耕)을 위해 정착한 종족이 역사상의 동이족(東夷族)으로, 이들이 풍요(豊饒) 온화한 지대로 남하하여 세 방향으로 진출하였는데, 1대는 북경(北京)과 산동(山東)의 황하 하류지방에서 중류연안지대의 회수(淮水) 사수(泗水)지방에, 2대는 압록강을 넘어 조선 내지로, 3대는 남만주지방인 요하와 대능하연안의 평야와 요동반도로 퍼져 나갔다. 이 3대가 예(穢) 맥(貊) 간족(豻族)들로 국가를 건설하고 이들은 유신교(唯神敎)를 신봉(信奉), 농경(農耕) 위주의 신석기 동철기(銅鐵器)시대를 주도하고 흑색도기(黑色陶器)문화를 창출(創出)하였다.[34] 이들 동이족(東夷族)은 퉁구스족(通古斯族), 흉노족(匈奴族) 등 세 부류로 나누어지는데 문화 언어 체질이 유사하다.

---

33) 엠.붸.끄류꼬프, 〈기원전2000~1000년간의 고대중국의 사료에 나타난 세계인종의 분포상황에 대하여〉, 모스코바, 1970, P.42 재인용. 〈유.엠.부찐, 고조선, 국편위, 1986, p.60. 註.139〉

34) 大韓獨立運動總史編纂委員會編, 韓(桓)國民族總史考, 同委員會刊, 檀紀4319年, p.8., 傅斯年 夷夏東西說 中國上古史論文選集 上 華世出版社 1979, pp.519~576. 金貞培, 고조선의 주민구성과 문화적 복합, 백산학보, 12호 1974.

동이족(東夷族)은 편발(編髮)의 경우 상투, 퉁구스 여진족(女眞族)은 후두(後頭) 일조(一條)의 장변발(長辮髮), 흉노족은(匈奴族)인 몽고(蒙古) 돌궐(突厥族) 등은 후두(後頭)에 양조(兩條)의 단변발(短辮髮)을 하였다.

동이족(東夷族)은 한민족(漢民族)이 인류학상 민족으로 형성되기 이전인 고대아세아인의 후손으로 수천 년 전 중앙아시아 동방으로 소위 천산북로(天山北路)라는 서비리아의 남단을 경유하여 송화강연안에 정착하여 농경을 위주로 생활하면서 신석기시대 말 금속병용기의 중견체로 황하연안에 토착(土着), 중심근거지를 산동반도로 하여 북방의 하북성(河北省:北京 및 天津)지방과 그 남방 강소성(江蘇省)지방을 무대로 하였다.

이 당시 중국본토의 중심지는 섬서(陝西) 하남(河南) 산서(山西)지방이었으므로 동이족(東夷族)이 정착했던 위의 산동, 하북성, 강소성 등 세 지방은 발해(渤海), 황하연안으로 중국 본토에서 볼 때 동방(東方)이었다.

하(夏) 은(殷) 주(周)시대에는 대능하(大凌河)의 하류연안에 번한(番汗) 발조선(發朝鮮:貊 潘 番)이 있었으나 뒷날 한무제(漢武帝)에 점령당해 낙랑군(樂浪郡)의 중심지(B.C.108)가 되었지만 그 전에는 청구국(靑邱國)으로 서방 인접지역인인 고죽국(孤竹國)도 동이족(東夷族)의 발상지(發祥地)이었다.

이 양국(兩國)의 대안지(對岸地)가 산동반도로써 동이인의 청구(靑邱) 고죽(孤竹) 두 나라 대안(對岸)의 산동지방으로 부단히 계속해 이민(移民)하면서 살아왔다. 동이(東夷)가운데 소위 구이족(九夷族) 중 우이(嵎夷) 거이(莒夷) 내이(萊夷) 양이(陽夷) 량이(良夷:瑯琊:랑야) 등은 산동지방에 정착해 온 동이족이었다.

그들은 번조선(藩朝鮮)의 이민(移民)이었으므로 맥(貊)이라고도 총칭(總稱)되었고 이 지방에는 거국(莒國) 개국(介國) 곤오(昆吾) 등의 소국(小國)과 태산남방(泰山南方)에 랑야(瑯琊)라는 지방에 살았다. 진시황이 중국을 통일하고(B.C.246년) 낭아산상(瑯琊山上)에 기념비석을 세운 것이나 만리장성을 구축한 주목적도 동이의 왕래차단과 제압에 있었다.

　이 낭아(瑯琊)가 낙랑(樂浪)으로 동이인(東夷人)의 나라였음이 분명하며 낭아지방(瑯琊地方)은 뒷날 진시황이 군명(郡名)으로 채택하였으나 사실은 그 이전 춘추시대(B.C.500년) 이래 유명한 곳으로 여러 현(縣)의 중심으로써 동반(東方) 래현(萊縣)이 4백리, 서남방으로 근주(沂州)가 4백리, 동북방으로 청주(靑州)가 2백리, 서방으로 곡부남방(曲阜南方)인 연주(兗州)까지 5백리의 광대한 지역이었다.

　즉 산동지방은 우이(嵎夷)의 개척지이었고 그 남방은 우이(于夷)라는 곤오족(昆吾族:盖牟 根牟 昆夷 蓋國 奄國)의 근거지로서 낭나(瑯琊)의 주인공이었다. 이 곤오족(昆吾族)은 랑야(瑯琊)지방 동이족(東夷族)의 통칭이며 견융(犬戎) 역시 곤오족(昆吾族)의 분파로서 산서남방 하남성(河南省)지방의 주민이었다.

　현재의 산동성 덕현(德縣)지방인 유궁(有窮)의 군주 예(羿)는 하(夏)나라의 제후(諸侯)로 궁술(弓術)이 능한 명인(名人)과 회수(淮水)유역의 서언왕(徐偃王), 고구려의 주몽(朱夢) 등 동이계(東夷系)의 수장(首長)들에게는 궁시설화(弓矢說話)가 있어 동이족(東夷族)은 활을 잘 쏘는 민족임을 뒷받침하고 있음을 반증하고 있다.[35]

---

35) 三國志 魏書 東夷傳-挹婁傳.
　　韓國洋弓三十年史 -韓國弓道의 由來와 變遷過程-, 韓國洋弓三十年史編纂委員會, 1992, p.146.

4) 동이계(東夷系)의 요(堯)·순(舜)·우제(禹帝)

중국시조 황제헌훤씨(黃帝軒轅氏)는 별칭 유웅씨(有熊氏) 진운씨(縉雲氏)라고도 하며 동이족(東夷族)의 군장(君長) 치우(蚩尤)를 격토(擊退)하려다 실패한 바 있다. 이들은 하북(河北)과 산동지방에 거주하였으며 하남성(河南省)내에 황제(黃帝) 헌원(軒轅)의 구(丘)가 있다. 요제(堯帝)의 고향은 청국국(青邱國)으로 동이인(東夷人)이다.

당시 기주(冀州)이었던 하북성(河北省) 남방 및 산동 서북방 북경(北境)이 요(堯)의 나라이었는데 요(堯)는 주위의 구이(九夷)와 친목을 도모하였고 중신(重臣) 희중(羲仲)을 산동 북방 동해안 청주(青州)의 양명(暘明)지방에 거주하던 우이(嵎夷)에 보내 친선을 유지해 왔다.

순제(舜帝) 역시 산동성인(山東省人)으로 유우씨(有虞氏)인데 뇌택(雷澤:산동 서남방인(山東 兗州 현 蜀山湖)부근 역산(歷山)에서 어렸을 때에 농사를 지었으며, 요제(堯帝)의 사위(女婿)로서 아황(娥皇)과 여영(女媖)을 정실(正實)로 삼았던 동이인(東夷人)이었다. 하우(夏禹)의 건국자 우(禹)는 서융인(西戎人)으로 동이화(東夷化)한 인물이다. 우(禹)의 하국(夏國)은 三代(夏 殷 周)로 역사적 신빙성을 가진 중국 최초의 국가체제가 정비된 나라이었다.

우(禹)의 부친인 곤(鯀)은 요제에게서 황하치수의 책임을 맡겼으나 소임을 다하지 못해 차대(次代)인 순(舜)에게 익산(羽山:산동성 남방의 沂州 北쪽)에서 주살(誅殺)당하였다. 우(禹)의 모(母)는 유신씨(有辛氏) 여식(女息)으로 서강(西羌: 현 四川省지역)지방의 석세(石細)에서 솔가(率家)해 동래(東來)해 온 가족이다.

우(禹)는 자(字)가 고밀(高密)이다. 고밀(高密)은 검개모(儉蓋牟), 곤오(昆吾), 웅(熊), 검(儉)과 같은 고대 조선어의 신성(神聖) 신왕(神王)

군주(君主)를 뜻하는 것으로 동이어(東夷語) 존칭이 고밀(高密)이다. 이는 3대(三代:夏 殷 周)의 개모국(蓋牟國)이 고밀국(高密國)이라 한데서도 알 수 있다. 사기(史記)에 의하면 우(禹)는 순(舜)에게서 일단 선양(禪讓)을 받았다고 하나 당시 하우(夏禹) 자신이 동이족의 비등한 여론을 시정하기 위한 노력으로 보아 우(禹)의 아들 계(啓)가 찬탈(簒奪)의 장본인(張本人)인듯이 기록되고 있으나 실은 우왕(禹王) 자신이 왕위를 찬탈한 것으로 보인다.

우(禹)는 13년간 치수사업(治水事業)을 위해 전국을 답사, 이른바 구주(九州)를 개척하고 구도(九道)를 개도(開道)시키고 구택(九澤)을 개발하고 구산(九山)을 측정(測定)하였다.(우공禹貢에 기재됨). 禹의 구주(九州)는 중국 최초의 통치구역으로 하우(夏禹)의 자손이 약 440년 간 (B.C.2209~1766) 19대째 제왕(帝王)으로 계승된 바, 말제(末帝) 하걸(夏桀)이 요비(妖妃)인 말희(末喜)를 총애해 정치를 돌보지 않음에 최초로 혁명의 기치를 든 것이 동이족이었다. 하(夏)국을 멸하고 은·상(殷·商)을 건국한 종족 역시 동이의 곤오족인데 이들은 산동성 북방에서 서진(西進)하여 하북성 남방의 예후국(黎侯國 : 後日衛)을 경유 남하하고 회서이(淮.西夷)의 후원을 받아 하북성 북방에 건국하였다. 이곳은 고죽국(孤竹國)의 월해대안(越海對岸)인 낭아(瑯琊)의 서북방 예국(黎國) 남방이었다.

한무제(漢武帝) 원수(元狩) 3년(B.C.120)에 장안(長安)수도 부근에 방(方) 3백리 되는 곤오지(昆吾池) 조영(造營)사업을 전개하였는데 그 목적은 당시 동이족이던 곤오족(昆吾族)을 굴복시키기 위한 한(漢)나라 수군(水軍)들의 상륙작전 훈련지를 구축하고자 함에 있었다.

산동성 곡부(曲阜) 서남방 연현(兗縣)에 있는 뇌택호(雷澤湖)는 회수(淮水)와 저수(沮水) 우하천(兩河川)사이의 주류(主流)인데 이곳은 고대

동이족의 집결지로 낭아(瑯琊)의 서방에 해당하고 곤오족(昆吾族)의 나라인 개모국(蓋牟:根牟國)으로 하(夏)나라 때 예군(黎郡)의 통치국으로 후일 위국(衛國)이 되었으며 중국고대신화의 발생지이기도 하다.36)

또한 이곳은 고대 동이군장(東夷君長)인 치우(蚩尤)가 다스리던 나라이었다. 예(黎)는 이(夷) 예(穢) 위(衛)와 같은 음으로 예(黎)는 고대 종족명이니 즉 동이족의 별칭이다.

뇌택호반(雷澤湖畔)은 또한 복희씨(伏羲氏), 요(堯), 순(舜) 등 제왕(帝王) 등에 관한 사화(史話)의 중심지이었으며 다음과 같은 사실(史實)이 전해지고 있다. 복희씨(伏羲氏)는 모화(母華)의 사위(胥)로 뇌택(雷澤)이 복희(伏羲)를 낳았고 요(堯)의 수(壽)가 116세이었다.

치우(蚩尤) 역시 박현(濮縣)지방인으로 산동성 안평(安平)이 고향이라고 한다. 뇌택(雷澤)은 예군(黎:穢君) 곤오족(昆吾族)의 나라로 후일의 위국(衛國)지방인데 동이족의 선주민(先住民)지대이기도 하다. 즉 중국 태고 신화시대 발상지로 동이족 선주민들의 식민지였다.

동이어(東夷語)의 왕호(王號)는 한(汗)인데, 가한(可汗)은 몽골 돌궐족의 왕호로 한(汗) 가한(可汗)이라 하였다.

동이족인 치우왕(蚩尤王)과 한족(漢族)과의 충돌은 대체로 B.C.2600년경으로 볼 때 동이족의 동방이동(東方移動)은 대략 B.C.3000년경 전후로 추단된다. 이러한 이동(移動)으로 송화강연안의 북만주 평야에 농경(農耕)을 위하여 정착한 이주민들을 동이족(東夷族)이라 불렀다.37)

---

36) 大韓獨立運動總史編纂委員會編, 韓(桓)國民族總史考, 同委員會刊, 檀紀4319年, p.8.
37) 申採湜, 東洋史槪論, 三英社, 1993, 38 金庠基, 東夷와 淮夷 西戎에 대하여 東方學志 1,2, 1954, 1955.

2. 동이(東夷)족인 치우천왕(蚩尤天王)

1) 치우천왕(蚩尤天王)은 신시시대(神市時代)의 천왕(天王)

동이(東夷)를 모르고는 우리의 선민(先民)들을 논할 수 없다. 그 같은 칭호가 타의이던 자의이던 이미 제반 사서(史書)에 우리의 선민들을 그렇게 호칭해 왔고, 학술용어로도 자리매김하고 있기 때문이다.

고대의 동이족(東夷族)을 세분하면 견이(畎夷) 우이(嵎夷) 방이(方夷) 황이(黃夷) 백이(白夷) 적이(赤夷) 현이(玄夷) 풍이(風夷) 역이(易夷)로 나누어지고 있는데 이(夷)에 대한 풀이로 대궁(大弓)을 지칭한다고 하면서 여기에는 치우대왕이 칼과 창인 도극(刀戟)과 여러 개의 화살을 동시에 날리는 대노(大弩)를 만들어 수렵과 전쟁에 활용함으로써 외적들을 응징, 정벌하는네서 비롯되었다는 설도 함유되어 있다.

이(夷)는 하나의 명사이지만 광협(廣狹)의 의미로 볼 때, 협의(狹義)의 동이(東夷)는 진(秦)이전에 오늘날 산동성(山東省) 강소성(江蘇省) 안휘성(安徽省) 등 회수(淮水) 이북 일대(以北 一帶)에 살던 족속들을 말한다.

광의(廣義)로는 진·한(秦·漢)의 판도(版圖)가 확장된 이후 중국 경내(境內)의 동이(東夷)들은 한족(漢族)에 동화(同化)되고 그 밖의 이족(夷族)들은 만주(滿洲) 조선(朝鮮) 일본(日本) 유구(流球) 등지로 밀려나 거주하게 된 이족(夷族)을 동이(東夷)라 하였다.

중국문헌에서 이(夷)와 더불어 자주 보이는 것이 구이(九夷)와 사이(四夷)인데, 구이(九夷)가 이(夷)의 아홉 부류를 총칭하는 말로 알려져 있는데 예기(禮記) 예제편(禮制篇)의 공영달(孔穎達)의 소(疏)[38], 박물

---

38) 禮記 禮制篇, 孔穎達 疏, 爾雅 釋地云 九夷八狄七戎六蠻謂之四海 孫炎云 海之言….

지(博物志) 지(地)39)에도 그같이 말하고 있다.

여기서 말하는 '九'는 숫적(數的) 차례라 하기보다는 고대에 많다라는 뜻을 나타내는 구주(九州) 구천(九川) 구하(九河) 구산(九山) 등이 쓰여져 왔다. 설문(說文)에도 '九'가 다수를 의미하는 것으로 풀이 되고 있다.40) 이렇듯 여러 이족(夷族) 가운데 단연 돋보이는 인물이 치우천왕(蚩尤天王)이다. 치우천왕을 〈大王, 天王, 天子〉로 표기함으로써 치우대왕, 치우천왕, 치우천자로 사서(史書)들은 기록하고 있다. 그러나 우리나라의 정사(正史)라고 하는 삼국사기나 고려사, 조선왕조실록에는 이러한 호칭은 눈을 씻고 보아도 보이지 않는다.

다만 정사(正史)로 공인(公認)받지 못하고 있는 환단고기(桓檀古記)나 규원사화(揆園史話) 등에서만이 언급되고 있다. 그렇게 된 연유는 황제(黃帝)와 하우(夏禹)가 서방한족(西方漢族)의 선민(先民)이었던 것처럼 꾸며내기 위하여 구리(九黎)의 동이군주(東夷君主) 치우천왕(蚩尤天王)의 존재와 활약상을 축소 내지 은폐하기 위함이었다. 사기에는 황제는 소전(小典)의 아들로 산동 노(魯)땅 동문북에서 출생하였는데 오늘날 연주(兗州) 부곡현 동부 수구(壽丘)땅이라 하고, 그를 황제라 한 것은 그 지역 토양이 황토(黃土)였기 때문이며 황제의 가계는 복희 신농으로 이어지는데 황제 이후 소호(小昊)를 위시하여 순(舜)에 이르기까지 오제(五帝)였다는 것이다. 황제는 산동 유웅국 소전의 차자로 처음에 도읍한 곳이 헌원(軒轅)이었기 때문에 헌원이 황제의 이름이 되었고 호(號)는 유웅씨(有熊氏)라 사기에는 기록하고 있다.41) 이러한

---

39) 博物志 地, 七戎六蠻九夷八狄 形類不同 摠而言之 謂之四海 言皆近于海也.
40) 說文, 九 陽之數也 象其屈曲究盡之形.
41) 國語 晉語, 黃帝 軒轅은 河南省 新鄭에 있은 有熊國王 小典의 아들로 山東省 曲阜에서 자라난 정통 夷族이다. 昔小典娶于 有蟜氏 生黃帝. 史記 卷一 五帝本紀, 黃帝者

저서들 가운데 삼성기(三聖紀:全 上篇) 태백일사(太白逸史)에 수록되어 있는 부문중 神市之界有蚩尤大王恢拓靑邱傳十八世歷一千五百六十五年이라 하여 신시시대에 치우대왕이 청구(靑邱)땅을 회복 개척하였는데 역대(歷代)는 18세 1565년이라 하다.42)

이 시대는 신시(神市), 환웅(桓雄), 구리(九黎)시대로 같은 왕조국이었다. 즉 신시는 지역인 나라를 말하고 환웅은 일정기간인 환웅역대(桓雄歷代), 구리는 나라 명칭인 국명(國名)이다. 중국 25사에도 구리(九黎)라 기록하고 있다.

2) 헌원황제(軒轅皇帝)를 패주(敗走)시킨 치우천왕(蚩尤天王)

신시역대기 가운데 치우대왕은 14세로 자오지(慈烏支) 환웅(桓雄)인데 일명 치우천왕이라 하며 청국국으로 도읍을 옮겨 재위 109년 151세 까지 사셨다. 갈고환웅(葛古桓雄)이 나셔서 삼황(三皇) 가운데 한 분이신 염제신농(炎帝神農)의 나라와 땅의 경계를 정하였는데, 몇 대를 지나 자오지(慈烏支) 환웅(桓雄)이 나셨다.

이때가 신시개천(神市開天) 1191년 갑인년(甲寅年)이다. 이분이 배달국 14대 자오지천왕(慈烏支天王)이시다. 서울을 청구국(靑邱國)으로 옮기고 동왕 5년에 신농(神農)의 도읍터인 진(陳)을 멸하고 이듬해에 소

小典之者 號有熊 土色黃故稱黃帝 黃帝爲五帝之者 系本並以 伏羲神農黃帝爲 三皇以 其 本是 有熊國君之子故也 都軒轅之丘因以爲名 生黃帝於壽丘 在魯東門之北 今在兗州阜曲縣東北 索隱 小典者非人名也 諸侯國號.

Teveren de Lacouperice는 중국 古文明 西源에서 황제는 바빌론 巴克族의 추장으로 무리를 이끌고 곤륜산을 넘어 동쪽편 중국으로 이주하였다. 곤륜산을 일명 花土라고도 하였는데 화토를 지나 왔다는 뜻에서 그 종족을 華族이라 하게 된 것이다.

42) 三聖紀 全 下篇 神市歷代記 (十四世慈烏支桓雄世稱蚩尤大王徒靑丘國在位一百八年 壽一百五十一世).

호(小昊)의 항복을 받았다.[43]

  천왕은 귀신같은 용맹으로 구리로 된 머리에 얼굴은 철로 가리워진 동두철액(銅頭鐵額)의 상을 하고 있었으며 풍백과 우사의 도움을 받아 대풍과 폭우를 쏟아지게 했다. 당시 사람들이 이를 알지 못해 구리로 된 머리와 쇠로 된 이마라 하여 동두철액(銅頭鐵額)이라 표현하였을 뿐, 광석을 캐내 철을 주조해 병기를 만든 것이다.

  이에 천하가 모두 그를 두려워하였으며 치우란 속어도 우레와 비가 쏟아져 산과 강을 크게 바꾼다는 뜻이라 하였다.[44]

  당시의 형세는 탁(涿)의 북녘에 대요(大撓)가 있었고, 동쪽으로는 창힐(倉頡)이 버티고 있는 가운데, 헌원은 서쪽땅을 차지하고 있었다. 위기에 처한 헌원이 대요와 창힐에 구원을 청했으나 모두 거절당하였다. 당시 대요와 창힐은 모두 자오지천왕과 같은 계열(系列)이었기 때문이다.

  패주하게 된 헌원의 군사들은 하나같이 분찬도명(奔竄逃命)하기에 바쁘니, 백리 길에 달하는 길가에는 병마(兵馬)의 자취가 보이지 않았는데, 이러한 전투의 승리로 예(芮) 기(冀) 연(兗) 회(淮) 대(岱) 등지를 모두 차지하고 탁록(涿鹿)에 성을 쌓고 회·대(淮·岱)에 집을 지으니 헌원에 동조하였던 무리들이 하나같이 칭신입공(稱臣入貢)해 왔다.[45]

---

43) 梁書 卷54 列傳 第48 東夷項目, 黎東夷國名也…東夷之朝鮮…二十五史를 비롯하여 漢書, 後漢書 三國志 晉書 宋書 梁書 北史 南史 隋書 唐書 등에 언급되어있다. 尙書孔傳 蚩尤九黎國君長也 五帝本紀 蚩尤古天子.

44) 管子, 卷第二十三 地數 第七十七, 葛盧之山 發而出水 金從之. 蚩尤受而制之 以爲劍鎧矛戟. 史記 五帝本紀 및 山海經黃帝令應龍攻蚩尤 蚩尤請風伯雨師 以從大風雨 孔安國日 九黎君主 蚩尤是也元董仲 撰(桓檀古記) 三聖紀 全 下篇(後有葛古桓雄與炎農之國劃定疆界 又數傳而有慈烏支桓雄神勇冠絶以銅頭鐵額能作大霧造九冶而採鑛鑄鐵作兵天下大畏之世號爲蚩尤天王俗言雷雨大作山河改換之義也.

45) 芮땅은 山西 平陽府 解州 南 九十里 芮城縣이다. 冀는 兗 淮는 淮水로 南陽 平氏桐

치우대왕은 난세에 최강자였다. 치우천왕은 오종(五種)의 군사를 조련, 정병(精兵)을 거느리니 그 위세가 천하에 떨쳤고 만민이 그의 명을 받들었다. 천왕은 명실공히 구이(九夷) 군주였다.

환단고기(桓檀古記) 대변경(大辯經)에 치우천왕은 집안과 가문에서 장수될 인재 81명을 골라 여러 부대의 대장이 되게 하고 갈로산(葛盧山)의 철을 캐내 칼과 갑옷인 도개(刀鎧), 방패와 창인 모극(矛戟), 대궁(大弓)인 큰 활과 화살을 만들어 잘 갈무리 하여 오늘날 북경 북쪽 지역인 탁록(涿鹿)을 공격하여 함락시켰다. 이른바 탁록전투이다.

탁록(涿鹿)은 탁록현 동남쪽에 위치한 탁록산이 있는데 황제(黃帝)가 치우대왕과 전투를 벌인 탁록벌이다. 또한 이르기를 선화현(宣化縣) 동남쪽에 위치한 계명산(雞鳴山)으로 옛날 탁록산(涿鹿山)이라 하다.

涿鹿山在直隸 涿鹿縣東南 黃帝蚩尤戰於涿鹿之野 或云宣化縣東南有雞鳴山 卽古涿鹿山.

탁록현(涿鹿縣)과 탁현(涿縣)이 어디에 위치해 있는가를 중국고금지명대사전에 의하면 다음과 같이 기술하고 있다.

漢置 後魏末省 故城在今直隸涿鹿縣南 史記五帝紀 黃帝邑於涿鹿之阿 今縣東南四十里有土城遺址 中有黃帝墓 明志謂軒轅城 卽涿鹿城也 漢下落涿鹿 潘三縣地 唐置永興縣爲新州治 遼改州曰奉聖 金并爲德興州 治德興縣 元復降爲奉聖州 改縣曰永興 元改州曰保安 明初州縣俱廢 尋復治保安州藩 淸因之 民國改爲涿鹿縣 屬直隸口北道.

柏縣 大復山에서 發源한다. 揚州 北界를 둘러싸고 東으로 바다까지 이른다. 岱는 泰山인데 兗州의 鎭山 泰安縣의 북쪽이다. 창힐의 창은 倉 또는 蒼으로 쓰기도 하는데 황제때 좌사로 있었던 창힐과는 다르다 그는 눈이 넷이고 새와 짐승의 발자취를 본 떠 글자를 만들었다고 한다.

탁현(涿縣)에 대해서도

漢置 爲涿郡治 唐改涿縣曰范陽 治涿州於此 宋名涿水郡 金仍曰涿州 明初以州治范陽縣省入 屬順天府 淸因之 民國改州爲縣 屬京兆尹 地爲京南通衢 素以繁榮著稱 京漢鐵路經之.

이밖에도 탁수(涿水) 탁주(涿州) 등의 항목을 두어 설명하고 있는데 이 모두가 탁록(涿鹿)지역과 헌원(軒轅)에 관련된 것들이다.46)

탁록벌은 오늘날 하북성 서북부로 이곳은 서쪽으로 태행산맥(太行山脈)이 둘러쳐져 있어 지형적으로 하북(河北)의 요지(要地)로 예부터 알려져 온 곳으로 군사적 전략요충지로 거마하(拒馬河)가 흐르고 있으며 면화와 쌀의 집산지로 유명한 곳이다.

치우대왕은 염제(炎帝) 신농(神農)의 나라가 쇠함을 보고 큰 뜻을 세워 수차에 걸쳐 서쪽으로부터 천병(天兵)을 일으켰으며 오늘날의 산동성 임치현 동남쪽인 색도(索度)에서 병사들을 출격(出擊)시켜 안휘성과 산동성 사이인 회·대(淮·岱)에 웅거(雄據)하게 하였다.

황제(黃帝) 헌원(軒轅)이 일어남에 탁록(涿鹿) 들판에 나아가 헌원(軒轅)을 사로잡아 신하로 삼고 후에 오장군(吳將軍)을 보내 서방 황제 헌원의 증손인 고신(高辛)을 쳐 공을 세우게 하였다.47)

규원사화(揆園史話)에 따르면 치우천왕은 1년 사이에 아홉 제후(諸侯)의 영토를 빼앗고 그 다음 1년 사이에 12제후국을 얻으니 시체가 들에 가득하고 한족(漢族)들은 간담이 서늘하여 도망가거나 숨어버렸다.

---

46) 中國古今地名大辭典 商務印書館, 漢條 中華民國 二十年 初版.中略. p.821.
47) 蚩尤天王見炎農之衰逐胞雄圖屢起天兵於西又自索度進兵據有淮岱之間及軒候之立也 直越涿鹿之野擒軒轅而臣之後遣吳將軍西擊高辛有功.

황제 헌원이 군사를 크게 일으켜 치우천왕에게 도전하였으나 천왕은 탁록의 들판에서 헌원을 맞아 싸워 안개를 일으키므로 적군은 정신이 흐려지고 손발이 떨려 급히 도망가서 겨우 목숨을 부지하였다.

이 전투에 승리한 치우천왕은 회남(淮南) 산동(山東) 북경(北京) 하북(河北) 강소(江蘇) 안휘(安揮) 하남성(河南省) 등등을 다스리게 되었고 탁록(涿鹿)에 성(城)을 쌓고 회남(淮南) 산동(山東)에 오래동안 자리잡게 되었다.

묘족인 동이족의 치우천왕은 대륙 동쪽의 회남 산동 땅을 굳게 지키면서 헌원(軒轅)의 동방진출을 막았으나 그가 죽자 점차 뒤로 물러나게 되었다. 이후로 헌원이 황제(黃帝)가 되고 그 세력이 커지게 되었으나 치우천왕계 여러 형제가 오래도록 유주(幽州) 땅과 청구국(靑邱國)에 거히면서 동이족의 명성과 위엄을 느러냈다.

이후 3백여 년 간은 충돌 없이 지내다가 헌원의 장자인 소호씨(小昊氏)와 싸워 패하는데 이때로부터 단군원년(檀君元年)에 이르기까지 전후(前後)가 궐천년(闕千年)이 되었다. 치우천자와 관련된 사료상의 기록을 간추려 보면 다음과 같다.

삼성기(三聖記)에 치우는 신시시대 또는 환웅시대 말기의 통치자이며, 중국 황제(黃帝)와 숱한 전쟁을 치른 B.C.26세기경의 인물로써 전쟁에 능하고 한족(漢族)과의 쟁패(爭覇)를 겨뤄 승리한 환웅시대 말기의 천자(天子)이며 대륙의 하북성 산동성 하남성인 낙양지역까지 차지한 단군조선 직전의 통치자로 알려지고 있다.[48]

---

48) 漢書地理志 其陵在山東 東平郡 壽張縣 闞鄕城中 高七丈 秦漢之際 住民猶常以十月祭之 必有赤氣 出如匹絳 謂之蚩尤旗 其英魂雄魄 自與凡人 殉以曆數千滅而猶不泯者歟 軒轅以是索然 榆罔亦從以永隆矣.
　拙譯, 桓檀古記, 神市本紀, 예나루, 2009, p.232.

이러한 징후에 대해 치우천왕에 항거하였던 헌원의 영향은 보잘것 없이 되고 천왕의 업적은 기리 이어졌고 그 명성과 위엄이 살아있어 헌원은 이로부터 그 대(代)가 끊길 때까지 베개를 높이 베고 누워보지 못하였다고 한다.

이에 대해 사기(史記)에 "산을 뚫어 통로를 내고서도 편안히 지낼 수 없었고 탁록의 강을 의지해 고을을 옮겼으나 정착을 하지 못하고 이리 저리 옮겨 다녔고 호위를 받아가며 지냈다고 하여 천왕을 두려워하였음이 이 같았다.

3) 사후(死後)에도 치우천왕을 치제(致祭)한 한족(漢族)들

운급헌원기(雲笈軒轅記)에 치우대왕이 처음으로 투구와 갑옷을 만들었다고 하였는데 그 당시 사람들이 구리머리에 쇠 이마임을 사실상 알지 못하였기 때문이다. 10여 년에 걸쳐 헌원군과 싸우기를 73회나 하였다. 그때마다 연전연패한 헌원군은 사력(死力)을 다해 응전해 옴으로 천왕께서는 돌을 날려 박격하는 비석박격기(飛石迫擊機)를 만들어 이들을 물리치게 하니 적은 혼살(混殺)당하고 말았다.

이러한 전투를 겪는 와중에 치우비(蚩尤飛)가 진중(陣中)에서 전사하였는데 사마천의 사기(史記)에 치우를 사로잡아 죽였다고 수금살치우(遂禽殺蚩尤)라는 다섯 자로 거짓 기술하고 있다.

그러나 실제로 양자 간에는 수 십여 년 간에 걸쳐 치열한 전투를 벌여 온 것임을 중국고대신화에서 다음과 같이 밝히고 있다.

치우에게는 72인의 형제가 있었는데 황제가 치우와 협상하려 하였으나 치우는 듣지 않았다. 치우의 군세가 강하여 수차에 걸쳐 패하였고 포위를 당하여 위기에 처했으나 풍후(風后)의 지남차에 의해 간신히 포위망을 뚫고 달아났다.

이후로 치우천왕의 영토는 확대되어 서쪽으로 예(芮)와 탁(涿)의 땅을 지키고 동으로 회(淮) 대(岱)지역을 명실공히 다스리게 되니 오늘날의 산서 하북 하남 산동 강소 안휘 절강 등 일대가 치우천왕의 통치하에 놓이게 되었다. 이른바 중국 고대인들이 예음호외반일작환(濊音呼外反一作澴) 또는 예맥조선(濊貊朝鮮)이라 부르게 된 연유이다.

천왕 사후 헌원은 천왕의 은덕을 추모하고 화상(畵像)을 받들어 모시고 주변 제후(諸侯)들을 진압하였으며 진(秦) 한(漢)의 백성들이 천왕의 제사(祭祀)를 받들었다. 패현(沛縣)의 사또가 된 유방이 치우제(蚩尤祭)를 올렸음에 대해 한고조(漢高祖) 본기(本紀) 제8(第八)에 다음과 같이 기술하고 있다. 유방이(劉邦)이 한왕(漢王)이 되자 장안(長安)에 치우친윙의 사당(祠堂)을 짓고 받들어 모셨다. 於是劉季數讓 衆莫敢爲 及立季爲沛公 祠黃帝 祭蚩尤於沛庭.

한서지리지(漢書地理志)에 의하면 치우천왕의 능(陵)이 산동성(山東省) 동평군(東平郡) 수장현(壽張縣) 관향성(關鄕城) 가운데 있다고 하는데 높이가 7장(七丈)이라고 한다.[49]

진(秦)·한시(漢時) 그곳에 사는 백성들이 해마다 十月이 되면 이 능에 제사를 드렸는데 하늘에 붉은 기운이 비단처럼 나타나 펄럭이었는데 이를 치우기(蚩尤旗)라 하였다. 진서(晉書) 천문지(天文志) 주(注)인 황람총묘기(皇覽冢墓記)에 치우능의 소재에 대해 언급하고 '깃발 모양의 기운이 비추는데 마치 나부끼는 비단물결을 뜻하는 필강(疋絳)처럼 보였다고 하고 있다.

이에 대해 사람들은 치우천왕의 혼백이 하늘에 올라 천년이 지나도

---

49) 魏王泰, 括地志, 山東省 東平郡 壽張縣 關鄕城中.

록 없어지지 않은 징조라 여겼다. 치우기가 [彗]의 형태와 비슷하여 뒤쪽이 굽으러져 보통 기의 모양에다 그 아래에 군사들이 나타나 있음을 보고 사람들은 치우천왕이 하늘에 올라가 수 많은 별로 둔갑되었기 때문이라 하였다. 이렇듯 숭앙되어온 치우천왕에 대해 강희자전(康熙字典)에는 치우는 하늘의 별 이름으로도 사용되었다고 하며 사마천(司馬遷)의 사기(史記) 천관서(天觀書)에 치우성(蚩尤星)이 보이면 반드시 전쟁이 일어난다고 하였다.50)

삼성기(三聖記) 통치자 역대기에 치우천자는 18명의 환웅(桓雄)가운데 14대 환웅으로 본명은 자오지(慈烏支) 환웅(桓雄)이며 세인들은 치우천왕이라 한다. 구리(九藜)를 국명이라고 볼 때 이 나라의 강역은 어디에서 어디까지인가 하는 문제가 제기된다. 고대국가의 영역은 근·현대와 달리 대체로 범주적 영역이었던 까닭에 가늠에 한계가 있을 수밖에 없었다.

여기서 잠시 배달국인 단군조선의 통치지역 범위를 살펴봄으로써 치우대왕시 까지의 영역을 가늠해 보고자 한다. 이세 단군부루(기원전 2177년)께서는 열양(列陽) 욕살(縟薩) 색정(色靖)에 명하여 약수(弱水)로 옮기게 하고 종신토록 갇혀있도록 명하였다가, 얼마 후에 용서하고 그 땅에 봉하니 그가 흉노의 조상이 되었다.

초기에 우순(虞舜)이 유주(幽州)와 영주(營州) 두 고을을 람국(藍國)의 이웃에 두었는데 임금이 군병을 보내 이 땅을 정벌하고 동무(東武)와 도라(道羅) 등으로 하여금 다스리게 하였고 그 공로를 표창하였다.51)

4세 단군 오사구(기원전 2137년) 황제의 동생 오사달(烏斯達)을 몽골

---

50) 司馬遷, 史記, 天觀書曰, 蚩尤之旗再現 長則半天 其後京師 師四出.
51) 三聖記, 단군부루, 初虞舜治幽營二州 於藍國 之隣帝遣兵征之進逐 其君封東武道羅 等 以表其功.

리한(蒙古里汗)으로 봉(封)하였다. 단군 12세 아한(阿漢)은 나라 안을 순시하고 요하 좌편에 이르러 순수관경비를 세우고 역대 왕명과 호를 새겨 전하도록 하였다.52)

　단군 13세 단군 흘달(屹達)은 낙랑과 합동으로 빈과 기의 땅을 점거하고 관청을 그곳에 설치하였다. 단군 14세 고불(古弗) B.C.1666(을해 56년) 관원을 사방으로 보내 호구를 조사케 하니 총계가 1억8천만이라 하다.53) 22세 단군 색불루 람국이 강성해지자 고죽군과 함께 여러 적들을 쫓아내고 남쪽으로 가서 엄독홀(奄瀆忽)에 거하였다. 이곳은 은(殷)나라 국경과 가까워 예파달(黎巴達)로 하여금 빈기지역을 평정, 나라를 세우니 예(黎)라 하였다.54) 23세 단군 아흘 을유 2년 포고씨(浦古氏)를 엄(淹)에, 영고씨(盈古氏)를 서(徐)에, 방고씨(邦古氏)를 회(淮)땅에 나누어 봉(封)하니 은인(殷人)들이 그 위세에 눌려 겁을 먹고 감히 가까이 오지 못하였다.55)

　단군 30세 나휴(奈休)는 남쪽을 순시, 청구지역을 살펴보고 치우천왕의 공덕을 각석하였다. 서쪽 엄독홀에 이르러 제후국 한들과 만나 열병식을 사열한 후 하늘에 제사를 올렸다.56) 요컨대 구리(九黎)족의 분포지역은 시베리아 동남쪽 일부와 만주 몽골 중국대륙 대부분이었고 이후 환국(桓國)시대나 단군조선시대에 이르면서 강역의 변화는 있었으나 대체로 중원땅이 한족의 침입 이전까지 묘족의 관할 주거지였음은 중국측 학자들의 공통된 견해이다. 인구 1억8천만의 단군조선에

---

52) 三聖記, 帝巡國中至遼河之左 立巡狩管境碑 刻歷代帝王名號而傳之是金石之最也.
53) 檀君 14世 古弗, 乙亥 五十六年 遣官四方 査計戶口 總一億八千萬口.
54) 色弗婁, 藍國頗强 與孤竹君 逐諸賊南遷至奄瀆忽居之 近於殷境使黎巴達頒兵進據邠岐 與其遺民相結立國稱黎.
55) 乙酉二年 分封浦古氏淹 盈古氏於徐 邦古氏於淮 殷人望風惶怯 莫敢近之.
56) 壬子元年 帝南巡 觀靑邱之政 刻石蚩尤天王功德 西至奄瀆忽 會分朝諸汗 閱兵祭天.

는 대국(大國)이 9개국, 소국(小國)이 12개국, 제후국(諸侯國)이 70개라 하였으며 그 강역은 단기고사(檀奇古史)57)에 의하면 동은 창해(滄海), 서는 요서(遼西), 남은 남해(南海), 북은 시베리아(西非路)에 이르렀다고 한다. 조선유기략(朝鮮留記畧)58)에는 동은 대해(大海)에 이르고 남

---

57) 檀奇古史는 大野勃이 渤海 武王 1년(719) 3월 3일 탈고한 것으로 전해지는 단군조선 기자조선의 연대기로 原文은 발해문이었는데 300년 후인 皇祚福이 漢文으로 번역, 현재의 國漢文本은 1959년 鄭海珀이 한문본을 다시 번역한 것이라 한다. 이 책은 저자 대야발의 서문 제1편 전단군조선 제2편 후단군조선 제3편 기자조선으로 구성되어 있다. 대한제국 학부 편집국장 李庚稙의 重刊序와 申采浩의 重刊序가 부록으로 되어 있다. 이 책은 韓末에 출간하려다 못하고 광복후에 출간하게 된 경위를 밝히고 있다.

58) 朝鮮留記畧은 權悳奎 著述로 新式活字本 尙文館에서 1929년에 간행된 민족주의 사학계열의 역사서이다.
 책 제1편 제1장에 조선의 지리와 종족에서 조선의 활동범위를 나타내고 있다.
 二十五史에 나와있는 三皇 가운데 하나인 神農은 黃帝 직전의 통치자인데 漢의 武帝가 夏나라 초대 왕을 漢의 國祖로 하지 않고 軒轅를 중국 시조라 하였기 때문에 그 이전의 伏犧나 神農은 東夷族이라 보았기 때문일 것이다.
 雲汲의 軒轅記에 의하면 蚩尤씨는 苗族의 후예로 九藜人이다.
 서전(書傳) 여형편(呂刑編)에 이르기를 예로부터 내려오는 교훈에 치우씨가 난을 일으킨다 라고 하여 치우천왕의 위엄을 두려워해 이같은 훈계를 세상에 전하게 한 것이다.(王曰 若古 有訓 蚩尤惟始作亂 延及于平民 罔不寇賊 鴟義姦宄(치의간귀) 奪攘矯虔(건) 苗民弗用靈 制以刑) 풀이하건대 왕이 말하기를 옛일을 생각하건대 후세 사람의 훈계가 되는 일이 많다. 치우의 나쁜 마음이 주위에 미쳐 정직한 사람까지 차차 나빠져 寇賊 즉 타인에 해를 입혀 자기의 욕심을 채우려해 치의(鴟義)와 같은 행위를 저지른다 라고 폄하(貶下)하는 글 가운데 치우천왕에 대해 언급, 이처럼 중국의 사서 특히 사마천의 사기에는 漢族을 제외한 이민족에 대해 곡필(曲筆)을 다반사로 하고 있다.
 周書의 呂刑編은 穆王 在位時 呂侯란 신하를 司寇職을 맡기면서 刑이란 악한 자를 벌한다고 해서 能한 것이 아니라 이 職에 있는자 스스로 높은 덕에 모든 선악을 판별할 수 있는 품성으로 뭇 사람들이 心服할 수 있어야 한다. 穆王이 여후에게 막중한 임무를 맡기면서 그 命을 자세히 설명, 기록한 것을 呂刑이라 한다.
 小昊氏에 대해 삼국사기 권이십팔 백제본기 六에 의하면 신라인은 소호금천씨(현원의 아들이며 五帝 가운데 한 사람)의 후예로 김씨라 하고 고구려는 高矢氏의 후예로 高氏라 하였다고 기록되어 있다. 이 시기가 九藜의 치우천왕 통치기이다.
 *闋은 萬을 말하는데 오랜 세월을 일컬을 때 闋千歲라 하며 궐이 뒤에 골로 바뀌

은 침라에, 북은 흑수(黑水)를 넘고 서쪽은 사막에 이르고 남은 황하 근방에 이르니 송화강 연안이 그 중앙이다. 규원사화에는 북은 대황(大荒), 서는 알류를 거느리고 남은 해대(海岱)에 동은 창해(滄海)에 이르렀다.

삼성기(三聖記) 전(全) 하편(下篇)에는 치우천왕이 신농(神農)의 나라를 쳤고 황제 헌원을 사로잡아 신하로 삼았다고 하고 이때에 나오는 지명들이 사백력(斯白力: 시베리아) 흑수와 백산 천평과 청구 삼위 태백 색도로부터 회대 탁록 등등이다. 1996년에 발간된 중국사고지도집(中國史稿地圖集)에 구리(九黎)를 비롯하여 발해연안에 조이(鳥夷) 산동성에 내이(萊夷) 우이(嵎夷) 회수(淮水)인근에 회이(淮夷) 양자강 하구에 조이(島夷) 그 중류에 삼묘(三苗) 등을 표시하고 중앙에 구이(九夷)라 또렷하게 기록하고 있다. 여기에서 리(黎)는 동이국(東夷國)을, 구리(九黎)는 곧바로 구이(九夷)로 9개의 동이국(東夷國)을 의미하고 있다. 여기에서의 구리는 묘민의 선조라 하였는데 그 강역은 현재의 북경부근으로부터 삼묘와 도이를 연결하는 호남 강서 절강성 일대로 까지 포함되어 있다는 뜻이다. 이렇게 볼 때 구리국(九黎國)의 강역은 시베리아 동남쪽 현재의 만주 몽골지역과 중국대륙의 대부분 지역이라 추정된다.

여 골백번이라 불려졌다. 여기에서 闕千歲라 함은 神誌氏의 나라가 萬 千歲에 이르도록 가장 오랜 기간 무력을 펼쳤던 시기이다. 神誌氏이후 高矢氏와 蚩尤氏가 임금이 되니 그 前後를 합해 闕百歲가 되고 이어 단군이 다시 섰다고 전해진다.

제 2 장
대륙경략의 주요 인물들

1. 고조선의 영토를 회복한 고구려 시조 동명성왕

1) 동명성왕에 관한 기록

　고조선의 영토를 이어받아 우리나라 역사상 아시아 최대강국의 영역을 지켜올 수 있었던 고구려의 시조는 동명성왕이다. 삼국유사 왕력(王曆)편에 동명왕은 갑신년에 즉위하여 18년 동안 나라를 다스렸으며 성은 고(高)이고 이름은 주몽, 추모(鄒牟)라 하며, 단군지자(檀君之子)라 기록하고 있다. 단군기(檀君記)에는 "君與西河 河伯女要親 有山子 名曰 夫婁 今按此記則解慕漱私河伯之女 而産朱蒙 夫婁與朱蒙 異母兄弟也"라 기록하고 있다.

　이상과 같은 기록은 주몽이 단군의 왕자로 왕손임을 뜻한다. 동명성왕의 이름은 주몽으로 전해지고 있는데 '활을 잘 쏘는 사람을 가리키는 말이다. 성이 고(高)씨라 하여 고주몽이라 하는가 하면 추모(鄒

牟) 상해(象解) 도모(都慕)라 한다고도 한다.

이러한 동명성왕에 대한 기록이 부각된 것은 고려 때 이규보(李圭報)의 동국이상국집(東國李相國集)에 실린 서사시(敍事詩) 동명왕편(東明王篇) 주(註)가 세상에 나타나게 되면서 부터이다. 시는 5언(五言) 280어구(語句) 2200여 자의 주(註)로 되어 있는데 전체로 보면 대략 4000자에 달하는 장편 서사시이다.

이러한 시가 있기 전에는 대체로 동명왕에 대해 신화, 전설, 민담 수준의 형태로 전해져 내려 왔을 뿐이다. 말하자면 동명왕을 신격화(神格化) 해왔거나 문헌상에 매우 소략하게 취급해 왔을 뿐이었다.

문헌으로는 왕충(王充)의 논형(論衡), 후위서(後魏書) 양서(梁書) 그리고 고려 때 이승휴(李承休)의 제왕운기(帝王韻紀)와 실존(失存)된 구삼국사(舊三國史) 정도이다. 구삼국사(舊三國史)를 모델로 하여 삼국사기(三國史記) 제13(第十三) 제1(第一) 시조(始祖) 동명왕조(東明聖王條), 삼국유사(三國遺事) 권일(卷一) 고구려본기(高麗本紀) 등등에 관련 기사가 실려 있기는 하나 보다 확실한 주관과 역사적 인식에 의해 평가를 내린 사람은 이규보가 유일하다.

즉 동명성왕은 결코 신화적 가공의 인물이 아니라 생존해 왔던 역사적 인물로 민족의 진로를 열었던 개국 시조 단군 임금 다음인 제2(第二)의 개국영웅(開國英雄)이라 기술하였다. 찬술 동기를 다음과 같이 밝히고 있다.

세상에 동명왕의 신이지사(神異之事)가 널리 퍼져 있어 황당한 이야기라 여겨 믿지를 않았다. 위서(魏書)나 통전(通典)을 읽어 보아도 너무 간략해 믿기지 않는데 구삼국사(舊三國史)를 읽어보니 그 소설(所說)이 세상에 나도는 것보다는 낫지만 처음에는 역시 믿기지 않았으나 세 번 연거푸 탐독하고 음미해 보는 가운데 점차 그 근원을 깨닫게 되어 섭렵하게 되었다.

　이제까지 환(幻)이라고 생각했던 것이 그 실은 동명왕의 성(聖)을 가리키는 것이고 귀(鬼)라고 생각했던 것이 신(神)스러운 것이었다. 더욱이 구삼국사는 사실 그대로 쓴 글이니 어찌 허탄한 것을 전하였으랴! 김공 부식이 국사를 중찬(重撰)할 때에 자못 그 일을 생략하였으니 공(公)은 국사가 세상을 바로 잡는 글이니 크게 이상한 일은 후세에 보일 것이 아니라고 생각하며 생략한 것이 아닌가?

　당 현종본기와 양귀비전에는 방사(方士)가 하늘에 오르고 땅으로 들어갔다는 일이 없는데 오직 시인 백낙천이 그 일이 인멸될 것을 두려워하여 노래를 지어 기록하였다. 그것이 실로 황당하고 음란하고 기괴하고 허탄한 일인데도 오히려 읊어서 후세에 보였거든 하물며 동명의 일은 변화 신이(神異)한 것으로 여러 사람의 눈을 현혹한 것이 아니고 나라를 창시한 신기한 시작이니 이것을 기술하지 않으면 후인들이 장차 어떻게 볼 것인가? 그러므로 시를 지어 우리나라가 본래 성인(聖人)의 나라라는 것을 천하에 알리고자 하는 것이다.

　다시 말해 삼국사기에 동명왕 사적(事蹟)이 전하기는 하나 너무 소략해서 후세에 일전(逸傳)될까 염려되어 시필(詩筆)을 들었다고 시작(詩作) 동기를 밝히고 있다.

　백운(白雲)선생은 명확한 역사의식과 자주정신을 바탕으로 동명왕의 사실(史實)에 충실한 장편 서사시를 지은 것이다. 서사시 내용을 간추려 보면 다음과 같다.

　해모수(解慕漱)는 천제(天帝)의 아들로 언제나 오룡거(五龍車)를 타고 하늘과 땅 사이를 날아다녔다. 어느날 해모수가 압록강가에 다달아 보니 세 명의 미녀가 목욕을 하고 있었다. 이들은 다름 아닌 수신(水神)인 하백(河伯)의 딸 유화(柳花) 선화(萱花) 위화(葦花)였다. 해모수는 이 미녀들과 즐기고 싶어 물속에 뛰어들어 계교를 써 가며 미녀들을 구리로 지은 궁성인 동성(銅城)

으로 초대하였다. 미녀들은 술을 마시는 횟수가 잦아지면서 돌아갈 줄을 몰 랐다. 이에 해모수가 미녀들을 가까이 하려고 하니 기를 쓰고 달아났다. 결국 세 미녀 가운데 첫째인 유화가 사로잡히게 되었다.

　달아난 훤화와 위화가 아버지인 하백에게 자초지종을 아뢰니 하백이 대노하여 해모수를 찾아내 결투를 신청하였다. 해모수 역시 쾌히 대적(對敵)하여 자웅(雌雄)을 겨루게 되었다. 승리는 해모수에게 돌아갔다. 하백은 패배를 자인하고 그의 딸 유화와의 결혼을 승낙하였다.

　그런데 신랑인 해모수는 천제의 아들인 까닭에 계속 머물 수 없어 오룡거를 타고 하늘로 올라가 버렸다. 홀로 된 유화가 주위 사람들로부터 따돌림을 받고 멸시의 대상이 되자 노여움이 다시 도진 하백은 유화의 입술을 석 자나 잡아늘어 놓고(挽勿三尺) 유화를 멀리 태백산 남쪽 우발수(優渤水)가로 내쫓았다.

　이후 유화는 동부여(東夫餘)의 금와왕(金蛙王)에게 발견되어 구원을 받았다. 금와왕은 유화가 해모수의 비(妃)임을 알게 되어 별실에 거처하게 하였다. 햇빛이 유화가 움직이는 대로 비추더니 얼마 후 유화는 태기가 있었고 달이 차사 해산을 하게 되었다.

　그런데 사람이 아닌 알을 낳자 금와왕은 매우 불길한 징조라 하여 마구간에 내다 버리게 하였다. 버려진 알은 말들이 밟지 않을 뿐만 아니라 서로 피하면서 보호하기까지 하였다. 왕은 매우 이상히 여겨 이번에는 깊은 산속으로 내다 버리게 하였다. 그랬더니 뭇 새들이 날아와 알을 날개로 덮어 감쌌다. 이러한 광경을 보고 왕은 놀라 알을 다시 가져다가 그 안에 무엇이 들어있나 궁금해 알을 깨뜨려 보고자 하였으나 좀처럼 깨지지 않았다. 하는 수 없이 알을 다시 유화에게 돌려주니 유화는 알을 따뜻하게 잘 감싸서 두었다.

　그 후 알 속에서 영특하고 잘생긴 어린아이가 껍질을 깨고 태어났다. 이 아이가 바로 후일 동명왕이 된 주몽이다. 어린 아이는 태어난 지 얼마 안 되어 말을 하기 시작하였다. 어느 날 파리 때문에 잠을 잘 수가 없다고 하면서 활을 하나 만들어 달라고 하여 만들어 주었더니 파리를 백발백중 맞혔다. 나이 일곱 살에 벌써 화살을 만들고 활을 쏘아 못 맞히는 것이 없었다. 부여 말에

활을 잘 쏘는 사람을 주몽(朱蒙)이라 하는데 아이의 이름도 어느덧 주몽으로 알려지게 되었다.

　금와왕에게는 아들이 일곱명이나 있었는데 주몽은 이들과 어울려 놀게 되었다. 그러나 어느 누구도 주몽의 재주에는 미치지 못하였다. 어느날 사냥을 갔는데 일곱 왕자는 40명의 부하까지 거느린데 비하여 주몽은 홀홀단신이었다. 사냥은 시작되고 일곱왕자측은 단 한 마리의 노루 밖에 잡지 못했으나 주몽은 혼자 몸으로도 수십 마리의 짐승을 잡았다.

　이에 왕자들은 시기심이 나서 주몽을 나무에 꽁꽁 얽어 매달아 놓고 자기들끼리만 궁궐로 돌아왔다. 그리고 금와왕의 큰 아들인 대소(帶素)가 말하기를 "주몽은 알에서 나온 자로 불길하기 이를데 없으며 용맹스러우니 뒷일이 걱정되옵니다 라고 부왕께 아뢰었다. 이 말은 일찍감치 주몽을 없애버리자는 뜻이었다. 그러나 부왕인 금와왕은 죄없는 사람을 함부로 죽일 수 없어 주몽을 데려 오게 하여 마구를 지키는 천한 일을 맡겼다.

　이것이 금왕왕이 트집을 잡아 자기를 해치려는 계교임을 알아차린 주몽은 대비를 게을리 하지 않았다. 그는 우선 준마들 가운데 가장 뛰어난 말의 혓바닥에 바늘을 꽂아 일부러 그 말을 마르게 하고 다른 둔한 말들은 열심히 돌보아 살찌게 하였다. 금왕왕은 주몽이 말을 잘 돌보고 있음을 확인하고 그 가운데 바싹 마르고 볼품없는 말을 가지라고 하였다.

　마침내 기회는 왔다고 생각한 주몽은 어머니인 유화부인에게 작별을 고하고 부인 예(禮)씨에게는 장차 아기를 낳으면 자기를 찾아오도록 이르고 부러진 칼을 신표(信標)로 주었다. 이리하여 주몽은 평소 자기를 따르던 동지 오이 마리 협부 등과 함께 길을 떠났다.

　일행은 남쪽을 향해 길을 재촉했다. 금와왕과 그의 아들들은 주몽이 달아난 데 불안을 느껴 맹렬히 추격을 하였다. 쫓기는 상황 속에 주몽은 앞길을 막아선 큰 강을 만나게 되었다. 이 강이 다름 아닌 엄대수(淹滯水)이다.

　배 한 척 없는 상황 하에서 강을 건널 방도는 없는데다 추격해 오는 말발굽 소리는 요란했다. 주몽은 하늘을 향해 간절히 읍소하였다. 나는 하느님의 아들이며 수신 하백의 외손자이나이다. 오늘 사세가 이처럼 절박하오니 굽어 살펴주소서!
 주몽이 읍소를 마치자 물고기와 자라가 나와 다리를 만들어 주었다. 주몽은 재빨리 그 다리를 건너 무사히 추격자들을 따돌릴 수 있었다. 이러한 과정을 거친후 주몽은 형승지(形勝地)를 찾아서 왕도(王都)를 삼고 군신의 자리를 정하여 새로운 국가를 건설하였다. 이 나라가 고구려이며 주몽은 곧 동명성왕으로 고구려 시조가 되었다.

 이에 대해 삼국사기에는 위에 언급한 것 이외에 다음과 같은 사항들을 추가하고 있다.

 주몽이 모둔곡(毛屯谷)에 이르러 재사(再思) 무골(武骨) 수거(獸居) 세 사람을 만났다. 하늘이 나를 도와 그대들을 보냈구나 하여 주몽은 그들에게 각기 극(克) 중실(仲室) 소실(少室)이라는 성을 지어 주었다. 졸본천에 도착한 주몽은 왕을 찾아간다. 졸본부여왕에게는 아들이 없고 딸만 셋이 있었다. 왕은 주몽이 비상한 인물임을 눈치 채고 둘 째 딸을 주어 사위를 삼는다. 졸본부여왕이 죽자 주몽은 뒤를 이어 고구려 왕국을 세운다.
 그런가 하면 삼국유사에는 주몽이 북부여를 탈출하기까지의 과정을 이규보의 서사시와 대체로 비슷하게 엮어져 있는데 이규보의 서사시에만 보이는 내용은 다음과 같다.
 동명왕이 하루는 비류강을 바라보고 있노라니 채소가 떠내려오는 것이 보였다. 필시 상류에 사람이 살고 있다고 여겨 올라가 보니 과연 그곳에는 비류국이라는 또 하나의 왕국이 있었다. 비류국의 왕 송양(宋讓)은 영맹스럽게 생긴 동명왕을 보고 수인사를 청하였다.
 주몽은 자신이 천제의 후손임을 밝히자 송양왕은 선인(仙人)의 후예로서 여러 대에 걸쳐 이곳을 다스려 왔으니 동명왕은 자기에게 더부살이를 하는 것이 합당하다고 하였다. 동명왕은 결투로서 승패를 가리자 하여 활쏘기를 하였다. 결과는 동명왕이 이겼다. 그러나 송양왕은 쉽게 항복하지 않았다. 승부에는 졌으나 전통있는 왕국으로서 신흥왕조에 굴복하기에는 자존심이 용납되지 않았다.

  비류국에는 오랜 전통을 상징하는 북 피리 등이 있었으나 신흥 고구려에는 그러한 것이 없었다. 동명왕은 이러한 한탄을 들은 신하 부분노(扶芬奴)가 자기가 직접 비류국으로 잠입하여 비류국의 고각(鼓角)을 빼앗아 오겠노라고 자원하였다. 동명왕의 허락이 있자 즉시 부분노는 두 부하를 거느리고 비류국으로 잠입하여 목적을 달성하였다.

  동명왕은 송양왕이 고각(鼓角)을 찾으러 올 것을 예측하고 검은 칠을 하여 매우 오래 된 것처럼 보이게 하였다. 이에 송양왕이 이 고각을 보고도 자기 나라의 것이라고 주장하지 못하였다. 이같이 양국간의 암투는 계속되었고 동명왕은 비류국을 병합하고자 계속 노력하였다.

  어느날 동명왕은 사냥을 나가 눈과 같이 흰 사슴 한 마리를 사로잡아 게벌(蟹原)에 거꾸로 매달고 하늘이 비를 내려 강을 범람케 하여 비류국을 휩쓸지 않는다면 나는 너(사슴)를 절대로 놓아 주지 않겠다고 하였다. 그러자 사슴이 하늘을 향해 슬피 울자 그때부터 비가 계속 내리기 시작하였다. 이레 동안 퍼 부은 비로 인하여 비류의 도읍은 홍수가 나 거의 물에 잠기게 되었다.

  이에 동명왕이 비를 멈추게 하자 송양왕도 동명왕이 천제의 아들임을 믿고 항복하였다.

  이렇듯 이규보의 서사시를 통하여 동명왕은 북만주 농안(農安) 장춘(長春) 일대에 웅거하였던 부여국을 병합하고 농경사회에서 가장 호조건의 지역을 장악하였음을 알 수 있다. 이러한 기반을 갖추게 된 고구려는 그 후 고조선 영토를 다물(多勿:回復)하는데 결정적인 역할을 하게 되었다.

2) 고조선 영토 회복을 제창한 동명성왕

  고구려 건국 당시의 중심지는 대체로 지금의 압록강과 혼강(渾江:佟

佳江) 유역으로 보인다. 건국 초기 고구려의 영역과 실상에 대해 위지(魏志)에는 다음과 같이 기술하고 있다.

고구려는 요동에서 동쪽으로 1천 리쯤 떨어져 있는데 남쪽에는 조선(朝鮮=樂浪), 예맥(濊貊=東濊), 동쪽에는 옥저, 북쪽으로는 부여가 있다. 도읍은 환도(丸都=通溝)로서 넓이는 사방 2천리, 가호는 3만이다. 큰 산과 깊은 계곡이 많지만 언덕과 못은 없다. 사람들은 산골짜기를 따라 살며 간수(澗水)를 먹고 산다. 좋은 밭이 없어 힘만 들 뿐 배를 채우기에는 곡식이 부족하다.
 魏書 卷一百 列傳 第八十八 高句麗 遼東南一千餘里 東至柵城 南至小海 北至舊夫餘 民戶參倍於前 魏時 其地東西二千里 南北一千餘里 民皆土著 隨山谷而居 衣布帛及皮 土田薄埆 蠶農不足以自供 故其人節飮食

 위의 기록으로 보아 고구려는 지정학상 보다 광활한 지대로 뻗어 나갈 수밖에 없었다. 인근 부족장 중심의 소국들도 서로의 세력확대를 위해 끊임없는 투쟁을 계속해왔다.
 그러니 주변의 여러 부족국과 대적하기 위해서는 온 백성의 강인한 숭무사상(崇武思想)과 불요불굴의 정신력이 불가결하게 요구되었다. 무엇보다 인구증가와 세력권 확대에 따른 생산성 제고가 절실하였다.
 이러한 까닭에 고구려의 영토확장은 대내외적으로 불가피한 절대요인으로 제기되었고 대외정책 역시 이러한 여건 하에서 지속될 수밖에 없었다. 고구려와 제일 먼저 충돌한 종족은 서쪽 지방에 있던 흉노족에게 밀려나온 선비족이었다.
 이들은 동서 요하부근까지 할거함으로써 서진하여 그 북쪽을 개척하려는 세력들과 빈번하게 충돌하였다. 이러한 충돌은 동명왕이 사망한 직후에도 잇달음에 동명왕의 태자요 제2대 유리왕도 이 문제로 고심을 하게 되었다. 왕이 그 같은 고충을 다음과 같이 토로하였다.

선비(鮮卑)는 험한 지리(地理)를 믿고서 우리나라와 화친하지 않을 뿐만 아니라 이로울 것 같으면 나와서 침구약탈(侵寇掠奪)을 자행하고 불리할 것 같으면 피해 들어가 수비하니 그대로 놓아두었다가는 국가 장래에 일대우환이 아닐 수 없다.

그러므로 누구든지 선비의 침입을 막고 나아가서 적을 공파(攻破)하는 자가 있으면 중상(重賞)을 내리리라 하였다. 이에 부분노(扶芬奴)가 답하기를 선비는 험고한데 있는 나라로 사람들은 용맹하면서도 한편으로는 몹시 우둔하오니 이들과 힘으로써 싸우는 것보다 묘책을 써서 굴복시키는 것이 옳겠습니다.

그러니 먼저 간자를 선비의 영역으로 밀파하여 고구려는 나라가 작고 군병들도 약하여 겁을 먹고 꼼짝도 못한다고 말하여 그들로 하여금 이러한 사실을 믿게 만든다면 선비족들은 우리나라를 업신여기고 국방을 게을리 할 것이 틀림없을 것이오니 그 틈을 타서 신이 정병을 거느리고 가로로 들어가서 산림을 의지하고 그들을 격파할 기회를 볼 것이오니 왕께서는 약한 군사를 보내어 먼저 성남에 나아가 싸움을 걸어놓고 거짓 패주하면 적은 반드시 성을 비우고 아군을 멀리 추격할 것입니다.

이때에 신이 정병을 이끌고 성내로 돌격하면 왕께서는 사방으로 공격 명령을 내리면 용이하게 승전할 수 있을 것입니다.

고구려는 곧바로 부분노(扶芬奴)의 계획대로 밀사를 파견하고 실천에 돌입하였다. 이에 선비족은 역부족으로 고구려 왕앞에 무릎을 꿇었다. 이에 왕은 부분노의 공로를 치하하고 황금 30근과 양마(良馬) 10필을 하사하였다. 고구려가 고조선의 영토를 회복하는데 큰 역할을 한 것은 기병(騎兵)과 군마이었다.

고구려 기병은 일찍부터 용맹성이 뛰어나 동방기구(東方騎寇)라는 별칭을 들을 정도였다. 특히 과하마(果下馬)라 불리는 군마들은 체구는 작으나 골격이 강건하여 산간 전투에 기동성이 뛰어났다. 이러한 군마로 인해 고구려를 부강케 하는데 지대한 공헌을 하였다.

오늘날 이같은 기풍은 고구려의 고분 벽화 속에 나타나 있는 말을 탄 무사들의 씩씩한 모습을 통해 단편적이나마 엿볼 수 있다. 삼국사기에는 동명성왕이 처음으로 성을 쌓은 성이 오녀산성(五女山城)으로 되어 있다. 동명성왕 일행이 졸본천에 이르러 보니 땅이 기름지고 산도 험해 이곳을 우선 도읍으로 정하고 비류수(오늘날의 渾江가)에 소박하나마 집을 짓고 지내다가 동명왕 4년(서기전 34년)가을 성곽과 궁실을 지었다.

광개토대왕비에는 고구려 건국에 대해 비류곡 졸본 서쪽 산 위에 성을 쌓고 도읍을 정했다고 하였다. 이 도읍지가 바로 해발 820m의 오녀산을 의지해 쌓은 오녀산성이다. 이 성은 남서북 각 방면이 100m에 달하는 절벽이 에워 쌓여있는 거대한 천연의 요새이다. 단 동쪽만이 평지에 이어지는 급경사의 계곡으로 이곳만을 통해서 출입이 가능하게 되어 있다.

이 지역은 오늘날 고력묘자촌(高力墓子村)으로 불리고 있다. 오녀산성을 남쪽에서 동쪽으로 향해 바라보면 직사각형 형태의 성채가 부채꼴 모양으로 변하기도 하고 알(卵)모양으로도 보여 주몽의 난생설을 떠 올리게 한다.

오녀산성에는 세 개의 문이 있는데 서쪽 절벽 위에 있는 문터로 오르는 급경사진 언덕에는 TV송신소에서 사용하는 지상 케이블카가 설치되어있다. 옛적이나 오늘날이나 산정을 이용하는 지혜는 다름이 없는듯 하다. 산 위로는 남북 100여m, 동서 300여m에 달하는 평지가 펼쳐져 있고 길을 엇비스듬히 질러가면 남쪽 절벽에는 전투 지휘소가 있었던 것으로 보이는 커다란 바위가 자리하고 있다.

산비탈을 내려가면 동문터가 있는데 오늘날 남아있는 성벽은 높이

약 6m, 길이 약 20m인데 2천여 년이라는 풍우를 이겨내고 의연한 자태로 그 옛날을 말해주고 있다. 동문터는 옹성의 초기형태인 ㄱ자형으로 만들어져 적군의 진입이 어렵도록 되어 있다. 동벽의 일부 남아있는 성벽의 흔적은 절벽과 절벽 사이에 움푹 패 들어간 곳에 성벽을 쌓았던 흔적이 보여 후세에 있어왔던 성곽의 치(稚)처럼 적을 3면에서 협공하였음을 알 수 있다.

오녀산성 성벽 가운데 가장 길게 남은 것은 동문터를 조금 지나 산중턱에서 남쪽 절벽으로 이어지는 길로 100m의 벽이다. 앞돌이 모두 빠져나가 보기 흉하기는 하나 옛스러움을 느끼게 한다. 남문터는 이 남쪽벽과 동쪽벽이 맞닿는 곳에 있는데 산성 꼭대기에는 언제부터 그렇게 되었는지 알 수 없는 천지(天池)라는 작은 샘이 딸린 못이 있다.

이상과 같은 형태를 간직하고 있는 오녀산성이 고조선의 옛 영토를 회복하는데 기반을 마련하게 한 고구려 초기의 도읍터이다. 여기에서 동명성왕은 우리나라 역사상 최대판도를 이룩케 한 토대를 마련 한 것이다.

즉 고조선의 옛 땅을 수복한다는 대전제 하에 한족의 침입을 방어하기 위해 부족 간 통합의 필요성을 제창해, 주변의 12소국을 통합해 나갔다. 동명왕 10년(기원전 28년)에 북옥저를 정복하고 그 지역을 성읍으로 만들었고 아들인 유리왕 11년(기원전 9년)에는 선비족을 정벌하고, 22년이 지난 유리왕 33년에는 고구려 서변의 양맥(梁貊)을, 서기 26년(대무신왕 9년)에는 개마국을 병합하였다.

이렇게 볼 때 서기 1세기 말경의 고구려 영역은 동남쪽으로는 오늘날 함경남도 금야만 일대, 서남쪽으로는 살수, 동쪽으로는 연해주지방, 서북쪽으로는 혼하상류지방에 이르는 지역까지 확대될 수 있는 토대를 동명성왕은 마련해 놓은 것이다.

2. 중원내륙지대(中原內陸地帶)를 경략한 백제

1) 요서(遼西) 일대를 경략한 근구수왕(斤仇首王)과 동성왕(東城王)

근초고왕의 맏이인 근구수왕은 백제 제14대 왕으로 10년간(기원 375~384)을 왕위에 있었다. 왕은 길수왕(吉須王) 귀수(貴須)라 전하기도 한다. 성씨록(姓氏錄)에는 귀수 혹은 근귀수(斤貴須)로, 속일본기(續日本記)에는 귀류(貴流) 혹은 구소(久素)라 적고 있다.

부왕인 근초고왕의 유업(遺業)을 이어받아 근구수왕은 백제의 국력을 키워나가는데 크게 공헌하였다. 경쟁국인 고구려와도 과감하게 대항하며 국위를 드높여 나갔다. 특히 해양세력을 증강케 하여 바다 건너 중원 대륙을 경략하는데 커다란 업적을 남겼다.

당시 선비(鮮卑) 모용씨인 연(燕)과 부씨(夫氏)의 진(秦)을 멸하고 오늘날 요서(遼西) 산동(山東) 강소(江蘇) 절강(浙江) 등지를 통치하였는가 하면 그밖에 부수된 땅까지도 관할케 하였다. 이에 관한 기록은 백제본기에는 보이지 않으나 양서(梁書)와 송서(宋書)에 백제략유요서진평군(百濟略有遼西晉平郡)이라 하고 자치통감에 부여초거록산 위백제소잔파 서사근연(扶餘初據鹿山 爲百濟所殘破 西徙近燕)이라 하여 고구려의 침입을 막아내고 해군력을 강화하여 바다 건너 모용씨를 공략해 요서와 북경일대를 장악, 요서와 진평 두 군을 설치하였다는 것이다.

모용씨를 멸한 뒤에 오늘날 섬서성에 살던 진왕 부견이 강성하매 근구수왕은 진나라와도 싸워 산동 등지를 정벌하였고 남으로는 강소 절강 등지에 자리하고 있던 진(晉)을 공략하여 주군(州郡)을 빼앗았다고 한다. 그러나 여타의 중국사서들은 침묵하고 있는데 이는 국치지휘(國恥之諱)의 괴벽 때문인 것이다.

그러한 예로 모용씨의 연이나 부씨의 진나라, 탁발씨의 위, 근세의 요 금 원 청 들도 자신들의 나라로 자리매김하고 이들 역대제왕의 관련사와 공적에 대해서는 모두 기재하면서도 그들에게 이롭지 못한 사실들은 한결같이 탈삭시키고 있다는 사실이다. 예컨대 당 태종이 백제와 고구려를 침략하면서 우리나라 장병들로부터 전혀 피침당한 일이 없었던 것처럼 기술한 것도 그 같은 배경 하에 이루어진 것이다.

진서(晉書)의 경우 당 태종 당대의 기록이니 말해 무엇 하겠는가. 5호시대(五胡時代)의 송서(宋書) 이만전(夷蠻傳) 동이백제조(東夷百濟條)에는 백제본여구려(百濟本與句麗) 기재요동지천리(其在遼東之千里), 당대(唐代) 이연수(李延壽)의 남사(南史), 양서(梁書) 송대(宋代) 사마광(司馬光)의 자치통감(資治通鑑), 두우(杜佑)의 통전(通典) 등에 극히 간단 소략하나마 백제략유요서진평군〈百濟略有遼西晉平郡〉이라는 기록과 부여초거녹산위백제소잔서사근연(夫餘初據鹿山爲百濟所殘西徙近燕)이라 전하고 있어 백제가 분명히 중원 대륙 내 요서를 경략하였음을 상기케 하고 있다.

이러한 사실에 대해 증보문헌비고(增補文獻備考) 권지14(卷之十四), 여지고 2(輿地考 二) 역대국계 2(歷代國界 二)에 다음과 같이 기술하고 있다.

臣謹按 … 唐書曰百濟西渡海至越州宋祁新唐書百濟西界越州南倭皆踰海 臣謹按三國史終百濟之世未嘗有侵撓中國者則遼西越州以何時爲百濟所略有也 然而非但新舊唐書文獻通考著焉, 崔致遠上唐太帥侍中狀云高麗百濟全盛之時 强兵百萬南侵吳越北挑幽燕齊魯爲中國巨蠹然則遼越之爲百濟一時之有者無 疑而東史特逸其事耳

풀이하면 당서에 이르기를 백제에서 서쪽으로 바다를 건너면 월주

(越州)에 이른다. 송기(宋祁)의 신서(新書)에 백제는 서쪽으로 월주, 남쪽으로 왜와 경계하였으니 모두 바다를 건너야 한다고 하였다.

월주는 월왕(越王) 구천(句踐)이 도읍하였던 곳으로 회계(會稽) 산음(山陰) 지방을 당나라때에 월주로 삼았다. 문헌통고에 이르기를 당나라 때에 고구려는 벌써 요동(遼東)을 침략하여 소유하였고 백제도 역시 요서(遼西)·진평(晋平)을 침략하여 소유하였다고 하였다. 이곳을 본주(本註)에서 당나라의 유성과 북평의 사이라 하였다. 신이 삼가 삼국사(三國史)를 살펴보건대 백제의 치세가 끝나도록 일찍이 중국을 침요(侵擾)한적이 없었는데 요서와 월주를 어느 때에 백제가 침략하여 소유함이 되겠습니까?

그러나 신당서(新唐書), 구당서(舊唐書), 문헌통고(文獻通考)에 이 사실이 뚜렷할 뿐만 아니라 최치원(崔致遠)이 당나라 태사시중(太師侍中)에게 올린 서장(書狀)에서도 이르기를 고구려와 백제가 전성하였을 때 강병(强兵) 1백만 명이 남쪽으로는 오(吳)나라 월(越)나라를 침략하고 북쪽으로 유연(幽燕:幽州와 燕州) 제(齊)나라 노(魯)나라에 도발하여 중국의 커다란 해독이 되었다고 하였습니다.

그렇다면 요(遼)와 월(越)이 백제에 일시 소유되었던 것은 의심이 없는데 우리나라 사서에는 그 사실이 누락되었을 뿐입니다 하였다. 이와 비슷한 내용이 청대에 이루어진 흠정만주원류고(欽定滿洲源流考) 등에도 기록되어 있다.

2) 동성왕(東城王) 시대의 대륙경략

동성왕대에 중원경략의 공헌자로 알려져 오고 있는 인물들로는 사법명(沙法名), 찬수류(贊首流), 목간나(木干那) 등 제장(諸將)들이다. 이들은 동성왕의 영도력하에 용맹성을 여지없이 드러냈다. 동성왕은 백제 제23대 왕으로 기원 479~501년 까지 20여 년 간을 왕위에 있었다. 왕위에 오르기 이전의 이름은 모대(牟大) 또는 여대(餘大), 마제(麻帝)라 하였다.

21대 문주왕(文周王)의 동생 곤지(昆支)의 아들로 어려서부터 담력이 뛰어나고 말 잘 타고, 활과 칼을 잘 쓰는 명수로 이름을 드날렸다. 이러한 기질로 인해 측근에 많은 추종세력을 둘 수 있었다.

22대인 삼근왕(三斤王)때 병관좌평 해구(解仇)의 반란을 평정한 후 실권을 장악한 진씨(眞氏)세력에 의해 왕위에 올랐다. 등극한 이후 수도를 하남에서 웅진으로 도읍을 옮기고 잇단 정치적 불안을 가라앉히려 적극 노력하였다.

그 결과 백제국의 국력은 신장되있고 따라서 신신세력인 사(沙) 연(燕), 백씨(白氏)세력이 등장하면서 왕권을 강화해 나갔다. 이후 동성왕은 고구려의 남진정책을 막아내기 위해 신라와 혼인동맹을 맺어 이른바 나제동맹(羅濟同盟)을 체결하였다. 즉 신라의 이찬(伊湌) 비지(比智)의 딸을 왕비로 맞아 양국관계를 우호관계로 발전시켰다.

이후 신라가 살수원(薩水原)에서 쟁투를 벌일 때 원병을 보냈고 고구려가 백제의 치양성(雉壤城)을 공격할 때 백제는 신라에 원병을 청하는 등 나제간의 우호는 돈독하였다. 이러한 양국관계는 백제가 고구려 수군에 의해 차단되었던 서해상의 교통로를 열게 됨으로써 중국의 남진(南晉)과 교류를 트게 되었다. 국력이 축적된 이후 천도후의 궁성의 면모를 갖추고 국방을 강화하기 위한 방편으로 우두산성 사현성 이성산성 등을 축조하였고 지방에 대한 중앙에서의 통제력을 강화해 나갔다.

이어서 탐라국이 조공을 게을리하자 이를 응징하였다. 이로써 한성

함락이후 실추된 백제왕실의 위상을 회복하고 무령왕(武寧王), 성왕(聖王) 대(代)의 정치적 안정과 문화발전의 토대를 확립케 하였다. 이렇듯 백제의 국력은 일취월장(日就月將)하여 근초고왕때(346~375)는 고구려와 싸워 고국원왕(故國原王)을 전사시키고 평양성을 공격하여 두 나라는 원수가 되어버릴 정도로 막강해졌다.

특히 중국 남북조시대의 군소국가(群小國家)들의 대립상황을 포착하여 제(齊)나라와 통교하였고 북위(北魏)가 제나라와 전투를 벌이고 있는 가운데 북위는 제나라와 통교하고 있는 백제에 대해 적대감을 갖고 있다가 동성왕 12년(490) 대군(大軍)을 보내 침공해 왔다.

이에 당대의 명장인 찬수류(贊首流) 해곤류(解禮昆) 목간나(木干那) 등이 이들 적들을 맞아 선전하였다. 이어 제나라에 사법명(沙法名)을 정로장군(征虜將軍)에 제수해 줄 것을 요청하여 승낙을 받아냄으로써 명실공히 백제는 요서(遼西)와 진평군(晉平郡)을 경략하게 되었다.

백제의 요서 진평군을 경략한 사실에 대해 연대기(年代記)적으로 개괄해 보면 진시(晉時)에 고구려가 이미 요동을 차지하였고 백제 또한 요서 진평 두 군을 차지하였다고 송서(宋書) 이만전(夷蠻傳) 동이백제조(東夷百濟條)에 백제는 고구려와 같은 계통이다. 고구려가 요동을 점령하고 있을 때 백제 역시 요서 일대를 점령하고 있었는데 이 지역은 진평군(晉平郡)이라 밝히고 있다. 원문은 다음과 같다.

百濟本與句麗 但在遼東之千里 其後高句麗略有遼東 百濟略有遼西 百濟所致謂晉平郡.

당나라때 이연수(李延壽)가 쓴 남사(南史) 동이전백제조(東夷傳百濟條)에는 백제가 요서에 자치군을 설치하고 있었음을 다음과 같이 밝히고 있다.

其國本與句麗 在遼東之千里 晋世句麗略有遼東 百濟亦據遼西晋平二郡矣 自治百濟郡.

사마광(司馬光)의 자치통감에 위나라가 백제를 친 곳이 백제 식민지 땅인 요서와 진평 두 군이었음을 밝히고 있다.

魏兵追擊百濟 爲濟所敗 晋世百濟 亦據有遼西晋平二郡也 杜佑 通典 邊方夷百濟條 晋時句麗旣略有遼東 百濟亦據有遼西晋平二郡 今柳城北平之間北平領縣三 盧龍石城馬城.

이를 뒷받침하고 있는 것이 청나라 말기에 정겸(丁謙)의 저서인 양서이맥전지리고증(梁書夷貊傳地理考證)이다. 여기에 백제가 요서 진평 2군을 설치한 것은 후연(後燕)멸망기로 해로(海路)로 공격하여 얻은 것 같다고 하고 있다. 후연의 존속기간은 약 24년간(386~409)이다. 원문(原文)은 다음과 같다.

..共據在遼西二郡 盛樂後燕亂亡時 由海道襲而得之..

백제가 요서지방을 차지한 첫 기록인 양서(梁書)에 고구려가 요동을 차지한 시기를 대체로 광개토대왕 때로 보고 있는데, 백제 또한 이 시기에 요서를 차지하였다고 할 때 후진(後晋)기로 보여진다. 자치통감(資治通鑑)에 백제 근초고왕(近肖古王) 원년(346)에 모용황(慕容煌)이 부여를 공격하기 이전에 이미 백제의 공격을 받아서 서쪽으로 이동했다고 하였다.

이 기록으로 미루어 보아 백제는 346년 이전에 요서지방에 백제세력이 정치 군사력을 발휘하고 있었음을 뜻한다. 이를 암시하는 내용으로 용성(龍城:朝陽)인근에는 백제인들이 살고 있었다는 기사가 보이는데 고려 백제 및 우문(宇文), 단부(段部) 사람들은 한족(漢族)들이 살 길을 찾아서 연(燕)나라에 들어온 것과는 달리 군사적 강압에 의해 붙들려 온 무리들로 그 수가 무려 10만여 호나 되어 도성(都城)이 비좁고 번거로워 장차 나라에 해가 될까 염려된다고 하면서 이들은 정착할 마음이 전혀 없이 모두 돌아갈 생각만 하고 있다고 하였다. 위에 표기된 고려는 고구려를 뜻하며 우문이나 단부족은 선비족으로 모용과 싸워온 기록은 도처에 보이나 백제와 싸웠다는 기사는 보이지 않는다.

그렇더라도 위의 기사 가운데 백제인이라 함은 요서지방에 살던 백제인으로 모용선비와 싸우다가 패전해 포로로 잡혀갔던 무리들일 것으로 보인다. 346년 이전이라면 마한이라는 기사가 진서(晉書)에 자취를 감춘 290년(백제 책계왕(責稽王) 5년), 진(晉) 태희(太熙) 원년(元年))을 전후한 해로 백제가 요서 요동지방에 있던 마한과 정치 군사적 연계를 유지하면서 요서지역에 백제군을 설치하였던 것으로 보인다. 왕계(王系)로 보면 고이왕(古爾王) 말년으로부터 책계왕(責稽王) 재위기간인(285~297)을 시발로 하여 백제의 요서진출이 시작되었던 것으로 보여진다. 이 시기는 요하상류에 살고 있던 선비족의 모용의가 일어나 요동(遼東) 요서(遼西)지방 일대에 여러 군소국가들간에 패권을 다투던 시기이었다.

이러한 요서(遼西)지방 일대란 오늘날 어느 지역을 말하는 것인가를 살펴보지 않을 수 없다. 통전(通典) 편찬자인 두우(杜佑)에 의하면 유성(柳城)과 북평(北平)사이로 보고 있다.

통전이 완성되어 두우가 궁성에 들어간 시기가 801년(貞元 17)으로 구당서 지리지에 실린 변동 지명과 관련시켜 볼 때 지명 개정작업이 742년(天寶 元年)과 759년(乾元 元年) 두 차례에 걸쳐 지명개정이 있었다. 이 당시의 유성은 영주상도독부(營州上都督府) 또는 영주총관부(營州總管府) 소재지로 한나라 때 요서군에 속한 현으로 그 위치는 동북으로 2천리~6천리에 실위말갈(室韋靺鞨), 서북으로 해(奚), 북으로는 거란과 경계를 접한 곳이라 하였고 신당서(新唐書)에는 유성(柳城)에 대해 중서북은 해(奚), 북은 거란과 접경하고 동북으로는 의무련산사(醫巫閭山祠)가 있고 또 동쪽으로 갈석산(碣石山)이 있다 라고 하였다.

이러한 정황을 미루어 볼 때 7세기 이후의 유성지방은 오늘날 요녕성(遼寧省:朝陽)으로 간주되는데 이 조양(朝陽)지역은 본래 한족(漢族)과는 전혀 상관이 없는 지역이다. 고조선 멸망 이후 잠시 한족이 점거한 바 있으나 고구려의 계속된 공격 이래 선비족의 공격도 잇달음에 물러설 수밖에 없었다.

북평군은 위서(魏書) 권(卷) 106(一百六) 지 5(志 五)에 효창(孝昌, 525~527)때 중산(中山)을 갈라 군소재지를 북평군에 두었다라고 하였다. 여기에 속한 현은 보음(甫陰) 북평(北平) 망도(望都) 등 3현이고 호수는 1만3천34호에 인구는 6만 5천 1백 2인이라 하고 있다.

이에 관해 중국고금지명대사전(中國古今地名大辭典)에는 하북성(河北省) 완현(完縣) 동북쪽 보정(保定) 부근으로, 청말(淸末) 임수도(林隨圖)는 그가 1879년에 저술한 계동록(啓東錄) 가운데 마단림(馬端臨)의 문헌통고(文獻通考)에 진평(晉平)은 당나라 때 유성(柳城) 북평(北平) 사이라 하고 오늘날 이 곳은 금주(錦州) 영원(寧原) 광령(廣寧)지방이라 적고 있다.

이십오사(二十五史)에는 백제가 중국대륙 가운데서도 황해문명의

심장부라 할 수 있는 황해 북쪽 하북성에 요서군과 황해 남쪽 하남성에 진평군을 개척하고 이 두 군을 다스렸으므로 백제군이라 불렀다고 하였다. 요동과 요서의 분기선을 이루는 강이 요수인데 이곳은 현재 난하라 불리는 강으로 보여진다.

  이에 대한 입증자료는 통전(通典) 변방문(邊方門) 고구려(高句麗)편에 "碣石山在漢樂浪郡遂城縣 秦築長城東載遼水起於此山"이라 하였다. 즉 갈석산은 한의 낙랑군 수성현에 있는 산으로 진의 장성이 동쪽으로 요수를 끊고 이 산에서 일어났다고 하였다. 장성이 끊어지고 달리는 물은 현재의 난하(灤河)이며 상고시대의 요수인 것이다. 이 물은 동쪽은 요동이요 그 서쪽은 요서이다. 만주원류고 백제 항목에서는 백제의 땅 서북쪽에 광령(廣寧:河北省 遂慶縣 西)과 금주(錦州:河北省 廣寧의 西)가 있다.

  거기서 신라를 바라보면 동북쪽이고 유성과 북평에서부터 신라를 보면 역시 동남쪽에 있다. 이밖에 백제의 도성은 동경인 웅진과 서경인 거발성(居拔城:산동반도 소재)이 있다고 하였다. 이 자료는 1778년 청나라 건륭황제가 명하여 저술한 관찬서로 신뢰할 수 있는 자료이다. 여기에는 건무 2년(建武 2:495) 동성왕이 사신을 보내 전달한 국서의 내용이 실려 있다.

  지난 경오년(庚午年:490) 북위(北魏)가 개전치 않고 거병하여 깊숙이 쳐들어왔다. 이에 짐은 사법명 등을 보내 군을 이끌고 역습, 미명(未明)에 들이치니 우레같은 함성에 북위군은 당황하여 바닷물이 밀리는 것과 같이 혼비백산하였다. 이에 도망하는 흉리(凶梨:북위군)를 추격하여 참살하니 쓰러진 시체가 들판을 붉게 물들었다. 이에 저들의 예기(銳氣)는 꺾이고 노도같은 횡포는 그 흉악함을 감추게 되었다. 이에 온 세상은 조용하여 안정을 누리게 되었으니 이는 실로 사법명 등의 위력때문이었다. 이에 짐은 저들의 공훈을 참작하여 마땅히 표해야 하겠기로 사법명을 행정노장군(行征虜將軍) 매라왕(邁羅王)에 찬수류를 행안국장군(行安國將軍) 벽중왕(僻中王)에 해례곤을 행무위장군(行武威將軍) 불중후(弗中候)에 임명하고 목간나는 전에 군공이 있었고 또 대방(臺舫:二帶方)을 함락시켰으며 행광위장군(行廣威將軍) 면중후(面中候)에 임명하였으니 그리 알라 하였다.

북위(北魏)가 남북조기에 양자강구 북녘 왕조로 양자강을 넘지 못해 남조(南朝)인 송 제 양 진 등과 마주하였으며 서해나 동지나해를 건너 침략할 수 도 없었을 것이고 강대한 고구려 땅을 뛰어 넘어 한반도 서남쪽의 백제를 공격할 수 도 없었을 것이다. 이에 반해 백제는 산동반도에 자리한 거발성에 수도를 두고 근공원친(近攻遠親)의 외교정책을 펴면서 북위를 공격하여 강남의 남제(南齊)와는 우호관계를 유지해 왔다. 이같은 연유로 남제왕에게 동성왕의 인사명령 내용을 국서(國書)로 통고한 것이다. 당시 남제서(南齊書)에 보이는 백제의 중원땅 식민지 명칭과 통치자의 관작명은 다음과 같다. 먼저 지역명이 관착(冠着)된 태수의 명칭은 아래와 같다. 광양태수(廣陽太守) 대방태수(帶方太守) 조선태수(朝鮮太守) 청하태수(靑河太守) 광릉태수(廣陵太守) 낙랑태수(樂浪太守) 등이고 장군(將軍)인 군호(軍號)명칭으로 령삭(寧朔)장군, 관군(冠軍)장군, 건위(建威)장군, 용양(龍襄)장군, 광무(廣武)장군, 선위(宣威)장군, 정로(征虜)장군, 안국(安國)장군, 광위(廣威)장군, 건무(建武)장군, 진무(振武)장군, 양무(楊武)장군, 도(都)장군 등이며 왕후(王侯)명칭으로는 이중왕(而中王), 도한왕(都漢王), 매라왕(邁羅王), 매로왕(邁虜王), 피중왕(僻中王) 등이고 후(候)명으로는 서중후, 팔중후, 불사후, 불중후 등이다. 이밖에 주요 인사들은 저근(姐瑾), 서고(徐古), 여력(餘歷), 여고(餘固), 고달(高達), 양무(楊茂), 회매(會邁), 모견(慕遣), 왕무(王茂), 장새(張塞), 진명(陳明) 등 여럿이다.

삼국사기 신라본기 최치원전(崔致遠傳)에는 "百濟全盛之時南侵吳越北搖幽燕齊魯爲中國巨蟲"이라는 표현을 통해 백제 전성기에는 남쪽의 오 월 나라 등을 침략하고 북으로는 유주와 연 제 노나라를 흔들었던 중국속의 거대한 벌레 같았다고 하였다.

전제군주적 형태를 취함에 신진세력과 백씨 가문의 불만을 유발케 함으로써 왕이 사비서원(泗比西原)에서 사냥을 하다가 암살을 당하는 참변을 겪게된다. 이에 대해 일본서기는 동성왕이 무도포악(無道暴惡)하여 국인(國人)이 제거하였다고 하였는데 이 때의 국인(國人)이라 함은 백씨가(白氏家)를 지칭하는 것이다.

수서(隋書) 백제전(百濟傳:卷八十一)에 중국 팔대족성 가운데 사, 연, 협, 해, 정, 국, 목, 묘씨라 하여 요서공략의 공로자인 사법명 해례곤 목간나 등은 백제인 가운데 대성(大姓)의 일문(一門)임을 알 수 있다. 여씨(餘氏)는 부여씨(夫餘氏)의 중국식 약칭인데 백제 8대 성 가운데는 남북한 전체로 보아 전무하다. 이러한 현상은 백제 멸망과 함께 이들은 하나같이 일본으로 망명해 간듯하다. 왜냐하면 일본의 신찬성씨록(新撰姓氏錄)에 고스란히 이들 성씨가 보인다. 이상의 제반 사실에 대해 백제는 중원 내륙의 유(幽:直匠) 연(燕:山西) 제(齊:山東) 노(魯:克州) 오(吳:江蘇) 월(越:浙江) 등의 땅을 모두 관할하였던 대제국(大帝國)이었다. 이상과 같은 제반 기록들은 우리나라 역사서가 아닌 중국의 엄연한 정사(正史)들이 한결같이 입증하고 있다는 사실이다.

무엇보다 당시 요서지역을 경략하는데 공로가 지대한 인사들의 논공사실까지 태평환우기(太平攘宇記), 주서백제전(周書百濟傳), 북사백제전(北史百濟傳), 자치통감 백제기(資治通鑑 百濟記), 남제서(南齊書),

만주원류고(滿洲源流考) 등이 입증하고 있다는 사실이다. 그 중심에 백제의 근구수대왕(斤仇首大王)과 동성대왕(東城大王)이 서 있었다.

3. 고토(故土)를 회복한 광개토대왕

1) 국강상광개토경평안호태왕(國岡上廣開土境平安好太王)

환국인 단군조선이 멸망한 이후 B.C.37년에 일어선 고구려는 제19대인 광개토대왕(廣開土大王) 재위기간(391년에서 412년)에 대부분의 고토(故土)를 회복하였다. 대왕의 큰 아버지는 고구려에 불교를 받아들인 소수림왕(小獸林王)이며 아버지는 소수림왕의 동생인 고국양왕(故國壤王)이다. 그의 이름은 담덕(淡德)으로 중국 사료에는 안(安)이라 기록되어 있다.

대왕은 374년에 태어나서 고국양왕 3년인 386년에 태자로 책봉을 받았다. 태어나면서부터 체격이 늠름하고 뜻이 매우 고상하였다. 39세라는 한창 젊은 시절에 생을 마감하였지만 대왕의 죽음에 대한 원인은 밝혀지지 않고 있다.

재위기간 동안 영락(永樂)이라는 연호(年號)를 사용하였으며 영락대왕이라 불려졌고 사후의 시호(諡號)는 국강상광개토경평안호태왕(國岡上廣開土境平安好太王)이다. 대왕의 재위간 동안의 구체적인 내용은 삼국사기와 광개토대왕릉비의 기록상 다소 차이가 있지만 시호가 의미하는 바와 같이 고구려의 영토와 세력권을 우리나라 북방 영역을 크게 확장시켜 놓았다. 대왕의 비문에 의하면 재위기간동안 선정(善政)을 베풀어 내치에도 힘을 써, 나라가 부강하고 백성들은 편안하였고 오곡은 풍성하였다고 한다. 내정(內政) 정비를 강화하면서 장사(長

史) 사마(司馬) 참군(參軍) 등의 중앙관직을 신설하고 역대 왕릉을 보호하기 위해 수묘인(守墓人) 제도를 재정비하였다.

393년 평양에 9대 사찰을 창건, 불교를 장려하는 한편 아들인 장수왕 때에 평양으로 수도를 천도할 수 있도록 기틀을 마련하였다. 21세에 아들 거련(巨連:일명 蓮)을 낳았는데 대왕의 단명을 보상이나 하듯 아들 장수왕은 99세 까지 살아 고구려 내에서 뿐만 아니라 역사상 최대 장수를 누렸다.

큰 아버지 소수림왕, 아버지 고국양왕에 이어 고구려 최대 전성기를 구가한 대왕은 아들인 장수왕 대로 이어질 때 까지 고조선의 판도를 대체로 달성하여 아시아 최대 강국의 영토를 관할하게 하였다.

대왕의 남정북벌(南征北伐)에 따른 활약은 실로 초인적이었는데, 무엇보다 북벌에 역점을 두었다. 그 첫 번째 대상은 거란족이었다. 이들 거란족은 이전부터 고구려 북쪽지역 백성들을 못살게 굴었다. 그 가운데는 적지 않은 고구려 백성들을 포로로 잡아가기도 하였다.

이러한 연유로 고구려 백성들은 포로로 잡혀간 부모형제들을 되돌아오게 하기 위한 전투에 매우 적극적이었다. 언제나 전투대열에는 대왕 스스로가 선두에 서서 진군해 나가니 거란군은 이러한 대왕의 기세에 눌려 진군해 가는 곳마다 항복을 받아내고 이들을 복속시켰다.

그 지경(地境)은 요하의 상류인 염수까지 공격해 들어감으로써 잡혀갔던 포로들을 귀환해 오게 할 수 있었다.

아울러 상당수의 거란족들을 볼모로 잡아옴으로써 다시는 고구려 변경에 대한 노략질은 물론 고구려에 대한 두려움을 갖게 하였다. 이들에 대해 말하기를 너희들 고향에서 사는 것 못지 않게 잘 살도록 해주겠노라 공언함으로써 이같은 소문이 널리 퍼져 나가면서 주변 소수 종족들이 앞 다퉈 자진 투항해 고구려에 충성을 다짐해 왔다.

2) 연(燕)나라를 대파(大破)한 광개토대왕

　주변의 여러 종족 가운데 대왕의 심기를 건드린 족속은 모용족의 연나라였다. 이들은 제14대 왕인 봉상왕 5년에 고구려를 침입해 온 바 있다. 이때에 왕이 고노자로 하여금 이들을 격퇴시킨바 있으나 그 피해는 적지 않았다. 이러한 모용족은 점차 그 세력을 키워 나가면서 주변 한족들 까지 아우르며 모용괴의 아들인 모용황이 고국원왕때 환도성까지 쳐 들어왔다. 고국양왕 때에는 모용황의 아들 모용수가 요서지방의 땅을 빼앗으려 고구려 변경을 넘나들기도 하였다. 이러한 일로 광개토대왕으로서는 이들에 대한 원한과 적개심이 남달랐다.
　그러나 이들은 결코 만만한 상대가 아니었다. 강적을 목전에 둔 양국은 서로가 내실을 다지면서 군사력을 키워나갔다. 이러한 시기에 모용수의 손자 모용성이 선대와는 달리 대연황제라 스스로 칭하면서 오만하게 처신하자 대왕은 모용성의 내심을 알아보기 위해 화친사절을 연나라에 보냈다.
　고구려 대왕 명의의 국서를 받아 본 모용성은 감히 조그마한 나라의 임금이 대왕이라 칭한다 하면서 화를 내며 국서를 가지고 온 사신의 목을 베라고 하였다. 그리고는 모용성의 숙부인 모용희로 하여금 군사 3만을 거느리고 고구려 정벌에 나서게 하였다. 이들 침략군은 삽시간에 고구려 북방의 관문인 신성(新城)을 공략해 왔다.
　그곳은 이전에 고노자 장군이 태수로 있으면서 연나라의 침략을 막아낸 바 있던 오늘날 심양 북쪽 지역이다. 이들 연나라 침략군들은 신성뿐만 아니라 심양 남쪽인 남소성을 함락시키면서 고구려 국경 7백여 리를 유린해 왔다. 이러한 사태를 직면한 대왕은 고구려군을 이끌고 신성과 남소성으로 달려 나갔다.

고구려군은 우리 안에 갇혀있던 성난 사자들이 포효하는 것과 같이 적을 향해 돌진해 나갔다. 그러나 연나라 군사들도 물러서지 않고 대적해 옴에 싸움은 가일층 치열해졌다. 적들은 보다 많은 병력을 동원해 이번에는 요동성으로 몰려들었다. 이에 대왕은 이러한 적들의 기세에 대해 고구려군을 향해 외치기를 '우리가 이 전투에서 지면 고구려는 멸망하게 된다. 그 굴욕은 천추에 한이 될 것이다. 그러니 끝까지 물러서지 말고 이겨내야 한다 라고 힘껏 외쳐댔다.

전투는 보름이 지나도록 계속되었다. 양쪽 군사들은 지칠 대로 지쳤다. 이러한 때에 매서운 북풍이 휘몰아치는 혹한의 겨울철을 맞게 되니 모질고 가슴을 에는 듯한 추위가 천지를 덮쳐왔다. 마실 물을 구할 길은 막혔고 손발은 얼어붙었다. 먹을 양식은 떨어지고 수많은 병마들은 목이 터지도록 울어대는 소리가 하늘에 닿았다.

이렇게 되니 더 이상 물러서거나 앞으로 나갈 수 없는 신세가 되었다. 모든 것이 얼어붙어 꼼짝 달싹할 수 없는 지경에 이르고 말았다. 이러한 때에 내리는 눈은 옷자락에서 녹아 얼어붙으니 군사들은 그대로 눈위에 쓰러져 죽어 나갈 수밖에 없었다. 살아남은 군병들마저 얼굴은 퉁퉁 붓고 화살과 칼에 맞아 죽는 병사보다 얼어 죽거나 굶어 죽는 숫자가 훨씬 많게 되었다. 이러한 상황 하에서 양쪽 진영의 군사들은 자멸할 상태에 이르게 되었다. 이에 대왕은 산상에 올라 두 손을 모아 합장하고 하늘을 향해 간절히 빌기를

하늘이시여 불쌍한 고구려 백성을 건져 주십시오! 이번 전쟁에 고구려가 지면 고구려 백성들은 살아남기 어렵습니다. 하늘이여 굽어 살피시어 고구려 군이 승리할 수 있도록 도와주십시오. 고구려 운이 여기서 끝났다면 이 몸을 이 전투에서 죽게 하시고 고구려 운이 남아 있으면 연나라 군을 물리칠 힘과

지혜를 주소서!

라고 간절히 빌었다.

　빌기를 마치고 나니 지성이면 감천이라고 다음날 밤 강풍은 계속되었지만 바람은 연나라 쪽으로 세차게 불어 고구려 군사는 눈을 뜨고 전방을 바라볼 수 있는 반면에 연나라 군병들은 눈 뜬 장님인양 앞을 바라볼 수 없었다. 대왕은 이같은 정황을 재빨리 간파하여 이것은 하늘이 내려준 절호의 기회라고 여겨 고구려 전군에 공격명령을 내렸다.

　이같은 정황은 고구려 전 병사들에게도 이심전심으로 전해지면서 사력을 다해 진군해 나갔다. 그러니 승패는 보나마나였다. 대세는 연나라 군졸들에게는 눈뜬 장님 꼴이 되고 말았다. 이렇게 전쟁은 끝이 났으나 이듬해 연나라는 또 다시 침공을 감행해 왔다.

　그러나 지난해 패전의 후유증으로 장병들은 전의를 상실한데다 보급물자의 부족으로 자멸할 수밖에 없었다. 이러한 시기에 고구려계의 고운이 모용족의 연나라를 뒤엎고 북연을 세웠다. 이 시기가 영락 17년이다.

　대왕은 고운이 세운 후연에 유화정책을 펴면서 양국 간에 평화를 지속시킴과 동시에 이미 차지한 요하 동쪽 땅을 경략하고 서변의 국경관리를 해 나갔다. 대왕은 이민족(異民族)에 대해서는 강경책을 썼으나 동족인 여러 나라들에 대해서는 매우 우호적이었다. 그러기에 웬만한 변경지대에서의 충돌은 눈감아 주었다.

　이렇듯 동족에 대한 온정을 외면한 동부여에 대해서는 단호하였다. 그런데 연례적으로 조공을 받쳐오던 동부여가 조공을 받치지 않음에 이를 처단하려 하자 곧바로 항복해 왔다. 이에 대사자인 모두루를 동부여로 보내 반기를 들지 못하도록 하였다. 이러한 조처로 주변의 매

구루라 불리우던 말갈부족, 비사마부족, 소립부부족, 수사사부족 등등이 대왕의 명을 따르겠다고 자청해 오고 그들의 영토를 고구려에 편입하고자 하였다.

이로써 고구려는 명실공히 고조선의 영토를 회복 경략하게 되었다. 4~6세기 전반기는 고구려 역사상 전성기로 군사적으로나 정치 경제 문화 모든 분야에서 괄목할만한 전성기였다. 이 시기 고구려의 서변은 진나라 멸망이후 5호 16국시대로 중원대륙에서의 군소대국들간에 이전투구를 벌이는 중에 311년 요동군의 서안평현을 차지한데 이어 313~314년 사이에 낙랑군과 대방군을 각각 몰아냈음을 자치통감 87권 진기 10 효민제조에 언급되어 있다.

내용인즉 건흥원년 요동의 장통이 낙랑 대방 2군에 의거하여 고구려왕 을불리와의 공격이 연이어졌다. 낙랑왕 준이 장통을 설득, 그 백성 천여가구를 거느리고 모용외에게로 갔다 라고 하였는가 하면, 삼국사기 고구려 본기 미천왕 14년 15년조에서도 고구려가 313년에 낙랑군을, 314년 대방군을 공격하였음을 각각 전하고 있다.

이러한 낙랑군과 대방군은 요동반도에 위치해 있으므로 4세기 초에 이 지역이 고구려 판도에 들어왔음을 의미한다. 315년에는 현도군을 몰아냈는데 이 현도군의 위치를 밝히기 위해서는 645년 당나라군이 고구려 침략 노정에 보이는 현도라는 지명에 유의할 필요가 있다. 이에 대해 삼국사기 고구려 본기 보장왕 4년조에 당나라 이세적이 유성에서 출발하여 회원진으로 출격하는 것처럼 위장하고 은밀히 북쪽 골짜기 길로 군사를 진격시켜 '통정으로부터 요수를 건너 현도'에 이르러 신성을 함락하게 한 후 요수 하류의 서쪽 벌지대를 거쳐 요하를 건너온 당태종의 군대와 합류해 요동성을 공격하였다고 한다.

이렇게 볼 때 통정 동쪽에 요수가 있고 요수 동쪽에 현도라는 지방이 있었음을 알 수 있다. 삼국사기에 언급하고 있는 645년경의 요수는 지금의 요하이며 통정은 612년 수양제가 요수 서쪽 대안에 설치한 요새였다. 그리고 당나라 이세적이 현도에 이르러 처음으로 공격한 신성은 오늘날의 무순부근으로 고구려의 요동성은 요하 동쪽에 위치해 있었다. 이상과 같은 지리적 상황으로 보아 현도는 요하 동쪽, 무순 서쪽에 해당하는 요하와 혼하 사이의 지역이었음을 알 수 있다.

3) 역사상 최대의 영토를 경략한 광개토대왕

요컨대 고구려는 4세기 초 낙랑 대방 현도 등과 요동군의 일부지역을 경략하게 됨으로써 그 서변은 요하계선에 미치었던 것으로 보여진다. 광개토대왕릉비문에 대왕이 비려를 징발하고 행차를 돌려서 가평도를 지나 동쪽으로 역성, 북풍, 오비유로 와서 영토를 시찰하고 수렵을 한 후에 돌아왔다는 기사가 전해지고 있는데 진서 지리지에 의하면 북풍은 요동국 8개 속현중의 하나로 되어있다. 이 지역은 진대에 속했던 땅이었으나 서진 멸망 후 모용선비가 관장하다가 고구려군이 개선할 때 이곳으로 지나온 것을 보면 395년 이전시기에 요동군지역이 고구려 영토로 귀속되었음을 알 수 있다.

대왕의 정력적인 정복사업의 결과로 재위기간 중 64개의 성(城)과 1400여 촌락을 공파하여 서쪽으로는 요하, 북쪽으로는 개원(開原)~영안(寧安), 동쪽으로는 혼춘(琿春), 남으로는 임지강 유역에 이르게 되었다.

이같은 대왕의 업적은 그를 기리는 비문에 나타나 있는데 이 비문(碑文)에 대해 살펴보지 않을 수 없다. 이 비는 대왕의 아들인 장수왕이 세운 것이다. 현존하는 우리나라 비석으로 가장 크고 또한 가장 오래된 비(碑)로 우리나라 고대사는 물론 동아시아사를 밝히는데 매우 중요한 비문이다.

이 비의 존재는 고려 제23대 고종 때인 봉천 유수(留守)가 민정을 살피고자 순회하면서 발견하였다. 이러한 비에 대해 조선조 초기에 지은 용비어천가, 중기에 나온 이수광의 지봉유설에 언급되어 있기는 하나 비문 내용에 대해서는 언급함이 없이 만주에서 건국된 금나라 어느 황제의 것이 아닌가 할 정도로 여기고 있을 뿐이었다.

비석이 서 있던 이 일대는 청나라가 들어서면서 봉금지대로 있었기 때문에 사람들의 발길이 닿지 않고 있다가 봉금이 해제되면서 비의 존재가 학계에 전해지게 된 것이다. 비의 존재가 재조명되기는 1882년경 만주지역을 탐색하던 일본의 밀정 사카와(酒勾景信)에 의해 비문의 일부가 변조되면서 이를 기초로 한 쌍구가묵본(雙鉤加墨本)이 일본에 반입되자 일본군참모본부를 중심으로 비문의 초기연구가 비밀리에 진행된 끝에 1889년 그 내용이 세상에 알려지기에 이르렀다.

비슷한 시기에 중국학계에서도 비에 대한 조사와 금석학적 연구가 진행되었다. 1899년경부터는 청·일 양국 간 비문변조를 합리화하거나 고가매매를 하기 위해 보다 선명한 탁본을 얻고자 비면에 석회칠을 감행하였으며 이러한 과정에서 비면의 마멸과 일부 문자가 오독(誤讀)되기에 이르렀다.

즉 1890년대 이전의 원탁본(源拓本)은 남아 있지 않아 능비연구에 어려움을 더해주고 있다. 1957년 중국 학자들에 의해 능비 주변의 유적이 재조사되기 시작, 1981년 본격적인 조사가 이루어졌다. 이러한 비문의 내용은 크게 세 가지 부분으로 구성되어 있다.

맨 앞 부분은 서문격으로 첫 면 제1행에서부터 6행에 걸쳐 추모왕(鄒牟王:朱蒙)의 건국신화를 비롯하여 대주류왕(大朱留王:대무신왕)으로부터 광개토대왕에 이르는 대왕의 세계(世系)와 약력 및 비의 건립 경위가 기술되어 있다.

둘째부문은 제1면 7행에서부터 3면 8행에 걸쳐서 대왕의 정복활동과 토경순수(土境巡狩) 관련 기록이 연대순으로 언급되어 있어 본서 내용의 핵심을 이루고 있다.

셋째 부문은 8행에서부터 넷째 부문 9행에 이르기 까지 수묘인연호(守墓人烟戶)의 명단과 수묘지침 및 수묘인 관리규정이 기술되어 있다. 대왕의 정복활동과 토경순수(土境巡狩) 관련 기록은 여덟 개의 기년기사(紀年記事)와 두 가지 종합 기사로 구분할 수 있다. 정복관련 기사로 영락 5년(서기 395년) 대왕은 친히 군사를 거느리고 부산(富山)을 지나 염수(鹽水)가에 이르러 비려(碑麗)의 세 부락 600~700영(營)을 공파하고 수많은 가축을 노획하였으니 양평도(襄平道)로 개선하는 길에 북풍(北豊) 등 요하(遼河)부근의 토경(土境)을 순수(巡狩)하였는데 위의 비려(碑麗), 염수(鹽水)의 위치에 대해 논란이 있으나 대체로 시라무렌강 유역에서 유목생활을 하던 거란족을 정복한 기사로 보여지며 요하(遼河)부근의 토경순수(土境巡狩)는 유동적인 국경지대의 관할권을 재확인하고 민심을 수습하고 왕도정치의 구현을 도모한 것으로 보여진다.

무엇보다 요하일대가 고구려의 영역으로 명실공히 장악되었음을 알 수 있다. 왜곡되고 있는 신묘년 기사인 "百殘新羅舊是屬民由來朝貢 而倭以辛卯年來渡海 破百殘00新羅以爲臣民"에 대해서는 문자판독이나 기사의 성격에 대해서 관련학계의 완전일치가 되어있지 않은 상태이나 '海'자를 비롯한 일부 문자가 변조 내지 오독(誤讀)되고 있지 않나 여겨진다.

비문기사 내용은 한중일 3국간에 비상한 관심을 불러일으키고 있으나 논의의 쟁점은 핵심에 이르고 있지 못한 실정이다.

  요컨대 대왕의 재위기간은 고구려 전성기로 서로는 요하선을 돌파하여 요서지방을 사이에 두고 북위와 대치하였고 북쪽으로는 오늘날의 아무르강인 흑수(黑水)유역까지, 남으로는 아산만과 영덕을 잇는 선까지 뻗쳤으며 신라에 지대한 영향력을 행사하였다. 동으로는 북간도지역인 동부여지역을, 서북으로는 흥안령산록에 까지 통할함으로써 고조선영역을 명실공히 장악하였다.

4. 대륙수호(大陸守護)의 명장(名將) 을지문덕(乙支文德) 장군

1) 을지문덕(乙支文德) 장군의 생애

  광개토대왕의 고조선 영토 수복을 굳건히 지키도록 헌신한 을지문덕 장군의 생몰연대는 미상이다. 삼국사기에는 단지 고구려 제26대 영양왕(嬰陽王) 때의 인물로 기록하고 있다. 심지어 자치통감에는 그를 위지문덕(尉支文德)이라 표기하고 있을 정도이다.

  해동명장전의 저자 홍양호(洪良浩)는 을지문덕은 평양 인근의 석다산(石多山) 사람이라 하는 등 그의 세계(世系)는 명확히 밝혀지지 않고 있다. 그러나 일부 자료에는 장군의 시조는 고구려 제2대인 유리왕때에 대보대신(大輔大臣)을 지낸 을소(乙素)로 알려지고 있다.

  을소는 관직에서 물러난 이후 의주에서 여생을 보냈다. 좌보상(左輔相)겸 진군국정사(知軍國政事)의 벼슬을 지낸 대무신왕때의 을두지(乙豆智)는 한(漢)나라가 요동의 군사를 이끌고 고구려를 침략해 옴에 지략(智略)으로 이를 물리친바 있으며, 고추대가(古鄒大加)라는 벼슬자리에 있던 을음(乙音)은 제6대 태조대왕시절에 예빈관(禮賓官)으로 있었고, 9대인 고국천왕 때에는 고구려 사상 최대의 현상으로 일컫는 을파소(乙巴素)는 장군의 직선조(直先祖)이다.

이 시기에 고구려는 내치가 안정되었고 정교(政敎)가 바로 섰으며 상벌이 공정하여 국태민안을 구가할 수 있었다. 11대인 동천왕 때에는 을밀(乙密)이 선인(仙人)벼슬에 있으면서 왕명을 받들어 평양성을 축조하였고 그 후예인 을루(乙婁)는 요동성주로 있으면서 지군정사(知軍政事)직을 수행하면서 수많은 공적을 남겼다. 을력(乙力)이란 분은 변장(邊將)으로 있으면서 말갈부락을 잘 다스렸고 을무(乙武) 또한 현용(賢容)하다 하여 부여성주(夫餘城主)로 천거되었다.

장군의 부친 때인 을우(乙優)대에 와서 평양 석다산(石多山)으로 이주해 살게 되었는데 을씨 집안은 대대로 고구려 조정에 직·간접적으로 기여해 왔다. 그런데 을씨가 을시씨로 바뀐 것은 문덕왕 때부터라고 한다.

을씨 집안에서 을파소에 대한 추앙심이 고구려 전역으로 확산되면서 너도 나도 을씨의 자손임을 내세우며 후손으로서의 자부심이 대단하여졌다. 따라서 을씨 집안의 자손이라는 의미에서 을지(乙支)씨라는 성씨가 정착되었다고 알려져 오고 있다.

여하간에 을지문덕 장군은 고구려 제25대인 평원왕때인 동왕 19년(서기 577년)에 평양 서부 석다산 아래에서 태어났다 광복이전 행정국역으로 평안남도 강서군 적송면 석삼리 불곡촌(佛谷村)이다.

을지문덕은 어려서 양친이 모두 돌아가셔서 외롭게 자랐고 가세는 자연히 빈한할 수밖에 없었다. 그러나 그는 석다산 밑 석굴에서 홀로 글을 읽고 병서공부에 열중하였다. 그리고 틈나는 대로 적송면(赤松面) 석이리(石二里) 마이산(馬耳山) 밑에 활터를 만들어 놓고 활쏘기 연습에 열중하였는가 하면, 대원산(大圓山)으로 올라가 검술도 익혔다.

나이 들어 평양 대동군 용산면 구촌(龜村)에 초당을 지어놓고 서(書) 사(史) 천문(天文) 지리(地理) 등을 광범위하게 섭렵하며 미치지 않는 곳이 없었다. 당시 그가 벼루를 씻던 못이 있었는데 뒤에 이 고장 사람들이 을지소(乙支沼)라 불렀다.

2) 후세의 기록을 통해 본 을지문덕 장군

을지문덕 장군에 관한 정사(正史)의 기록은 소략하기 이를데 없다. 삼국사기에 기록된 내용을 살펴보면 을지문덕은 침착하고 용감하며 사람을 현란시키는 꾀와 수단이 있었고 아울러 문장에 능하였다.

수나라 양제가 요동을 침입할 때 그 군사의 성대함이 역사 이래 처음이었으나 고구려가 한 구석의 작은 나라로서 대항하되 스스로 지켜냈을 뿐만 아니라 거의 수나라 군사를 전멸시켰으니 이는 을지문덕 한 사람의 공이었다.

동국통감(東國通鑑)에는 부진(符秦)이 백만 군사로 진(晉)나라를 정벌하다가 비수(肥水)를 건너는 도중 사현(謝玄)에게 대패하고 후퇴하였는데 남은 군사가 겨우 10만이었다. 지금 수나라 양제가 부진과 달라 그 부유함이 부진의 몇 배이고, 군사가 부진의 몇 배이며, 고구려 땅이 강좌서능(江左西陵)과 같이 지형적으로 뛰어난 것도 없고 병사들도 사안왕도(謝安王導)와 같이 잘 훈련되지도 못하였으며, 주서(朱序)와 같이 배반하는 자도 없었으되, 을지문덕이 평양의 고립된 군사로 적병에 대항하여 전승을 거두었으니 사현에게 비교하면 을지문덕이 훨씬 우수하다.

수양제의 위세와 기염이 천지에 떨쳤으나 을지문덕이 여유 있게 계획을 세워 적 2백만 군사가 압록강 살수의 귀신이 되고 살아 돌아간

자가 2천7백여 명에 불과하니 수양제는 대패하여 세상의 웃음거리가 된 것이다. 이후로 당태종의 뛰어난 무술로도 안시성에서 이기지 못하였고 요(遼) 금(金) 몽골(蒙古)의 용맹으로도 해치지 못하였으며 금산(金山) 금시(金始) 합단(哈丹) 홍관(紅冠)의 병사도 우리나라에게 망한바 되어 후세 천하가 우리나라를 강국으로 보고 함부로 대하지 못하였으니 이 어찌 을지문덕의 공(功)이 아니겠는가!

조선조 영조때 안정복(安鼎福)이 지은 동사강목(東史綱目)에는 영양왕이 을지문덕 등 신하를 이용하여 승승장구의 기세로 수 양제를 토벌하지 않은 것이 애석하다. 홍양호의 해동명장전(海東名將傳)에는 을지문덕의 손으로 국가의 큰 위기를 극복하였으니 그 공이 우리나라 전 역사에 미쳤다 하고, 동국여지승람(東國輿地勝覽)에는 안주(安州) 칠친깅은 을지문넉이 수나라 군사를 추격하여 대패시킨 곳이다. 이처럼 무장으로서의 을지문덕 장군의 공적을 후세 사가들은 높이 평가하였는가 하면, 그는 문인으로서도 높은 경지에 이르렀다.

조선조 문사 냉제(冷霽) 유득공(俞得恭)의 시에 의하면 을지문덕은 참으로 재능 있는 선비로서 오언시(五言詩)를 지었는데 우리나라 으뜸이라 하다. 이밖에 조선조 말인 1908년(隆熙 2년) 김교헌(金敎軒)이 엮은 대동풍아(大東風雅) 첫 머리 제1장에 을지문덕의 시를 실었는데 이는 조담약(趙湛若)이 거문고 잘 타는 사람으로 추앙되고 김취려(金就礪)를 대주호(大酒戶)로 칭찬함과 같은 경우이니 을지문덕이 저 세상에서 들었으면 빙그레 웃을 일로 그의 위대함을 잘 드러낸 표현이라 하겠다.

무엇보다 이상의 제설을 뛰어넘는 극찬은 단재 신채호선생의 평을 지나칠 수 없게 하고 있다. 진실되고 성실하며(眞成人), 강인하고 굳세며(强毅人) 독립적이며(特立人), 모험적인 사람(冒險人), 진실하고 성실하였기 때문에 임금과 신하들이 그의 10여 년 간 물과 고기와의 관계처럼 친밀하게 지낼 수 있었고 이간하는 말이 없었으며 장군과 재상들이 한 마음으로 내정을 닦고 외적을 물리치되 부지런히 서로 권면하여 병사들이 강한 병사가 되었고 천리의 좁은 땅에서 이웃 나라를 깔보기까지 하였다.

강직하고 의연하였기 때문에 수 양제의 군사가 성난 파도와 같이 모여들어 군함이 바다 위에 개미 떼 같이, 군마가 평야에 구름같아 적이 큰 소리로 위협하되 굽히지 않고 흔들리지 않는 정신으로 여유있게 대항할 수 있었다.

당시 수 양제의 기세에 이웃 나라들은 두려움 속에 굴복하였다. 가까이로는 신라 백제가 비위를 맞추었고 멀리는 돌궐 권란도 무릎을 꿇는 수모를 겪는 상황이었으나 오로지 고구려의 을지문덕은 아무리 수나라가 강하다 해도 자웅(雌雄)을 겨루고자 하였다.

역경을 돌보지 않으며 생사를 무릅쓰고 홀로 호랑이굴로 들어가 호랑이를 잡았다. 침착 용맹 권모술수가 능란하였다. 이는 수나라 역사가들이 그들의 황제에게 올린 글에서 평한 내용을 후세의 사가들이 그대로 모방한데 불과한 것이다.

작전을 함에 있어서 진(陣)을 치고 대항하는데도 지휘가 정연하고 여유있는 마음으로 적의 병영에 들어가 사나운 병사들을 손바닥 위에 놓고 희롱하였으니 침착 용맹 권모술수라고 함이 이에 기인된다.

이러한 장군은 단지 고구려 영양왕 때의 을지문덕이 아니라 단군의 후예로서 을지문덕이며 우리 한민족의 얼을 대변하는 을지문덕 장군인 것이다. 단지 한 시대의 을지문덕 장군이 아니라 억만세대의 을지문덕 장군인 것이다. 고구려를 세운 주몽의 왕통은 끊어졌어도 을지문덕 장군의 정신은 이어져 오고 있다. 김춘추 김유신은 죽었으나 을

지문덕 장군은 죽지 않았다. 장군의 투철한 애국 애족 정신은 만고에 길이길이 빛날 것이라고 극찬하고 있다.

3) 수(隋)나라의 침략을 물리친 을지문덕 장군

중원대륙에서 후한 말기 군웅이 할거하기 3백50여 년이 지나면서 위, 진(魏, 晉) 남북조시대가 열렸다가 589년 통일국가로서 수(隋)나라가 건국되었다. 이후 고구려와 수나라는 요하(遼河)를 사이에 두고 맞서게 되었다.

고구려는 건국이후 계속해 한군현(漢郡縣)의 세력, 후한 말기의 공손씨 세력, 위나라와 한나라에서의 관구검 세력, 선비족인 모용씨 세력들과 끊임없는 쟁투를 벌여야 했다. 이러한 시련과 고난에 단련된 고구려는 언제 어느 때 또 다시 침략하는 외적과 맞닥뜨려야 할지 긴장하지 않을 수 없었다. 이렇듯 고구려는 자체 방위를 위해 군비를 강화해 나갔다. 이러한 고구려에 대해 중원을 통일한 수양제는 다음과 같은 국서를 고구려에 보내 조소(嘲笑)를 보내기 서슴지 않았다.

요동의 넓이가 장강과 비교해 어떠하며 고구려인의 수가 진나라와 비교해 또한 어떠한가? 만일 내가 당신 나라의 방자함을 꾸짖고자 하면 한 명의 장군만 있으면 그만이요 많은 말이 필요 없다.

이처럼 교만 무례한 국서를 받은 고구려로서는 앞으로 닥칠 환란에 대비하지 않을 수 없었다. 이에 고구려로서는 이러한 위협에 대해 선수(先手)로 대응할 것인가, 때를 기다렸다가 응전할 것인가를 두고 고민하지 않을 수 없었다. 그러는 가운데 피습에 대비해 전략지점을 확보하기 위한 예비수단으로 말갈의 무리 1만 여 명을 앞세워 요서지방으로 전진 배치하였다. 이에 수나라에서는 수륙군 30만으로 공격해 왔다. 그러나 이들 적군은 국경선인 요동성에 이르기 전에 전염병의 창궐과 보급품의 부족으로 전의를 잃었고 수군을 인솔한 수나라 장군 주나후가 이끈 수군(水軍)은 평양성으로 향해 오던 중 태풍을 만나 대부분의 선박과 군선들이 파괴돼 수많은 병사들이 수몰되고 말았다.

  이 당시 고구려의 병마원수 강이식(姜以式)장군은 정병 5만을 이끌고 수나라 잔여병들을 몰살하고 수많은 군수물자를 노획하는 전과를 올렸다. 이 전투가 고구려와 수나라간의 제1차 전투였다. 이를 분하게 여긴 수나라는 호시탐탐 재침의 기회를 노리면서 전쟁준비에 광분하였다. 수 양제는 부호들에게 군자금을 강제로 거둬들이고 군마 10만필을 조달케 하고 전국의 장정들을 징집하는 가운데 수 많은 장비와 각종 병기를 조달케 하였다.

  이러한 일로 인해 산동지방 같은 데에서는 배를 수리하고 진수시키는데 이에 따른 노역이 얼마나 심했던지 조선공(造船工)들이 밤낮없이 물 가운데서 일해, 휴식을 취할 수 없게 되어 허리 밑으로 구덕기가 생겨날 정도이었다.

  고역(苦役)으로 열 명 가운데 두 서너 명은 질병에 걸려 죽어나갔다. 전쟁을 일으키자 엄청난 수의 백성들을 동원하여 보급품을 운반케 하고, 운반에 동원된 우마차는 돌려보내지 않음으로써 농번기를 맞은 농촌에서는 폐농이 잇따르고 백성들은 굶주려 죽어나가는가 하면, 요행히 살아남은 자들도 달아나기에 바빴다.

  그러는 가운데 백성들 사이에서는 어느덧 요동에 가서 헛되이 죽지 말라는 참요(讖謠)가 회자(膾炙)되었다. 도망친 자들은 거처할 곳이 없게 되자 사방으로 흩어져 도적이 되고 민심은 흉흉하기 이를 데 없었다.

고구려 영양왕 23년 수나라 군의 출동병력은 총 1백13만3천명에 달하였고 좌우익 24군과 천자군 6군(軍)에, 30군으로 편제되어 매일 1군씩 출정케 하였다. 각 군의 거리는 40리, 천자군은 80리 간격을 두고 전진하니 총 군의 길이가 1천40리에 달하였다.

이러한 대군을 향해 수양제는 다음과 같은 훈시를 내렸다.

고구려는 소추(小醜)로서 미혼불공(迷昏不恭)하며 누차 요(遼), 예(穢)의 국령(國領)을 잠식(蠶食)하되 조근예지(朝槿禮之)를 취하지 않는 바, 이제 이를 진멸(殄滅)하고자 출정하는 것이니 천의(天意)를 받들어 적극 노력하라 24도(二十四道)로 나누어 만주를 휩쓸고 평양에 총 집결하라. 영맹을 모두 떨쳐라! 나 스스로 요동에 나가 지휘할 것이며 따로이 수군은 다수의 거함(巨艦)으로 천리를 잇게 하여 평양으로 진격할 것이다.

만일 고구려 국왕이 찾아와 항복해 오면 결박함을 풀고 옥창살을 벗게 하여 넓은 은혜를 입히고 그의 신하들은 모두 위무하여 각안생업(各安生業)케 하고 재주에 따라 임용하리라

이렇듯 수양제는 자만에 찬 승전을 확신하고 고구려 정복 후의 사태에 까지 언급하였다. 그는 그해 삼월에 국경인 요하에 이르러 주교(舟橋)를 설치, 도강(渡江)하였다. 다음 달인 4월에는 국경 요새인 요동을 포위하였다. 이에 대비하고 있던 고구려군은 요동성에 일당백의 정예군을 배치 수나라 침입군에 맞섰다. 이들은 결코 당황하거나 머뭇거리지 않고 기회를 틈타, 때때로 수나라 대군을 역습까지 하였다. 전투가 벌어진지 1백여 일에 이르기 까지 엄청난 수의 적군의 돌진이 있었지만 결코 물러서지 않았다.

요동성의 공격이 적들의 뜻대로 이루어지지 않은데다 여타 여러 성곽으로부터도 엄청난 타격을 입게 되었다. 따라서 수 양제의 호언장

담하던 작전계획은 빗나갔다. 연합작전을 펴려던 적의 수군은 산동성 등주에서 출발하여 주정(舟艇) 천리에 달하는 장관을 펼치며 대동강을 거슬러 평양성을 향해 왔다.

그러나 고구려군은 교묘히 적을 유도해 복병으로 하여금 자만에 가득찬 적의 침입군 4만을 대파시켜 살아남아 돌아간 자, 몇 천에 불과하였다. 이렇듯 수 양제의 작전은 곳곳에서 차질을 빚게 되자 최후의 발악을 시도하였다. 즉 전선의 전면 돌파를 위해 24군을 9군으로 편성 30만5천의 병력으로 별동부대를 조직 평양성을 일거에 함락시키고자 하였다. 이 전투야말로 고구려의 국운을 좌우할 시점이었다.

그런데 수양제의 병부상서(兵部尙書) 단문진(段文振)은 다음과 같은 고구려 공략에 따른 방안을 아뢰었다.

고구려인은 사(詐)가 많으니 깊이 생각하여 공격을 막아야 할 것이며 지금은 요하의 물이 줄어든 때이니 시각을 지체말고 제군(諸軍)을 독려하여 유성(流星)과 같이 내달려 수륙(水陸)으로 진공(進攻)하여 불의(不意)에 공격해야 할 것입니다.

그렇게 되면 평양은 고성(孤城)이 되어 쉽사리 점령할 수 있을 것입니다. 만일 전력(戰力)을 다하여 다른 성들에 대한 공격에 시간을 끈다면 장마철을 만나 큰 곤란을 겪게 될 것이고 병량(兵糧)도 떨어지게 될것입니다.

그러나 결국 병부상서(兵部尙書) 단문진(段文振)의 헌책(獻策)은 실현되지 못하고 뒤늦게 정예군 30만5천명으로 부대를 재편하여 평양성 공격에 나섰다. 이 당시의 병사 1인당 운반해야 할 물량은 곡물 석섬 정도의 무게가 되어 장거리 행군병으로서는 도저히 감당할 수 없는 짐들이었다. 이렇듯 과중한 물량을 감당키 어려운 병사들은 눈치껏 우선 무거운 식량부터 묻어 버리고 눈에 띄기 쉬운 병장기는 챙겨가는 형편이었다. 그렇게 되니 요서에서 압록강까지 근 5백리 길을 행군하고 나니 식량은 바닥이 날 수밖에 없었다. 그러한 가운데도 수양제의 독려로 인해 적들은 악에 바쳐 날뛰었다.

이러한 정황하에 고구려의 을지문덕 장군은 침착하게 대응할 필요가 있다고 판단되어 신묘한 병법을 활용하고자 하였다. 장군은 먼저 적정을 정확히 파악할 필요가 있다고 생각하고 비밀리에 왕의 윤허를 받아 압록강 대안에 포진한 적진으로 들어가 거짓 항복을 하는체 하고 잠입해 들어갔다.

출정당시 수 양제는 적이라도 고구려 왕이나 장수들은 죽이지 말고 반드시 생포하라는 특명을 내리고 있었다. 이러한 기미를 이미 간파한 을지문덕은 적장인 우중문(宇仲文)에 거짓 항복을 하였다. 이에 제 발로 찾아온 장군을 잠시 억류해 두고 왕제에 보고하려 하였다. 이때에 우문중의 위무사(慰撫使)로 종군하고 있던 상서우승(尙書右丞) 유사룡(劉士龍)이 항복해 온 적장을 굳이 억류해 둘 필요가 없다고 극력 주장하여 억류를 면하게 되었다.

이에 재빨리 을지문덕은 적의 소굴을 빠져 나오면서 적정을 두루 살필 수 있었다. 적군은 하나같이 무리한 행군으로 몹시 지쳐있었고 식량이 떨어져 감도 알 수 있었다. 적진을 빠져 나온 장군은 비호같이 강을 향해 달려 나갔다. 이렇듯 적진을 빠져나간 장군을 적장인 우중문이 뒤늦게 아차 하고 후회하며 "의논할 일이 있으니 급히 돌아오라고 전갈을 하였으나 결코 돌아갈 장군이 아니었다.

화가 머리끝까지 치민 우중문이 강을 건너 추격을 해왔다. 적들이 돌진해 올 것을 간파하고 있던 고구려군은 이들을 맞받아 싸우는 척 하다가는 후퇴하고 또 다시 대적하는 척 하다가는 물러서기를 거듭하니 적들은 다 잡은 고구려군이라 생각하고 계속해 돌진해 왔다. 이렇게 적들을 깊숙이 유인하기를 무려 일곱 차례나 하였다. 적들은 7전 7승의 승전에 들떠 기고만장하였다.
  적들은 살수(청천강)를 건너 평양성 30리 가까이 진격해 야산을 의지해 진영을 펼쳤다. 완벽한 계교에 말려든 적을 향해 을지문덕 장군은 회심의 미소를 띠며 다음과 같은 시(詩) 한 수를 지어 적장 우중문에게 보냈다.

    신묘한 그대의 작전 무엇으로 형용할까(神策究天文)
    천문지리 통달했던가(妙算窮地理)
    싸움마다 이겨 공 아니 높았는가(戰勝功旣高)
    족한줄 알았거든 원하노니 그만하고 돌아가시오(知足願云止)

  이 시를 받아든 적장은 그 내용에 분격하는 한편 착잡한 심경을 억누를 길이 없었다. 이러한 적장의 심정을 이용해 거짓 항복을 청하기를 철군하면 왕을 모시고 황제에게 조견(朝見)하리라고 하였다. 이에 우중문이 분통을 터뜨렸으나 어찌할 도리가 없었다. 군량은 바닥이 나고 굶주림에 지친 병사들은 전의를 잃은 데다 평양성은 난공불락이었다. 이러한 정황 하에 눈물을 머금고 철군하는 수밖에 없었다.
  철수의 기회를 포착한 고구려군은 공격하기 시작하였다. 이때 을지문덕 장군은 전군에 명령하기를 방진을 형성하고 패주하는 적군에 대해 총공격하라! 이같은 명령을 받은 고구려군은 지리멸렬한 상태에서도 후퇴와 동시에 대항의 형식을 취하며 적들은 달아났다. 정신없이 달아나던 적들이 살수강가에 이르자 강물을 저마다 먼저 건너려고 아우성을 치는 가운데 건너야 할 나룻배는 보이지 않고 고구려군의 추격은 임박해 오는데 다급해진 적들은 물살이 낮은 곳으로 몰려들었다.

이때에 느닷없이 일곱 명의 스님이 유유히 강을 건너는 모습이 보였다. 적들은 이곳으로 향해 뛰어듦에 일곱스님들의 모습은 자취를 감추었다. 그런데 강물은 점점 불어나 깊어지는 가운데 고구려군의 여지없는 추격에 적들은 몰살당하고 말았다.

이 당시 강을 건너던 스님들은 적이 섬멸당하는 동안 온데 간데 없이 사라졌는데 이같은 사실을 칠불도(七佛島)라는 강상도서(江床島嶼)가 말해주고 있다. 칠불도는 둘레가 5리 가량 되는 모래섬인데 이 섬 여울가를 오도탄(誤渡灘)이라는 이름으로 역사는 전하고 있다. 즉 적을 앞의 일곱 스님들이 유인했음을 뜻하는 명칭이다.

이같은 사실을 기념하기 위해 안주성 밖에 칠불사(七佛寺)라는 절이 지어졌고 관서팔경(關西八景)의 하나로 꼽히는 백상루(百祥樓) 역시 이와 유관한 명소로 자리 매김하고 있다.

이렇듯 살수대첩의 패전으로 수나라는 엄청난 국력의 손실을 당하고도 설욕을 씻는다는 명분하에 재침을 노렸으나 거듭된 침략의 패전으로 결국 수나라는 망하고 말았다.

4) 을지문덕 장군과 관련된 유적들

살수대첩은 우리나라 영토 수호사상 특기할 대첩인 동시에 숱한 역사적 교훈을 남겨 주고 있다. 장군의 제1군이 주둔해 지켜 온 요동 땅에는 개문(豈門)이라는 전승기념비가 세워져 있었다.

제2군이 주둔하였던 산 고개에는 군사들이 산 고개 아래로 돌아가는 꼬리가 이어져 수미상련(首尾相連)한 형상을 나타낸 회현(回峴)이라는 지명이 생겨났다.

제3군이 주둔하였던 개천(价川) 건지산(乾之山) 아래는 고구려군이 매복하였다가 돌격에 대비하던 곳이라 하여 복병산(伏兵山)이 되었고 제4군이 있던 주둔지는 집자리를 덮어서 군량미를 쌓아두었던 노적가리처럼 위장되었던 곳이라 하여 군량산(軍糧山)이라는 산 이름이 되었다.

을지문덕 장군의 전공을 기리기 위해 영양왕 때에는 안주성 아래 장군의 석상(石像)을 세웠는가 하면 조선조 현종 때에는 장군의 공덕을 추앙하기 위해 안주성 밑에 사당을 짓고 청천(淸川)이라는 사액(賜額)을 내려 춘추로 제향을 올리게 하였다.

장군의 후손들은 고려 때에 와서 16세손 을지수(乙支邃)가 있었는데 그의 동생인 달(達) 원(遠) 등이 묘청의 난 때 기병하여 토벌에 나선 정서장군(征西將軍) 김부식의 부대에 합류해 전공을 세움으로써 돈산군(頓山君)에 봉해졌다. 이후 을지문덕 장군의 후예들은 돈씨(頓氏) 성을 가지게 되었다.

수(邃)의 증손 예숭(禮崇)이 오늘날 충청도 목천 땅으로 이주해 살면서 본관을 목천으로 하여 을지라는 성은 자취를 감추게 되었다. 1936년 고당(古堂) 조만식(曺晩植) 선생은 민족의 자주정신을 고취하기 위한 사업으로 평양에서 을지문덕 장군 묘(墓) 수보회(守保會)를 조직할 때 평남선(平南線)인 대평역(大平驛) 근방에 을지묘(乙支墓)라고 전해오는 큰 고분이 있어 이를 보수하고자 하였으나 일제의 방해로 뜻을 이루지 못하였다.

이 묘분이 있는 곳으로부터 멀지 않은 곳에 돈메(頓山)라는 마을이 있었다. 이 마을에 을지문덕 장군의 후손인 돈씨 집안 30~40호 가량이 살고 있어 이 일대가 돈산군의 봉토(封土)가 아닐까 생각해 본다.

강서군지(江西郡誌) 훈신편(勳臣篇)에 의하면 을지문덕 장군의 무덤은 강서군 내차면(乃次面) 이리(二里) 현암산 동쪽 기슭에 있었는데 너무 오래 되어서 정확히 아는 이가 없다고 기술되어 있다. 그 후손 돈씨네가 강서군과 대동군 등지에 흩어져 살면서 선영과 봉토를 지키고 있을 뿐이라고 하였다. 돈메 마을과 을지문덕 장군 묘가 있다는 내차면 이리의 현암산 동쪽 기슭은 5리가량 떨어져 있다. 이 산을 일명 을지산이라 부르기도 한다.

을지산의 위치는 평양 쪽에서 보면 서쪽으로 50리 가량 떨어져 있는 거리이다. 을지문덕 장군은 고구려 제28대 보장왕 2년(643년) 평양의 자기 집에서 사망한 것으로 알려지고 있다. 장군이 세상을 떠나자 백성들은 그의 공덕을 추모하여 석다산 밑에 석상을 세우고 기념해 왔는데 어느 해인가 홍수가 나 석상의 층계가 무너지고 석상이 바다로 떠내려가 묻혀 버렸다고 한다.

사람들이 이를 애석히 여겨 관아에 청원해 화가인 안몽안(安夢鞍)에게 장군의 초상화를 그리게 해 사당에 봉안하고 춘추로 제향을 받들었다. 옛말에 군자가 없으면 능히 그 나라가 안전할 수 있겠는가 라는 말이 있어 왔다. 고구려의 광활한 판도를 경략 유지 관리하는 데는 수 많은 명장 영웅호걸이 있었지만 그 가운데서도 을지문덕 장군을 특별히 기억하지 않을 수 없다.

그는 무장으로서 용병술이 뛰어났을 뿐만 아니라 지적(知的)인 측면에서도 특출하여 우리나라 문학사상 불후의 명작을 남겼으니 이는 신라 진덕여왕의 태평송(太平頌)과 더불어 삼국시대 대표적 작품으로 평가 받아 국문학사상 특이한 위치를 차지하고 있다. 이처럼 훌륭한 장군의 사적(事跡)이 제대로 전해지지 못하고 있음은 후손된 자 서글프기 이를 데 없다. 민족사상 최대의 전승기록을 남겨 민족의 진취적 혼을 일깨워 주고 있는 장군의 얼은 우리 모두는 물론 우리 한민족이 존재하는 한 영원히 잊지 못할 영토사상 가장 위대한 인물임에 틀림없다.

5. 당(唐)나라도 두려워한 연개소문(淵蓋蘇文)

1) 연개소문의 가계(家系)와 풍모(風貌)

살아 생전 광활한 고구려의 영토를 수호 경략한 연개소문 역시 그의 업적이나 명성에 비해 관련 기록 또한 희소한 편이다. 우리나라 최고(最古)의 사서인 삼국사기와 삼국유사에 그와 관련된 인물됨과 업적이 보이기는 하나 오히려 이웃 나라인 당나라 기록인 신·구당서(新·舊唐書)나 자치통감(資治通鑑), 일본서기(日本書紀)에 비해 빈약하다.

우리나라 대부분의 고대 위인들에 관한 기록이 그렇듯이 연개소문 역시 그의 출생배경이나 시기에 관한 기록은 베일에 가려져 있다. 단지 조선상고사의 저자인 단재 신채호는 연개소문이 수나라 양제가 죽은 뒤에 태어났다고 하여 수 양제의 생몰연대가 서기 580년에서 618년으로 볼 때, 연개소문의 출생 시기는 618년이 아니면 619년으로 추정케 하고 있다.

연개소문의 가계(家系)는 고구려의 명문 세족(世族)으로 말기에는 대인(大人)의 계보(系譜)를 이어 받은 것으로 보여 진다. 그의 할아버지 이름은 자유(子斿)라 하며 아버지는 동부대인(東部大人) 또는 서부대인이라고도 한다. 위의 두 분 모두는 막리지 벼슬을 지냈다고 그의 아들인 천남생(泉男生) 묘지(墓誌)에 기록되어 있다.

묘지는 중국 하남성 낙양의 이름 모를 흙더미 속에서 발견되었는데, 삼국사기 권 제49 열전 제9 개소문 항목에는 "蓋蘇文 惑云 蓋金 姓泉氏 自云生水中以惑衆 儀表雄偉意氣豪逸"이라 표현하고 있다.

풀이하면 개소문 혹은 개금으로 성은 천씨이다. 스스로 물속에서 태어났다고 하여 대중을 현혹하게 하였다. 그는 몸집이 크고 의기가 뛰어났다. 그의 성이 천씨가 아니고 연(淵)씨임은 그의 동생 이름이 연정토(淵淨土)임을 보아 확인할 수 있다. 그런데 어째서 삼국사기에는 천씨라 하였을까 하는 의문을 지울 수 없다.

여기에는 김부식이 삼국사기를 저술하면서 주로 당서(唐書)에 의존했기 때문일 것으로 보여진다. 즉 당나라 고조의 휘(諱)가 연(淵)인 까닭에 피휘(避諱)하기 위한 연유로 보여진다. 즉 뜻과 훈(訓)이 거의 같은 천(泉)으로 썼던 것이다. 위의 자운생수중(自云生水中)이라는 문구는 고래로 샘(泉)이나 내(川)의 정령에 대해 뭇사람들이 외경시해 온 것과 연관 지어 풀이된다.

가계(家系)를 신성시하기 위해 물의 정령과 연계 짓고자 함이 고구려 호족 간에 있어 온 것이라 여겨진다. 물의 정령(精靈)에서 태어났다고 하는 개소문은 그 의표가 웅위하고 의기가 호일 영특하다고 하여 15세 때부터 세상에 그 이름이 널리 알려졌다.

그의 키는 9척이 넘고 눈동자가 빛나 사람들이 감히 똑바로 쳐다보지 못하였다. 나이 들어서 구레나룻의 길이가 3척이나 되었다. 당나라 사람들이 그를 가리켜 구레나룻 털보라 부를 정도였다. 어릴 때부터 병법에 정통하고 무예가 뛰어나 하늘이 내린 장수라 하였다. 홀로 산중에 들어가 칼 솜씨를 닦은 지 수 년 만에 고금에 드문 칼을 잘 다루는 도선(刀仙)이 되어 따르는 무리가 많았다. 그의 인물됨에 대해 당서에는 다음과 같이 기술하고 있다.

수염이 길고 몸집이 크며, 칼을 다섯 개나 차고 좌우 사람이 감히 쳐다보지 못하였다. 항상 그의 속관(屬官)에게 땅에 엎드리라 하여 그 등을 밟고 말에 올라탔다. 말에서 내릴 때에도 역시 그렇게 하였다. 밖으로 나갈때에는 반드시 병졸들을 길 좌우에 도열케 하고 도자(導者)가 행인을 물리쳤으며, 백성들은 두려워 피하고 엉겁결에 미처 피하지 못하다가 구렁텅이에 빠지기 일쑤이었다.(髮貌甚偉 形體魁傑 身佩五刀 左右莫敢仰視 恒令其屬官 俯伏於地 踐上之馬及下馬亦如之 出必先布隊伏 導者長呼以避行人 百姓畏避皆自投坑谷).

연개소문의 위풍당당한 모습에 관해, 당나라 사람이 쓴 태평광기(太平廣記)에도 비슷한 내용이 다음과 같이 기술되어 있다.

그의 구레나룻 수염은 매우 거창하였으며 관대와 옷은 황금으로 꿰매었고 그 위에 항상 몸에는 다섯 자루의 칼을 차고 있어 좌우의 사람들이 그의 위풍에 눌려 감히 똑바로 쳐다 보지도 못했을 뿐만 아니라 출입을 할 때에는 귀인이나 무장들을 땅에 엎드리게 하여 발판처럼 그 등을 밟고 말에 오르내렸다. 거리에 나갈 때에는 전위대가 앞장서서 큰 소리로 행인들을 제지하였음으로 사람들은 두려워한 나머지 구렁텅이에 빠지는 경우가 종종 있었다.

2) 연개소문의 대당관(對唐觀)

연개소문은 기성 원로파와는 달리 광개토대왕 이래의 신라나 백제 등 남방국에 관대하고 북쪽인 만주 북방 중원 대륙 진출에는 적극적이었다. 이른바 남수북진정책자(南守北進政策者)인 동시에 정당론자(征唐論者)였다. 다시 말해 강이식(姜以植)장군과 을지문덕(乙支文德)장군의 정책을 계승한 북방영토수호 및 개척론자로 고구려의 자주적 국책의 신봉자요, 실천자였다.

이러한 연개소문의 정책관은 영류왕을 중심으로한 북수남진파(北守南進派)와 정면 대립되었다. 즉 북수남진파(北守南進派)가 새로이 등장한 남수북진정책자(南守北進政策者)와 화의정책을 펴 나가고자 하였다. 그러는 가운데 영류왕은 연개소문을 중앙에 두는 것이 정국에 불안한 요인임을 간파하고 변경인 장성역사(長城役事)의 감독관으로 임명해 국경지대에 주둔하게 하려 하였다.

그러나 연개소문이 국경인 변방지대로 떠나기 전에 사건은 발단되었다. 이러한 시기에 당 태종은 고구려 침략을 호시탐탐 노리고 있으면서 자주 밀사를 보내 탐색을 하려 하였다. 그때마다 밀사의 첩보활동은 고구려 병사들에게 적발되곤 하였다.

이후로는 남해의 삼불재국왕(三佛齋國王)에게 뇌물공세를 펴, 고구려의 군사비, 군병의 배치, 군수품 조달 능력, 지리사정 등등에 따른 군사기밀을 정탐케 하였다. 이후 삼불재 사자가 고구려에 와서 정탐을 한 다음 귀국도중 당나라로 향하다가 해상에서 고구려 해라장(海羅將)에게 붙잡혔다. 밀사가 가지고 있던 기밀보고문서를 빼앗고 밀사를 하옥시키려다가 탄식하기를 대적(大敵)을 보고도 쳐부수지 못하는 나라에 무슨 조정(朝廷)이 있는가? 탄식하면서 기밀문서는 바다 속으로 던져 버리고 밀사의 얼굴에 문신(文身)을 새겨 넣어 등사하여 당나라로 쫓아 보냈다.

面刺海東三佛齋 奇語我兒李世民 今年若不來進貢 明年當起問罪兵 高句麗太大對盧 淵蓋蘇文 卒 某書.

이를 풀이하면, 이세민에게 말하노니 금년에 만일 진공하지 않으면 명년에는 문죄병을 일으켜 보내리라. 말미에 고구려 태대대로 연개소문 휘하 모모라 하였다.

이러한 내용이 해라장 자신이 고구려 태대대로 연개소문 휘하 모모 라고 신분이 조정에 밝혀짐에 따라 정변의 도화선을 당기게 되었다. 문신을 하고 돌아온 밀사의 얼굴모습을 대한 당 태종은 자초지종을 알아보기 위해 이번에는 밀사가 아닌 공식적인 사절을 고구려에 보냈다.

　위와 같은 전후사정을 알게 된 영류왕은 대노하여 연개소문에 대해 어떤 조처를 내리지 않을 수 없었다. 이러한 기미를 알아차린 연개소문은 재빨리 성대한 주연을 베풀고 열병식을 거행하면서 조정 대소신하 모두를 초청하였다. 무려 180여 명의 조정 중신들이 초청에 응하였는데 연개소문은 일거에 이들을 참살하고 이어서 궁중으로 들어가 영류왕을 살해하였다. 그리고 왕의 동생 아들인 장(藏)을 왕으로 추대하고 스스로 막리지가 되었다. 이때부터 연개소문은 명실공히 실권자가 되어 내정과 대외문제를 관장하고 병권마저 직접 장악해 중앙의 부병(部兵)을 통할하고 군사들에 대한 지휘 감독권을 가일층 강화해 나갔다.

　이러한 소식을 접한 당 태종은 즉시 휘하의 대소신료들을 불러 모아놓고 대책을 논의하였다. 고구려의 연개소문이 우리 당나라를 무시하는 안하무인적 행위를 도저히 내버려 둘 수 없다. 우리 대당국(大唐國)이 국력을 기울여 고구려를 친다면 고구려 정벌은 어렵지 않으나 백성들의 수고를 생각해 글안과 말갈 등 오랑캐들을 이용해 쳐들어가는 것이 어떨까 하고 의견을 제시하였다. 이에 막료들은 당분간 은인자중하여 때를 기다려 보는 것이 어떻겠느냐고 대안을 제시하였다.

　이러한 시기에 남방의 백제가 신라의 40여 개 성을 빼앗고 서변의 요새인 대야성 마저 함락당하는 일이 벌어졌다. 이에 다급한 신라 측에서는 사신을 당나라에 보내 나라의 위급함을 아뢰고 숙적인 고구려에까지 왕족인 김춘추를 보내 구원을 요청하기에 이르렀다.

　고구려의 도움을 요청하러 온 김춘추에게 연개소문은 죽령 이북의 땅을 도려주기 이전에는 구원병을 보낼 수 없다고 하고 도리어 백제와 연합해 당항성을 점거해 신라의 대당항로(對唐航路)를 봉쇄하였다. 이에 신라로서는 위급함이 절실하여 당나라 태종에게 조속히 구원병을 보내달라고 간곡하게 호소하였다.

당나라 태종은 이러한 상황을 고구려에 알리고 신라와 화해할 것을 권면하는 칙지(勅旨)를 보냈다. 이 칙지를 들고 연개소문 앞에 나타난 당나라 사신은 사농승(司農丞) 상리(相里) 현장(玄奬)이라는 인물이었다.

현장을 대면한 연개소문은 우리 고구려와 신라는 원한이 깊은 관계에 있다. 이같은 일은 어제 오늘에 발생한 것이 아니다. 수(隋)나라가 이전에 우리나라를 침입해 왔을 때 고구려 5백리 땅을 빼앗아 갔는데 그 땅을 돌려주지 않는 한 이 연개소문은 그 어떤 조건으로도 결코 화해할 수 없다고 하면서 당의 화해 요청을 냉소로 거절하였다. 이에 현장도 지지 않고 지난날의 일을 말한다면 요동 땅 전부가 중국의 군현이었습니다.

하지만 당나라에서는 그 땅을 찾으려고 하지 않는데 굳이 고구려만이 옛땅을 되찾아야 한다는 말인가요? 라고 대꾸하였다. 이러한 현장의 논리에 연개소문은 대노하여 큰 소리로 현장을 꾸짖기를 요하 이동의 땅을 중국 군현이라고 하는 것은 한전(漢賊) 유철(劉澈)이 옛땅을 도둑질하여 사군(四郡)을 두었던 옛일을 말하는 것으로 그렇게 따지고 보면 지금 당나라의 영주나 유주 같은 땅도 모두 그 옛날 우리의 군현이었으니 내가 살아 있는 동안 반드시 우리의 선민(先民)들이 살았던 옛 땅을 되찾고야 말겠다고 응대하였다.

이에 현장이 귀국해서 이같은 연개소문의 말을 그대로 전하였다. 이후 당태종은 또 다시 장엄(蔣儼)이라는 사신을 보내 고구려 국정을 염탐하게 하였다. 그러나 연개소문은 당나라 사신을 토굴에 가두고 상대를 하지 않았다.

해상잡록(海上雜錄)이라는 사료에 의하면 당나라 태종이 고구려 출병을 함에 있어 당시 당나라 제1의 명장 이정(李靖)을 행군대총관(行軍

大總管)으로 삼고자 하였다. 이에 이정이 사양하기를 군은(君恩)도 중하거니와 사은(師恩)도 돌아보지 않을 수 없는 바, 신이 일찍이 태원(太原)에 있을 때 연개소문을 만나 병법을 배웠는데 어찌 전일에 사사(師事)하던 연개소문을 칠 수 있겠습니까 하였다.

그렇다면 그의 병법이 어느 정도인가 하고 물었더니 천하에는 적수가 없나이다 하였다. 이에 당태종이 대당(大唐)이 어찌 연개소문 하나를 두려워 할 것인가 하자, 이정이 답하기를 그는 재지(才智)가 뛰어나 만인을 능가합니다 라고 하였다. 이같은 사실은 무경칠서(武經七書) 가운데 제일로 치는 이정(李靖)의 이위공병법(李衛公兵法)에 나타나 있다.

이러한 논의에도 불구하고 기원 644년(고구려 보장왕 3년) 11월 당태종은 고구려정벌에 나섰다. 출동 병력은 육군 6만 여 명, 수군 4만3천여 명, 말 1만 필, 전함 5백 척으로 수나라 때 고구려 침략시와 비교하면 10분의 1밖에 되지 않는 수효이나 질적으로는 실전경험이 풍부한 정예병사들이었다.

당태종은 선전조서(宣傳詔書)에 포고하기를 고구려 정토의 불가피성을 강조하고, 수나라 때의 패전 원인을 밝힘과 동시에 필승의 조건을 나열하였다. 이러한 당태종의 침공에 연개소문도 대비책을 강구하였다. 이듬해 4월 당나라 이세적이 요하를 건너오자 고구려에서는 우선 지구전으로 적을 피폐케 하는 작전을 세웠다.

고구려는 유사 이래 외침을 받아 올 때마다 먼저 수세(守勢)를 취하고 공격해 오는 적의 예봉을 피하여 피로케 한 다음 기회를 보아 공세를 펴는 수성전법(守城戰法)를 썼다. 이세적이 통정진(通定鎭:오늘날의 무순 부근)에 이르니 고구려에서는 성문을 굳게 닫고 지키고 있었다. 당군은 우선 부대를 양편으로 나누어 한쪽은 신성(新城:현 봉천 동북)을 다른 한편으로는 건안성(建安城:현 개평)을 공격하였으나 뜻을 이루지 못하였다.

특히 안시성에서 당군이 크게 패하여 군사를 후퇴시킬때 당나라 이세민이 사신을 보내 연개소문에게 방복(方服)을 전하면서 수호(修好)할 뜻을 전하였다. 이에 연개소문이 말하기를 너희 임금이 망령되이 나라의 큼과 병사가 많음을 앞세워 쳐들어 왔으나, 나 연개소문이 있는한 무슨 소용이 있겠는가? 이제 사절의 통신이 있고, 꿇어 항복하는 뜻을 전해오니, 나 역시 칼을 거두어 너희 임금에게 한가닥 살아갈 길을 열어 주는 것이니 또 다시 쳐들어온다면 흔쾌히 응징해주마 하였다.

이 당시 패퇴해 돌아가는 당태종에게 안시성주 양만춘이 성위에 올라가 환송의 예를 표하니 당 태종은 성주의 영웅적 감투에 감복해 비단 1백 필을 보내며 군주에 대한 성주의 충성심을 찬탄하였다.

이로부터 나라 안에 연개소문의 위세가 가일층 높아져 그에 대한 노래가 회자되는가 하면 구레나룻 수염이 덥수룩하고 풍채가 당당한 연개소문의 인물화와 이에 관련한 이야기책이 나돌고, 그 이야기책을 베껴 쓰는 자가 많아졌고 떠돌아다니는 협객들도 연개소문의 칼 솜씨가 천하무적이라며 칭송이 자자해졌다.

3) 연개소문 관련 지명과 유적(遺跡)들

북경 조양문(朝陽門) 밖 7백리 지점에 황량대(黃糧臺)라는 곳이 있다. 여기서 산해관(山海關)까지 동일한 지명이 무려 10여 개나 된다. 이는 당 태종이 모래를 쌓아 양곡(糧穀)이라 속이고 고구려군이 쳐 들어오면 복병을 매복시켰다가 습격하게 하였다는 곳들이다.

그리고 산동 직예 등지에는 고려(高麗) 두 자를 머리글자로 한 지명이 적지 않다 이 지명들은 연개소문이 점령하였던 고지(故地)들이다. 이밖에 요양(遼陽) 해주(海州) 금주(錦州) 복주(福州) 등지에도 관련 고적과 전설이 많으며 연해주의 개소산에는 연개소문의 기념비가 서 있어 해삼위(海蔘威)에서 배를 타고 블라디보스도크로 가노라면 바다 위에서 그 산이 보인다. 그리고 연개소문이 중원으로 진격하여 북경 안정문 밖 60리 지점에 고려진을 둔 바 있다. 하간현(下間縣) 서북쪽으로 12리 지점에도 고려성이 있는데 이를 두고 당나라 사람 번한(樊漢)은 고려성(高麗城) 회고시(懷古詩)를 다음과 같이 짓기도 하였다.

僻地城門啓　雲林雉堞長　水明留晚照　沙暗燭星光　疊鼓連雲起
新花拂地粧　居然朝市變　無復管絃將　荊棘黃塵裏　高蓬古道枋
輕塵埋翡翠　荒龍上牛羊　無奈當年事　秋聲肅雁行

　시의 대의를 살피건대 연개소문이 일시 당나라 깊숙이 쳐들어가 성을 쌓고 백성들을 이주시켜 경작하니 시정이 번화하고 음율이 도도히 흘러나올 정도로 풍요로운 생활을 했다는 내용이다.
　그럼에도 불구하고 중국측 사료들 가운데는 당나라 군사들이 고구려 땅 여기저기를 침공하였다고 하는데 이는 어디까지나 당나라의 허세이며 후세 사가들이 자기 나라 수치를 감추기 위한 기록들인 것이다. 고구려가 이처럼 북방 대륙의 강대국으로 군림할 수 있었던 것은 역사상 유래가 드물 정도로 훌륭한 인재와 걸출한 장군들이 배출되어 강인한 고구려 백성들이 잘 따라 주었기 때문이다. 특히 연개소문은 주변의 수 많은 대소국들이 당 태종을 두려워 굽실거림을 통분하게 여겨 왔다. 그는 언제나 이들의 침략에 맞서 살아 생전, 선민(先民)들이 경략해 온 옛 땅을 반드시 되찾고 말겠다는 굳은 신념을 가지고 국가경략에 임하였다.

  무엇보다 이를 실현하기 위해 혼신의 노력을 다 하였다. 그 결과 누차에 걸친 당나라의 침입을 막아낼 수 있었던 것이다. 누차에 걸쳐 패전한 당나라는 어떻게든 설욕을 만회하려고 온갖 계략을 세워 재침의 기회를 엿보았다.

  한때 당나라 대장군 임아상(任雅相) 소정방(蘇定方) 소사업(蕭嗣業) 등등이 수많은 병력을 동원하여 수륙 양면으로 평양성을 공격해 왔는데 이때의 수군의 깃발은 바다를 뒤덮었고 북과 호각 소리가 산을 움직일듯한 기세였다. 이러한 분위기에 고구려 백성들의 민심이 흩어지고 온 나라 안이 동요함에 연개소문은 그 특유의 칼을 짚고 나서 백성들을 향해 외치기를

  고구려인은 옛적부터 무력으로 맞서 생활해온 강인한 민족으로 수. 당군을 일찍이 섬멸한 바 있는 위대한 백성들이었다. 오늘날 대적을 만났다고 해서 동요하거나 위축되어서야 어찌 위대한 고구려인이라 할 수 있겠는가! 나 연개소문이 있고 백성들의 적개심이 식지않고 군사들의 사기가 충천할진대 결코 두려울 것이 없다.

라고 하여 백성들을 위무하고 군사들의 사기를 고무시켰다. 이러한 형세에도 당군은 엄청난 군사력으로 개모성(蓋牟城: 현 大連灣 北岸) 한 곳을 간신히 함락하기에 이르렀다. 이후 남방의 요동성 공격을 감행해 왔다. 이에 연개소문은 요동성을 사수하기 위해 보병과 기병 4만 여명을 보내 당나라 작전을 교란시켰다. 요동성이야 말로 수나라 양제 때에도 여러 차례에 걸쳐 공격을 감행해 왔으나 이를 잘 지켜내 온 고구려인들이었다.

요동성이야말로 고구려인의 자존심임을 상징하는 요새이었다. 이러한 요새를 함락시키기 위해 당군에 맞서 고구려군은 심호(深壕)를 깊게 파 놓았고 이 주변을 넘어오지 못하게 하였다. 심호(深壕)에 둘러싸인 성곽을 굳게 지키며 농성을 계속하는 한편, 연개소문이 차출해 보낸 원군 4만여 명은 당군의 배후를 차단시켰다.

이렇게 되자 당군은 하는 수 없이 성곽 주변에 흙을 긁어모아 돈대를 쌓고 이를 매개로 하여 성을 넘어들 준비를 하였다. 침략의 총 지휘자인 이세적의 뒤를 따르던 당나라 태종은 2백여 리의 진흙벌을 헤매다가 흙을 파서 다리를 놓은 다음에야 겨우 벌을 건널 수 있었다. 이렇듯 어렵게 요동성 근처에 이르렀을 때에 적병들은 전투를 하기보다는 흙을 나르는 짐꾼 노릇을 하기에 여념이 없을 정도이었다.

당 태종 역시 이들을 도와줄 요량으로 궁상을 떨고 있었다. 그러는 가운데서도 간간이 당나라 군사들의 공격은 멈추지를 않았다. 이들은 큰 돌을 발사하는 대포 비슷한 포차(抛車)를 활용하여 3백여 보의 거리를 둔 성을 공격함에 이 돌을 맞은 성벽 곳곳이 무너지게 되었다. 이에 성내의 고구려군은 급히 목루(木樓)를 쌓아 이들의 침공을 막아냈다. 당나라 군이 동차(橦車)로써 성옥(城屋)을 쳐 부심에 고구려인들은 이를 보수하기에 여념이 없었다.

이렇듯 치열한 공격전을 벌이고 있던 차에 어느날 갑자기 강한 남동풍이 불어오면서 긴 장대위에 사람들을 오르게 하여 성루와 가옥을 불사르는 전법인 화공법(火攻法)으로 인해 건물들이 불길에 휩싸이게 되었다.

그러나 고구려 군사들은 적개심을 불태우면서 용감하게 이들에 대항하였다. 결국 역부족으로 당군에 밀려 요동성은 함락되고 말았다. 요동성내에는 고구려의 건국 시조 동명성왕의 사당이 세워져 있는 매우 유서깊은 성채인데 이 성을 빼앗기고 말았으니 고구려인의 심정은 이루 말로 표현할 수 없었다.

삼국사기 고구려 본기 제9권 보장왕 9년 정월조에 의하면

성 안에는 고구려의 시조 동명성왕의 사당이 있는데 그곳에는 대왕이 사용하였던 갑옷과 활이 보존되어 있다. 그 옛날 연나라가 침입해 왔을 때 성이 포위당해 위급할 때 무녀가 말하기를 미녀를 부신(婦神)으로 꾸며 주몽신을 기쁘게 해 드리면 성채를 온전하게 지켜낼 수 있다.
有朱蒙祠有妄言前燕世天所降 方圍急飾美女以婦神 巫言朱蒙悅城必完.

이렇듯 요동성은 역사적으로 신성시 되어 왔고 그 유구성이나 중요성은 고구려인에게 오랫동안 각인되어 왔다. 요동성을 함락시킨 당군은 백암성(白巖城:현 요동 동남에 위치함)을 향해 곧바로 진군해 왔다. 이 당시 고구려의 오골성(烏骨城)에서는 연개소문의 명에 따라 보병과 기병 1만여 명을 급파해 당나라 장수 설필하력(偰弼何力)이 이끄는 정예병 8백여 명이 고구려군을 습격하다가 역으로 포위를 당해 장수의 허리에 창끝이 꽂히게 되는 위급함을 당하였다.

이에 고구려의 백암성 병사들은 사기가 올라 선전(善戰)하였으나 백암성주 손벌음(孫伐音)이 비밀리에 당군과 내통하여 백기를 꽂고 항복하여 어이없게 이 성 역시 함락당하고 말았다. 여세를 몰아 당군은 안시성을 향해 돌진했으나 안시성주 양만춘에게 패하고 돌아가게 된다. 비록 끝끝내 요동성을 지키지 못하였으나 승패는 안시성에서 결정되었다. 이 모두가 절세의 영웅이요 오로지 선인들의 옛땅을 다물코자 한 역사상 위대한 영토수호론자 연개소문장군의 공로이었다. 장군은 보장왕 25년(서기 666년) 파란 많은 일생을 마쳤는데 그의 묘는

산해관 근처에 있다고 하니 이는 신라 무열왕이 죽어서도 호국수호신이 될 것을 염원해 동해바다에 수장해 줄 것을 유언한 바와 같이 연개소문 역시 죽어서 북쪽의 침략군을 막아내고자 그 곳에 묻힌 것으로 보임에 후손된 자, 어찌 감회가 서리지 않을소냐!

6. 안시성(安市城) 전투의 영웅 양만춘(楊萬春) 장군

1) 1천년 후에야 알려진 양만춘 장군

삼국사기의 미비, 불완전함이 여러 측면에서 논의되고 있는 가운데 안시성 전투에서의 양만춘장군에 관한 기록 또한 제대로 수록하지 못하고 있다. 안시성에서 막강한 당나라 태종의 30만 대군을 장쾌하게 격파한 절세의 명장은 다름 아닌 고구려의 양만춘 장군이다.

장군의 이름이 사서(史書)에 오르게 된 것은 조선이 개국하고도 오랜 기간이 지난 1588년 선조 때의 문신 윤근수(尹根壽)가 종계변무(宗系辨誣)의 임무를 띠고 주청사(奏請使)로 명나라에 갔을 때 비로소 세상에 알려지게 되었다.

이후 효종 때에 중용되었던 송준길(宋浚吉)의 동춘당선생별집(同春堂先生別集)과 연암 박지원의 열하일기에 장군의 성이 양(梁) 또는 양만춘(楊萬春)으로 기록되면서 세상에 드러나게 되었다. 그러니 장군의 가계에 대한 기록이 제대로 전해져 올 리가 있겠는가?

다만 편린(片鱗)의 기록이나마 고구려 28대 보장왕 재위시 안시성 성주로만 전해져 왔을 뿐이다. 양만춘 장군이 성주로 있던 안시성의 위치는 오늘날 만주 봉천성 해성(海城) 동남쪽 방향의 영성자성인데 백암성에서 남쪽으로 약 100Km 떨어진 곳이다. 즉 수암이란 곳을 거쳐 압록강으로 가는 옛길 초입에 위치해 있었다.

안시성의 서북 방면으로는 요하 동쪽 평야에 면해 있고 동남방면은 만주 내륙의 험한 산줄기로 이어져 있다. 오늘날 이 성의 규모를 육안으로 확인할 수 있는 둘레는 4km 정도의 야트막한 야산(野山)형태이다.

대부분의 고구려 산성이 돌로 쌓은 석성(石城)인데 비해 안시성은 능선을 따라 흙벽으로 쌓여진 토성(土城)이다. 토성은 오랜 세월을 거치면서 기존의 흙벽과 뒤섞여 서문터에 있는 영성자성(英聖子城)이라는 표석이 없다면 이곳이 과연 성터이었을까 하는 의구심을 떨쳐버리기 어려울 정도의 자취이다.

서문터 좌우의 흙언덕을 유심히 살펴보면 일정한 높이에 흙과 흙 사이에 일정한 줄이 나 있어 성을 축조한 흔적이 엿보인다. 동문지(東門趾) 오른쪽 성벽 밑밭 등에서는 고구려 특유의 붉은 기와 파편이 적지 않게 발견되고 있어 성곽터로서의 오랜 연륜을 말해 주고 있다.

2) 안시성을 에워싼 양만춘 장군의 활약

당 태종은 안시성을 공격하기 전에 고구려 정벌에 대한 다섯 가지 명분을 내건 조서(詔書)를 다음과 같이 내렸다.

이전의 수 양제는 백성을 못살게 굴고 따르지도 않는 병사로 가만히 있는 고구려 백성들을 쳤기 때문에 승전을 거두지 못하였다. 이제 우리는 필승할 수 있는 요인을 두루 갖추고 있다.

첫째 큰 것으로 적은 것을 치며, 둘째 순리로써 역행을 치는 것이고, 셋째 밝은 정사로 난세를 치는 것이며, 넷째 평안한 위치에서 고달픔에 대적하며, 다섯째 기쁨으로 원망함에 대적하는 것이니 어찌 승리하지 못하겠는가!

라고 당나라 온 백성에게 포고하면서 의심과 두려움을 떨쳐버리라 라고 하였다.

이러한 기세로 당 태종은 수륙 30만 대군을 이끌고 의기양양하게 고구려 침략길에 나섰다. 이때가 고구려 보장왕 4년이었다. 당 태종은 진격하는 당군을 향하여

요동은 본시 우리의 영토이다. 수나라가 네 차례나 출병했어도 뜻을 이루지 못했는데 내가 이번에 군사를 일으킴은 이 땅을 수복하고 지난 전쟁기간에 희생당한 이들의 넋을 위로하고 원수를 갚고자 함이다.

나아가서 고구려를 위하여 저들의 백성들로 하여금 군부의 치욕을 씻게 하기 위해서이다. 이제 우리 당나라의 강역이 사방에 미쳐 평정되지 않은 곳은 오직 요동지역뿐이다. 내가 더 늙기 전에 힘을 모아 요동땅을 취해야겠다고 하면서 출정의 기세를 높여 나갔다. 그러면서 군마를 독려, 요수를 건너 만주 땅 홍경(興京)으로 침입해 들어왔다.

이러한 당군의 침략군을 맞이한 고구려군은 수성(守城)을 고수할 뿐 반격을 해 오지 않았다. 선봉군의 당군 부총관 도종(道宗)은 진격의 속도를 재촉하며 신성으로 돌진해 왔다. 그럼에도 고구려군은 대응에 나서지 않았다. 그러한 가운데 당군의 일부는 요동성으로부터 3백여 리 떨어진 개주성(蓋州城) 서남쪽에 위치한 개평에서 고구려군과 싸워 이기게 되었다.

이같은 기세를 이용하여 이세적이 이끄는 당군은 요동성 동북쪽의 개모성을 공략, 함락시켰다. 연이은 공격속에 당 태종은 한껏 고무되어 요동성을 일거에 점거하고자 하였다. 이러한 전세 하에 고구려 보장왕은 4만 여의 병력을 출동시켜 당군을 역습케 하였다. 고구려군의 역습을 당한 당군은 패전하게 되어 하는 수 없이 원군이 오기를 기다리며 진지를 구축하고 싸우기를 주저하였다.

5월에 들어서서 이세적이 이끄는 당군이 요동성을 오랜 고전(苦戰) 가운데 함락시키고 6월에 와서는 백암성마저 점령하였다. 이러한 전세에 당태종은 기고만장하여 고구려를 곧 정복이나 한듯 흥분에 들떠 있었다. 그러면서 안시성만 함락시키면 고구려의 정복은 시간문제라고 호언장담하였다.

이러한 전황속에 고구려 조정에서는 중신인 고연수와 고혜진으로 하여금 원병을 거느리고 안시성으로 향하다가 불행하게도 모두 패하여 적의 포로가 되고 말았다. 그렇듯 유리한 전황가운데서도 당태종은 안시성 공략이 쉽지 않음을 알게 되었다. 무엇보다 안시성 성주의 뛰어난 인품과 지략, 용맹성에 당군들은 겁에 질려 있었다.

연개소문의 반란에도 불구하고 여러 성주들이 훼절하였음에도 굽히지 않고 오로지 고구려를 위하는 충정 하나만을 내세워 직분을 다하는 장군의 충성심을 잘 알고 있었기 때문이다.

당 태종은 시신(侍臣)과 여러 장수들을 불러 놓고 작전계획을 논의하면서 말하기를 안시성은 견고하고 병사들은 매우 용맹하고, 성주 또한 지략이 뛰어나 쉽사리 대적하기 어렵다. 그러니 비교적 나약한 건안성을 먼저 공략한 다음 안시성을 공략하는 것이 좋겠다고 하였다. 이러한 논의 속에 이세적이 나서서 말하기를 건안성은 남쪽에 위치해 있고 안시성은 북쪽에 있는데 우리의 군수물자는 요동에 있습니다. 안시성을 그냥 놓아두고 건안상을 치려고 군사를 이동시켰다가 고구려군이 우리의 보급로를 차단한다면 크게 낭패를 당할 것입니다. 그러니 마땅히 먼저 안시성을 공략해야 할 것입니다 하였다.

이러한 논의 후 곧바로 안시성 공략을 개시하였다. 당 태종은 깃발을 높이 치켜들고 기세등등하게 공격에 나서게 하였다. 이를 지켜보고 있던 안시성 내의 백성들은 성루에 올라 일제히 북과 꽹가리를 치면서 당군들에게 욕설을 퍼 부었다. 화가 난 당 태종은 분을 참지 못해 어쩔 줄을 몰라 했다. 이세적은 당 태종을 진정시키면서 하는 말이 안시성을 점령하면 성 안에 있는 남자들은 모두 잡아 죽여 분을 풀어 드리겠으니 진정하십시오 하였다. 이에 당 태종은 반드시 그렇게 하라 하였다.

이 말을 들은 안시성주 양만춘장군은 '성문을 여는 날 너희들을 모조리 짓밟아 죽여줄 것이다.'라고 응대하면서 안시성 사람들의 적개심을 드높이게 하고 성문을 더더욱 굳게 잠그게 하고 방어에 총력을 기울였다. 이러한 양측의 공방전은 당군으로 하여금 조급증을 나게 하여 밤낮을 가리지 않고 맹공을 퍼부었다. 그러나 안시성은 끄덕도 하지 않았다.

어느 날 안시성으로부터 닭과 돼지들의 요란한 울음소리를 들은 당 태종은 이세적을 불러 오늘밤에 필시 적병의 기습이 있을 것이니 단단히 대비하라고 휘하의 장수들에게도 일렀다. 닭 돼지들의 요란한 소리는 곧 병사들의 사기를 높이기 위해 기름진 음식을 먹이기 위한 조치일 것이라고 보았기 때문이다. 당 태종의 말처럼 안시성주 양만춘은 특공대 100여 명을 이끌고 전광석화처럼 야습을 감행하여 고구려군의 사기를 한껏 높여 놓았다.

반대로 당군은 이러한 기습을 당하고 극도로 사기가 저하되어 안절부절 하였다. 사기가 저하된 당군을 위해 당 태종은 직접 무장을 하고 군졸들을 독려하여 안시성 동남쪽 기슭에 안시성 높이에 이를 수 있도록 높다란 토산을 쌓게 하여 안시성을 공략하도록 하였다.

이에 질세라 안시성 측에서도 성을 더 높이 쌓아 올라갔다. 그러는 사이 당군들은 순번을 갈라 하루에도 여러 차례 맹공을 가해 왔다. 때로는 충차(衝車)를 앞세워 돌을 쏟아 붓게 하는가 하면 성첩을 파괴시키고자 하였다.

　고구려군 역시 이에 질세라 성안에 목책을 세우고 파손된 곳곳을 보수해 나갔다. 두 달여(60여 일 간) 밤낮을 가리지 않고 토성을 쌓아 공격과 기습을 감행해 보았으나 성채는 꿈적도 하지 않았다. 이에 반해 당군의 피해는 나날이 더해갔다. 그러는 가운데서도 토산을 더 한층 높게 쌓아 올려야 한다는 데는 양측 어느 쪽도 질 수 없는 형편이었다.

　당 태종은 하는 수 없이 적장인 도종에게 용맹한 군졸들로 하여금 토산에 올라가 공격을 감행케 하였다. 이렇듯 무리한 토산의 공격으로 토산은 결국 무너져 버렸다. 이때를 놓칠세라 고구려군이 급습을 감행하여 당군을 크게 무찔렀다.

　당 태종은 대로하여 패전의 책임을 물어 지휘관인 전복애를 참형에 처하게 하고 여타의 장수들에게 토산을 다시 점령하라고 녹려하였다. 이후 연 삼일간이나 맹공을 벌였으나 결과는 쓰라린 참패뿐이었다. 하는 수 없이 적장 도종은 갑옷을 벗고 당 태종에게 패전한 죄를 청하였다.

　당태종은 칼을 빼들었다가 다시 꽂으면서 패전의 죄는 죽어 마땅하나 네가 개모성 요동성을 격파한 공을 참작하여 특별히 살려준다 하였다. 이렇듯 우여곡절을 거치는 동안 어느덧 반년의 세월이 흘렀다. 9월의 한기가 요동땅에 찾아 들었다. 사기가 떨어질 대로 떨어진 당군들에게는 식량사정마저 여의치 않게 되자 당 태종은 초조해지기 시작하였다.

　안시성 내 군관민들의 단결은 그 어느 때보다 굳세어지는 가운데 당 태종으로서는 군사들을 거두어 퇴각하는 길 밖에 없었다. 당 태종은 칙령을 내려 철퇴하기로 하고 우선 요동성과 개모성의 호구를 정리하여 요수를 건너 보내게 하고 안시성 공략을 중단케 하였다. 그런

연후에 퇴각의 길에 나섰다.

3) 당(唐)의 군주 이세민(李世民)을 패퇴(敗退)시킨 양만춘 장군

일단 퇴각의 길에 들어선 당태종은 후퇴마저 여의치 않았다. 요수를 건너려 하는데 땅이 질어 우마차들이 제대로 움직이지 못하였다. 장병들을 풀어서 초목을 베어 오게 하고 도로를 만들어 간신히 통과하면 폭설이 휘몰아쳐 추위와 굶주림으로 살아남은 자가 거의 없을 정도였다.

당태종이 고구려 침략길에 나서서 요동성 개모성 백암성 등등을 쳐서 얼마간의 포로를 끌고 갔으나 신성 건안 안시성 전투에서 수십만의 병사를 잃어버리니 결국 패전의 쓰라림은 당 태종 자신은 물론, 당나라 온 백성들의 고초가 말로 표현할 길이 없게 되었다.

당 태종은 탄식하기를 만약 위징이 살아있었다면 나로 하여금 이렇게 처참한 경우를 당하게 하지는 않았겠지! 라고 울부짖었다. 내가 천하의 대군을 거느리고 고구려 같은 소국에 곤경을 당하였음은 실로 통탄스럽기 이를 데 없다.

도종의 말대로 고구려의 수도 평양으로 직접 쳐들어갔더라면 어떻게 되었을까? 라고 자문자답, 낙심, 자탄하며 실신한 사람처럼 중얼거렸다고 한다. 당태종이 안시성의 포위를 풀고 철군할 때 양만춘 장군은 성루에 올라 송별의 예를 표하였다. 당 태종 역시 그의 용전을 높이 평가하여 비단 100필을 주어, 군왕에 대한 충성심을 격려하였다고 한다.

당 태종이 패퇴시 눈에 화살을 맞고 돌아갔다는 기록은 고려 후기의 학자 이색(李穡)의 정관음(貞觀吟)이라는 시와 이곡(李穀)의 가정집

(稼亭集)에 실려있다. 단재 신채호 역시 조선상고사에 당 태종이 패퇴하는 정경을 다음과 같이 기술하고 있다.

양만춘이 성문을 열고 추격하니 당병은 황망하여 대오를 흐트려뜨리면서 인마가 서로 얽혀 도망가기 바빴다. 당 태종을 태운 말이 늪속에 빠져 허우적거리고 있을 때 양만춘은 단발의 화살로 그의 왼쪽 눈을 맞힘에 당 태종은 여지없이 생포당할 처지에 놓이게 되었다. 이때에 당의 장수 설인귀가 달려와 말을 갈아 태워 겨우 목숨만을 부지하여 달아나게 되었다.

성경통지 해성고적고(盛京通志 海城古蹟考)에 당 태종의 말이 빠진 곳을 당 태종 함마처(陷馬處)라 하여 이곳 주민들 간에 속설로 전해오고 있다.

우리나라 역사상 특기할만한 안시성 전투는 민족적 자부심을 한껏 드높여줄 수 있는 대전이었건만 수많은 사서(史書)들이 이에 관해 제대로 기록하지 못하고 있다. 더욱이 위대한 안시성주 양만춘 장군에 대한 기록이 전무함은 우리 역사서의 빈곤과 한계성을 입증하는 것이다.

당태종이 고구려 정복을 호언장담하면서 수륙 30만 대군을 이끌고 침략했지만 근 반년간의 지리한 접전을 통해 고구려 정복의 지난함을 자인했다. 결국 안시성 전투에서 10여만의 인명과 물자만을 소진하고 패퇴한 것이다.

이러한 당 태종에 대해서 중국측 사료에 의하면 동서역사상에 드문 영걸로 기상천외한 언행과 귀신과 같은 용병술로 세상 사람들을 놀라게 하는 귀재라 칭찬하고 있으나, 고구려의 일개 성주 양만춘 장군과 대적해서는 속수무책이었으니 그에 대한 지나친 예찬은 한낱 공허한 메아리에 불과할 뿐이다.

비록 양만춘 장군은 당군의 병력 수에 비해 소수에 불과했지만 성내의 군민들과 합심 일치단결하여 그의 뛰어난 리더쉽에 힘입어 당군을 전혀 겁냄이 없이 용감무쌍하게 대결하여 고구려인의 드높은 투지를 안시성 전투를 통해 보여주었다.

특히 장군의 지략은 뛰어나 기습을 하면 백발백중 성공하여 당군들은 장군의 기습 공격 소리만 들으면 어쩔 줄 모르고 당황하기 일쑤였다. 예컨대 100여 명의 정병을 거느리고 30만 대군이 포진한 적진을 나는 듯이 뛰어 들어가 기습을 하면 야밤에 당태종도 놀라 뛰어나와 독전을 소리 높여 외쳐도 혼란만 초래할 뿐 속수무책이었다.

이에 당의 명장이라는 도종도 도저히 대적하지 못하고 번번이 실패해 그의 목이 당 태종의 노기에 왔다 갔다 할 지경이 되고 만 것이다.

안시성으로부터 100여 리 떨어진 곳에 계관산(鷄冠山)이 있는데 당태종이 싸움에 져 말을 타고 홀로 달려 계곡 안으로 들어가니 사방 그 어느 곳도 인적이라고는 찾아 볼 수 없고 산바람만 서글프게 부는데다, 해는 진지 오래여서 길을 분간하기 어렵게 되었다. 극도로 피곤하여 주위를 헤맬 때 주변을 살펴보니 산 위에 조그마한 암자가 보였다. 등불이 비치는 곳에 올라가 주인을 찾으니 한 노파가 나와 맞아 들였다.

노파가 술과 음식을 대접하고 편히 쉬도록 해주었다. 새벽녘 닭 울음소리에 잠을 깨어보니 암자와 노파는 온데 간데 없고 다만 닭벼슬 비슷한 암석만이 눈에 띄었다. 뒤에 당 태종이 그 일을 기념하기 위하여 그곳에 절을 짓고 계명사(鷄鳴寺)라 명명하였다고 한다.

오늘날 까지 그 터가 남아있어 사람들이 당 태종의 패전상에 대해 이야기하기에 이르게 되었다고 한다.

7. 고구려를 계승한 발해국의 대조영(大祚榮)

1) 발해국에 관한 선대(先代)의 인식(認識)

발해국에 대한 인식이나 연구는 여타 고대국가들과 비교할 수 없을 정도로 영성한 상태이다. 즉 고려 때 이승휴(李承休)의 제왕운기(帝王韻紀)에 발해사를 고려사의 연장선으로 본 것을 필두로 하여 조선조에 들어와서 미수 허목의 발해열전, 성호 이익의 성호새설류선, 한치윤의 해동역사, 냉재 유득공의 발해사고, 다산 정약용의 아방강역고, 홍석주의 발해세가, 서상우의 발해강역고 등 7, 8개의 저술에 한정되어 있었다.

이상의 제서(諸書)들마저도 전문적인 발해사연구서로 보기 어렵다. 그러기에 조선조 후기의 유득공은 말하기를 도대체 대씨(大氏)는 누구인가 하고 의문점을 던지기까지 하였다. 그러면서 대씨(大氏)는 고구려인이다. 이들이 차지하였던 땅이 바로 고구려 땅이라 외치면서 우리 후손들이 고구려 땅을 회복하는 명분을 역사를 통해 올바로 계승하지 못해 왔음을 자책, 질타하고 고려가 발해사를 바로 정리하지 못한 것은 역사상 일대 과오이었음을 힐난하고 있다.

발해사는 사실상 건국주체자에 대한 시비가 있어왔고 왜곡된 중국측 사료 일변도의 논증으로 발해국을 중국사 속의 소수민족국으로 폄하시키려는 그릇된 왜곡사관으로 기술하고 있을 정도에 이르렀다.

이러한 때 일수록 주체적 민족사관의 회복 내지 정립차원에서 발해사 연구에 박차를 가해 나가야 할 것이다. 무엇보다 발해국 건국시조인 대조영에 대한 연구부터 올바로 진행해 나가야 하겠다. 우리나라 고대사 가운데 등장하는 인물 대부분이 그러하듯이 대조영 역시 출생 연대나 가계(家系)에 관해 제대로 알려져 있지 않다.

다만 그의 아버지가 걸걸중상(乞乞仲象)이라는 정도로만 알려져 있을 뿐이다. 대조영이 역사상에 등장하기는 당나라 측천무후 집권기였던 기원 696년 고구려가 멸망한 이래 영주(營州:오늘날 朝陽)지방에 망국민의 한 사람으로 끌려가 있으면서부터이다. 이 시기가 고구려의 수도 평양이 당나라에게 함락당한 이후 때이다.

즉 당나라가 고구려 영토를 관할하기 위하여 안동도호부를 설치한 시기인데 당나라에서는 고구려 유민의 반란을 우려하여 669년 4월 이들 유민 가운데 4만여 호를 중원 내륙지인 강희지역 남방과 산남 등지로 강제 이주케 하고 이들 마저 분산시켜, 단합된 부흥운동을 벌이지 못하게 하였다.

당나라의 고구려 유민의 이주정책은 사실상 노예에 준하는 조처로 핍박과 고통의 나날이었고 사실상 이들의 죽음을 방조하는 정책이나 다름이 없었다. 대조영의 일가가 영주로 옮겨진 것도 이 무렵이었다. 이들에 대한 강제 이주정책은 실현을 보았으나 일일이 이들의 생활을 통제하기에는 한계가 있었다.

당나라의 기반은 본시 중원 내륙 가운데서도 주로 섬서(陝西) 하남(河南)지역의 물산과 민호를 주축으로 경략되었던 나라인 만큼 동북지대인 변경에는 많은 병력을 배치할 수 없었다. 특히 그 지방에 유력시 되는 토민들에 대해서는 어느 정도의 자치권을 부여하여 부현(府縣) 수준의 감독 내지, 지휘할 기관을 따로 설치하여 통치하였다.

안동도호부만 하더라도 신라의 삼국통일정책과 맞부딪히면서 기원 676년 2월 도호부를 요동으로 철수시키지 않을 수 없었다. 표면상 여러 이유를 둘러대며 도호부를 철수시키지만 그 실은 당나라 군사력의 한계 때문이었다.

거란의 추장 이진충이 반란을 일으킬 수 있었던 것도 당나라 변경

정책 및 변경민의 통제력에 한계가 드러났기 때문이었다. 고구려의 수많은 유민들이 강제 이주를 당해 영주지역으로 내쫓기는 신세가 되었지만 망국민으로서의 울분과 부흥운동에 대한 열정은 식을줄 몰랐다. 이러한 의식은 고구려 유민들도 한결같았다.

이들이 옮겨 살게 된 영주지역의 지세는 흥안령계의 산악지대를 뚫고 동류하는 요하 본류로 흘러드는 서자목륜(西剌木倫)강과 노합하가 흐르고 있는 지역으로 고대 선비(鮮卑)와 오환(烏桓) 등 이른바 동호족의 근원지로 원주민들의 의식은 맥맥히 이어져 오고 있었다.

이 지역은 7세기경에는 외몽고에서 투르크족인 돌궐이 진출해 기세를 떨치면서 고구려 수나라 세력과 맞섰으며 특히 요하계선의 지배를 둘러싸고 각축을 심하게 벌였던 곳이기도 하다.

이러한 지형지세로 인해 요하 상류지대에서는 격전을 벌이는 경우가 적지 않았으며 토착민들인 거란족들의 향배에 의해 요서와 열하지역의 주도권도 달라지게 되었다. 이러한 자연지세에 요서와 열하지방의 군사력이 약화되면서 고구려 유민의 운명을 바꾸게 할 절호의 기호가 다가왔다.

이러한 때에 대조영일가에 대한 고구려 유민의 기대는 클 수밖에 없었다. 여기에다 당나라의 변경관할정책에 의해 영주 인근으로 강제 이주당했던 글안부의 추장 송막도호(松漠都護) 이진충과 귀주자사 손만영(孫萬榮)이 영주도독 조홰에 반기를 들고 영주성을 공략하여 조홰를 살해한 사건이 일어났다.

이 사건을 계기로 고구려 유민들이 반기를 들 절호의 기호가 포착된 것이다. 당나라 군이 글안 주민의 반기를 진압하기 위해 출동하고 이들의 진압이 쉽사리 끝나지 않은데다 이제까지 잠잠했던 변경지대 전반에 걸쳐 거센 항쟁이 속출되면서 당나라의 변경관할정책은 한계를 드러냈다.

　비록 돌궐군의 지원으로 한때 반란이 일시 평정되었지만 이전과는 현격히 달라졌다. 이러한 때에 말갈족도 당나라로부터 견제와 박해를 받아 오기는 고구려 유민과 마찬가지로 이들은 내심 동병상련적 우호관계에 서게 되었다.

　드디어 말갈족의 추장 걸사비우(乞四比羽)가 대조영과 뜻을 같이 하게 되었다. 당시 고구려 유민의 지도자에 대해 구당서(舊唐書)나 신당서(新唐書)에는 각기 달리 기록을 하고 있으나, 구당서에는 대조영으로 되어 있고, 신당서에는 걸걸중상으로 되어 있어 별개의 인물인양 오도하고 있다.

　그러나 실제 이들은 부자간으로 당시의 지도자가 걸중상이든 대조영이든 이들 부자간의 적극적이고 헌신적 항당전이 있었음이 분명하다.

　거란족의 반기와 말갈족의 이탈 그리고 고구려 유민의 항전에 당나라측은 몹시 당황하여 우선 이들에 대한 무마책을 취하고자 하였다. 당나라의 실권자이던 측천무후는 대조영의 아버지 걸걸중상을 진국공(震國公)으로 봉하고 말갈족의 추장 걸사비우(乞四比羽)는 허국공(許國公)으로 봉하고자 하였다. 그러나 이같은 계책으로는 실효를 거둘 수 없었다.

　이에 당나라측은 옥검위대장군(玉鈐衛大將軍) 이해고(李楷固)를 보내 무력으로 이들을 제압하고자 하였다. 이해고는 우선 말갈족을 이끌고 있던 걸사비우를 공격하여 참살하고 곧바로 대조영이 이끄는 고구려 유민들과 맞섰다. 대조영은 결정적인 운명에 처하게 되었다.

　이에 대조영은 침착하게 우선 지도자를 잃고 방황하는 말갈족들의 패잔병을 위무하고 이들을 합세케 하였다. 그는 전략적으로 유리한 휘발하(揮發河)와 혼하(渾河)와의 분수령인 장령자 부근인 천문령으로 군사를 이동시켰다.

이 지역은 고구려의 발상지와도 깊은 인연이 있는 곳으로 주변에 산봉우리가 둘러쳐져 있고 밀림이 우거져 있었다. 이에 대조영은 우선 당군을 유인하여 본거지로부터 멀리 떼어놓는 전략을 구사하여 이들의 보급로를 어렵게 만든 후, 당나라 군사들이 지치게끔 유도하였다. 이러한 때에 이해고가 말갈족 추장을 참살한 승전에 도취해, 대조영을 업수히 여겨 계속 추적해 들어왔다.

대조영이 이끄는 고구려 유민들은 꿈속에도 그리던 고국 땅을 밟게 되자 흥분을 감추지 못한 가운데 당나라군에 대한 적개심이 고조되어 사기는 한껏 드높았다. 여기에다 말갈족의 적극적인 동참으로 지칠 대로 지친 이해고의 군대를 여지없이 격파할 수 있었다.

이 전투에서 이해고와 그의 측근만이 간신히 살아남아 노낭칠 수 있었다.

2) 대조영(大祚榮)의 진국(震國) 건설

당나라 군대를 물리친 대조영은 태백산 동쪽으로 이동하여 동모산(東牟山) 기슭에 진국(震國)의 도읍터를 잡았다. 이곳은 오늘날 동간도 땅 서쪽으로 두만강으로 흘러드는 해란하(海蘭河) 강가, 서고성자(西古城子)터이다.

대조영이 이해고의 대군을 격파한 이후 밀림 산간 지대로 무리를 이끌고 이동한 것은 당군이 언제 어느 때 다시 쳐들어올지 모르는 상황에 대비하고자 하는데 목적이 있었다. 비록 일시적으로 패퇴를 하기는 하였으나 당나라는 그 당시까지도 대제국으로 군림하고 있어 이에 대한 대비를 결코 소홀히 할 수 없었던 것이다.

따라서 가능한 한 저들의 영향권에서 벗어난 먼 산악지대를 택해 왕국의 기틀을 닦아 시간적 여유를 가져야만 했기 때문이었다. 그리고 나라를 경략하려면 그 지대에서 나는 물산이 풍부해야 하는데 이 지역은 일찍부터 당나라 까지 널리 알려져 있던 유명한 현주(顯州)의 포(布), 오주(玉州)의 솜, 위성(位城)의 철, 용주(龍州)의 명주 등등, 모두 이 지역의 특산물이고, 명품으로 널리 알려져 온 지역이다.

지난날 고구려가 강성하였던 요인중, 고구려인의 강인한 상무정신도 있었지만 이를 뒷받침한 북만주 지지하르(齋齋哈爾)를 중심으로 한 흥안령 동쪽 기슭 일대로 까지 퍼져있던 요동의 철이 나왔기 때문이다.

이같은 경제력을 기반으로 하여 국력을 축적하고 한편으로는 동부 지방에서의 당의 경비력이 취약한 점을 최대한 이용하고자 하였다. 당시의 정세에 또 다른 변수는 거란이 돌궐에 항복함으로써 요동방면의 교통로가 두절되어 있었기 때문이다. 이에 부득이 안동대도호부를 폐쇄하고 도호부로 격하하여 이 지역을 고구려 후예로 하여금 통치케 하지 않을 수 없었다. 이같은 당의 대외정책 변화에 따른 취약점을 간파한 대조영은 돌궐과 보다 긴밀한 관계를 유지하고 새로운 왕국 건설에 필요한 시간적 여유를 갖고자 하였다. 당나라에서도 이제까지의 태도를 바꿔 대조영에게 시어사(侍御使) 장행급(張行岌)을 보내 화해를 청하였다.

이때가 기원 705년이었다. 대조영은 아들 대문예(大門藝)를 당나라로 보내 당의 문물을 받아들이는 한편, 장래를 내다 보고 국기(國基)를 다져 나가고자 하였다. 이후 당의 현종 2년(기원 713년)에 이르러 홍려경(鴻臚卿) 최흔(崔炘)을 동모산으로 보내 대조영을 발해군왕으로 책봉하였다.

이때로부터 대조영은 진국이라는 국호 대신 발해국이라 칭해왔다.

이리하여 역사상 최대의 강국을 누렸던 고구려가 멸망한지 30여 년 후 동아시아에서 일찍이 들어보지 못하였던 해동성국(海東盛國)이라는 별칭의 부강한 발해국이 등장되었다.

3) 발해국의 영역(領域)

발해의 영역에 대해서 우리나라 사서(史書)들보다는 오히려 적이었던 중국측 사료를 통해 고찰해 보지 않을 수 없다. 그 사위(四圍)를 살펴보면 다음과 같다.

남녘은 서부의 대동강 유역으로부터 동부인 영흥의 용흥강 부근에 이르는 계선을 경계로 하여 신라와 접하고 동쪽은 저 멀리 연해주 일대에 이르며 오늘날 하바롭스크는 이 당시 이미 항구도시의 역할을 해 온 것으로 동해안 전 지역이 발해국 판도에 속했던 것으로 보여진다. 서쪽으로는 북부의 회덕에서 장춘 농안 등지를 포함한 일대와 송화강 중 하류 전체를 포괄하였다.

이같은 영역을 고구려의 옛 땅과 비교해 볼 때 대동강 이남 지역을 제외하고는 고구려 전성기의 영역보다 넓으면 넓었지 결코 못하지 않았다. 특히 동북쪽으로는 오히려 고구려 시기보다 더 넓었다.

발해의 이처럼 드넓은 영토는 5경(京) 15부(府) 62주(州)를 두고 다스렸는데 5경(五京)은 상경 용천부, 중경 현덕부, 동경 용원부(龍原府: 일명 柵城府), 남경 남해부, 서경 압록부 등이다.

이상의 5경에 대한 위치 비정은 시대에 따라 연구자에 따라 다소 엇갈리고 있지만 당대의 지리지인 가탐(賈耽)의 도리기(道里記)에 의하면 "城臨忍汗海 其西南三十里 有古肅愼城"이라 하여 상경 용천부는 오늘날 흑룡강성(黑龍江省) 영안현(永安縣)에 위치해 있었던 것으로 보여진다. 이러한 상경 용천부는 동모산 돈화 오동성으로부터 약 3백리 동북방쪽에서 떨어진 도시로 170여 년 간 발해의 수도로 자리를 지켜온 곳이다.

동경 용원부는 예맥의 옛 땅으로 상경 용천부 동남쪽에 위치해 있었다. 이 일대는 오늘날 훈춘현 구역으로 옛적이나 오늘날에도 군사 전략지로 중요한 지역이 되고 있다. 남경 남해부는 옥저의 옛 땅으로 함경남북도 동해안 지방인데 오늘날 신창군 일대이다. 서경 압록부는 오늘날 집안의 임강(臨江) 부근이다.

이러한 발해국의 5경은 수도인 상경 용천부를 중심으로 사통팔달할 수 있는 노정(路程)을 두고 있었다. 이에 대해 신당서 발해전에 의하면 동해로 통하는 일본도가 있어 양국간 접경국인 신라보다 훨씬 빈번한 교류가 있었다.

실례로 기원 859년 발해에서 천문력서를 일본에 전해져 820여 년 간 사용한 것으로도 확인된다. 남해부는 신라 경주로 향하는 신라도가 있어 발해와 신라 간에 접촉 가능성을 내비치고 있으나 삼국사기에는 발해를 북국이라 칭하며 별다른 교류가 없는 듯이 기술되어 있다.

이밖에 조공도(朝貢道)라 하기도 하는 압록강도는 압록강 하구쪽에서 해상으로 요동반도의 해안을 따라 여순을 거쳐 등주로 향하는 길인 발해와 당나라간의 주요 항로 구실을 해왔다. 압록강도는 거리상 상경 중경 간을 6백리, 중경 신주 환도 간을 2백리, 환도 박작구 간을 5백리, 박작구에서 니하(泥河) 사이를 130리로 보았으며 상경에서 압록강구까지 총 길이는 1830리라 하였다.

이상과 같은 노정도(路程道)와 관련된 유물이 기원 714년(당 현종 2년) 최흔(崔忻)이 사절의 사명을 띠고 발해로 향하던 도중 오늘날 여순지방에 이르러 기념으로 우물을 팠는데 우물 속에서 비문이 발견되었다.

비문의 간기(刊記)에 "唐 開元 二年 五月十八日"로 판명됨으로써 이를 입증케 하고 있다. 비명(碑銘)이 발견된 장소가 오늘날 여순시 황금산 아래 한 우물가에 새겨져 있어 1천 여 년이 지난 러일전쟁 때 발견된 된 것인데 일제에 의해 이 비명은 약탈되어 갔다.

발해의 유일한 대당육로교통로(對唐陸路交通路)로는 영주도(營州道)이었다. 상경 용천부에서 휘등하(揮登河) 유역인 산성자(山城子) 부근의 장령부(長嶺府)를 거쳐 봉천 동남쪽 부근의 신성(新城)과 봉천 요양(遼陽)에 이르고 여기서부터 요하를 건너 오늘날의 금주성(錦州省) 의주 서쪽 약 180리 떨어져 있는 대하(大河)를 따라 올라가면 영주(營州)인 조양(朝陽)에 달하고 여기서부터 곧바로 오늘날의 북평(北平)인 유주(幽州)에 도달하게 된다.

이밖에 글안도와 북방도가 있었으나 돌궐과 기타 여러 송속들에 의한 제재로 자유로이 활동하지 못하였다. 이렇듯 발해국의 여러 노정도를 살펴보더라도 발해국의 강역이 어떠하였음을 유추할 수 있게 하고 있다.

대조영이 광활한 북방의 발해를 건국한 이래 1천 여 년이 지난 오늘날 발해사의 공백을 메꿔 줄 관련 유물 유적이 속속 발굴되고 있음은 매우 고무적인 일이라 하겠으나 중국 측은 짐짓 이 같은 관련 유물 유적들을 자의적으로 해석하고, 발해 역시 중국의 소수민족국으로 보고자 하는 억지 논리를 펴면서 이들 유물 유적을 관리하도록 하고 있다.

역사에는 기복이 있다고 하나 고구려 멸망 이후 30여 년이 지난 뒤에 발해국을 건국한 대조영이야말로 한국사에서만이 아니라 동양역사상 커다란 족적을 남긴 인물로 우리나라 영토사적 측면에서 특기할 만한 인물임에 틀림이 없다.

제3장
해상영역을 지킨 영웅(英雄)들

1. 해상왕국(海上王國)을 건설한 장보고(張保皐)

1) 미천했던 장보고의 어린 시절

장보고는 전라남도 완도 출신으로 아명은 활보이었다. 그는 바닷가에 살았기 때문에 물고기처럼 헤엄을 잘하였고 활도 잘 쏘아 활을 뜻하는 궁(弓)자를 써서 궁복 또는 궁파(弓巴)라고도 불렸다.

미천한 평민출신이라 성(姓)이 없었다. 이러한 활보가 커서 궁파라 불려진지 얼마 후 당나라로 건너가게 되었다. 당나라인 이국땅에 간 이후 당시 대성이었던 장씨(張氏) 성을 갖고, 내친 걸음에 성에 걸맞게 이름도 보고(保皐)로 고쳤다. 그 뜻은 물가를 보호한다는 뜻이다.

그가 당나라로 간 때는 나이 불과 14세로, 쪽배나 다름없는 그야말로 작은 일엽편주(一葉片舟)에 불과한 배를 타고 여러 명의 또래들과 함께 갔다. 당시 신라로서는 당나라를 대국으로 떠받들고 있었다. 그러나 신라인들 대부분은 천민대우를 받으며 그곳 생활을 감내하지 않으면 안 되었다. 따라서 같이 당나라로 건너간 대부분의 아이들은 고달픈 노예생활을 이겨내지 못하고 상당수가 죽어갔다.

이러한 가운데 비교적 건실한 체격의 소유자였던 정년(鄭年)이라고 하는 아이만이 살아남아 장보고의 유일한 벗이 되었다. 사고무친(四顧無親)한 타국 땅에서 어찌 어찌하여 남의 집 가축을 키우는 목동이 되어 겨우 입에 풀칠은 할 수 있었다.

이렇게 몇 년 동안 지내는 가운데 우연히 주인집 어린애가 사나운 이리의 습격을 받아 위급한 상황에 이르렀다. 이때에 장보고는 앞뒤를 가릴 것 없이 들고 있던 쟁기로 이리를 때려잡음에 주인으로부터 애지중지하던 자식을 구해준 은인으로 도움을 받게 되었다.

무엇보다 주인의 배려로 하루 중 잠시 시간을 내어 검술을 익힐 수 있는 기회를 얻게 되었다. 그 덕에 배운 것이 별로 없었던 장보고는 출신성분을 크게 가리지 않던 무과에 지원하여 주인의 보증으로 다행히 합격의 영광을 얻게 되었다.

이후 벼슬길에 들어서게 되는데 그의 용맹성이 인정되어 당나라 출신들도 부러워하리만치 승승장구하여 수많은 사람들이 선망하는 무녕군 소장(武寧軍 少將)이 되었다. 이렇듯 선망하는 직위에 올랐으나 그의 마음속에는, 비록 가난하고 처참한 생활을 보냈던 고향이지만 고향에 대한 그리움만은 이겨내기 어려웠다. 고향이 그리울 때면 시간을 내서 신라인들이 많이 모여 살고 있는 등주(登州)의 신라방을 찾곤 하였다.

당시 신라방은 마치 오늘날의 교역처처럼 문물을 교역하는 국제도시로 신라에서 싣고 온 물품을 사고파는 인파들과 당나라로 유학온 학생들로 붐빌 정도였다. 이때나 그때나 다름없는 것은 돈에 눈이 뒤집힌 작자들이 수단방법을 가리지 않고 비인도적 비인간적인 작태를 서슴지 않았다. 특히 노예시장에서 신라의 어린 소년 소녀들을 마구 잡이로 납치 감금했다가 팔아먹는 족속들이 부지기수였다. 이들은 무역상으로 가장한 해적단이나 다름없는 악질분자들로 등주를 무대로 활개치고 있었다.

 이전처럼 향수에 젖어 등주를 찾은 어느 날, 가련한 신라의 청소년들이 굶주림에 시달리다 못해 팔려온 것을 목격하게 되었다. 이들은 이곳까지 잡혀온 이래 무려 석 달이 지났는데도 흥정이 원만하게 이루어지지 않아 이처럼 처참하게 학대를 받고 있는 실정이라고 하였다.

 이들의 이야기는 차마 눈물 없이는 들을 수 가 없었다. 이에 더 이상 이들의 처지를 듣지 않고도 그간의 사정을 충분히 알 수 있었던 장보고는 이들의 처지를 자신의 과거지사에 비추어 불쌍한 이들을 하루빨리 구해주어야 하겠다고 작심하였다. 그래서 찾은 곳이 신라방이었다. 신라방 총관과 논의 끝에 이들 청소년들을 우선 법화원(法華院)에 숨겨 두기로 하였다. 법화원은 등주(登州) 문등현(文登縣) 청년향(靑年鄕) 적산(赤山)에 있는 절로 신라 사람들이 당나라로 구도(求道)를 위해 유학 온 사람들의 거처였다.

 신라원(新羅院)이라고도 불린 이 절은 규모가 제법 커서 신자 250여 명이 동시에 기거할 수 있도록 장전(庄田)이 딸려 있어 이 장전을 통해 소출되는 식량이 쌀 500석이 실히 되어 운영에 어려움이 없었다.

 이러한 여건으로 인해 이 곳은 신라인들이 당나라로 들어와 일시 거처하는 정신적 위안소가 되기도 하였다. 이러한 사정을 알고 있는 장보고는 그동안 억울하게 잡혀와 고생하는 동포인 청소년들을 구제해 그리운 고향으로 돌려보내는데 기여해야 하겠다고 다짐하였다.

 그러려면 천신만고 끝에 얻은 당나라 군적을 버릴 수밖에 없었다. 고심 끝에 결단을 내리고 그러한 결심을 그의 유일한 고국의 친구인

정년에게 토로하였다. 정년 역시 그의 말에 기꺼이 동조하였다. 이에 이들 둘은 우선 이곳으로 억울하게 붙잡혀 온 소년들을 데리고 고국인 신라 땅으로 돌아가기로 하였다.

낙동강 하류로 정박시켜 놓은 배에서 풀려난 아이들이 자기들 부모님 품안으로 돌아가게 되면서 소문이 퍼져 나갔다. 이 소문은 자연히 관가에 알려지게 되고 관가에서는 그간의 사정을 자세히 조사하여 조정에 알렸다. 이에 신라 왕실에서는 장보고로 하여금 왕을 알현하게 하였다. 이때가 기원 828년인 흥덕왕(興德王) 재위 시절이었다.

왕을 알현하게 된 장보고는 기탄없이 신라 해안이 해적들의 소굴이나 다름없이 이용되고 있음을 신랄하게 비판, 울분을 토하였다. 특히 법화원 주지의 소개장을 왕께 올리자 조정 중신들은 장보고의 말에 귀를 기울이지 않을 수 없었다. 이에 조정에서는 중신들의 회의가 잇달아 열리고 대책을 강구하는 방향으로 정리가 되었다.

2) 청해진대사(淸海鎭大使)로 명성을 떨친 장보고

이 시기는 마침 귀족인 영공(永恭)이 시중(侍中) 자리에서 물러나고 역시 원로인 우징(祐徵)이 대아찬(大阿湌)에서 승진, 시중(侍中) 자리로 옮긴 첫 번째 논의이었다. 우징(祐徵) 역시 문제의 심각성을 익히 알고 있던 차라 고심 끝에 장보고를 정규 관직에도 없는 청해진대사(淸海鎭大使)라는 직함을 부여하고 군졸 1만을 주어 해안을 경비하도록 하였다.

이에 장보고는 청해진대사라는 직분을 수행하기 위하여 친군인 정년과 함께 임무수행을 위한 제반 준비에 박차를 가하였다. 우선 행안 경비 강화를 위하여 새로운 제도와 방어를 위한 성을 쌓아 나갔다.

완도 섬을 본거지로 한 290여 리의 주변을 직접 답사 조사하고 지형에 따라 성의 높낮이를 참작하여 성곽을 축조하고 전망이 좋은 곳에는 망루를 세우도록 하여 해안경비에 임하도록 하였다. 이렇게 체제를 갖춘 청해진은 해안 순시와 해적선의 나포를 위해 성능이 좋은 선박을 마련하고자 하였다.

그러기 위해서는 주변의 질 좋은 해안림을 벌목하여 이들 목재를 건조시켜 선박 건조에 필요한 인력과 조선공을 투입하여 2000여 명의 군졸들의 도움을 주었다. 그리하여 완성된 선박들은 그 어느 때보다 성능이 뛰어난 선박으로 변모되었고 속도 기동면에서 따를만한 배가 없을 정도가 되었다. 이렇게 하여 만든 조선기술(造船技術)은 우리나라 조선기술사상 가장 뛰어난 수준이었다.

선박의 구소년에서 기존의 선박에 비해 넓이만 하여도 세 배나 넓었고 배의 위 뚜껑을 닫으면 방주(方舟)가 되어 마치 자라가 엎드려 있는것 처럼 보였다. 뚜껑을 열면 그것이 밑으로 내려가 붙어서 조그마한 배가 또하나 생긴 것처럼 보였다. 배의 앞뒤가 뾰죽하고 돛이 없이도 배 안에서 노를 젓게 하여 속도를 마음대로 조절할 수 있게 하였다. 이러한 기능을 갖춘 수 십척의 선박이 건조된 후 명실공히 장보고의 해상활동은 활발하게 전개되었다.

3) 드높아진 장보고의 위세(威勢)

만반의 준비를 갖춘 청해진대사 장보고는 우선적으로 해상에 자주 출몰하는 해적들의 소탕을 겨냥하여 해상권을 장악하고자 하였다. 신라를 중심으로 당 일본을 잇는 국제무역을 주도해 나가고자 하였다. 문성왕(文聖王) 2년인 기원 840년에는 일본 조정에 무역선과 함께 회역사(回易使)를 파견하여 조정의 서신과 공물(供物)을 보냈다.

이에 일본 조정은 국제관례상 용납하기 어렵다고 하면서 거절했으나 무역만은 이루어졌다. 당나라는 견당매물사(遣唐賣物使)의 인솔하에 교관선(交關船)을 보내 교역을 활발히 전개하였다. 이렇듯 견당매물사(遣唐賣物使), 회역사(回易使)라는 명칭 하에 교역사절의 파견이 정례화 될만큼 독자적인 세력 집단을 형성하고 있었던 것이다.

이후부터 일본의 회역사, 견당무역사의 왕래는 신라선의 이용은 물론 신라인을 통역으로 썼을 정도로 성장되었다. 예컨대 일본 지쿠젠(筑前) 태수는 장보고에게 사신을 보내 당나라에 파견하는 입당학승(入唐學僧)의 편의 제공을 부탁하기 까지 하였다. 명승인 일본의 승려 엔닌(圓仁)이나 여타 지방관들도 서신을 보내 귀국편의에 따른 부탁을 할 정도였다. 이같은 사실들은 해상 교통로에서 장보고의 위세가 국제적으로 인정되었음을 말해 주는 것들이다. 이러한 시기에 흥덕왕이 죽고 다음 왕위 계승문제로 신라 조정에서는 암투가 벌어지는 가운데 유력한 왕위계승 후보자이었던 상대등(上大等) 균정(均貞)이 살해되고 이찬(伊湌) 헌정(憲政)의 아들 제융(悌隆)이 왕위에 올랐다. 균정(均貞)은 장보고가 당나라에서 귀국해 임금을 알현할 때 시중자리에 있던 우징(祐徵)의 아버지였다.

우징은 이같은 인연으로 어쩔수 없이 장보고를 찾아가 청해진으로 피신하였다. 장보고로써는 왕권 도전에 실패한 우징에게 피신처를 제공한다는 것이 부담이 되는 줄 알면서도 그의 요청을 받아들였다. 헌덕왕(憲德王) 7년(812년)에는 흉년이 들어 170여 명이 굶주림을 견디다 못해 백성들이 바다를 건너 당나라 땅으로 식량을 구하러 떠났는가 하면 일본 땅으로도 300여 명이 집단으로 바다를 건너갔다.

이는 극히 단편적인 수치일 뿐 실제는 알게 모르게 보다 많은 수의 백성이 유리걸식해야 하는 신세가 되었다. 그럼에도 불구하고 중앙정부에서는 별다른 조치도 취하지 못하고 수수방관하는 나약한 정치를 하고 있었다. 이러한 때에 장보고는 이들 유민들을 규합하여 새로운 활동무대를 만들려고 노력하였다. 그는 무엇보다 해상활동을 통해 유리걸식하는 백성들을 구제하는 한편 이를 조직화하여 집단세력으로 키워나갔다.

그에게는 이전부터 수하에 1만 여의 군사가 있어 이들을 훈련시켜 강성한 군대로 키웠고 수많은 선박을 보유하고 있음으로써 신라국내에서는 무시 못 할 세력을 갖게 되었다. 이러한 여건 하에서 신분의 귀천을 가리지 않고 유능한 인재들을 널리 받아들이고 환대하며 이들의 기량을 마음껏 발휘하도록 아낌없는 뒷바라지를 하였다.

그러한 시기에 우싱(祐徵)의 정해진 도피는 중앙정부의 곱지 않은 시선을 피할 길이 없었다. 이에 장보고는 만약의 사태를 대비하여 경계를 강화시키며 우징에게 잘 조련된 군대를 사열할 수 있는 기회를 마련하고 왕권 계승의 패배에 따른 설욕을 만회할 수 있다는 자신감을 불러 일으켰다.

그러한 자신감에다, 조정에서는 이찬(伊湌) 헌정(憲政)의 아들 제융(悌隆)이 왕위에 올려놓았던 김명이 임금 스스로 목을 매 자결하도록 유도하고 자신이 왕위에 올랐다. 왕권 도전에 실패했던 우징 이외의 인물인 김양이 김해 땅에 피신해 있다가 김명이 왕 스스로가 목을 매 자결하게 하였다는 소식에 접하자 크게 격분하여 곧바로 서라벌 궁성으로 쳐들어갔다. 이를 기화로 우징은 쉽사리 왕위에 올랐고 우징은 임해전 뜰에서 아버지 균정의 영혼을 위로하고 장보고를 감의군사(感義軍使)로 임명하고 식읍(食邑) 2천 여 호를 내렸다. 이후 장보고는 신라 내정에 막강한 영향력을 행사할 수 있었을 뿐만 아니라 명실공히 대해양을 주름잡는 해상왕이 되어 제해권을 장악하였다.

4) 장보고의 최후

신무왕(神武王)의 뒤를 이은 우징의 아들 문성왕(文聖王)은 선왕(先王)에 대한 장보고의 공적과 은혜에 보답하기 위하여 다음과 같은 교서(敎書)를 내려 지난날 그의 아버지 우징의 약속에 갈음하고자 하였다.

청해감의군사(淸海感義軍使) 장보고는 일찍이 병력으로 성고(聖考)를 도와 선조(先祖)의 역적을 멸하게 한 공으로 청해장군(淸海將軍)으로 봉(封)하고 장복(章服)을 내리노라.

이에 대해 장보고는 위의 교지(敎旨)보다는 자기 딸을 태자비(太子妃)로 맞아들이겠다는 약속이 더 중요했다. 약속의 당자인 우징의 재위기간이 4개월에 불과해 실현키 어려웠다는 데는 이해가 되나 납비문제(納妃問題)를 이행치 않은데 따른 장보고의 분노는 끓어올랐다. 납비문제와 더불어 장보고의 세력이 점차 커짐에 따라 조정 중신들의 경계하는 눈초리가 만만치 않았다. 이러한 징후를 눈치 챈 장보고는 그대로 주저앉을 수 없어 그의 유일한 죽마고우(竹馬故友)요 충실한 부하인 정년을 궁중으로 보내 정종태후(貞從太后)를 만나게 하였다. 이에 정종태후는 기회를 보아 조치하도록 하겠다고 하였다.

사태가 이렇게 돌아감에 따라 조정에서는 논의가 분분해졌다. 그 어느 누구도 당시로서는 장보고의 병권과 장악력에 맞설 수 없었기 때문이었다. 갑론을박 중신회의 끝에 자객을 보내 장보고를 비밀리에 제거하도록 결정을 내렸다. 자객으로 공주출신 염장(閻長)을 지명하고 그가 조정을 배반한 것처럼 위장시켜 장보고진영으로 잠입케 하도록 하였다. 이러한 계책과 아울러 염장(閻長)에게 힘센 장수 몇몇 사람을 딸려 보내기로 하였다. 염장은 원래 장보고의 수하에 있던 자로 쉽사리 장보고진영으로 들어갈 수 있었다. 염장을 만나 조정의 사정을 다 듣고난 후 평소 신분의 귀천을 가리지 않고 중용하였던 것처럼 염장을 대우하였고 그와 함께 온 힘센 장수들에게도 호감을 갖고 대하였다. 장보고는 이들을 맞아 환영회를 베풀고 염장을 상객의 자리에 앉히고 술잔을 돌렸다. 장보고가 기분 좋게 만취하자 염장은 계속 술잔을 돌리게 하면서 딸려온 그의 부하들에게 신호를 보내 일격에 장보고의 앞가슴을 찔러 숨지게 하였다. 수하의 장졸들이 급히 달려들었지만 염장이 거느린 장수들을 당해내지는 못하였다. 장보고의 죽음은 섬 백성들의 거센 반발과 이창진이 거느린 군졸들의 분노가 격렬했으나 내세는 이미 기울고 말았다. 그런 가운데 염장 일당은 일본으로 도피하고 말았다. 이후 조정에서는 청해진을 혁파하도록 하고 그 잔존세력을 진압케 하였다. 그러나 장보고의 아들과 장보고의 부하이었던 이 창진은 잔존세를 규합하여 일본에 무역선과 회역사를 보내 한동안 교역을 지속시켰다. 이같은 일은 그간 장보고가 닦아 놓은 업적에 기인된 것이다. 그러나 중앙정부의 연이은 토벌이 이어짐에 따라 문성왕(文聖王) 13년(851년) 청해진 주민들을 전라북도 김제 땅인 벽골제(碧骨堤)로 모두 강제 이주시킴으로써 동아시아 최대 해상왕국의 본거지는 사라지고 말았다. 그러나 언젠가 또 다시 삼면의 대양이 우리나라를 부강 부흥시키는 터전이 될 날이 반드시 되찾아 올 것을 믿어 의심치 않는다.

5) 완도(莞島) 수호신(守護神)이 된 장보고

오늘날 완도 장좌리에는 장보고 신을 섬기는 신당이 서 있고 당제(堂祭)가 해마다 행해지고 있다. 장좌리 신당에 모셔져 있는 신을 송대장군(宋 大將軍)이라 하는데 마을 주민인 고로(古老)들에 의하면 당신(堂神)으로 모셔져 있는 신은 사실상 장보고로 송 대장군은 장(張) 장군의 별호(別號)로 알고 있다 한다.

이 말은 장 장군에 얽힌 전설을 들어야만 이해가 된다. 고려 원종 11년(1270) 송징(宋徵)이라는 분이 완도를 다스린바 있는데 그의 은덕을 입은 이들이 제사를 지냈기 때문에 장보고와 송징을 혼용해 온 것으로 보여진다. 두 신은 장보고 신과 송장군 신이 완도를 중심으로 원사(冤死)한 이들의 인격신으로 받든 것으로 보이는데 이같은 경우는 황해도 지방에 임경업장군 개성지방의 최영 장군 강원도 지방의 단종 등과 궤를 같이하는 것이다. 요컨대 장보고는 우리나라 해상 영역 관리의 위대한 기수(旗手)요, 해상에서의 탁월한 능력을 발휘한 인물로 기억되어야 할 위대한 인물이다.

2. 일본 땅이 될 수 없는 대마도(對馬島)

1) 이종무(李從茂) 장군의 벼슬길

이종무(李從茂)는 1360년(고려 공민왕 9년)에 태어났다. 본관은 장수(長水)로 어려서부터 무인적 기질이 있어 활쏘기와 말달리기를 즐겼다. 그의 경마술은 남달라 어른들도 따르기 힘들 정도였다. 그의 나이 14살 때 아버지를 따라 강원도 동해안에 침입한 왜구를 물리쳐 용맹성을 드러냈다. 그의 무공이 추후 인정되어 정용호군(精勇護軍)이 되었다. 이후 서해안에 자주 출몰한 왜구를 황해도 해주 인근인 옹진만호로 있으면서 왜구의 침입을 소탕했고 상장군(上將軍)에 올랐고 1400년(정종 2년) 익대공신(翊戴功臣)으로 추대되었다. 그는 무장으로서의 자질이 뛰어나 주요 방술지인 의주의 병마절제사를 복무, 1406년(태종 6) 장천군으로 봉해짐과 동시에 우군총제(右軍總制)직을 겸하였다.

제2차 왕자의 난 때 방간(芳幹)의 병사를 무찔러 좌명공신(佐命功臣) 4등에 녹훈되고 통원군(通原君)에 봉해졌다. 그의 무관으로서의 재질(才質)은 가일층 빛나 서해지역 중심부인 남양·수원등처 조전절제사(南陽 水原等處助戰節制使)가 되어 왜구들의 침입을 막아냈고 이어서 중군도총제(中軍都總制)를 거친 후 장천군(長川君)에 봉해졌다.

이후로도 그의 벼슬은 성조사(正朝使), 동북면 도안무사(東北面 都按撫使), 좌참찬(左參贊) 그리고 세종 원년에는 무인으로서 최고 직위인 삼군도체찰사(三軍都體察使)가 되고 숭록대부(崇祿大夫)에 봉해졌다.

2) 빈번한 왜구의 출몰과 대응책

고려 말부터 우리나라 해안을 수시로 침입해 오던 왜구의 노략질은 해가 거듭할수록 심해졌다. 무려 50여 차례에 걸쳐 침입해 온 왜구들은 해를 거듭할수록 빈번해졌다. 그 가운데 가장 침략 회수가 번다한 해로 1394년(태조 3년)에 13회, 1396년(태조 5년) 역시 13회, 이듬해에 11차례, 태종 때인 1403년(태종 3년) 6회, 이듬해인 1404년(태종 4년) 4회, 1406년(태종 6년) 8회, 1408년(태종 8년) 5회나 되었다.

이처럼 빈번한 왜구의 침입에는 이들을 사주하는 일본 본토 내 서북지방 영주들의 부추김이 있었다. 이들은 겉으로는 이들 해적들을 단속해 주는 것처럼 하면서 그 대가로 식량이나 대장경판을 요구해 왔다.

예컨대 태조 5년(1396년)에 임온이란 자는 60여 척의 배를 이끌고 경상도 영해 축산도에 상륙해 거주지를 정해주고 식량을 내주면 다른 일본 해적들을 진압해 주겠다고 다짐하였다. 그러나 이 말은 믿을수 없었고 실제는 이들이 타 해적들을 제어할 힘도 없었다. 이에 조정에서는 각도 절제사와 도만호들이 10여 척의 함선을 이끌고 관할구역의 순시를 강화하도록 하였다.

1419년 세종이 등극한 해인 5월초 명나라 연안지방에 출몰하였던 왜구 39척이 전라도 앞 바다에 와서 정박하고 여기서 북상해 5월 5일 충청도 비인현 도두음곶으로 숨어들어가 그곳에 정박해 있던 우리 측 전선(戰船) 일곱 척을 불태우고 상륙해 비인현성을 포위하고 재물 약탈과 주민 학살의 만행을 저질렀다. 급보를 접한 인근의 서천군과 남포진의 원군의 도래로 왜구들은 격퇴되었다.

이에 상왕인 태종과 세종은 대호군(大護軍) 김효성(金孝誠)을 경기, 황해도 병마사로, 장우량(張佑良)을 황해도 경차관(敬差官)으로, 이지실을 황해도 병마도절제사로, 김만수를 평안도 병마도절제사로 각각 임명하고 수군도처치사와 충청도에 조전병마절도사(助戰兵馬節度使)를 파견하였다.

3) 삼군도체찰사 이종무 장군의 대마도 출병

빈번해지는 왜구의 출몰의 대응책으로 태종은 박은(朴訔) 이원(李遠) 조말생(趙末生) 이명덕 등을 내전으로 불러들여 비밀리에 대마도 정벌만이 왜구의 침입을 근절시킬 수 있는 최상의 방법이라 결론지었다. 그러나 이들 중신 가운데는 정벌에 따른 견해가 엇갈렸다.

그러나 병조판서 조말생의 주장처럼 저들 왜구의 노략질을 근원적으로 해결하기 위해서는 왜구의 소굴인 대마도 정벌을 결행하는 길밖에 도리가 없다는데 의견을 따르지 않을 수 없었다. 그러면서 우선적으로 조선에 거주하고 있는 왜인들에 대한 조처를 취하도록 하였다. 그 대책으로 냉이포(경상도 진해 제포)에 머물러 있던 왜상(倭商) 591명을 내륙지방으로 압송해 노비로 삼게 하고 서울에 머물고 있던 사절들을 억류하였다. 그리고 당시 영의정 유정현(柳廷顯)을 삼도 도통사로 참찬 최윤덕을 삼군도절제사로 임명한 후 해안가를 철저히 방어하도록 하였다.

출정 당시 최고 지휘관은 삼군도체찰사(三軍都體察使)로 임명된 이종무 장군이었다. 상군은 각도의 절제사를 대동하고 그해 6월 17일 거제도를 떠나 대마도로 향하던 중 심한 풍랑을 만나 도중에 되돌아 왔다가 19일에 풍랑이 잦아들자 거제도 남쪽에 있는 주원방포(周原防浦)를 출발하여 20일 오시(午時)에 척후선(斥候船) 10여 척을 대마도 두지포(豆之浦)에 상륙하게 하였다. 그리고 이 전에 귀화해온 왜인을 대마도주에 보내 항복할 것을 권고했으나 반응이 없으므로 진격을 감행하였다.

그랬더니 도인(島人)들은 출항한 해적들이 약탈한 물건들을 잔뜩 싣고 돌아오는 줄 알고 주육(酒肉)을 마련해 가지고 환영하러 나왔다가 대군(大軍)이 계속해 밀려들자 모두 달아났다. 이들 무리 가운데 50여명은 저항하였으나 괴멸되고 먹거리 일체를 버리고 산속으로 숨어버렸다.

이종무 장군이 투항해 온 왜인 지문(池文) 망사문(望沙門)과 태조때 귀화해 온 도주(島主) 도도웅와 웅환(都都熊瓦 熊丸) 등을 종정성(宗貞

盛)에게 서신을 보내 항복을 권했으나 응답이 없었다. 이에 정토군은 상륙지 여러 곳을 수색하여 적선 129척을 노획하고 이 가운데 쓸만한 배 스무척만 남겨두고 나머지는 모두 불살라 버렸다.

이때 왜구의 거처인 가옥 1939호를 불태우고 참수한 왜인 114명 포로 21명, 피로(被虜)된 중국인 131명을 색출하였다. 이외에 밭에 자라고 있는 곡식들을 모두 베어버렸는데 포로로 잡혀와 고생하던 중국인들에게 물어보니 섬에는 기근이 든 데다 창졸간에 일을 당한지라 부자라고 하여도 도망갈 때 갖고 간 양식이 한 두말 밖에 안 된다고 하면서 오래 주둔한다면 도망한 왜인들은 필히 굶어 죽게 될 것이라 하였다. 이에 훈내곶(訓乃串)에 목책을 세우고 적들이 왕래할 만한 곳을 차단하여 오랫동안 머물 뜻을 표하였다.

당시 삼군도체찰사(三軍都體察使) 이종무가 거느렸던 대마도 정벌군의 규모는 다음과 같다.

병선(兵船): 경기 10척 충청도 32척 전라도 59척 경상도 129척 도합 227척
군인수: 서울에서 부정(赴征)한 제장(諸將) 이하 군관과 그 종인(從人) 669명 갑사(甲士) 별패(別牌) 시위패(侍衛牌) 영진속(營鎭屬)과 자모(自募)한 잡색군(雜色軍) 및 원기선군(元騎船軍) 1만6천6백16명 도합 1만7천2백85명 식량(食糧) 65일분

삼군도체찰사(三軍都體察使) 이종무는 29일 두지포(豆知浦)로 가서 편장(編將)으로 하여금 수포(搜捕)를 계속하게 한 결과 가옥 68채 선박 15척을 불태우고 왜인 9명을 참수하였으며 중국인 15명과 조선인 8명을 찾아냈다. 그런가 하면 6월 26일에는 니로군(尼老郡) 인위군(仁位郡)으로 가서 삼군(三軍) 가운데 좌우군(左右軍)으로 하여금 적을 수토

(搜討)케 할 때 먼저 내려간 좌군절제사(左軍節制使) 박실(朴實)이 복병(伏兵)을 만나 편장(編將) 박홍신(朴弘信) 박무양(朴茂陽) 김해(金該) 김희(金憙) 등 몇몇 장수들과 군졸 백 수십 명이 전사하였다. 이에 대해 일본측 사료인 조선통교대기(朝鮮通交大紀)에는 우리 측 군 1500인을 살해하고 배를 불살랐다고 하나 이는 과장된 기술이다.

대마도주 도도웅와(都都熊瓦)가 아군이 오래 머물까 두려워한 나머지 물러나 수호(修好)하기를 애걸하면서, 7월 동안에는 항상 풍변(風變)이 일어나니 오래 머물지 말기 바랍니다 하기에 이장군은 그해 7월 3일 철수해 거제도로 돌아왔다. 대마도 정벌은 박실의 전사로 자칫 큰 성과를 올리지 못한 듯이 보여지나 실은 다대한 전과(戰果)를 거둔 것이다. 총 전과를 살피건대 왜구의 소굴인 2007채를 불태우고 144척을 없애고 153명을 처단, 중국인 146명과 우리나라 사람 8명을 구출하였다. 우리 측 손실은 전사자 및 추락자를 합하여 100 수십 명에 불과하였다.

4) 대마도 수호(守護)에 보낸 항복유서와 속령화(屬領化)

태종은 병조판서 조말생(趙末生)에게 명하여 대마도 수호(守護)에게 항복을 권하는 유서(諭書)를 보내도록 하였는데 그 내용을 간추려 보면 다음과 같다.

너희들이 살고 있는 대마도는 경상도 계림(鷄林)에 예속되었으니 본시 우리나라 땅이란 것이 문적(文籍)에 실려 있고 분명히 상고할 수 있다.

다만 대마도는 땅이 매우 편소하고 또 바다 가운데에 있어 왕래가 불편하여 백성들이 살지 않았다. 왜노(倭奴)들 중 제나라에서 쫓겨나 갈 곳이 없는 자들이 모두 이리 모여들어 굴혈(窟穴)을 만들고 살며 어떤 때에는 도적질을 하는 가운데 우리 백성들을 겁략하여 전곡(錢穀)을 약탈하고 마구 사람을 살해하며 집에 불을 놓는 등 흉악무도한 짓을 자행해 왔던 것이다.

그러나 우리 태조(太祖)께서는 도리어 문덕(文德)으로써 너희들을 타일렀고 또 무위(武威)를 거두고 은혜와 신의, 사랑과 편안케 하는 도리를 보여왔으며 내가 대통(大統)을 이어 나라에 임한 이후에도 선왕(先王)의 거룩한 뜻을 받들어 더욱더 힘써 너희들을 타일러 가르쳐 왔다.

또 도도웅와(都都熊瓦)의 아비 종정무(宗貞茂)가 의리를 사모하고 정성을 다하던 옛날의 공로를 생각하여 못된 짓을 범하여도 묻어주고 너희들이 보낸 신사(信使)를 접할 때마다 객관(客館)을 정하여 머물게 하였으며 예조(禮曹)에 명하여 후하게 위로하도록 하였다.

또 생활의 어려움을 생각하여 흥리상선(興利商船)의 통행을 허락하여 주었고 경상도의 미곡 수만 여 석을 해마다 대마도에 보내서 굶주림을 면하게 하여 주는 등, 내 너희들을 위하여 조그마한 일에 까지 마음을 써 왔는데 요사이에 와서 배은망덕하고 스스로 화근을 만들어 패망의 길을 취하는 것은 알 수 없는 일이다.

평일에 투화(投化)한 자와 흥리(興利)관계로 온 자와 또 이제 우리의 위풍(威風)을 보고 항복한 자는 아울러 다 죽이지를 않고 여러 고을에 분치(分置)하고서 입을 것과 먹을 것을 주어 살게 해 주었다. 또 요전에는 변장(邊將)에게 명하여 병선(兵船)을 거느리고 가서 그 섬을 포위하고 모두 휩쓸어 와서 항복하기를 기다려 왔는데 지금까지도 너희들이 깨닫지 못하고 있으니 내 심히 민망하게 여기는 바이다. 너희 섬 땅은 거의 돌산(石山)이고 기름진 땅이 없기 때문에 농사를 지을 수가 없어 그저 틈만 있으면 남몰래 도적질 하거나 남의 재물이나 곡식을 훔치려는 것만 생각하고 있는 모양이나 너희들이 평시에 저지른 죄악은 쌓이고 쌓여 넘쳤으니 어느 때 어디서든지 주륙(誅戮)을 당하는 환(患)을 받고야 말 것이다.

이제라도 늦지 않았으니 만약 확연히 깨닫고 뉘우쳐서 너희들 섬 전체를 들고 와서 권토내항(卷土來降)하면, 도도웅와는 좋은 벼슬과 후한 봉록(厚祿)

을 줄 것이며 그 대관(代官)들도 평도전(平道全)의 예(例)와 같이 할 것이다.

　그 나머지 여러 군소(群小)들도 모두 옷과 양식을 넉넉히 주어서 기름진 땅에 살게 하고 다같이 농사짓는 이로움을 얻게 할 것이며 우리 백성과 똑같이 사랑하여 주어서 도적이라는 것이 얼마나 부끄러운 것이며 의라는 것이 얼마나 귀중한 것인가를 알게 하여 줄 것이다.

　우리의 이러한 계획이 그대로 되지 않으면 차라리 너희 무리를 다 휩쓸어 본국에 돌아도 괜찮을 것이다. 우리가 이렇게까지 너그러이 생각하고 너희들을 위하여 애쓰는데도 불구하고 본국으로 돌아가지도 아니하고 우리에게 항복도 아니하며 아직도 도둑질할 마음만 품고 섬에 머물러 있는다면 마땅히 병선을 크게 갖추어 군량을 많이 싣고 가 너희와 섬을 에워싸고 공격하는 수밖에 도리가 없다.

　그때에 가서 어느 쪽이 화(禍)가 되고 어느 쪽이 복(福)이 되는가를 분명히 알 수 있을 것이니 오직 족하(足下)는 잘 생각하라.

　이 유서는 투항해온 등현(藤賢) 등 다섯 명을 시켜 대마도주에 전했는데 그들이 떠난 지 한 달이 지나도 아무런 회답이 없으므로 병조에서는 9월과 10월 사이에 다시 대마도를 정벌할 것을 요청하였다. 태종과 세종도 이에 찬성하고 재정(再征)할 작전 계획을 세우고 있었는데 9월 20일 등현(藤賢) 변상(邊尙) 등이 대마도 수호 도도웅와(都都熊瓦)의 사자(使者)인 도이단도로(都伊端都老)와 함께 와서 신서(信書)를 받쳐 항복하기를 빌고 인신(印信) 내리기를 청하면서 각 도에 분치한 왜인들의 송환을 동시에 요구하였다. 이에 조정에서는 대마도 수호 도도웅와(都都熊瓦)의 사자(使者)인 도이단도로(都伊端都老)가 돌아갈 때에 예조판서(禮曹判書) 허조(許稠)를 만나 보게 하였다. 이로써 지난날 물든 더러운 버릇을 깨끗이 씻어버리고 예의의 풍속으로 변하게 하여 함께 무궁토록 복리(福利)를 누리도록 타 일렀다. 세종 2년(1420

년) 윤 1월 10일에 도도웅와(都都熊瓦)는 시응계도(時應界都)라는 자를 보내 예조에 다음과 글을 전하였다.

대마도는 토지가 척박하여 생활이 실로 어려우니 바라건대 섬사람들을 가라산(加羅山) 등 섬에 보내 수자리하여 밖에서 귀국(貴國)을 호위하고 인민으로 하여금 섬에 들어가 안심하여 농사에 종사케 하며 그 땅에서 세금을 받아서 우리에게 나누어 주소서 나는 족인(族人)들이 수호(守護)의 위(位)를 빼앗으려고 엿보는 것이 두려워 나가서 살 수 없으니 만약 우리 섬을 귀국 경내의 주군(州郡)의 예(例)에 의하여 주명(州名)을 정하여 주고 인신(印信)을 주시면 마땅히 신하의 도리를 다하여 시키는 대로 따르겠습니다. 도두음곶(都豆音串)에 침입한 적선 30척 중에 싸우다가 없어진 것이 16척이고 나머지 14척만 돌아왔는데 7척은 곧 일기주인(壹岐州人)의 것이라 이미 본주(本州)로 돌아갔고 7척은 우리 섬 사람인데 그 선주(船主)는 싸움에서 죽고 격인(格人)들만 돌아왔으므로 이제 각선(各船)의 두목(頭目)되는 자 한 사람씩을 잡아드려 그 처자까지 가두고 그들의 가재(家財)와 배를 거두어서 명령을 기다리고 있으니 빨리 관원을 보내 구처(區處)하시기 바랍니다.

대마도인을 가라산도(加羅山島) 거제도(巨濟島) 등에 와서 살게 해주기를 청하고 대마도를 조선 경내(境內)의 주군(州郡)의 예(例)에 따라 주명(州名)을 정하여 주면 신하의 도리를 다하겠다고 하면서 전일 도두음곶(都豆音串)에 침입하였던 적들의 처리를 위하여 관원의 파견까지 요청한 것이다. 이처럼 도도웅와가 금적(禁賊)에 대한 의사표시와 함께 귀순의 뜻을 바쳐왔기 때문에 조정에서는 동년 윤 1월 23일에 예조판서 허조(許稠)에게 명하여 도도웅와에게 다음과 같은 답서를 보냈다.

사인(使人)이 와서 글을 받아보고 족하(足下)가 성심(誠心)으로 뉘우치고 깨달아서 신하가 되기를 원하는 뜻을 자세히 알았으며 돌려보낸 인구와 진헌한 예물은 이미 자세히 위에 아뢰어 모두 윤허하심을 받았으니 실로 온 섬의 복이라고 생각하오.

족하가 요청한 바 여러 고을에 분치한 사람들은 이미 의량(衣糧)을 넉넉히 주어서 각각 생업에 안심하도록 하였는데 섬 안에는 먹을 것도 부족하니 돌아간다면 반드시 굶주릴 것이오. 또 대마도는 경상도에 예속되었으니 무릇 계품(啓稟)할 일이 있으면 반드시 본도 관찰사에게 보고를 올려 전보(轉報)하여 시행하여야 하니 본조(本曹)에 직정(直呈)하지 말도록 하오 겸하여 요청한 인전(印篆) 인신(印信)과 사물(賜物)을 돌아가는 사개(使价)에게 부송(付送)하오. 근래에 족하 관할의 대관(代官)과 만호(萬戶)가 제각기 사람을 보내 글을 바치고 성의를 표시하니 그 정성은 비록 지극하나 체통(體統)에 어그러지는 일이니 지금부터는 반드시 족하(足下)가 친서(親署)한 서계(書契)를 가지고 와야만 비로소 예의(禮儀)대로 접견함을 허락하겠소.

라고 하여 대마도를 경상도에 편입시키고 모든 보고나 문의할 사항이 있으면 경상도 관찰사를 통하여 하도록 지시하는 한편 인신(印信)을 하사(下賜)하여 도주(島主)가 친히 서명(署名)한 자에 한하여 왕래를 허락하였다.

5) 정벌(征伐)에 따른 성과(成果)

정벌의 성과로 무엇보다 이전과 같은 대규모의 왜구가 없어지고 이들은 이전과 달리 평화적 왕래자로 변했다는 점이다. 고래(古來)로 군사를 일으켜 토적(討賊)한다는 것이 문죄(問罪)하는데 있고 적을 많이 죽이는데 있는 것이 아니라 함과 같이 왜구의 정벌도 죄를 묻고 전과 같은 입구(入寇)를 방지하는데 목적을 두었기 때문에 정벌 본래의 목적은 성취된 것으로 보아야 한다. 부수적인 성과로 주변국인 유구국(오끼나와) 섬라(타이)를 비롯한 동남아 여러 상인들이 내방해 왔고, 무엇보다 대마도 정벌을 계기로 육상방어에 주력했던 국방력을 해상으로 돌리는 계기가 되었다. 그리고 우리나라 해안에 거주하는 어민들이 동해 서해안 등지로 출항해 어로활동을 전개할 수 있었다. 이밖에 정벌의 따른 성과에 대해서 당대의 석학으로 악학궤범(樂學軌範)의 저자이기도 한 성현(成俔)은 그의 저서인 용재총화(慵齋叢話)에 다음과 같이 기술하고 있다.

고려 말 왜구(倭寇)가 창궐한 것은 연해(沿海) 사면(四面)으로 진(鎭)을 설치하여 방술(防戍)하는 곳이 없었기 때문이었다. 태조가 개국한 이후 해항(海港) 요해지(要害地)에 모두 만호영(萬戶營)을 두어 수군처치사(水軍處置使)로 영솔하게 하니 이로 말미암아 왜구가 다소 줄어들었는데 그후 왜적이 또 침범하므로 세종이 삼군을 명하여 대마도를 정벌케 하였다.
비록 대첩(大捷)을 거둔 것은 아니라 하더라도 왜 또한 위세를 두려워하여 감히 방자히 굴지는 못하였다.

라고 하여 왜인들에게 준 심리적인 면에서 뿐만 아니라 식량면에서도 동정(東征)으로 대마도와 통교(通交)가 완전히 중단되었기 때문에 식량을 조선에 의지해 오던 대마도로서는 타격이 심각했다.
한편 이종무 등이 거제도로 귀환하던 7월 3일에 왜선 수십척이 서해의 소청도(小靑島)에 나타났다가 충청도 안흥량에 들어와 전라도 공선(貢船) 아홉 척을 노략질 해 갔다. 이에 좌의정 박은(朴訔)이 상왕에게 다음과 같이 아뢰었다.

지금은 적왜(賊倭)가 중국에 들어가 도적질하고 본도(本島)로 돌아오는 때

이므로 마땅히 이종무 등으로 하여금 다시 대마도에 이르러 적이 섬에 돌아오기를 기다렸다가 맞아서 치게 하면 반드시 격파시킬 수 있을 것입니다 이는 참으로 진멸(殄滅)할 좋은 기회이니 실기(失期)함은 불가합니다.

라고 아뢰니 상왕인 태종도 동의하였다. 이춘생(李春生)을 동정군중(東征軍中)에 보내 유정현(柳廷顯)에게 근간에 왜구가 함부로 날뛰고 있음을 말하고 대마도에 대한 재정벌을 명하는 동시에 이종무를 비롯한 열 명의 장수에게 작전계획을 지시하면서 갑옷과 옷 한 벌씩을 하사하였다. 이렇게 재정(再征)의 계획이 진행되고 있을 때 우의정 이원(李原)이 군사의 사기와 주즙(舟楫), 기계 등의 파손 및 시기가 풍랑이 심한 7월이므로 재정(再征)이 적당치 않음을 주장하는 등 여러번 반대 의논도 있었다.

그러나 결국 12일 천추사통사(千秋使通事) 김청이 명(明)나라에 다녀와서 보고한 것 가운데 금주위도독(金州衛都督) 유강(劉江)이 왜구를 크게 격파하였다는 말을 듣고 지인(知印) 이호신을 유정현에게 보내 대마도 재정(再征)을 파(罷)하고 장수들은 전라. 경상도 요해처(要害處)에 보내 엄하게 방비하되 적이 통과하는 것을 기다렸다가 잡게 하라고 선지(宣旨)하였다. 이로써 대마도에 대한 재정계획(再征計劃)은 중지되고 말았다.

6) 대마도 정벌에 따른 한계(限界)

고려 말에서부터 조선조 초기에 이르기 까지 왜구들의 침략이 얼마나 심하였던가를 생육신(生六臣)의 한 사람인 매월당(梅月堂) 김시습(金時習)의 금오신화(金鰲新話) 가운데 나오는 만복사(萬福寺) 저포기

(樗蒲記)가 이를 대변하고 있다. 한때 왜구 침탈의 본거지가 되었던 남원 땅 안복사를 배경으로 한 이 소설에는

> 모 고을 모처에 사는 모씨의 소녀는 아뢰옵니다. 나라에서 변방을 제대로 방어하지 못하고 왜구들이 해마다 침입하여 밤낮으로 싸움이 벌어지므로 봉화불이 그치지 아니하고 백성들의 살림집은 불타거나 약탈을 당하여 폐가(廢家)가 되다시피 하고 사람들은 노략(虜掠)을 당하여 사방으로 흩어져 일가 친척과 집안의 노비들까지도 서로 헤어지게 되었사옵니다. 소녀는 연약한 몸으로 멀리 피난할 수 없어서 집안 깊숙이 숨어 살면서 정절(貞節)을 굳게 지켰으나 부모님들마저도 딸의 수절(守節)을 믿어 주시지 않사옵니다. 그래서 깊고 떨어진 곳으로 옮겨 와서 숨어 산 지가 벌써 3년이나 되옵나이다.

라고 하여 왜구의 침략 사실을 알려주는 대목이 나온다. 이는 작가가 왜구의 피해를 직접 보고 듣고서 생생한 기억을 되살려 낸 것이다.

이렇듯 왜구의 피해가 해안 도서에 한정된 것이 아니라 내륙 깊숙이 까지 미쳤음을 상기할 때 왜구의 주기지(主基地)가 대마도이었음은 분명하다. 이 대마도를 주 무대로 날뛰던 왜구의 침략은 심지어 고려 멸망의 주요 원인으로 까지 확대해석할 지경에 이르렀다.

그래서 고려 말 박위(朴葳) 장군은 대마도 정벌에 나섰다. 그러나 이때만 해도 왜구의 집단노략질을 종식시키지는 못하였다. 그러나 그 결과 왜구들의 노략질에 제약을 주었던 것은 사실이다. 조선조가 들어서면서 김사형이 5도병마도통처치사(五道兵馬都統處置使)로서 군사를 이끌고 이끼(壹岐)섬과 대마도를 정벌하러 떠났다가 태조의 만류로 이듬해 돌아옴에 따라 큰 성과는 못 거두었지만 그 같은 군위(軍威)로 인해 적지 않은 투화왜인(投化倭人)이 늘어났고 적도(賊徒)들을 평화적인 내왕자로 바뀌게 하는 계기를 마련하게 하였다.

그러나 이러한 노력들은 한계가 있어 부득이 기해동정(己亥東征)을 결행하지 않을 수 없었다. 즉 이종무 장군의 대마도 정벌은 이제까지의 여타 왜구 침략의 대응과 달리 대마도를 비롯한 서부 해안 일본 각지의 도적들이 그 위세에 눌려 점차 태도를 바꿔 평화적인 내왕자로 변신하면서 이른바 상왜(商倭) 객왜(客倭)로 뒤바꿈하게 하였다.

이렇듯 장군의 대마도 정벌은 조상 전래 우리의 고유영토이던 대마도가 인면수심의 무뢰배들로 하여금 더 이상 우리나라가 방관만하지 않고 결연히 우리 국토의 일부분임을 깨닫게 하고 아무리 떨어진 해도(海島)라도 굳건히 지켜내야 할 영토임을 상기시켜 주었다는데 크다란 의의를 부여하게 하고 있다.

〈고려 말 조선 초 수군의 함성 및 수군 수효〉

[※ 장번(장기근무), 번상(교대근무)]

Ⅰ. 경기

번호	좌우도별	수군영진	소재지	병선수 (계)	수군수	
					장번	번상
1	좌도	수군○○○○ (영전)	남양부 서- 화지량	대선 3 쾌선 10 무군선13 (26)	강화도 69	각고을 1,597
2		영종포만호 (진)	남양부 서	중대선 3 맹선 1 무군선 3 (7)		510
3		초지량만호	안산현 서-사곶	중대선 5 무군선4 (9)	8	615
4		제물량만호	인천군 서-성창포	병선 4 무군선 4 (8)		510
5	우도	수군첨절제사영	교통현 서-음암량	쾌선 9 맹선 3 무군선13 왜별선1(26)	교동 295	1,018
6		정포만호	강화부 서	쾌선11 무군선10 (21)	강화도 246	924
계				(97)	618	5,174

II. 충청도

번호	수군영진	소재지	병선수	수군	선적
1	수군도안무처치사(영)	보령현 서-대희이포	중대선6 중맹선 18 병선4 무군중대선6 추왜별병선6 (40)	1,766	144
2	좌도도만호	태안군 서-후근이포	병선 11 추왜별선 2 무군선 2 (15)	1,400	
3	우도도만호	람포현-구징	병선16 별선2 무군선1 (19)	1,302	
4	서진포만호	장암포	병선 16 (16)	797	
5	고만량만호	보령현 서-송도포	병선10 (10)	661	
6	파치도만호	서산군 북-대산포	병선13 별선2 무군선1 (16)	790	
7	당진만호	당진현 북-박지포	병선 13 (13)	790	
8	대진만호	신평현 북-대진	병선 13 (13)	794	
계			(142)	8,300	144

III. 경상도

번호	좌우도별	수군영진	소재지	병선수	수군수
1	좌도	수군도안무처치사(영)	동래 - 부산포	33	1,779
2		염포만호 (도만호)	울산	7	502
3		서생포 만호	울산	20	767
4		축산포 만호	녕해	12	429
5		오 포 만호	영덕	8	353
6		롱양포 만호	홍해(지금의 두모적포)	8	218
7		모이포 만호	장포(지금은 가엄포)	8	589
8		감 포 만호	경주	6	387
9		개운포 만호	울산	12	420
10		두모포 만호	기장	16	843
11		해우포	동래	7	589
12		다대포	동래	9	723

13	우도	수군도안무 처치사(영)	거제 오아포 (1419년전에는 제포)	28	2,601
14		가배량도만호	고성(지금은 거제 옥포)	22	1,122
15		제 포 만호	김해	9	882
16		영등포 만호	거제	8	700
17		건내량 만호	고성(지금은 거제 옥포)	20	940
18		번 계 만호	고성(지금은 당포)	15	722
19		구량량 만호	진주(지금은 고성 사포)	16	748
20		적 량 만호	진주(지금은 가을곶)	13	720
21		로 량 만호	진주(지금은 평산포)	8	588
계				285	16,602

Ⅴ. 황해도

번호	수군영진	소재지	병선수	수군수
1	수군첨절제사(영)	옹진현 관량	9	516
2	룡매량 만호	지금은 해주 동쪽 피곶	6	411
3	순위량 만호	지금은 강령현 동10리 무지곶	7	500
4	대곶량 만호	장연현 남쪽 40리	6	502
5	아랑포 만호	장연현 서쪽 38리	4	400
6	풍천량 만호	풍천군 서쪽 10리 업청강	4	400
7	광암량 만호	은률현 서쪽 18리	5	510
계			41	3,239

Ⅵ. 강원도

번호	수군영진	소재지	병선수	수군수
1	월송포 만호(영)	평해 동쪽	1	70
2	속초포 만호(영)	양양 북쪽	3	210
3	강포구 만호(영)	고성 남쪽	3	196
4	삼척포 만호(영)	삼척 동쪽	4	245
5	수산포 만호(영)	울진 남쪽	3	210
6	련곡포 만호(영)	련곡현 동쪽	3	191
계			17	1,122

VII. 평안도

번호	수군영진	소재지	병선수	수군수
1	평안도 수군 첨절제사	삼화 범도포	11	1,000
2	안주도 수군 첨절제사	안주 로근강	15	1,380
3	의주도 수군 첨절제사	선진 선사포	15	1,100
계			41	3,480

VIII. 함갈도

번호	수군영진	소재지	병선수	수군수
1	랑성포 수군만호(관하) 랑성포	안변부	9	330
2	수군만호(관하) 조지포	룡진현	5	120
3	수군만호(관하) 림성포	영평부	7	202
4	도안포 수군만호(관하) 도안포	예원군	16	350
5	수군만호(관하) 장자지	경성부*	4	67
계			41	1,069

IV. 천간도

번호	좌우도	수군영진	소재지	병선수(계)	수군	초부
1		수군처치사 (영)	무안현 대 굴포	대선8 중선 16 (24)	1,895	21
2	좌도	좌도 도만호	보성군 동리도량	중선6 맹선12 (18)	1,012	19
3		내례 만호	순천부 남며포	중선6 별선6 (12)	766	6
4		돌산 만호	순천부 남 룡운포	중선8 (8)	518	4
5		축두 만호	고흥현 남 고흥포	중선6 별선2 (8)	512	4
6		록도 만호	장흥부 동륵도량	중선6 별선2 (8)	483	4
7		회령포 만호	장흥부 남 주포	중선4 별선4 (8)	472	4

8		마도 만호	강진현 남 원포	중선8 (8)	510	4
9		달량 만호	령암군 남달량	중선7 병선2 (9)	519	4
10		어란 만호	해진군 남 산촌포	중선4 (4)	480	4
11	우도	우도 도만호	함평현 서원곶	중선8 별선10 (18)	1,055	9
12		목포 만호	무안현 남 목포	중선6 별선2 (18)	490	4
13		다경포 만호	무안현 서 외포	중선4 별선4 (8)	479	4
14		법성포 만호	령광군 북 법성포	중선6 별선2 (8)	493	4
15		검모포 만호	부안현 남 웅연	중선4 별선4 (8)	455	4
16		군산 만호	옥구현 북 진포	중선4 별선4 (8)	461	4
계				165	10,600	103

3. 동해상의 영웅 안용복(安龍福)

1) 안용복의 동해출어배경

안용복(安龍福)은 조선 숙종 때 동래(東萊)사람으로 비교적 넉넉한 가정에서 태어났다. 편모슬하에서 성장하였으며 인근에서는 효자요, 재동으로 알려졌다.

그는 이웃 마을에 사는 유유(柳柳)라는 처녀와 소꿉동무였다. 생활이 곤궁하였던 유유는 외삼촌이 거주하는 다대포(多大浦)로 이사를 갔는데 어머니가 병환이 심해 어쩔 수 없이 대마도로 팔려가는 신세가 되었다. 이 소식을 들은 안용복은 처녀를 구출하려는 일념으로 일본어를 익히려고 힘썼다.

바닷가 포구라 일본인과의 왕래가 잦은 지역에서 살아 은연중 배우게 된 일본어에 더욱 힘쓴 것이다. 그리고나서 안용복은 어머니께 유유아가씨를 구하러 떠나겠다고 말하였으나 일언지하에 거절당하였다.

이에 상심을 하고 자리에 눕게 되자 아들을 측은하게 여긴 그의 어머니는 울산에 있는 이모 댁이나 다녀오라고 하며 안용복을 달랬다. 안용복은 울산을 향해 가던 중 산적을 만났는데 그 일당이 왜구들이었다. 이들을 추격하여 소굴을 불사르고 괴수를 닦달하여 본거지가 대마도인 것을 알게 되었고 유유도 그곳에 잡혀가 있음을 확인한 안용복은 산적들을 볼모로 유유와 교환 조건을 제시하였고 왜적은 응해왔다.

왜구의 행패가 심함을 절감하게 된 안용복은 그를 추종하는 박어둔(朴於屯), 박치연(朴治然) 등과 함께 동해에 출몰하는 왜구를 견제하고자 하였다.

1693(숙종 19) 여름 박어둔 이하 십여 명과 함께 울릉도에 안착한 안용복은 나무를 베어 집을 짓고 빈자리에 불을 놓아 터를 닦았다. 거기에 씨를 뿌려 농사를 짓고 또 때때로 출어하여 고기잡이와 해산물을 채취하는데 힘썼다.

2) 불침(不侵)의 서계(書契)를 받아 낸 안용복

하루는 박어둔만 데리고 한가로이 해상에 나가 고기를 잡고 있는데 난데없이 해적이 나타나 두 사람을 꼼짝 못하게 하여 잡아갔다. 놈들은 왜적 대곡(大谷)이라 부르는 잠어대(潛魚隊)로 배가 7척이나 되었다. 겁낼 것 없이 능히 이들을 대적하여 결사적으로 싸우려면 못 싸울 바 아니나 기왕 이렇게 된 바에 순순히 그들을 따라 직접 일본의 적굴로 들어가 봄 직도 하다고 생각하였다.

안용복이 태연하게 일본 오랑도(五浪島)까지 따라가니 오랑도주(五浪島主)는 이들 두 사람에게 칙사대접을 하고 심지어는 밤중에 침실로 미녀까지 보내 환심을 사려 하였다. 적당히 회유하여 조선으로 돌려보내려는 눈치가 분명했다.

도주(島主)는 울릉도와 독도 문제에 대해 너무 심각하게 개의할 필요가 없지 않느냐고 하자, 안용복이 정색하여 힐책하기를 '울릉도(독도는 신라와 고려 때부터 울릉도에 예속되어 있었음)는 자고로 조선의 영토이다. 지형으로 보더라도 그러하다. 조선은 울릉도 및 독도까지 하루거리요. 너희 일본은 독도까지 닷새거리이다. 그러므로 옛날부터 울릉도와 독도가 조선에 속한 것이다. 우리가 내 나라 땅에 마음대로 다니는데 어찌하여 너희들은 나를 붙늘어 왔느냐'라 하였다. 이에 오랑도주는 자기로서는 문제의 두 사람을 달리 취급할 수 없어 돗도리[島取城]로 회송하지 않을 수 없었다.

돗도리 성내(城內)로 들어가니 백기주 태수(伯耆洲 太守)는 보다 더 융숭한 대접으로 두 사람을 환영하는 동시에 오랑도주와 꼭같은 수법으로 회유하였다. 뿐만 아니라 다음날 아침엔 큼직한 은덩어리 한 개를 안용복에게 주면서 '이것을 드릴 테니 이번만은 울릉도와 독도에 대해 문제시하지 말아 달라'고 사정사정하였다.

그러나 자나깨나 일편단심 나라 위한 충의에 불타는 안용복은 이러한 회유물에 응할 인물이 아니었다. 안용복은 '나는 우리 강토 울릉도와 독도 문제를 따지러 온 것이지 이러한 은덩어리를 탐내어 온 것이 아니다. 바라건대 일본은 다시는 울릉도에 대해 언급하지 말라. 앞으로 올바른 인교(隣交)를 지켜 나감이 좋을 것이다.'라고 타이르는 동시에 끝까지 강경한 태도로 나갔다. 백기주 태수는 이 사실을 강호막부(江戶幕付)에 보고하여 다시는 이러한 분란을 일으키지 않겠다는 서약(誓約)을 만들어서 안용복에게 주었다.

3) 불침을 재다짐 받은 안용복

안용복은 서약을 입수한 다음 귀로에 장기(長崎)에 들렸는데 장기현(長崎縣)의 관인들이 안용복의 서약(書約)을 빼앗았다. 뿐만 아니라 놈들은 두 사람을 대마도까지 호송하여 오랫동안 가두었다가 50일만에야 동래 왜관으로 돌려보냈다. 왜관에서도 40일간이나 갇히었다가 다시 동래부로 인계되었다. 동래부에서는 90일 동안이나 감옥에 가두었다. 그러다가 '너희들을 조사해 보았더니 별일이 없어 석방한다'고 하면서 출옥시켰다. 그야말로 당시 관아의 부패상을 보게 하는 일면이라 하겠다.

두 사람의 일본 도항은 죽도록 고생만 하고 잡았던 고기를 다시 물에 놓아준 꼴이 되고 말았다. 결과가 이러하니 안용복의 한스러운 심정 더 말할 나위 없지만 그렇다고 낙담만 하고 있을 수는 없었다.

울릉도와 독도 근해에는 옛날부터 오징어, 멸치, 곤포 등의 해산물이 풍부할 뿐만 아니라 자호(紫瑚), 석람(石藍), 등초(藤草), 향수(香水), 노죽(魯竹) 같은 특산물이 많았다. 더구나 복숭아는 그 크기가 술잔만하고 산 고양이는 개만하며 새들도 고양이만 하였다. 이처럼 울릉도에 진채귀수(珍菜貴獸)가 수없이 많다고 소문이 나, 일본인들은 이것을 채취하는 것으로 재미를 보고 있을 뿐 아니라 그 중에서 진수품은 인번주 태수(因幡洲 太守)를 통하여 강호막부에 진상(進上)하는 전례를 갖고 있었다.

이 같은 사실 때문에 변방 일본인들은 독도와 울릉도를 내놓지 않으려 했고, 안용복에게 듬직한 뇌물을 주어서라도 매수하려는 수단을 부렸다. 뿐만 아니라 일본인들은 독도와 울릉도가 마치 자기네 영토인 것처럼 만반 설비를 갖추고 백년대계를 세우려는 야욕을 버리지 않으려 하였다.

이것을 알고 있는 안용복은 잠시라도 마음 놓고 앉아 있을 수 없었다. 끝까지 싸워서라도 내 나라 내 강토는 내 힘으로 지키고야 만다는 굳은 애국심을 갖고 급기야는 다시 집을 떠나 울산바다로 향하였다. 더구나 이번에는 사랑하는 아내까지 데리고 집을 뒤로 하였다. 죽는 한이 있더라도 그냥 돌아오지 않는다는 비장의 결의를 다짐하고 집을 나왔다. 이때가 숙종 22년 병자년 삼월 초순이었다.

항해 중 울산 해상에서 한가로이 떠돌고 있는 상선 한 척이 눈에 띄었다. 순전 송광사에 적을 둔 상선으로 그 선주가 뇌헌(雷憲) 스님임을 알고 급히 쫓아가서 인사드리고 신분을 밝히며 '울릉도, 독도는 우리나라 동해상에 유일무이한 보도(寶島)로 수많은 해채진품(海菜珍品)이 많이 생산되는데 그 중에서도 해삼이 많이 나기로 으뜸이다. 기왕이면 그리로 한 번 가봄이 어떠냐'고 물었더니 쾌히 응낙하였다.

당시 일행의 명단은 다음과 같다.

뇌헌(雷憲)-화주(貨主), 안용복(安龍福)-선장(船長), 유일천(劉日天)-영해인(寧海人), 이인성(李仁成)-평산포인(平山浦人)으로 학자임, 유봉석(劉奉石)-영해인(寧海人), 이석찬(李石贊)-울산인(蔚山人), 김봉두(金奉斗)-울산인(蔚山人) 외 선원 6명을 포함해 도합 14명이었다.

이렇게 떠난 일행은 사흘 만에 무사히 울릉도에 도착하였으나 이번에도 역시 왜적의 급습을 만났다. 선원들이 겁을 먹고 움직이지 않자,

용복은 분연히 선두에 나서 호통 쳤다. '이놈들아 너희들은 어찌하여 우리 변경을 범하였느냐? 당장에 물러가지 않으면 용서하지 않으리라' 하자 왜선주는 '우리는 여기를 범한 것이 아니라 우리땅 송도로 가기 위하여 여기를 통과하는 길이다' 하였다. '그러면 너희 놈들이 말하는 송도가 어디냐?'고 하면서 끝끝내 그의 뒤를 따라가 보았더니 놈들은 결국 우리 독도 근변에 가서 어물어물 하더니 '여기가 바로 우리의 국토 송도다'라고 말했다.

여기서 노발대발한 안용복은 식도(食刀)를 들은 아내와 더불어 왜선에 뛰어들면서 '이 도둑놈의 새끼들아! 여기가 우리 영토 독도인데 너희 나라 송도라니 무슨 수작이냐' 하면서 들었던 무기로 그들의 가마솥을 때려 부수었다. 이에 우리 선원들도 일시에 달려들어 그들을 포박하였다. 일부 도망하는 왜선을 추격하여 일본 옥기천(玉岐泉)~은기도(隱岐島)까지 쫓아갔다. 이번에는 정말 일본막부(日本幕府)와 담판하여 최후 결단을 보여 주고자 하였다.

상륙 이틀 만에 안용복은 옥기도주(玉岐島主)를 보고 '울릉도와 독도는 엄연한 우리나라 국토임에도 불구하고 너희 선원들이 함부로 침범해 오기를 한두 번이 아니며 그냥 내버려 두면 양국간의 우의만 끊어지고 장차 수습하기 어려운 후환을 남길 염려가 있기에 우리는 너희들과 담판하기 위하여 찾아왔노라'고 당당하게 말하였다. 이때 안용복은 조선에서 정식으로 파견한 감시관인 것처럼 행세하였다.

도주(島主)는 '이것은 보통 일이 아닌 만큼 혼자 처리할 문제가 아니므로 백기주 태수에게 보고한 후에 회답하겠다' 하고는 차일피일 한 달간을 지체하였다. 안용복은 더 이상 기다릴 수 없음을 선언하고 직접 태수(太守)를 만나기로 하였다.

일행 중에는 역사와 문장에 능통한 이인성(李仁成)이 있어 백기주 태수를 만났을 때도 그 위풍이 늠름할 뿐 아니라, 조선과 일본과의 우호적 관계를 알아듣게 타이르고 '울릉도와 독도로 말하면 우리나라 국토가 소연(昭然)함을 너희 나라 화백(和伯)도 확실히 인정하고 있다. 이제와서 중간에서 대마도주가 교활한 수단을 써서 너희 나라 막부관백(幕府關伯)의 이목을 흐리게 하고 있는 바, 나는 이제 여기서 공연한 시간만 보낼 것 없이 직접 막부로 찾아가서 관백을 만나는 동시에 독도와 울릉도에 관해 우리나라의 역사적 사실을 소상히 밝히겠노라' 하였다. 백기주 태수는 당황하여 아무 말도 못 하고 있다가 '이 일은 양국간의 대사(大事)이니만큼 경솔히 다룰 수 없으므로 역시 막부에 보고하여 그 회답을 기다려서 처결하겠다'고 하였으나 여전히 시일만 지연시키려는 무성의한 태도로 나왔다.

그래서 안용복은 이렇게 외쳤다.

"이놈들아 들어봐라. 우리나라가 너희 나라에 보내는 무역물로 말하면 쌀은 열 말이 한 섬인데 중간에서 대마도주는 일곱 말을 한 섬으로 하여 서 말을 횡령하고, 일 포목(一布木)은 삼십 척(三十尺)이 한필인데 대마도주는 이십 척(二十尺)을 한 필로 하여 십 척(十尺)을 횡령 착복하고, 종이는 그 길이가 십속(十束)인데 그것을 삼속(三束)으로 잘라서 막부로 보내고 나머지는 착복하였다. 이것을 너희들은 아느냐 모르느냐. 모처럼 조선서 보내는 무역품을 중간 대마도주가 교묘한 수단으로 세세년년이 횡령착복하는 것이니 나는 이런 사실도 모르고 있는 너희 막부 관백에게 고발할 테니 그리 알아라."

이 말을 듣고 백기주 태수는 '그것은 네 마음대로 하라'고 하였다. 뒤에 이 사실을 어떻게 알았는지 대마도주의 아버지 되는 자가 막부 요직에 있다가 이 소식을 듣고 깜짝 놀라 백기주 태수를 불러 올려서 '안용복이 만일 사실대로 그것을 고발하여 관백이 알게 되면 당장에

내 자식은 목이 달아날 것이니 사전에 자네가 돌아가서 안용복을 무마하여 다시는 우리 변민이 독도와 울릉도를 절대 범하지 않겠다는 맹세서를 주어 후히 대접하여 돌려 보내달라'고 신신당부하였다.

백기주로 돌아온 태수는 안용복 일행에게 '다시는 우리 변민이 독도와 울릉도를 범하지 않을 것이니 이미 범한 일곱 척의 선주를 극형에 처하겠노라' 회답하였을 뿐 아니라 '후일에 또 이런 사실이 재발하였을 때 연락해 주면 역시 엄벌을 하겠노라' 하면서 서약서를 우리 손에 돌려주었다. 그리고 많은 식량과 귀한 토산물을 선물로 주면서 제발 고이 돌아가 달라고 애걸복걸하였다. 안용복 일행이 국토를 도로 찾아 유유히 개선하자 곧 이 사실은 양양현감을 통하여 조정에까지 보고되었다.

4) 안용복에 대한 조정(朝廷)의 처분

≪문헌비고(文獻備考)≫에 "倭至今不復指鬱陵島獨島爲日本地民皆龍福功也"라 쓰여 있고 또 일서(一書)에 "方來交復何何勝盲以比論之龍福特一世功也"라 쓰여 있다. 이를 뒷받침하는 기록으로 조선 숙종조의 왕조실록 기사를 참조하면 다음과 같다.

계유년(1693년, 숙종 19년) 봄에 울산의 고기잡이 40여 명이 울릉도에 배를 대었는데, 왜인의 배가 마침 다달아 박어둔, 안용복 2인을 꾀어내 잡아가 버렸다. 그 해 겨울에 대마도에서 정관(正官) 귤진중(橘眞重)으로 하여금 박어둔 등을 거느려 보내게 하고는 이내 우리나라 사람이 죽도에서 고기 잡는 것을 금하기를 청하였는데 그 서신에 이르기를,

'귀역(貴域)의 바닷가에 고기잡는 백성들이 해마다 본국의 죽도에 배를 타고 왔으므로, 토관(土官)이 국금(國禁)을 상세히 알려 주고 나서 또다시 와서는 안 된다는 것을 똑바로 일렀는데도, 올봄에 어민 40여 명이 죽도에 들어와서 난잡하게 고기를 잡았다. 토관이 그 2인을 잡아두고서 한 때의 증질(證質)로 삼으려고 했는데, 본국에서 번주목(幡周牧)이 동도(東都)에 빨리 사실을 알림으로 인해 어민을 폐읍(幣邑)에 맡겨서 고향에 돌려보내도록 했으니, 지금부터는 저 섬에 결단코 근접을 용납하지 못하게 하여 더욱 금제(禁制)를 보존하여 두 나라의 교의(交誼)로 하여금 틈이 발생하지 않도록 하십시오.'

하였다.
예조(禮曹)에서 회답하는 사설에 이르기를

'폐방(弊邦)에서 어민을 금지 단속하여 외양(外洋)에 나가지 못하도록 했으니 비록 우리나라의 울릉도일지라도 또한 아득히 멀리 있는 이유로 마음대로 왕래하지 못하게 했는데, 하물며 그 밖의 섬이겠습니까? 지금 이 어선이 감히 귀경(貴境)의 죽도에 들어가서 번거롭게 거느려 보내도록 하고 멀리서 서신으로 알리게 되었으니, 이웃 나라와 교제하는 정의(情誼)는 실로 기쁘게 느끼는 바입니다.
바다 백성이 고기를 잡아서 생계를 삼게 되니 물에 떠내려가는 근심이 없을 수 없지마는 국경을 넘어 깊이 돌아가서 난잡하게 고기를 잡는 것은 법으로서도 마땅히 엄하게 경계하여야 할 것이므로, 지금 범인들을 형률에 의거하여 죄를 주게 하고, 이후에는 연해(沿海) 등지에 과조(科條)를 엄하게 개정하여 이를 신칙하도록 할 것이오.'

라 하였다. 이에 교리(校理) 홍중하(洪重夏)를 접위관으로 임명하여 동래의 왜관에 이르게 하였다. 귤진중이 우리나라에 회답하는 서신중에 '우리나라의 울릉도란 말'을 보고는 매우 싫어하는 통역관에게 이르

기를

'서계(書契)에 다만 죽도라고만 말하면 좋을 것인데, 반드시 울릉도를 들어 말하는 것은 무슨 이유인가?'

하면서 이내 여러 번 산개(刪改)하기를 청하였다. 한편으로는 사사로이 그 따라온 왜인을 보내어 대마도를 통하여 의논하기를 거의 반달동안이나 시일을 지체하여 결정하지 않았다. 홍중하가 통역관으로 하여금 이를 책망하니 따라온 왜인이 통역관에게

도주는 반드시 울릉이란 두 글자를 깎아 버리려고 했으니 난처한 일이 있는 듯하며, 또한 정관의 자세를 고치기를 청하는 서신을 받아야 하기 때문에 저절로 이와 같이 되었다.

하고는 또 번갈아 근거없는 말을 하면서 다투어, 결국 우리 조정에서 들어주지 않았다. 귤진중이 꾀가 다하고 사실이 드러나게 되자 그제야 서계를 받고서 돌아갔다.
이에 울릉도에 배를 정박했던 사람을 치죄(治罪)하여 형신(刑訊)하기도 하고 귀양 보내기도 하였다. 후에 승지 김만귀가 경연(經筵)에서 임금께 울릉도에 대해 다음과 같이 아뢰었다.

"신이 옛날에 강원도사(江原都事)가 되었을 때, 바닷가에 이르러 거주하는 사람에게 울릉도를 물었더니 가리켜 보이므로 신이 일찍이 일어나 멀리서 바라보니 세 봉우리가 뚜렷했는데, 해가 뜰 때에는 전혀 볼 수가 없었습니다. 영암의 월출산에서 제주(濟州)를 바라본 것에 비한다면 오히려 가까운 편입니다. 신은 마땅히 이 섬에 진(鎭)을 설치해 뜻밖의 변고에 대비해야 된다고

생각합니다. 지난번에 고기 잡는 사람을 귀양 보낸 일은 지나친 듯합니다."
"그대의 말이 또한 소견(所見)이 있도다."
"왜인들이 말하는 죽도란 곳은 곧 우리나라의 울릉도인데, 울릉도란 칭호는 신라, 고려의 사서(史書)와 중국 사람의 문집(文集)에 나타나 있으니 그 유래가 매우 오래 되었다. 섬 가운데 대나무가 많이 생산되기 때문에 또한 죽도란 칭호가 있지만 실제는 한 섬을 부르는 두 명칭인 것이다. 왜인들은 울릉이란 명칭은 숨기고서 다만 죽도에서 고기잡았다는 이유를 구실로 삼아, 우리나라에서 회답하는 말을 얻어서 그 금단(禁斷)을 허가받은 후에 이내 좌계(左契;약속한 書契)를 가지고서 점거할 계책을 삼으려고 했으니 우리나라에서 회답하는 서계에 반드시 울릉이란 명칭을 든 것은 그 땅이 본디 우리나라의 것임을 밝히기 때문이다. 왜인들이 반드시 울릉이란 두 글자를 고치려고 하면서도 끝내 죽도가 울릉도가 된 것을 드러나게 말하지 않는 것은 대개 그 왜곡이 자기들에게 있음을 스스로 걱정했기 때문이다. 아! 조종(祖宗)이 강토(疆土)는 남에게 줄 수가 없으니 명백히 분별하고 엄격히 물리쳐서 교활한 왜인으로 하여금 다시는 마음을 내지 못하도록 할 것이다. 의리가 분명한 데도 주밀하고 신중한 데에 지나치다면 견제하려고 할 것이요. 범인들에게 과죄(科罪)하는 말과 같이 더욱 이웃 나라에 약점을 보였으니, 어찌 애석하다 하지 않겠는가?"

하였다. 이해 여름에 남구만이 임금에게 아뢰기를,

"동래 부사의 보고에 왜인이 또 말하기를 '조선 사람은 우리의 죽도에 마땅히 다시 들어오는 것을 금지해야 할 것이다'라고 하는데, 신(臣)이 《지봉유설(芝峯類說)》을 보니 '왜놈들이 의죽도를 점거했는데, 의죽도는 곧 울릉도이다'라고 했습니다. 지금 왜인의 말은 그 해독이 장차 한정이 없을 것인데, 전일 왜인에게 회답한 서계가 매우 모호했으니 마땅히 집위관을 보내어 전일의 서계를 되찾아와서 그들이 남의 의사를 무시하고 방자하게 구는 일을 바로 책망하는 것이 좋겠습니다. 신라 때 이 섬을 그린 그림에도 또한 나라 이름이 있고 토산물(土産物)을 바쳤으며, 우리 태종 때에 왜적이 침입하는 근심을 견딜 수가 없어서 안무사(按撫使)를 보내어 유민(流民)을 찾아 내오게 하고는 그 땅을 텅 비워 두게 했으니, 지금 왜인들로 하여금 거주하게 할 수는 없습니다. 조종의 강토를 또한 어떻게 남에게 줄 수가 있겠습니까?"

하였다. 신여철(申汝哲)은 아뢰기를

"신이 영해(寧海)의 어민에게 물으니 '섬 가운데 큰 물고기가 많이 있고 큰 나무와 큰 대나무가 마치 기둥과 같은 것이 있고, 토질도 비옥하다'고 하였는데, 왜인이 만약 점거하여 차지한다면 이웃에 있는 강릉과 삼척 지방이 반드시 그 해(害)를 받을 것입니다."

하니 임금이 남구만의 말을 들어 전일(前日)의 서계(書契)를 돌려 오도록 명하였다.

≪조선왕조실록≫ '숙종 22년 9월 25일 무인조(戊寅條)'에 의하면 비변사(備邊司)에서 안용복 등을 추문하였는데 안용복이 말하기를

"저는 본디 동래에 사는데, 어미를 보러 울산에 갔다가 마침 중(僧) 뇌헌 등을 만나서 근년에 울릉도에 왕래한 일을 자세히 말하고, 또 그 섬에 해물이 많다는 것을 말하였더니, 뇌헌 등이 이롭게 여겼습니다. 드디어 같이 배를 타고 영해 사는 뱃사공 유일부 등과 함께 떠나 그 섬에 이르렀는데, 주산인 삼봉은 삼각산보다 높았고, 남에서 북까지는 이틀길이고 동에서 서까지도 그러하였습니다. 산에는 잡목, 매, 까마귀, 고양이가 많았고, 왜선도 많이 와서 정박하여 있으므로 뱃사람들이 다 두려워하였습니다.

제가 앞장서서 말하기를, '울릉도는 본디 우리 지경(地境)인데, 왜인이 어찌하여 감히 지경을 넘어 침범하였는가? 너희들을 모두 포박하여야 하겠다' 하고 뱃머리에 나아가 큰소리로 꾸짖었더니, 왜인이 말하기를 '우리들은 본

디 송도에 사는데 우연히 고기잡이 하러 나왔다. 이제 본소(本所)로 돌아갈 것이다' 하여 '송도는 자산도(子山島)로서 그것도 우리나라 땅인데 너희들이 감히 거기에 사는가?' 하였습니다.

드디어 이튿날 새벽에 배를 몰아 자산도에 갔는데 왜인들이 막 가마솥을 벌려 놓고 고기 기름을 다리고 있었습니다. 제가 막대기로 쳐서 깨뜨리고 큰 소리로 꾸짖었더니 왜인들이 거두어 배에 싣고서 돛을 올리고 돌아가므로 제가 곧 배를 타고 뒤쫓았습니다.

그런데 갑자기 광풍을 만나 표류하여 옥기도(玉岐島)에 이르렀는데 도주가 들어온 까닭을 물으므로 제가 말하기를 '근년에 내가 이곳에 들어와서 울릉도, 자산도 등을 조선의 지경으로 정하고 관백(關白)의 서계까지 받았는데, 이 나라에서는 정식이 없어서 이제 또 우리 지경을 침범하였으니, 이것이 무슨 도리인가?' 하자 '마땅히 백기주(伯耆洲)에 전보하겠다고' 고 하였으나 오랫동안 소식이 없었습니다.

제가 분함을 금하지 못하여 배를 타고 곧장 백기주로 가서 울릉, 자산, 양도 감세라 가칭하고 장차 사람을 시켜 본도에 통고하려 하는데, 그 섬에서 사람과 말을 보내어 인도하므로 저는 푸른 철리를 입고 검은 포립(布笠)을 쓰고 가죽신을 신고 교자(轎子)를 타고 다른 사람들은 모두 말을 타고서 그 고을로 갔습니다.

저는 도주와 청(廳) 위에 마주 앉고 다른 사람들은 모두 중계(中階)에 앉았는데 도주가 묻기를, '어찌하여 들어왔는가?' 하므로 답하기를 '전일 두 섬의 일로 서계를 받아낸 것이 명백한데 대마도주가 그 서계를 빼앗고는 중간에서 위조하여 두세 번 차왜(差倭)를 보내고 법을 어겨 함부로 침범하였으니, 내가 장차 관백에게 상소하여 죄상을 두루 말하려 한다' 하였더니 도주가 허락하였습니다.

드디어 이인성으로 하여금 소(疎)를 지어 바치게 하자, 도주의 아비가 백기주에 간청하여 오기를 '이 소를 올리면 내 아들이 반드시 중한 죄를 얻어 죽게 될 것이니 바치지 말기를 바란다' 하여 관백에게 품정(品定)하지는 못하였으나 전일 지경을 침범한 왜인 15인을 적발하여 처벌하였습니다.

이어서 저에게 말하기를 '두 섬은 이미 너희 나라에 속하였으니, 뒤에 혹은 다시 침범하여 넘어가는 자가 있거나 도주가 혹 함부로 침범하거든 모두 국서(國書)를 만들어 역관(譯官)을 정하여 들여보내면 엄중히 처벌할 것이다' 하고 양식을 주고 차왜를 정하여 호송하려 하였으나 제가 데려가는 것을 폐단이 있다고 사양하였습니다."

하였고, 뇌헌 등 여러 사람의 공소에도 대략 같았다. 비변사에서 아뢰기를,

"우선 뒷날 등대할 때를 기다려 품처(稟處)하겠습니다."

하니 윤허하였다.

27일(경진) 대신(大臣)과 비국(備局)의 제신(諸臣)을 인견(引見)하였다. 영의정 유상운이 말하기를

"안용복은 법금(法禁)을 두려워하지 않고 다른 나라에서 일을 일으켰으므로 죄를 용서할 수 없습니다. 또 저 나라에서 표해인(漂海人)을 보내는 것은 반드시 대마도에서 하는 것이 규례인데 곧바로 그곳에서 내보냈으니, 이것을 명백히 언급하지 않을 수 없으나 안용복은 도해역관(渡海譯官)이 돌아온 뒤에 처단하여야 하겠습니다."

하였는데 좌의정 윤지선(尹趾善)도 그렇게 말하였다. 형조판서 김진규(金鎭圭)는

"신(臣)이 영상(領相)의 말을 따라 우의정 서문중에게 가서 물었더니 '이 일은 관계되는 바가 가볍지 않다. 예전부터 교린에 관한 일은 처음에는 작은 듯하다가 끝에 가서는 매우 커진다. 대마도에서 안용복의 일을 들으면 우리

나라에 원한을 품을 것이니 먼저 통보하고, 안용복 등을 가두고서 저들의 소식을 기다린 뒤에 논단(論斷)해야 할 것이다'하였습니다. 판부사(判府事) 신익산은 대마도에 통고하는 것은 그만둘 수 없을 듯하나, 그 말을 들은 뒤에 처치하면 품령(稟令)과 같으니 한편으로 통고하고 한편으로 처단하는 것이 마땅할 듯하다고 하였습니다."

하니 임금은 제신에게 물었다. 제신이 다 말하기를,

"안용복의 죄상은 용서하기 어렵습니다. 먼저 도주에게 통고한 뒤에 다시 사기(事機)를 보아서 처단하는 것이 마땅하겠습니다."
"이인성은 소(疏)를 지었음으로 그 죄가 또한 무거우나, 수범(首犯), 종범(從犯)을 논한다면 이인성은 종범이 되니, 차율(次律)로 결단하여야 마땅합니다. 그 나머지는 고기잡이하러 갔을 뿐이니 버려두고 논하지 않는 것이 마땅합니다."

하니 윤허하였다.

그러나 안용복이 자의적인 활동으로 울릉도와 독도에 침입한 왜놈들을 쫓아내고 백기주 태수로부터 울릉도와 독도에 우리나라 영토임을 확인케 한 공로는 아무리 높이 평가해도 지나치지 않을 것이다.

4. 이규원(李圭遠)과 울릉도(鬱陵島) 〈검찰일기(檢察日記)〉

1) 울릉도 검찰사로 임명된 이규원

이규원(李圭遠, 1833-?)은 조선 시대 무관으로 자(字)는 성오(星五), 본관은 전주(全州)이다. 무과에 급제한 후, 1877년(고종 14) 통진부사로 나갔다가 1881년에 울릉도 검찰사가 되어 섬을 시찰하고 돌아와 울릉도 개발을 상주했다. 이듬해 어영대장, 총융사를 거쳐 1884년 동남제도개척사, 찰리사(察里使) 겸 제주목사를 역임하였고 한성부 판윤에 이르렀다.

1881년 조정에서는 예조판서로 하여금 울릉도에 일본인이 침입한 사건에 대해 일본 정부에 항의공문을 발송케 하는 동시에 종래의 공도정책(空島政策)을 시정하기 위하여 우선 현지조사를 위해 검찰사를 파견키로 결정한 다음 부호군(副護軍) 이규원을 3월 23일자로 검찰사에 임명하였다. 그러나 이 시기의 울릉도 항해는 풍파가 심해 다음해로 출항을 연기했다.

이듬해(壬午年) 4월에 비로소 울릉도 검찰사 이규원은 현지로 출항하게 되었다. 임금을 배온 것은 4월 5일이었고 등정한 것은 초열흘이었으며 육로로 원주, 평해를 경유, 구산포에 도착한 것은 4월 27일이었다. 순풍을 기다려 일행 1백여 명이 세척의 배로 출항한 것은 이틀 후인 29일이었다. 울릉도 서안 소황토 구미포에 도착한 것은 그달 30일 저녁 무렵이었다.

이규원 일행은 울릉도에 상륙하여 십여 일 동안 섬 전체를 답사 탐험하여 도벌을 계속하고 있던 일본인 6, 7명과 응답을 나누면서 이들의 영토관의 일면을 파악할 수 있게 되었다.

2) 검찰일기의 주요 내용

이규원의 울릉도 검찰일기 가운데 주요 내용을 개괄해 보면 다음과 같다.

1882년(고종 19) 4월 29일. 평해읍에서 십 리쯤 되는 구산포에서 순풍을 만나 세척의 배로 울릉도로 출범하였다. 일행은 검찰사 이규원, 중추도사 심의완, 군관 출신 서상학, 전 수문장 고종팔, 기타 선원 82명, 포수 20명이었다.

도중에 파도가 심해 배가 몹시 흔들려 어쩔 줄 몰랐다. 다행이도 신시(申時:오후 3시~5시)가 지나서 다시 순풍을 만나 항해할 수 있었다.

3월 30일 유시(酉時:오후 5시~7시)쯤 되어 울릉도 서면 소황토구미(小黃土邱尾)에 도착하였다. 포구 가에 움막을 짓고 사는 사람이 있다고 하기에 알아보니 전라도 흥양 삼도거민 김재근(金載謹)이 몇 사람을 이끌고 배를 만들 목재를 마련하던 중이었다.

이달 초이튿날 드디어 산으로 올라 대황강구미에 도착하니 길가에 자길을 모아 놓은 것이 있는데 수변에 넓적한 큰 돌을 덮어 놓은 큰 석장(石葬)들이 많이 보였다.

포구에는 평해 출신 최성서가 인솔한 인부 13명이 움막을 짓고 살고 있었다. 경주인 7명은 약초를 캐고 일본인 2명은 움막을 짓고 대나무를 베고 결막예죽(結幕刈竹) 중에 있다는 것이다. 이날 30리 가량의 산길을 걸었는데 수목이 해를 가렸고 길은 수풀로 뒤덮였다. 해일이 일고 바닷바람에 옷이 젖을 정도였다. 초막에 다달아 쉬었다.

다음날인 초삼일에 산신당에 제사하고 고개 넘어 흑작(黑灼)에 도착하니 석장이 많았다. 십리나 되는 평원은 사람이 살 만하다.

포구에서 작은 배를 타고 바다로 나갔다. 높이 수천 장의 창우암(倡優岩)과 그 옆에 쌍립(雙立)하고 있는 한 곳은 팔형제가 다같이 벼슬길에 나갈 정도로 명당이라 하며 지명은 수년포이다.

선창에 이르니 전라도 낙안(樂安)에 사는 선상 이경칠이 인솔한 2명과 초도(草島)에 사는 김근서(金謹瑞)가 인솔한 1명이 각기 움막을 짓고 배를 만들고 있었다.

　오대령을 넘고, 다시 홍문가(紅門街)라는 고개를 넘어 들어서니 나리동(羅里洞)이다. 길이가 10리요, 넓이 9리에 산봉우리가 사방으로 둘러싸여 있어 가히 성곽을 이룰 정도이다. 이곳에서 길이 70여보, 넓이 60보의 못과 그보다 훨씬 작은 못이 있는데 모두 물이 없었다. 날이 저물어 파주 출신 약재상 정인우(鄭仁祐)의 초막에서 잤다.

　이달 초나흘 산신당에 기도하고 동변 최고봉에 올랐다. 사면을 바라보니 해천(海天)이 망망하고 단지 14개의 봉우리만이 우뚝 서 있음이 보인다. 이 봉우리들이 나리동을 둘러싸고 있다. 동(東)으로 십리 내려가서 한 개의 초막이 있는데 함양 출신 약초상 전석규(全錫圭)의 주거처이다. 그는 섬에 들어온 지 십년이나 되어 사람이 살 만한 곳과 토산물에 대해서 잘 알고 있었다. 산길을 따라 내려오니 풀이 무성한 곳이 있는데 열흘갈이는 됨직하다. 수림 속에서 노숙을 하였다.

　초닷새에 고개를 넘어 청포(廳浦)에 다다르니 이양소선(異樣小船) 한 척이 포구에 정박해 있었다. 선체를 살펴보니 길이 칠파(七把), 넓이 삼파 대나무로 된 배로서 안에 사람은 없고 해안에 일본인 판막이 있었다. 먼저 연통하고 움막을 들어가니 일본인이 문밖으로 나와 영접하였다. 통변이 없어 말이 통하지 않아 다음과 같은 글로 문답 하였다.(도벌 중인 왜인들과 직접 필담을 하였다).

우리 측(문) : 오늘 그대들을 보니 일본인임을 알겠다. 언제(몇 월 며칠) 섬에
　　　　　 들어왔으며 어떤 일을 하고 있는가?
일본인(답) : 일본인 동해도와 산양도 출신으로 2년 전부터 벌목공사를 해왔
　　　　　 는데 금년 4월에 다시 와서 일하고 있다.
문 : 2년 전부터 이곳에 와서 벌목을 했다면 이 목재는 어디에 쓰려는가? 그
　　동안 너희 나라에서의 방금령(防禁令)도 듣지 못하였느냐?

답 : 사역자(使役者)가 알 것이다. 우리는 사용처도 모른다. 일본 정부의 방금령 역시 들어본 적이 없다.
문 : 작년에 수토관(搜討官)이 와서 보니 일본인이 벌목한다는 사실을 확인하고 이에 대해 우리 정부에서 너희 나라 외무성에 공문을 보냈는데 모른단 말이냐?
답 : 그 일에 대해서는 들어본 바 없다. 남포규곡에 머무르고 있는 자가 알런지도 모르니 불러 오겠다.
문 : 너희 일행 중 벼슬아치가 있느냐?
답 : 우리 중에 관리는 없다.
문 : 그러면 너희들은 다른 사람들에게 고용되어 있다는 말이냐?
답 : 아니다. 모두 자의에 의해 일하고 있다.
문 : 남포에 머무르고 있는 사람이 온 후에 다시 문답하면 어떻겠느냐?
답 : 우리는 그간의 사정을 잘 모른다. 그러는 것이 좋겠다

그래서 오랫동안 기다렸으나 오지 않아 남포로 사람을 보냈다. 남포는 남쪽 포구로 장근지포(長根之浦)인데 일본인은 도방창으로부터 장작지포에 이르는 사이에 움막을 짓고 머무르고 있으나 수는 알 수 없었다. 바야흐로 산지사방에서 벌목 중이므로 설불리 찾아가 볼 수도 없어 불러 온 후에 다음과 같이 문답하였다.

문 : 우리는 왕명을 받들고 이 섬을 두루 살피고 있다. 오늘 여기에 와 그대들을 보게 되었다. 이 사실을 조정에 알리겠노라.
답 : 우리들도 그리 알겠다.
문 : 강토는 경계가 정해져 있거늘 너희들이 어찌 이곳에서 벌목을 하고 있단 말인가?
답 : 우리는 이곳이 타국땅이라는 말은 들은 바 없다. 이곳은 일본 땅으로 알고 있으며 남의 나라땅이라 함은 들은 바 없다. 이미 남포와 규곡에

이곳이 일본의 송도(松島)라 표시되어 있다.

문 : 표본(標本)이 있다 함은 금시초문이며 하물며 입표지경(立標地境)이라니……. 송도라 함은 무슨 소리냐?

답 : 일본제국지도와 여지전도에도 모두 송도라 적고 있다. 그래서 그렇게 알고 있다.

문 : 이 섬은 울릉도라고 하는 섬으로 신라, 고려, 조선으로 수천 년 간 전래되어 온 우리 강토인데 너희들이 송도라 함은 어떤 근거인가? 수백 년이래 우리 조정이 관리를 두고 다스려 왔는데 너희들이 금법지정(禁法地定)임을 모른다니 말이 되느냐?

답 : 우리들은 이 섬에 와서 벌목을 할 따름이지 섬의 내력에 대해서는 아는 바 없다.

문 : 여하튼 금법 사실을 모른다고 하여도 죄를 범한 것이며 혹시 알고 행했다면 이 자리에서 논죄하여 처벌함이 마땅하다. 속히 철수해 돌아감이 가하리라.

답 : 그렇게 하겠다.

문 : 벌목의 용도는 무엇이며 귀국시기는 언제인가?

답 : 사용처는 모른다. 돌아갈 시기는 금년 8월(음력 7월) 배가 온 뒤이다.

문 : 너희들의 인적 사항을 알고 싶다.

상대한 내전상장(內田尚長) 이하 4명의 주소, 연령을 게시하고 길전대길(吉田代吉) 이하 4명은 나이, 주소도 모른다고 하였으며 총계 88명이나 된다고 하였다. 다음에는 동해도, 남해도, 산양도 등의 뱃길에 대한 문답이 있었다.

문 : 표목을 세운 자는 어디 사람이며 어떤 근거에 의해 세우게 되었나?

답 : 2년 전에 이곳에 와서 처음 보았으며 명치 2년(고종 6년 2월 13일)에 암기충조건지(岩崎忠照建之)라 하는 일본인이 세웠는데 어떤 사람인

지 어디 살고 있는지 거처는 모른다.

이상과 같은 일본인과의 문답을 마치고 포일(浦逸)로 내려오니 전라도 흥양 삼도인 이경화(李敬化)가 인솔한 인부 13명이 결막조선(結幕造船)중이었으며 장작지포에 도착해보니, 홍해초도인 김내언이 12명의 인부를 거느리고 움막을 짓고 배를 건조하고 있었다. 날이 저물어 숙식할 곳으로 찾아 들어갔다.

초엿새 날에는 장작지포에서 통구미로 향하는 도중 해변 바위 사이에 표목을 발견하였는데 길이 6척, 넓이 1척이었다. 거기 써있기를 '〈大日本國 松島圭谷 明治 二年 十三日 岩崎忠照建之〉'라 하였다. 왜인들과 앞서 문답한 내용과 같았다. 고개를 넘고 절벽 사이에 기암이 첩첩한데 추토인 김내윤(金乃允)이 22명의 인부를 이끌고 결막 조선 중이다. 기진맥진하여 더 이상 나아가지 못하고 바위 밑에서 밤을 보냈다.

초팔일 바위 사잇길로 삼 십리 길인 소황토구미 앞에 도착하니 당초에 선박이 도달한 곳이다. 석공을 시켜 섬 이름을 새기고 난 후 해가 저물어 쉬었다.

거룻배를 타고 서쪽으로 십여 리를 가니 향목구미포, 대황토구미를 지나 흑작지를 돌아보았다. 왜선창의 한 귀퉁이를 돌았는데 경관이 매우 좋았다. 우뚝 솟은 바위가 수백 장의 높이로 서 있고 형제바위는 서로 얼굴을 맞대고 있었다. 독대암은 밑이 둥글고 끝이 뾰족하였다. 포구가 있는데 선반구미라 하며 남쪽 해변에는 자그마한 섬 둘이 있는데 일죽도, 일기도이다. 날이 저물어 배에서 내려 죽암 아래 결막 지숙(結幕止宿)하였다.

초열흘날에 배를 타고 도방청 장작지 통구미에 사태구미 산막동 등의 포구를 돌아보니 해일이 일어 서쪽편에 파도가 드높아 배에서 내려 상륙한 후 소홍토구미에서 유숙하였다.

열하룻날 산신께 기도하고 나니 동풍이 차츰 일어 배를 띄울 수 있어 진시(辰時:오전 5시~7시) 쯤에 세 척의 배가 일시에 출범할 수 있었다.

열이튿날 해시(亥時:오후 9시~11시) 쯤에 울진 쪽으로 향했으나 파도가 크게 일어 부득이 정박하여 있다가 바람이 잠잠해지자 구산포에서 하선하였다.

이상이 감찰사 이규원 일행의 울릉도 탐방 기간은 임오년(1882년) 4월 29일부터 5월 13일에 이르기까지 만 14일간이었다. 그동안 울릉도에 상륙 조사한 기간은 5월 1일부터 10일간이다. 이 기간에 험준한 산길에 풍찬로숙을 거듭해 가며 섬 안을 샅샅이 탐색하고 해변을 돌아 우리 도민과 왜인의 침입 실태를 상세히 알게 되었다. 섬의 개척 가능성과 천연자원, 입지조건도 상세히 조사하였다. 이제까지 기술한 주요 내용을 간추려 보면 다음과 같다.

첫째, 울릉도에서 만난 사람들은 전라도를 필두로 내륙각지에서 바다를 건너와 활동하는 여러 계층의 인물들임을 알게 되었다. 이들은 십여 년 전에 이주한 채약자를 필두로 총 1백16명인데 직종별로 보면 다음과 같다.

① 벌목 조선인 91명　　② 채작인 14명
③ 채약인 9명　　　　　④ 채죽인 2명

둘째, 벌목중인 왜인의 상황을 살펴볼 때 그동안 일본정부가 확약한 금령이 허상임을 알 수 있으며 동시에 저들이 우리의 강토를 자기네 땅인양 입표(立標)한 지도 십 수 년이 되고 또한 불법 침입하여 도벌 목재를 반출하는 자만도 칠팔십명이 넘음을 알게 되었다.

셋째, 농경이 가능한 장소와 마을을 형성할 장소, 수원지, 포구 등을 조사하였다. 해안선을 골고루 살펴 선박의 기항 적부를 조사하였다.

넷째, 이밖에도 진귀한 인삼, 약재, 어물 등 다양한 물산의 실태, 왜인의 집단 도벌행위, 이들의 오만불손한 태도에 대해 지난날 안용복의 역사적 활동 사실을 깨우치게 하는 등 울릉도·독도에 대한 영토의식을 높이게 하였다.

3) 이규원 검찰사의 복명과 사후조처(事後措處)

이규원이 서울로 돌아와 임금께 정식 복명한 것은 1882년 6월 초닷새 날이다. 복명한 내용을 간추려 보면 다음의 세 가지이다.

첫째, 촌락을 형성할 만한 곳이 6·7개 처요,

둘째, 천연자원이 풍부해 개척만 하면 도민의 생활을 안락할 수 있고,

셋째, 이 천연의 보고지를 왜인들이 침입, 벌목하고 있으며 심지어는 저들의 땅인 것처럼 입표까지 하였으니 일본공사에 항의함은 물론 일본 외무성에 항의문을 발송할 것을 건의하였다.

이에 임금도 크게 감동하고 그간의 공도정책(空島政策)을 버리고 조속히 울릉도 개척에 착수하도록 하였다. 그리고 일본정부에 재차 항의하도록 하였다.

이처럼 감찰사 이규원의 성실한 답사보고가 보람이 있어 울릉도에 대한 정부의 개발 계획이 수립되었다. 이규원의 보고가 있은 지 4, 5일만에 임오군란이 일어났지만 기본방침은 바뀌지 않아 예조판서 이회정이 검찰사 이규원의 조사보고를 토대로 일본 외무대신 이노우에 가오루에게 일본의 위약(違約)을 문책하는 항의문을 발송하였다.

이리하여 《이규원 울릉도 검찰일기(李圭遠 鬱陵島 檢察日記)》는 울

릉도의 개척과 일본인의 독도침입에 대한 불법, 부당성을 확인케 하는 좋은 자료가 되고 있다. 아울러 조선 초기부터 시행되어온 공도정책(空島政策)이 이 시기를 전후해 폐지되고 정부의 적극적인 개발정책이 이루어지기도 하였다.

5. 독도수호(獨島守護)에 헌신한 특수의용대(特殊義勇隊)

1) 독도에서 일본인을 처음 만난 홍재현

독도를 가장 잘 아는 울릉도 출신 홍재현(洪在顯)은 그의 아들 종욱(鍾郁)과 함께 독도를 본적지로 하는 독도 출신 1호가 되는 소원을 갖고 있었다.

홍씨는 21살 때 호조참판을 지내다 유형(流刑)선고를 받고 울릉도에 정배(定配)된 조부(祖父)를 따라 그곳에 정착하게 되었다. 그리하여 홍씨 일가는 울릉도의 개척자가 되었다. 이러한 집안에서 태어난 홍씨는 10년의 세월 동안 목선(木船)을 만들어 육지를 내왕하면서 닭, 감자, 옥수수 그리고 육송 소나무 씨 등을 받아다 울릉도에 심었다. 그러나 들쥐가 전 섬의 구석구석을 휩쓸면서 '10년 공부 나무아미타불'이 되었다. 넋이 나갈 정도로 맥이 풀린 홍씨는 울릉도에서 제일 높은 봉우리에 올라가 사방을 망연히 바라보는 것이 일과처럼 되었다.

하늘이 청명한 어느 날 그의 시야에서 멀리 섬 하나가 눈에 들어왔다. 답답한 가슴을 풀 겸 목선을 타고 망망대해로 나가 섬을 찾아 나섰다. 이틀 만에 간신히 섬에 닿았다. 그 섬은 무인도로 바다 가운데 있는 낙원이었다.

무인도에 도착한 홍재현에게 보이는 것은 물개뿐이었다. 수중에 먹을 것도 아무것도 없었기에 물개라도 잡아먹을 수밖에 다른 도리가 없었다. 다행히 물개를 때려잡았는데 갑자기 바위틈에서 왜놈의 포수가 기어 나왔다. 둘은 말이 통하지 않아 한자(漢字)로 의사 전달을 하였다.

　홍재현 : 왜 남의 영토에 발을 들여 놓았느냐?
　일본인 : 죽도(竹島)는 우리 것이다. 나는 일본 황실에 동물을 납품하는 동물상(動物商)이다. 물개를 생포하러 왔다. 일본 황실 동물원과 영국황실 동물원에 보낼 물개를 지금 잡는 중이다. 어서 길을 비켜라!

　홍재현은 얼른 기지를 발휘하여 말하기를,

　홍재현 : 어림없는 소리 마라. 나도 우리나라 동물원에 보낼 물개를 지금 잡고 있는 중이다. 물개를 잡아가는 것은 네 자유이나 나는 너를 붙잡아 우리나라 조정(朝廷)에 바치는 일이 화급하다.
　일본인 : 제발 잘못했으니 용서해 달라. 그 대가로 일본 황실에 당신을 초청하겠다.
　홍재현 : 좋다. 그러면 나를 초청하라 하였다.

　이후 홍씨는 일본으로 건너갔다. 그런데 일본 땅에 도착하자마자 일본인들은 홍씨를 일본영토를 불법 침입한 자라고 욕을 보였다.

2) 독도 푯말을 꽂은 홍순칠

　조국이 광복된 지 8년이 지난 1953년 4월, 독도 앞바다에서는 미역 채취를 하던 해녀들이 일본배의 침입을 빈번하게 알려왔다.
　이때 홍재현씨는 이미 돌아가시고 그의 아들 홍종욱(洪鍾郁))씨가 친아들 순칠(淳七)을 앞혀 놓고 선친 3대가 60년 전부터 독도를 지켜 왔는데 너는 어떻게 할 셈이냐고 물었다. 이에 그도 독도를 지키겠다고 다짐했다.

그리고 그와 뜻을 같이 하는 동료 7명을 모집하고 '독도사수 특수의용대'를 조직하였다. 채병덕 장군의 호위병으로 있다가 특무상사로 전역한 제대군인이었던 홍순칠은 경상북도 병사부를 찾아가 독도 수호의 필요성을 호소한 끝에 잡동사니라고 할 수밖에 없는 폐품 군복과 장비를 구할 수 있었다. 장비가 준비된 7명의 의용대는 무인도에서의 악조건을 견뎌내기 위해 곧바로 보건소로 가 맹장을 잘라냈다.

1963년 4월 27일 밤 울릉도를 출발하여 독도를 행했다. 도착하자마자 일본인이 세운 '죽도(竹島)'란 푯말을 뽑아 버리고 '독도(獨島)' 푯말을 꽂았다. 그리고 식수를 찾는데 많은 시간을 보냈다. 바위구멍 속에 갓난아이 오줌줄기 정도의 양밖에 되지 않는 샘물을 발견할 수 있었다. 한 시간 동안 받아야 한 바가지가 될까말까한 양이었다. 이러한 환경에서 3개월 동안 생활하다보니 물골이 말이 아니었다.

1953년 7월 23일 이른 아침 대원 중 한 사람인 황영문(黃永文)이 '4분의 1보트'를 타고 물개 사냥을 나갔는데 갑자기 쾌속정이 나타났다. 이 쾌속정은 일본 PF 9정(艇)이었다. 이들은 "나까리데까(漂流者)"하고 마이크로 소리쳤다. 의용대는 기관총 사격을 하였다. 그들은 급히 뱃머리를 돌렸다. 이에 대해 일본 정부가 우리 정부에 항의해 왔다. 당시 백두진 국무총리는 이 사건에 대해 일본측에 제대로 해명조차 하지 못하였다.

그 후 총리 명의로 홍대장에게 전문(電文)으로 사설무력단체(私設武力團體)는 용인키 어려우니 군정법령 70호에 따른 사회단체 등록을 하라고 통고해 왔다.

3) 독도 수호를 위한 특수의용대의 활약상

휴전이 된 이후의 첫 8·15 광복절 아침. 2백 톤급의 일본배가 독도 근처에 나타났다. 이배는 일본 수산학교 학생의 실습선이었다. 대원들은 이들에게 독도 주변에 다시는 나타나지 말 것을 명령하였다.

이듬해부터는 일본 해상보안청 경비정이 매월 23일, 24일 독도 앞바다에 나타났다. 언제나 유효사거리 밖에서 정찰만 하고 돌아갔다.

일본 ≪King≫이라는 잡지에는 '독도해적'이란 제목 하에 천연색 사진을 싣고 독도 산꼭대기에 2백 미리 초대형 대포의 포선이 가려진 모습을 게재하였다. 사진 설명으로 독도에 포대가 설치되어 난공불락이라고 하였다.

6년 후 한·일 회담이 열리면서 독도문제는 또 한 차례 양국간의 현안문제로 대두되었다.

1960년 11월 23일 당시 김종원 경상북도 경찰국장이 독도의용대 위문길에 나섰다. 이 위문행사로 인해 뜻하지 않게 대원 허학도 씨가 태풍에 휘말려 추락사를 당했다.

1960년 11월 4일 새벽 5시 일본 PF 6정(艦隊), 동(同) 11정, 16정이 독도 앞바다에 나타났다. 일본함정 세 척은 2백미터 앞까지 도착했다. 대원들은 바위 틈 사이에 매복을 하였다. 박격포로 함정의 기관실을 겨냥, 요소요소를 집중 공략하였다. 박격포는 조준대가 없어 서기망 대원이 끌어안고 발사하였다. 박격포 세 발 중 두 발이 한 척에 명중되었다. 갑판에서 경비원 5명이 쓰러지는 것이 보였다. PF11함정이 화염에 덮였다. 9호, 16호 함정은 급히 퇴각하였다.

2시간 후 일본방송은 다케시마(竹島)경비대 소속 함정 세 척이 독도 경비대의 공격을 받아 16명의 사상자가 났다고 보도하였다. 이로써 일본은 '다케시마 경비대'가 조직되어 있음을 만 천하에 알린 셈이었다.

11월 5일 밤중엔 갑자기 해상으로부터 서치라이트가 온 섬을 비추면서 확성기를 통해 '독도 사령관 나오라!'라고 영어로 외쳐대는 것이었다. 홍대장이 나가보니 미군함대가 와 있었다. 이들은 정부의 명령으로 무조건 연행하겠다는 것이다. 하는 수 없이 미군함정에 올라탔다. 홍대장은 진해를 거쳐 압송되어 외무부에 인계되었다. 며칠 후 풀려나 다시 독도로 돌아갔다.

이 사건 이후 국회에서는 독도에 조사단을 보내기로 결의하였다. 이에 홍대장은 제일 높은 바위에 페인트로 '독도에 상륙을 기도하는 자는 국적불문, 피아불문 총살함. 독도경비함대 사령관'이라고 써놓았다. 이때에 최초의 민선 서울시장이 되었던 김상돈이 염우량 등 3명의 의원과 함께 독도 상륙을 기도했으나 실패한 바 있다.

이러한 우여곡절을 겪으면서 오늘날 독도는 이제 우리의 동포들에 의해 수호되고 가꾸어져 나가고 있다.

제4장
고려국의 영토를 지켜온 영웅들

1. 서희(徐熙) 장군의 등장

1) 고려의 북방정책

고려를 창업한 왕건은 국호(國號)를 정할 때 고구려를 계승한 국가임을 내외에 자처하고, 후삼국 통일과 함께 곧 바로 북방정책에 역점을 두었다. 그는 거의 황폐화되다시피 한 평양을 중시하여 서경(西京)이라 하였다. 여기서 양가(良家)의 자제들을 이주케 하여 새로이 관부(官府)와 이원(吏員)을 두고 도성을 수축하고 학교를 창성하는 등, 수도인 개경(開京) 못지않게 훌륭한 도시로 재건하고 이후에 천도하려는 생각까지 하였다.

왕건은 후삼국의 통일에 만족치 않고 지난날 고구려가 관할하였던 영토를 되찾는 데 이상을 두었다. 이러한 이념을 바탕으로 재위기간 동안 압록강 부근에 할거하고 있던 여진족들을 초무(招撫), 토벌하는가 하면 발해의 유민들을 동족으로 받아들여 적절한 직위와 거주지를 주어 안주케 하였다. 그러는 한편 발해를 멸망케 한 거란에 대하여는 무도(無道)한 나라라 하여 통교를 단절하였다. 이러한 정책노선은 그 후 북진정책으로 이어졌다.

이러한 시기에 외교가요, 무인인 서희 장군이 등장하였다. 서희 장군은 태조 25년(942:일부 자료에는 태조 23년이라 함)에 내의령(內議令) 벼슬을 지낸 서필(徐弼)의 아들로 태어났다. 자는 염윤(廉允)이고 시호는 장위(章威)이다. 어느 정도 국정이 안정되어 가는 때인 광종 11년, 나이 19세에 과거에 급제하여 광평성(廣平省)의 원외랑(員外郞) 직(職)에 보직되었다.

이 당시 과거시험은 광종 9년 왕권을 강화하기 위해 새로운 방책으로 채택한 제도로 합격되려면 유교 경전에 통달하고 이를 현실정치에 구현할 만한 능력의 소유자이어야만 했다. 서희는 유복한 가정 환경에다 아버지가 고관이었던 까닭에 여러 측면에서 과거 시험준비를 하는데 유리하였다.

그는 순탄하게 내의성(內議省) 시랑(侍郎)으로까지 승진되었고 이어서 평장사(平章事) 등의 중직을 맡게 되었다. 직위를 거치면서 능력과 수완을 발휘하여 왕의 두터운 신임을 받게 되자 말년에는 정일품인 태보(太保) 내사령(內史令)의 자리에까지 오르게 되었다.

벼슬자리에 있는 동안 한때 외국에도 나가 외교적으로도 많은 업적을 쌓았는가 하면 간관(諫官)으로 왕을 보필하는 데도 탁월한 역량을 발휘하였다. 서희야말로 일세의 남아로서 기개와 능력을 유감없이 펼쳤던 인물이라고 할 수 있다.

2) 담판으로 거란군의 1차 침입을 막아낸 서희 장군

중국이 오대국(五代國)의 혼란기였기에 고려의 내정에 간섭하지 않았고 송(宋)나라가 등장하면서는 돈독한 우호 관계를 맺었기에 평화를 유지할 수 있었던 고려는 북으로부터 거란이라는 강력한 적대 세력이 부상하자 대북방정책에 복잡한 요인들이 작용되어 일대 시련기를 맞게 되었다.

북방관계에서 제기되는 복잡·미묘한 요인들은 고려와 송나라와의 교빙관계에도 작용되어 10여 년 간이나 송나라에 사행(使行)을 보내지 못하게 되었다. 그러다가 광종 23년 서희 일행이 송나라에 입조(入朝)함으로써 통교(通交)가 재개되었다. 서희는 당시 내의성 시랑으로 있으면서 국교 재개의 사명을 띠고 송나라에 갔다. 거라 세력이 북쪽 육로 길을 차단하고 있었으므로 지금의 황해도 옹진에서 배를 타고 산동반도인 등주(登州)로 상륙하였다. 이에 송나라에서는 당시의 국제적 역학 관계를 고려하여 서희 일행의 고려국 사절단을 극진하게 환영하였다.

이들 일행의 환영 사실은 송나라 태조가 고려 광종에게 식읍(食邑)을 내리고 추성순화수절보의공신(推誠順化守節保義功臣)의 호(號)를 내림과 동시에 서희에게는 검교병부상서(檢校兵部尚書)의 벼슬을, 동행한 부사(副使)인 내봉경(內奉卿) 최업(崔業)에게는 검교사농경(檢校司農卿) 겸 어사대부(御使大夫), 판관(判官)으로 광평시랑(廣評侍郎)인 강례(康禮)에게는 검교소부소감(檢校小府小監)을, 녹사(錄事)인 광평원외랑(廣評員外郎) 유은(劉隱)에게는 검교상서금부낭중(檢校尚書金部郎中)이라는 벼슬을 내린 것에서도 알 수 있다.

≪고려사≫ '열전'에 보면 자화자찬으로 보이기는 하나 서희가 사신

으로서 매우 예의가 바르고 법도를 잘 지켜 송태조가 이를 가상(嘉尙)히 여겨 벼슬을 준 것으로 되어 있으나, 이는 어디까지나 송나라가 고려를 정치적으로 이용할 필요성이 있었기 때문인 것으로 보여진다.

송나라는 국초부터 무비(武備)에 치중하지 않았기 때문에 갑자기 신흥 거란국을 상대로 대적하는데 고려와의 협력관계가 불가피했다. 즉 이민족(異民族)의 위압을 배후에서 견제하려 했던 것이다. 송나라 북계에까지 접경하게 된 거란이 배후에 위치한 고려와 송과의 관계에 신경을 쓰자 삼국간의 관계가 미묘하게 되었다. 거란은 여러 차례에 걸쳐 여진과 안정국(安定國)을 정복하고 송나라를 제압하고자 하는가 하면, 고려와 송과의 관계를 차단하고 고려와 수교를 갖고자 하였다. 고려는 태조 때부터 거란을 포악무도한 나라로 보아 왔기 때문에 응하지를 않았다.

고려 성종(成宗) 12년에 거란의 소손녕이 고려의 북방으로 내침하여 왔다. 여진 측의 호의로 사전 정보를 입수하게 된 고려는 방비를 어느 정도 갖추었다. 성종 임금도 친히 서경으로 나가 군사들을 독려할 정도였다. 서희도 중군사(中軍司)가 되어 시중(侍中) 박양유(朴良柔)의 상군 그리고 문하시랑(門下侍郞) 최양(崔亮)의 휘하 군졸과 함께 출병하였다. 거란군은 압록강을 건너 봉산군(蓬山郡:오늘날의 泰川과 龜城 중간)으로 침공해 와서는 더 이상 적극적인 군사작전을 펴지 않고 고려의 항복만을 촉구하고 있었다. 서희는 전세(戰勢)의 호전(好轉)을 위하여 화의(和議)를 일단 제의하였다. 고려 조정에서도 화의(和議)를 적극 지원하고 나섰다.

고려에서는 먼저 예빈소경(禮賓小卿) 이몽전을 거란군에 보냈다. 그러나 거란측이 무조건적인 항복만을 요구하여 회담을 열 수가 없었다. 조정에서는 거란측의 요구대로 항복을 하자는가 하면 일부에서는 차라리 서경 이북의 땅을 할양하여 주고 황주(黃州)로부터 철령(鐵嶺: 慈悲嶺)에 이르는 선(線)을 국경(國境)으로 삼자는 주장도 나왔다. 여러 중신들의 이 같은 주장에 대해 임금도 하는 수 없어 서경 이북의 땅을 떼어 줄 심산으로 그동안 서북 지역 개척을 위해 비축하였던 비축미를 백성들에게 나누어 주었다. 그래도 쌓아 두었던 쌀이 남자 거란군의 군량미화 될 것을 우려하여 대동강에 버리라고 명하였다. 이에 서희가 간곡하게 임금에게 아뢰기를

"먹을 것이 충분하면 성(城)을 지킬 수 있고 또한 싸움에도 이길 수 있는 것입니다. 싸움의 승패는 강약(强弱)에만 있는 것이 아니고 기회를 잘 이용하여 움직임으로써 이길 수 있는 것입니다. 그런데 어찌 곡식을 버리라 하십니까. 더욱이 곡식은 백성의 명맥이 아니옵니까 설사 적에게 이용되는 일이 있다 할지라도 강(江)에 버리는 것은 아마도 하늘의 뜻에 어긋나는 처사인 줄 아옵니다."

하였다.

왕은 이전에 내렸던 명령을 부끄러이 여겨 곡식을 강에 버리는 것만은 중지시켰다. 이후의 구체적인 대안을 서희는 다음과 같이 아뢰었다.

"거란의 동경(東京:遼陽)으로부터 우리 안북부(安北府:安州)에 이르기까지의 수백 리의 땅은 모두 여진의 고장이었는데 광종 때에 그 일부를 빼앗아 가주(嘉州:嘉山)와 송성(松城:定州 부근) 등의 성을 쌓았던 것입니다. 지금 거란이 침구해 온 목적은 이 두 성을 빼앗고자함에 지나지 않습니다. 그들이 고구려의 옛 땅을 빼앗겠다는 것은 사실상 우리를 협박하고자 하는데 있습니다. 거란의 군세(軍勢)가 강성한 이때 서경 이북의 땅을 선뜻 할양한다 함은

무모한 일인 줄 아옵니다. 거란측의 말대로라면 삼각산 이북도 고구려의 옛 땅이니 그들이 터무니없는 욕심을 부릴 때 그대로 다 할양할 수 있사옵니까? 더욱이 지금 그들이 요구하는 땅을 떼어 준다면 만세의 치욕이 될 것입니다. 바라옵건대 상감께서 개경(開京)으로 돌아가시고 신들로 하여금 적과 한번 싸우게 한 뒤에 다시 의논하여도 늦지 않을 것으로 아옵니다."

이 말에 전민관어사(前民官御使)인 이지백(李知白)도 동의하면서 강토(疆土)의 할양을 반대하고 나섰다. 조정의 의논이 이처럼 분분한 동안 거란의 소손녕은 앞서 말한 이몽전의 강화 요청에 대한 하등의 구체적인 안을 내놓지 않은 채 소식이 없더니 안융진(安戎鎭:安州)지방으로 진격해왔다. 그러나 고려의 중랑장 대도수(大道秀:발해의 태자, 大光顯의 아들)와 낭장(郞將) 유방(庾方)의 요격을 받아 크게 패하였다. 거란군은 더 이상 전진하지 못하고 여전히 항복만을 고집하였다. 성종 임금이 합문사인(閤門舍人) 장영(張瑩)을 거란군에게 보내어 교섭하게 하였으나 대신(大臣)을 보내 면담해야 한다는 소손녕의 요구로 말미암아 다시 돌아오고 말았다.

임금이 '누가 적군(敵軍)에 들어가 세치의 혀로 적군을 물리쳐 만세에 공을 빛낼 수 있겠는가?'라고 묻자 어느 누구 나서는 이가 없었는데 서희가 목숨을 걸고 이 중차대한 임무를 수행하겠다고 나섰다. 임금이 매우 기뻐하며 '서희라면 안심하고 임무를 맡길 수 있다'라고 하면서 국서(國書)을 주어 적진으로 떠나가게 하였다. 임금은 강 둑에까지 나아가 배웅을 하고 성공을 빌었다.

서희가 거란 진영에 당도하자 통역을 시켜 상견례를 청했다. 그런데 소손녕은 오만하게 '나는 대조(大朝)의 귀인(貴人:소손녕은 거란의 부마이었음)이니 마땅히 고려의 사자(使者)는 뜰에서 엎드려 예(禮)를 갖추어야한다'라고 하였다. 서희는 '내 어찌 너희 오랑캐 적장에게 머리를 숙일 수 있느냐'라고 속으로 몇 번이고 이를 악물고 다짐하면서 말하기를 '신하가 왕에게 절할 때에는 마땅히 아래에 엎드려 하는 것이 예(禮)이나 지금은 양국의 대신이 대등한 입장에서 회견을 하고자 하는 마당에 어찌 그럴 수가 있단 말인가' 하고 불쾌히 답하였다. 그러나 소손녕이 고집을 굽히지 않고 우기므로 서희는 노한 기색으로 숙소에 들어가 벌렁 눕고 나오지 않았다.

소손녕이 하는 수 없이 서희의 고집을 기이하게 여기며 당(堂)에 올라와 상견례를 갖출 것을 허락하였다. 서희도 거란의 영문(營門)에 이르러서야 말에서 내려 들어와 소손영과 대등한 예로써 회견의 절차를 밟고 동서(東西)로 마주 앉아 담판을 하게 되었다.

이 담판에서 소손녕은 고려를 침입하게 된 경위와 강화조건(講和條件)을 들기를

"당신들 나라 고려는 신라땅에서 일어났는데 어찌하여 고구려의 옛 땅까지 차지하였는가? 마땅히 우리가 자치해야 할 영토이거늘! 그럼에도 불구하고 당신들 고려는 고구려의 옛 땅을 자주 침식하고 있고 더욱이 우리나라와 국경을 접하고 있으면서 어찌하여 바다 건너 송나라만을 섬기고 거란에 대해서는 예를 갖추어 받들지 않는가? 이에 오늘의 출정(出征)을 보게 된 것이다. 이제라도 그 땅을 내 놓고 조공을 바치면 무사할 것이다."

라고 하였다.

이에 서희 장군도 강경하게 대응하여 말하기를

"지금 지적한 말들은 장군이 잘못 알고 있는 일들이다. 우리나라는 고구려를 계승하여 일어난 나라라 국호도 고려라 하고 있는 것이다. 그러니 마땅히

고구려국의 옛 땅은 우리의 영토인 것이다. 뿐만 아니라 고구려의 수도인 평양을 서경이라고 하여 수도로 삼고자 하고 있으며 국경을 논한다 하더라도 당신 나라의 동경(東京:遼陽)도 우리의 경내(境內)에 들어 있는 것이니 어찌 우리나라가 귀국의 영토를 잠식했다고 할 수 있단 말이냐. 그리고 압록강 내외(內外)의 땅도 또한 우리의 경내이지만 여진족들이 그곳을 몰래 점거하고 있으면서 완악하고 간사한 짓까지 하고 있어 도로의 막힘이 바다를 건너기보다 훨씬 어렵기 때문에 조빙(朝聘)하지 못한 것이다. 만약 여진을 몰아내고 우리의 옛 땅을 다시 찾아 성보(城堡)를 쌓고 길이 통하게 되면 어찌 감히 조빙을 하지 않겠는가. 장군이 만약 내 말을 당신네 황제에게 아뢰어 준다면 어찌 민망히 여겨서 들어주지 않겠는가."

라고 하였다.

    이처럼 서희가 담력 있는 외교적 수완과 분명하고 정대한 논리에 성의 있는 태도로 고려의 입장을 소신껏 주장하니 적들도 수긍하지 않을 수 없었다.
    소손녕은 서희에게 땅의 할양과 항복을 더 이상 강요치 못하고 담판의 사정을 그의 임금에게 보고하고 하명만을 기다렸다.
    한편 거란의 왕 성종은 회견의 경과를 보고 받은 후에 고려가 이미 강화를 청하여 왔으니 싸움을 그만두라 하였다. 소손녕이 담판이 끝나 연회를 베풀고자 하니 서희는 '우리가 비록 허물은 없으나 상국(上國)의 군사를 괴롭혀 멀리 오게 하였으므로 상하(上下)가 모두 황황하여 무기를 든 채 들에서 귀가 못하고 있는 이때 어찌 잔치를 즐길 수 있겠는가'라고 하면서 극구 사양하였다. '양국의 대신이 서로 만나게 되었으니 환호의 예가 없을 수 있겠는가'라고 간곡히 청함에 마지못해 이를 허락하고 환담하였다.
    이리하여 서희는 거란의 군영(軍營)에서 7일간을 머물렀는데 돌아

올 때 낙타 10마리, 말 1백필, 양 1천마리와 비단 5백필을 예물로 받아 돌아왔다. 성종도 너무 기뻐 강변에까지 나가 서희 일행을 환영했다. 이 회담의 성공은 영토사적 측면에서 볼 때 압록강까지의 영토 영유권을 인정받게 한 것이다.

소손녕이 철수한 뒤인 이듬해 성종 13년 고려 조정에서는 서희와 맺은 협정을 다시 확인하는 글을 박양유를 시켜 거란에 보냈다. 그리고 안북부(安北府)로부터 압록강 동쪽에 이르는 2백80리에 걸친 땅에 성보를 쌓고 조빙의 길을 열기 위한 구체적인 대책이 마련되었다.

3) 강동육주(江東六州)를 확보한 서희 명장

강동 6주를 획보하게 된 고려는 이 지역에 살고 있던 여신족을 추방하고 홍화(興化), 용주(龍州), 통주(通州), 철주(鐵州), 구주(龜州), 곽주(郭州) 등 6개 주를 설치하였다. 고려에게 이 지역은 군사전략상 매우 중요한 곳이었다. 강동 6주 환수 이후 고려와 거란과의 교류가 바로 시행되지 않았을 뿐만 아니라 장흥(長興:泰川), 귀화(歸化:郭山), 선천(宣川:宣州), 안의(安義:定州), 홍화(興化:의주 동쪽) 등지에 성보(城堡) 축성의 내실을 다져 나감으로써 대륙 세력의 침입에 대비하였다.

이로써 우리 민족의 생활권이 압록강을 자연경계로 하여 확장케 되었다. 이는 단순히 고토 회복에 그친 것이 아니라 이후 유목민족의 남하정책에 대한 농경민족의 방어기지로 지대한 공헌을 하였다.

이처럼 서희는 고려가 처한 어려운 시기에 슬기와 담력으로 국가의 위난을 극복하는데 크게 기여하였으나 성종 15년에 병으로 눕게 되어 더 이상 진충보국할 수 없게 되었다. 임금이 그가 요양하고 있던 개국사에 친행하여 문병하는 한편 어의(御衣) 한 벌과 말 세 필을 사원에 나누어 주고 곡신 1천석을 시주하여 그의 조속한 회복을 기원하였다. 그러나 목종 원년(元年:998) 서희는 나이 57세에 세상을 떠났다. 현종 때 성종 묘정에 배향하였고 덕종 때에는 태사(太師)로 추증되었다.

2. 구주대첩(龜州大捷)의 명장(名將) 강감찬(姜邯贊) 장군

1) 강감찬 장군의 출생 관련 설화

왕건이 후삼국을 통일하고 고려를 세운 지 12년 되던 해, 개경 남쪽 금천(衿川: 오늘날의 시흥)땅에 갑자기 문곡성(文曲星:문성(文星)이라고도 하며 술수가(術數家)들이 문운(文運)을 주관하는 성숙(星宿)을 말함)이라는 큰 별이 떨어졌다. 문곡성이란 별은 북두칠성 가운데 네 번째 큰 별로 이 별이 떨어지면 나라 안에 일대 경사가 난다고 믿고 있었다.

별똥이 떨어진 곳은 삼한벽상공신(三韓壁上功臣) 궁진(弓珍)의 집으로 그곳에서 사내아이가 태어났다. 은천(殷川)이라는 이 아이는 나중에 감찬(邯贊)이라 불려지는 강감찬 장군이다.

태어날 때부터 신비감에 휩싸여 장래 큰 인물이 될 것이라는 기대와는 달리 그는 왜소하고 가무잡잡한 살결에 얼굴 모습 또한 매우 못생긴 편이었다. 외양으로 보면 어느 구석하나 큰 인물로서의 면면이 전혀 보이지 않았다.

자라면서 그의 아버지는 우선 글을 가르쳐 보았다. 놀랍게도 그의 학업 수준은 남다른 데가 있었다. 글공부에서만이 아니라 말 타기, 활쏘기 등의 무예에도 뛰어났으며 담력도 남다른 데가 있었다. 그는 집안에 대대로 내려오던 다락 속에 그득한 병서(兵書)를 다 읽고 천문지리(天文地理)도 익혀 달관(達觀)하게 되었다.

다음의 일화(逸話)는 ≪고려사≫ '강감찬전'과 ≪고려사절요≫ '현종조'에 세전(世傳)이라 하여 기재되어 있는 내용들이다.

강감찬은 성종 2년(983) 12월에 과거를 치렀다. 감찬은 진사시험에 합격하게 되고, 다시 임헌복시(臨軒覆試) 중 갑과에서 장원급제를 하였다. 나이 35세에 급제한 그는 한성판관(漢城判官)에 제수되었다. 당시 한성에는 호랑이가 자주 나타나 호환(虎患)이 끊이지 않았다. 이를 처치하는 것이 급선무였던 강감찬은 고을 둘레 10리 밖의 나무숲을 모조리 베어내 몇날 며칠 불을 태웠다. 그 후로 호랑이는 얼씬도 하지 않았다.

호랑이 처치와 관련된 또 다른 전설이 있다. 서울 근방에 들끓는 호랑이를 없애기 위해 강감찬이 부적(符籍)을 써서 아전에게 건네주며 '내일 새벽녘에 내가 북동에 사는 늙은 중이 길가에 걸터앉아 있을 것이니 그를 데리고 오라'하였다. 아전이 명령대로 북동에 가보니 과연 남루한 옷을 걸친 늙은 중이 길가 바위에 걸터 앉아 있어 부적을 보였다. 늙은 중은 군소리 없이 아전을 따라 나섰다. 늙은 중이 관아에 와 머리를 조아리자 강감찬은 소리쳐 말하기를 '네가 미물 가운데 가장 영물임에도 불구하고 어찌하여 사람들을 무자비하게 해치는가? 너에게 지금부터 닷새 말미를 줄 터이니 무리는 모조리 이끌고 다른 곳으로 가거라. 만일 그렇지 않으면 너희 무리들을 모조리 죽일 것이니 그리 알렸다'하였다. 늙은 중은 백배 사죄를 하였다. 아전이 하도 어이가 없어 하니, 강감찬이 말하기를 그 늙은 중을 향해 '네 지금 잠깐 네 본색을 나타내 보아라'하였다. 그러자 중이 삽시간에 호랑이로 변하여 포효하였다. 아전이 이를 보고 기절을 하니 이만 그치라 하여 다시 늙은 중이 되어 돌아가게 하였다.

이튿날 아전을 시켜 전에 늙은 중이 있던 자리에 가보라 하니 수십 마리의 호랑이 떼가 한강을 향해 갔다고 한다. 그 후로 다시는 서울 인근에 호환은 없어졌다.

그가 경주 판관으로 내려가 있는 때에는 요란스럽게 울어대는 개구리를 없애 달라는 민원(民願)이 있어 개구리가 밀집되어 있는 웅덩이에 독초(毒草)를 뿌리게 하여 개구리를 모두 없앴다고 한다.

이렇듯 남다른 기지를 발휘하여 주민들의 숙원사업을 척척 해결하니 명판관(名判官)으로 이름이 높아졌다. 이러한 전설들은 장군이 명민한 지혜를 지녔고 과단성 있는 목민관이었음을 입증해 주는 이야기라 하겠다.

강감찬의 벼슬은 높아져 내직(內職)인 예부시랑(禮部侍郞:교육, 제례 외빈접대를 맡아보는 부서의 차관의 위치)의 자리로 옮겨 앉게 되었다. 현종 즉위 초에는 진사취시(進士取試)에 임명되어 인재(人才)를 발탁하는데도 커다란 업적을 남겼다.

2) 거란군의 재침입

강감찬이 국사(國事)에 크게 기여하던 시기는 고구려의 고토(故土)를 수복키 위해 왕식겸(王軾謙)을 서북지방(西北地方:평안도 일대)에 보내 북진 정책의 책원지(策源地)를 삼아 서경(西京:지금의 평양)을 지키게 하는 한편, 유금필(庾黔弼)을 동북지방(東北地方:함경도 일대)에 보내 다스리게 하던 시기였다.

926년 거란이 발해국을 멸하고 그 세력을 확대해 나감에 자연 고려의 북진정책과 충돌하지 않을 수 없었다. 이 충돌이 이른바 제1차 거란군의 침입이었다. 이 침입을 막아내고 강동 6주(江東六州)를 회복한 것이 서희 장군이었다. 이후로도 거란은 고려의 대북정책과 맞부딪쳐 송나라와의 통교(通交)를 못마땅하게 여겼다.

　고려 6대 임금인 성종이 돌아가고 제7대 임금으로 목종이 등극하였는데 나이가 어려 그의 어머니 천추태후가 섭정을 하게 되었다. 이에 외척 김치양(金致陽)이 득세하여 조정을 마음대로 좌지우지하였다. 당시 고려의 귀족들간에는 친인척간의 근친혼인(近親婚姻)으로 말미암아 성도덕(性道德)이 매우 문란하였다. 뿐만 아니라 귀화한 신라 귀족출신과 새로 등장한 서경 지역 출신과의 갈등이 심해져 내정(內政)이 매우 혼탁한 가운데 태후와 김치양이 외척 간임에도 불구하고 서로 정을 통해 아들을 낳고 그 아들을 후계자로 삼으려고 난을 일으켰다. 이에 대응할 병력이 당시로서는 평양에 주둔하고 있는 서북면도순검사(西北面都巡檢使) 강조(康兆) 휘하의 군사력밖에 없어 왕은 은밀히 강조에게 연락하여 김치양 일파들을 제거하도록 명을 내렸다. 그러나 강조는 개경으로 들어와 현재의 왕을 폐하고 목종의 당숙(堂叔)인 대량원군(大良院君) 순(詢)을 임금으로 앉힌 후 목종을 시해하고 권력을 한손에 장악하였다. 그리고는 천추태후와 김치양 부자를 살해하였다. 이렇게 하여 들어선 임금이 제8대 임금 현종이다.

　이렇듯 나라 안이 어수선한 시기에 밖으로 거란이 나라 이름을 요(遼)라 고치고 성종이란 임금이 등장하여 고려를 침략하고자 기회를 노리고 있었다. 마침 강조의 변란이 일어나자 이를 구실로 현종 원년(1010) 11월에 의군천병(義軍天兵)이라 자칭하는 40만 대군을 이끌고 고려로 쳐들어왔다.

　현종은 이 소식을 듣고 곧 강조를 행영도통사(行營都統使)로 임명하여 군사 1만명을 주어 통주(通州:오늘날의 선천(宣川)로 나가 거란군을 막게 하였다. 거란의 성종은 친히 거란군 1만 명을 대동하고 압록강을 건너 먼저 흥화진(興化鎭)을 포위 공격하였다. 이때 성주 양규(楊

規)가 결사 항전하니 거란군은 통주로 향해 강조의 군사와 대결하였다. 이 전투에서 강조는 대패하여 거란군에게 사로 잡혔다.

거란 임금 성종은 강조와 부장 이현운에게 항복을 받음과 동시에 이들을 회유하고자 하였다. 그런데 강조는 끝까지 굴복하지 않고 '고려의 개가 될지언정 거란의 신하는 될 수 없다'고 항변하여 살해당하였다. 부장인 이현운이 쉽게 굴복하자 강조가 그를 발길로 걷어찼다고 한다.

강조의 죽음은 거란군의 침략을 더욱 부추겨 곽산(郭山)·안주(安州)·숙천(肅川) 등 여러 성이 함락 당했고 서경인 평양까지 쳐들어왔다. 서경을 지키고 있던 군사들의 저항이 완강하자 적군은 평양을 피해 곧 바로 개경으로 쳐들어왔다.

왕은 심히 당황하여 중신회의를 열어 대책을 강구하고자 하였으니 어느 누구 하나 대책을 내놓는 이가 없었다. 중신이라는 이들이 하나같이 나라는 어떻게 되던 제 목숨만 부지했으면 하는 눈치였다.

이때 예부시랑으로 있던 강감찬이 나서 먼저 요나라에게 화친을 청하여 우선 위급한 상황을 피하고 다음에 시간을 좀 갖고 대응해 나가도록 하고자 하였다. 이에 임금은 곧바로 하공진(河拱辰)을 적진(敵陣)으로 보내 화의를 청하였다. 요의 성종도 추운 계절에다 식량이 부족하고 군사들이 몹시 피로해져 일단 허공진을 볼모로 하여 철군키로 하였다.

현종이 이해 1월 13일 나주로까지 피난하였다가 일주일 후에 나주를 떠나 2월 23일 경에 개경으로 돌아왔다. 그리고는 형식적이나마 4월에 사절을 보내 화의(和議)에 대한 사은사(謝恩使)를 보냈다. 이리하여 당분간은 정중동(靜中動)속의 평온을 유지할 수 있었다.

임금은 그러는 사이에 강감찬을 국자제주(國子祭主)로 옮겨 앉혔다가 그 해 6월에는 한림학사(翰林學士)겸 승지(承旨)로 승진시켰다. 이 듬해 강감찬은 동북면행영병마사(東北面行營兵馬使)로 나갔는데 감찰어사 이인택(李仁澤)과 대립되자 이인택을 파직시킬 정도로 조정에서의 위치가 확고하였다.

현종 9년 (1018) 5월에는 서경유수(西京留守)로, 이어서 내사시랑(內史侍郎), 평장사(平章事)가 되었다. 현종은 수서고신(手書告身) 끝에 '경술년(顯宗 元年) 거란이 한강변까지 깊이 쳐들어 왔을 때 강공(姜公)의 계책을 쓰지 않았다면 나라를 들어 모두 오랑캐의 규제를 받는 바가 되었을 것이다(庚戌年 間有虜塵 干戈深入漢江濱 當時不用姜公策 擧國皆爲左袵人)'라 쓰고 강감찬을 크게 찬양하였다.

이후 강감찬을 중추원사(中樞院使)로 임명하여 군사와 국방에 관한 모든 일을 맡기니 상군은 무엇보다 국가의 위기관리를 위해 나라 안 모든 백성들로 하여금 정신무장을 강화해 나가야 하겠다고 생각하였다.

우선 자신 스스로가 백성들을 위하는 일부터 시작하기로 하였다. 조상 대대로 물려받은 논밭 12결(結)을 국가에 헌납하고 이 전답들을 지난 전쟁에 희생당한 백성들에게 나누어 줌으로써 위로와 긍지를 느끼도록 하였다. 그리고 보다 검소한 생활을 해 나가는데 힘썼다. 특히 남자로 태어난 자는 군대에 들어가 훈련을 받고 외적이 쳐들어오면 나아가 싸우는 것을 영광으로 생각하는 상무적(尙武的) 기풍(氣風)을 진작토록 하였다. 개경의 방위를 튼튼하게 하기 위하여 성밖에 이중의 외성(外城)을 쌓으니 이 성을 나성(羅城)이라 불렀다.

한편 하공진을 볼모로 데려간 요 임금은 하공진이 고분고분하지 않는 데다 몰래 도망을 가려고 하자 그를 처형케 하고 고려와의 화의가 사실상 별무소득이자 고려에 사신을 보내 고려 임금이 요나라에 들어오지 않는 이유를 따져 묻게 하였다. 이에 고려는 임금이 병중에 있어

갈 수 없다고 하고 사자(使者)를 돌려보내자 화가 난 요 임금은 전에 돌려준 강동 6주를 도로 내놓으라고 윽박질렀다.

이러한 요구는 계속되었으나 강감찬은 들은 척도 하지 않았다. 이에 거란은 의주 땅 주변에 성을 쌓고 국경에서의 대소사건을 유발케 하였다.

3) 구주대첩(龜州大捷)에서 대승한 강감찬(姜邯贊) 장군

현종 9년 12월 드디어 거란 임금의 사위인 소배압이 10만 대군을 이끌고 고려를 침략해 왔다. 이에 현종은 강감찬을 상원수(上元帥)로 삼고 강민첨을 부원수로, 내사사인(內史舍人) 박종검(朴從儉), 병부낭중(兵部郞中) 유참(柳參)을 판관으로 삼아 20만 8천 3백명의 군사를 거느리고 적침을 막게 하였다.

강감찬은 영주에 주둔하고 흥화진에 이르러 기병 1만2천을 뽑아 산골짜기에 매복시킨 다음 적병이 다가오자 기습해 쳐부수었다. 흥화진을 빼앗지 못한 소배압은 흥화진이 난공의 성보(城堡)임을 깨닫고 우회하여 개경으로 직행하였다. 소배압은 지금까지 전쟁에 나가 한 번도 패한 적이 없다는 백전백승의 장군이라 오만 불손하기 이를 데 없는 자였다. 고려 군사들 쯤은 단번에 쳐 무너뜨릴 것처럼 기고만장하였다.

강감찬 장군은 먼저 전략 요새지인 흥화진으로 나가 지세를 살펴보고 부원수 강민첨에게 기병 1만2천명을 이끌고 성 밖으로 흐르는 성 동쪽 대천(大川)의 상류를 막게 하였다. 마침 상류에 저수지가 있어 강 바로 밑을 막으니 강물은 오래지 않아 줄어들었다. 그리고는 적과의 조우를 유도하여 계속 패하는 척하였다. 적군은 기고만장하여 계속해 쳐들어왔다.

적과 약 5리 가량 간격을 두고 고려군은 강건너로 도망가는 것처럼 위장하였다. 적군은 강물이 얕은 줄 알고 추격해왔다. 적이 강을 건너 이쪽 언덕에 닿으려고 할 즈음에 숲속에 숨어 있던 강민첨 장군의 군사들이 일제히 화살을 날리니 적은 혼비백산하여 도망가기에 정신이 없었다.

이후 강감찬은 적이 어떤 전략으로 나올지 모르기 때문에 대응을 게을리 하지 않았다. 그는 우선 성 안의 군사를 반으로 나누어 반은 남쪽의 마탄성(馬灘城)으로 보내고 반은 자주성(慈州城:오늘날의 慈山)에 보내 내구산(來口山)에서 적을 크게 무찔렀다. 시랑(侍郎)인 조원(趙元) 또한 마탄(馬灘:현 대동강의 미림진(美林津))에서 적군 만여 명을 사실하였다.

이듬해 1월 소배압이 이끄는 거란군이 신은현(新恩縣:오늘날의 新溪)에 이르렀다. 이곳은 적의 개경 침투로이기 때문에 청야작전지역(淸野作戰地域)으로 설정하여 민가를 비웠다.

소배압은 휘하의 야율호덕이라는 자를 사자로 보내 거란군의 회군을 고하게 하고 몰래 척후로 기병 3백여 기를 풀어 금천(金川: 현 金郊驛)에 다다랐는데 고려군 1백여 명의 야습으로 몰살당하였다. 이렇듯 번번이 패한 소배압은 할 수 없이 회군하게 되었는데 연주(連州:介川), 위주(謂州:寧邊)에 이르렀을 때 강감찬 장군이 또다시 기습하여 적 5백여 명을 살육하였다.

이해 2월 거란병이 구주를 통과할 때에 강감찬은 구주 동쪽에서 추격하여 양군의 접전이 치열하여 승패를 예측키 어려웠다. 이때 김종현의 원군이 도착하면서 갑자기 풍우가 일어났다. 아군의 사기가 올라 분전하여 적이 북쪽으로 퇴각하기 시작하였다.

후퇴하는 적을 추격해 무찌르니 석천 건거 반령에 이르기까지 적의 시체가 들을 덮고 포로와 노획물자 및 마필이 헤아릴 수 없이 많았다. 이 싸움에서 살아 돌아간 거란병의 수는 불과 1천에 지나지 않았다. 적장 소배압도 석천에서 너무나 다급한 나머지 갑옷과 병장기를 버리고 도망하였다고 ≪요사(遼史)≫에 전하며, ≪고려사≫에도 거란군이 일찍이 이처럼 크게 패한 예는 없었다고 기록하고 있다.

이러한 전황에 대해 좀 더 부연하면 패장이 된 소배압은 하도 분해 자결을 하려 했으나 여의치 않자 부하들에게 좋은 작전계획이 없는지 다그쳐 물었다. 그 가운데 한 가지 전략이 고려군이 흥화진에 전부 집결해 있기 때문에 개경은 틀림없이 수비가 허술할 것이니 개경으로 몰래 곧바로 쳐들어가 고려 임금을 사로잡자는 것이었다. 이리하여 소배압은 남쪽으로 향해 진군하였다. 남쪽으로 가려면 마탄성을 통과해야만 하는데 거기에는 강감찬이 이미 1만의 군사를 주둔시켜 놓아 소배압의 군사가 도달하는 즉시 포위망을 압축하여 총공격을 해왔다. 소배압은 당황한 나머지 북쪽으로 도망가기에 바빴다. 퇴로에 자주성을 지나야 했는데 여기서도 거란군은 꼼짝없이 고려군의 기습을 면할 길이 없었다.

이렇듯 참패의 소식이 거란 임금에게 전해지자 거란 임금은 소배압이 돌아오면 얼굴 가죽을 벗겨 죽여버리겠다고 분통을 터뜨렸다. 소배압은 이판사판의 신세가 되어 강감찬과 최후의 결전을 겨룰 수밖에 도리가 없었다. 그는 남은 군사를 추스려 2만의 군사로 진용을 새로 짜 강감찬이 머무르고 있는 귀주로 달려갔다.

칠흑 같은 야음을 이용하여 거란군이 철수한다는 헛소문을 퍼뜨리게 한 다음 귀주성을 포위하는 전략을 세웠다. 야음을 이용하여 성을 급습하고자 단숨에 성안으로 돌격해 들어갔다. 그런데 성 안은 텅 비어 있었다. 아차 또 속았구나 하고 되돌아서려는 순간 고려군의 강력한 역습을 받음으로써 백전백승을 자랑하던 소배압도 혼이 나간 채 쓰러지고 말았다. 결국 소배압은 강감찬 장군 앞에 처참한 몰골로 엎드리게 되자 혀를 깨물고 자결하였다.

4) 전공(戰功)에 따른 보훈(報勳)

고려군의 귀주대첩을 통한 대승은 더 이상 거란군이 침입을 하지 못하게 하였고 북방정책을 실현하고자 하는 의지도 드높일 수 있었다.

거란의 10만 대군을 거의 전멸시키다시피 한 강감찬 장군이 개선하던 날 개경도성 10리 밖에 인파가 줄지어 늘어섰다. 현종 임금도 친히 영파역(迎波驛)까지 나가 친대히였다. 채붕(綵棚)을 걸고 풍악을 울리는가 하면 장군의 머리에는 금화팔지(金花八枝)를 꽂아 주고 왕은 친히 오른손에 금잔을 들고 왼손으로는 강감찬의 손을 잡고 상탄하여 마지 않았다.

이후 영파의 지명도 의흥(義興)이라 고치고 역리(驛吏)에게는 주현(州縣)의 이속(吏屬)과 같은 관대(冠帶) 착용을 허락하였다고 한다. 왕은 개경에 돌아오자 다시 명복전(明福殿)에서 연희를 베풀고 3군을 크게 위로하였다. 장군은 이때의 전공(戰功)으로 검교태위 문하시랑 동사내문하평장사 천수현 개국남(檢校太尉 門下侍郞 同內史門下平章事 天水縣 開國男) 식읍(食邑) 3백호에 봉(封)해지고 추충협모안국공신(秋忠協謀安國功臣)이란 호(號)를 받았다.

장군은 이듬해에 벼슬을 그만두었다가 현종 21년에 임금께 자청하여 개경의 도성(都城)을 쌓고 문하시중(門下侍中)이 되었으며 이듬해에 특진하여 검교태사시중천수군 개국 후(檢校太師侍中天水郡 開國候)

에 봉해졌다. 장군에 대한 찬사는 ≪고려사절요(高麗史節要)≫에 다음과 같이 실려 전한다.

극진하도다. 하늘이 이 백성을 사랑함이여! 국가에 화패(禍敗)가 올 때에는 반드시 명현(名賢)을 내시어 이것을 구하는 도다. 목종(穆宗) 말년(1009년; 김치양(金致陽)의 난(亂)에 서북면도순검사(西北面都巡檢使) 강조가 목종을 폐(廢)하고 김치양 일파를 제거한 뒤 왕의 당숙 대량원군(大良院君) 순(詢)을 받들어 현종을 삼은 해)과 현종 원년(1010년;거란의 2차 침입이 있던 해)에 역신(逆臣)이 난(亂)을 조작(造作)하고 거란의 강적(強敵)이 내습하여 안으로 내홍(內訌)이, 밖으로는 외란(外亂)이 있어 국가가 위급한 이때에 강공(姜公)이 없었더라면 나라가 장차 어찌될지 알 수 없었도다.

사람이 세상에 태어나서 나라와 겨레를 환란에서 구하고 공명(功名)을 이룩해 그 백성들의 흠모의 정(情)이 지극하고 영화(榮華)가 인신(人臣)으로 누릴 수 있는 데까지 가고 사후(死後)에도 그 이름이 청사(靑史)에 빛나, 온 겨레의 얼이 되고 사필(史筆)의 격찬을 받을 때 더 이상 바랄 것이 무엇이 있으리오!

이렇게 본다면 강감찬 장군은 우리나라 역사상 위대한 영웅일 뿐만 아니라 행운아라 할 수 있다. 장군은 문곡성(文曲星)의 신비성에 대해 반신반의하면서 장군의 장래를 지켜 보았던 모든 이들에게 불안감을 말끔히 씻어 주었고 가문은 물론 국가를 위기에서 건진 위대한 인물이 되었다.

강감찬 장군은 생전에 돈독한 불심을 갖고 있어 흥국사에 고양탑을 세우고 그 탑기단(塔基壇)에 해서(楷書)로 '불제자 평장사 강감찬(佛弟子平章事姜邯瓚) 나라의 영원한 태평(太平)과 원근(遠近)이 항상 평안하기를 위하여 이 탑을 경조(敬造)하여 받드니 길이 공양(供養)을 받으소서. 때는 천희(天禧: 5년 송나라 眞宗 5, 1021) 5월 일 보살제자평장사 강감찬 봉위방가영태가미상안 경조차탑 영윤공양시천희오년오월 일 (菩薩弟子平章事 姜邯瓚 奉爲邦家永泰暇彌常安 敬造此塔 永允供養時天禧五年五月 日)'라 새겼다. 높이가 7자 1치인 이 공양탑은 개성 만월동에 남아 있었다고 한다.

강감찬의 치사(致辭)후 성남(城南) 별서(別墅)에 묻혀 낙도안거집(樂道郊居集)과 구선집(求善集)을 쓰면서 여생을 보냈다. 강감찬이 현종 22년(1031) 즉 덕종 즉위년인 8월에 84세로 서거함에 덕종은 사흘 동안을 조회(朝會)를 중단하고 부의(賻儀)를 매우 후하게 내리는 한편 시호를 인헌(仁憲)이라 내리고 백관(百官)에 명하여 회장(會葬)하게 하였다. 후에 조정에 배향(配享)하고 문종 때에는 수태사(守太師) 겸 중서령(中書令)을 추증하고 사사(嗣子)는 행경(行徑)이라고 하였다.

≪선조실록≫ '35년조'에 의하면 고려 위국충신(爲國忠臣)으로 강감찬, 정몽주 두 사람을 꼽고 있고 그 무덤을 찾아내어 단(壇)을 봉단(封壇)하고, 불을 금하고(禁火), 나무를 베지 말 것(禁伐)을 명령하였다고 한다.

장군의 유허지(遺墟址)는 낙성대(落星垈)라 하여 오늘날 행정구역상 서울의 봉천동 218번지 14호, 19호 일대이다. 여기에는 낙성대 3층석탑이 있었는데 1973년 이 일대를 성역화하면서 현 위치로 옮겼다. 이 탑의 명문(銘文)은 해서(楷書)로 새겨져 있으며 탑이름을 강감찬탑 또는 강감찬낙성대탑이라 한다. 탑의 조성연대(造成年代)는 13세기경으로 자재(資材)는 화강암이며, 높이는 4.48m이다. 석탑은 일반형으로 널찍하고 두툼한 지대석 위에 기단(基壇)을 받고 그 위에 탑신부(塔身部)를 형성하였다.

이 탑은 만 마디의 말이나 현란한 이론보다 국난(國難)을 맞이하여 대처하는 지혜와 용기, 실천력을 사실 그대로 보여 주는 실증물이라 할 수 있다. 이 탑은 살신보국(殺身保國)의 정신이 아로새겨져 있으며, 내 나라 내 강토를 굳건하게 지킨 장군이 시대를 초월하여 한국 영토사에 길이 빛날 인물임을 입증하고 있다.

3. 군기개량(軍器改良)으로 국토를 수호케 한 최무선(崔茂宣)

1) 화기(火器)를 발명, 개량한 최무선

최무선의 정확한 출생시기는 알려지지 않고 있다. 다만 고려 말 영천(永川) 최씨인 동순(東洵)의 아들로 태어났다는 기록이 전하고 있다.

최무선이 태어난 때는 홍건적, 여진, 왜구의 침략 등 안팎으로 매우 어려운 시기였다. 남쪽 지방의 해변가나 부근 일대에서 조세로 양곡을 거두어들이는 창고나 물건을 나르는 배들을 왜구가 자주 습격하여 약탈해 백성들이 마음 놓고 살기 어려웠고, 서울인 개경(開京)까지도 위협을 받아 일부에서는 수도를 옮기자는 논의가 나올 정도였다.

이러한 정황에 대해 최무선은 어린 나이임에도 불구하고 어떻게 하면 적들의 침략을 보기 좋게 쳐 부수고 나라를 평화롭게 지켜 나갈 수 있을까 하고 골똘히 생각하곤 하였다. 그는 해마다 널리 행해져 오고 있던 연등회 놀이 가운데 횃불놀이를 통해 불의 위력을 알게 되었고, 석전(石戰)을 통해 어떻게 하면 무거운 돌이 멀리 날아갈 수 있을까 하는 의문을 갖게 되었다.

공민왕 10년(1361) 10월, 홍건적의 난이 있자 임금과 조정이 안동으로 한때 피난을 하였다. 이때 최무선도 개경을 떠나 피난길에 나섰는데 나라가 어려워질수록 그의 마음속에는 하루속히 화약을 만들어야 한다는 일념뿐이었다. 최무선은 적을 일거에 격퇴할 수 있는 포를 만드는 길만이 고려의 국난을 극복할 수 있는 길이라고 여겼다.

그의 집에는 아버지가 강흥창사에서 외국과의 교역품을 취급하는 직책을 맡고 있기 때문에 중국인 등 외국인들이 빈번하게 드나들었다. 최무선은 화약을 만드는 기술을 이들을 통해 알고자 하였다. 그의 집을 드나드는 인물 가운데 중국 강남(江南)에서 상거래 차 드나드는 이원(李元)이란 인물이 있었는데 스스로 화약을 만드는 기술을 알고 있다고 하였다.

최무선은 이원을 극진히 접대하면서 환심을 사기에 전력을 다 하였다. 좀처럼 입을 열지 않던 이원이 어느 날 밤에 조용히 최무선을 불러놓고 느닷없이 좋은 붓을 만드는 방법을 이야기 하는 것이었다.

좋은 붓을 만드는 데는 첫째 붓이 뾰족해야 한다.

둘째 붓 털이 가지런해야 한다.

셋째 둥근 맛이 있어야 한다.

넷째 끈질겨야 한다.

그러므로 재료 선택부터 신중해야 한다는 것이다. 이렇듯 화약 제조법과는 관련 없는 붓 만드는 이야기를 마치고 나서 깊은 한숨을 내쉬더니 꽁꽁 묶은 보따리 속에서 붓 한 자루를 꺼내 놓는 것이었다.

실은 자기도 화약을 만드는 제조법을 자세히는 모르고 다만 아버지가 살아 계실 때 어깨 너머로 만드는 것을 보았을 뿐이라고 하면서 함부로 발설하지 말라는 당부가 있었음을 거듭 강조하였다. 그러면서 최무선이 알고 싶어하는 내용이 이 붓 속에 있으니 참고하라고 목소리를 죽여 가면서 말하는 것이었다.

이원이 건네 준 붓을 소중하게 가지고 온 최무선은 붓대를 깨뜨려 보았다. 그 속에는 종이가 실처럼 꼬아져 있었다. 깨알 같은 작은 글씨가 쓰여 있는데 제목은 '화창비법'이었다. 먼저 누런 종이를 정확히 16겹으로 접어, 길이 2자 남짓의 통을 만든다. 그리고 버드나무, 숯, 쇳가루, 자석 가루, 유황, 비상 따위를 채우고 창 끝에 새끼줄로 붙들어 맨다. 출전하는 군사는 작은 무쇠 그릇에 불씨를 갖고 나간다. 이것에 불을 붙이면 염초가 타면서 불길이 열 자나 뻗친다고 적혀 있다.

이러한 내용을 통해 비로소 최무선은 염초술이 무엇인지 알게 되었다. 당시 화약 제조에는 염초술(焰硝術)이 필수적이었다. 이른바 염초자취술(焰硝煮取術)을 익혀 실험에 실험을 거듭한 끝에 화약의 주 원료인 염초 즉 질산칼륨을 흙에서 추출하는 방법을 알아낸 것이다.

화약이 무기화되면서 철금속이 필요해 최무선은 무엇보다 사철(砂鐵)에 관해 관심을 쏟았다. 사철 산지인 안능(安陵:오늘날의 재령)에 가서 쇠의 성분을 알게 된 최무선은 자기집 뒤뜰에 숯가마 비슷한 것을 만들어 놓고 끊임없이 쇳물을 녹여 진흙으로 만든 거푸집[鐵型]에 부었다 허물었다 하는 고된 작업을 반복하였다.

그는 침식을 잊다시피 하면서 세월을 보냈다. 그런 아버지를 지켜 보던 아들 해산이 거푸집을 만들려면 종을 구워내는 방법을 물어 보면 알게 될 거라고 말하여 곧바로 종을 만드는 사람을 찾아 나섰다. 그리하여 철 이외에 구리, 납 등을 섞어 주물을 만드니 웬만한 화약에도 갈라지거나 터지는 일이 없는 오늘날의 놋쇠 비슷한 것이 되었다. 역사상 가장 유명한 화통(火筒)이 탄생된 것이다. 이때가 우왕 2년 (1376) 최무선의 나이가 50세 되던 해이다.

≪고려사≫ '병지(兵志)'에는 총통(銃筒)을 사용하여 화살[箭]을 사용했다는 기록이 보인다. 이것은 고려 사람들이 그 당시 유통식(有筒式) 화기(火器)를 쓸 줄 알았음을 뜻하는 것이다. 이 총통은 원나라에서 가져 온 것으로 생각된다. 총통으로 발사하는 화살은 사정거리가 매

우 멀었고 위력도 대단하였다.

이 화기의 원료인 화약은 원나라에서는 널리 군사용으로 사용되고 있었으나 그 제조법을 극비로 하였기 때문에 우리나라에서는 알 수가 없었다. 이 화약은 염초와 유황과 목탄을 섞어 만들어 폭발시키는 것으로 적진을 향해 발사하면 대량 살상이 가능하였다.

그러나 이 화약의 제조비법이 극비에 붙여져 좀처럼 알아낼 수가 없었기 때문에 1373년 11월 고려에서는 명나라에 사신을 보내 화약을 좀 나누어 달라고 간청했으나 거절당한 바 있었다. 그 후로 왜구의 피해가 날로 극심해져 명나라에서도 남의 나라 일로 방관만 할 수 없는 상황에 이르자 1374년 5월 명 태조의 지시에 따라 화약을 약간 나누어 주게 하였다. 이렇게 해서 얻어 온 것이 염초 50근, 황 10만근과 그 밖에 필요한 약품들이었다. 그러나 이것들은 생색용이었을 뿐이다. 흑색 화약의 원료 중 하나인 황만을 받아왔기 때문에 염초 50근으로는 화약다운 화약을 만들 수 없었던 것이다.

이러한 제반 요인이 최무선으로 하여금 화약제조에 대한 집념을 가일층 불태우게 하였다. 최무선은 헌신적인 노력에 의해 발명된 이 화약을 국가차원에서 육성해 줄 것을 간곡히 건의하였으나 조정에서는 선뜻 응하지 않고 있다고 1377년 10월에야 비로소 응낙을 하였다. 그리하여 최무선은 종2품의 지문하 부사라는 직을 맡게 되었다.

2) 화통도감(火筒都監)의 제조관(製造官)이 된 최무선

우왕 3년(1377) 새해를 맞아 최무선은 어전 조회에 나갔다. 새해가 되어서도 조정은 여전히 왜구의 잇단 노략질로 대책에 고심하지 않을 수 없었다. 이에 대해 최무선은 임금께

신은 오랫동안 염초술을 연구해 왔는데 이를 바탕으로 근년에는 화통을 만들었습니다. 이 화통은 큰 돌 수백 개를 한꺼번에 날려 보낼 수 있습니다. 왜선의 연포구리를 맞추기만 하면 영락없이 배를 침몰시킬 수 있습니다.

라고 아뢰었다. 그는 계속해서 건의하기를 '화통도감이라는 기구를 두어 포를 많이 만들어 이를 각 수영에 비치하였다가 왜선이 나타나 발사하게 되면 왜구는 더 이상 날 뛰지 못할 것'이라고 하였다.

조정대신들이 갑론을박으로 결론을 내지 못하는 가운데 한편에서 왜구와의 교섭을 주장, 그해 9월 정몽주가 왜국에 사신으로 다녀왔다. 그러나 여전히 왜구의 노략질이 그치지 않자 최무선의 건의대로 10월 화통도감을 설치하고 최무선이 제조관이 되어 각종 화기를 제작하게 하였다. 아울러 화기를 장착할 병선의 구조도 개량하도록 하였다.

그는 화룡선이란 명칭의 기동력 있는 배를 만들게 하였는데 이 배는 둘레에 쇠가죽이나 푸른 대나무를 엮어 덮고 선박에 구멍을 뚫어 그곳에서 화창을 발사할 수 있게 하였다.

최무선이 발명한 화룡선은 뒷날 거북선의 모체가 되었고 이장손의 발명품으로 알려진 비격진천뢰(飛擊地天雷)도 실은 최무선의 화통과 맥을 같이한 것이었다.

3) 왜적 격퇴에 참전한 최무선

우왕 5년 6월, 왜구가 대대적으로 침공해 왔다. 그 가운데 기병 7백, 보병 2천명이 진주까지 쳐들어왔다. 출동명령을 받은 수군 원수는 나세 장군이었고 부원수는 최무선이었다. 고려 병선들은 승천포를 출발하여 송도를 지키는 전략지로 중요한 섬인 교동에 도착하였다.

이곳은 고려 수군의 통어영이 있는 곳으로 섬 전체가 돌산이었다. 이곳에서 식량과 화약 그리고 포환을 실었다.

포환은 화통에 맞도록 둥글게 깎은 돌덩이로 이를테면 포탄인 셈이다. 화통은 구조상 약실과 포신으로 나누어져 있는데 약실에 특별히 처방된 염초를 채운 후 포신에 포환을 장전하고 약실을 횃불로 달구면 약실 내부가 가열되어 염초가 폭발하고 공이를 세 겹 밀어내면 이 공이의 충격을 받아 포환이 적선을 향해 날아가게 되어 있었다.

고려의 병선은 충청도 앞바다의 아산과 서산으로 향하였다. 여기는 하양창과 영풍창이 각각 있어 충청도 지방에서 생산된 각종 물산이 이 양대 창고에 모아졌다가 송도로 옮겨져 오도록 되어 있었다. 계속하여 남으로 내려가는 도중 영암 근처 진포에 도달하면서 적선을 만나게 되었다. 3백여 척의 왜선은 30척에 불과한 고려 병선에서 쏘아대는 화통에 속수무책이었다. 이른 아침부터 격전이 벌어져 한나절까지 계속된 해전은 왜선 3백여 척을 남김없이 불지를 수 있었다.

이후 전라도 순천 병마사 정지도 왜구를 무찌르는데 고심하고 있다가 최무선을 만나게 되었다. 정지라는 인물은 전라도 광주 태생으로 그의 얼굴 생김이 몹시 무섭게 생겨 아이들이 그를 바라보기만 하여도 울음을 터뜨릴 정도였다. 그러나 실제 마음씨는 무척 고왔다고 한다. 최무선은 이러한 정지에게 화통을 활용하는 기술과 전술을 전하였다. 이에 정지의 군사는 우왕 9년(1383) 5월 남해에서 큰 전과를 올릴 수 있었다.

왜구 못지않게 멸망한 원(元)의 잔존세력도 고려 조정을 괴롭혔고 중원(中原)에서는 새로 일어난 명나라가 별의 별 요구를 다 해 왔다. 특히 이들은 고려 말[馬]을 계속해 보내 달라고 요구해 왔다. 이러한 요구에 대해 고려는 우왕 1년에 제주도에서 기르고 있던 말 2천 마리를, 10년 후에는 3천 마리를 보냈다.

이러한 상황에서 왜구는 방향을 돌려 동해로 나타나기 시작하였다. 그러나 동북병마사 이성계의 지휘 하에 이들을 물리칠 수 있었다.

4) 우수한 화기(火器)로 국방력을 강화케 한 최무선 부자(父子)

우왕 14년(1388) 명나라가 느닷없이 철령 이북을 자기네 땅이라고 주장하고 나섰다. 이 지역은 원(元)이 동녕부를 두었던 곳인 까닭에 당연히 자기네들이 차지할 권리가 있다고 하는 것이었다. 왕이 최영을 불러 대책을 논의한 결과 단호히 대적해야 한다고 하여 요동정벌이 감행되었다.

그러나 이성계의 위화도 회군으로 요동정벌은 수포로 돌아가고 이성계의 역성혁명(易姓革命)이 이루어지고 말았다. 일구월심 우국충정으로 생애를 보내 온 최무선은 노쇠한 데다 역성혁명의 충격을 받아 병이 들어 이태조 5년(1396)에 세상을 떠났다. 그는 아들에게 다음과 같은 유언을 하였다.

우리 집안은 대대로 고려의 녹을 받아 살아온 가문으로서 차라리 장사꾼 노릇을 할망정 벼슬길에 나서지 말라. 이성계가 나라를 새로이 열게 됨은 어쩔 수 없는 천명이겠으나 신하로서 왕을 죽이고 왕씨까지 몰살시킨 것은 용서할 수 없는 일이다.

그러나 태조 이성계는 최무선의 사망 소식을 접하자 우정승 수성부원군으로 추증하였고 그의 아들 최해산(崔海山)에게는 군기소감 벼슬을 내렸다. 최해산은 부친의 유언에 따라 벼슬길에 나가지 않았다.

세종 때에는 군기시(軍器寺)의 청사 벽면에 최무선의 공을 기록하여 그를 높이 찬양하였으며 사당을 지어 그의 공로를 표창하였다. 최해산(崔海山)은 군기시 부정(副正)으로써 화약과 화기 제작의 책임을 지고 아버지의 유업을 계승하였다. 새 정권을 수립한 후 정치, 경제, 문화 등 다방면에 발전을 가져 온 세종 년간은 화약과 화기의 개량 발전에도 진일보한 시기였다.

세종은 이권(李勸) 등을 시켜 종래의 동주포신(銅鑄砲身)을 무쇠로 개주하고 화포공장(火砲工匠)의 장려책을 수립함과 동시에 총통위(銃筒衛)를 설치하고 그의 시취법(試取法)을 제정하는 등 다양한 대책을 강구하였다. 이러한 열성적 노력의 결과 처음에 군기시의 화약고에는 6근 가량의 화약과 2백여 개의 화통밖에 없었던 것이 최해산의 노력에 의해 몇 년 후에는 화약이 6천9백80근, 대, 중, 소의 화동이 1만 3천5백개나 제작되었다. 16세기 말 ≪구성진관 관병편오(龜城鎭管 官兵編伍)≫에 의하면 관병 7백51명 중에 화약 무기를 소지한 자가 약 반수인 2백20명 이상이나 되었다 한다. 최무선·최해산 부자는 우리나라 화포로 영토수호에 크게 기여한 고려 말의 인물들이었다.

4. 고려국의 북계(北界)를 확장한 윤관(尹瓘) 장군

1) 문무(文武)를 겸비한 윤관 장군

고려 태조 왕건을 도와서 후삼국을 통일케 한 벽상삼한공신(壁上三韓功臣)의 한 사람인 윤신달(尹辛達)은 파평(坡平) 윤씨의 시조(始祖)이다. 윤관(尹瓘) 장군의 증조(曾祖)인 선지(先之) 역시 태조 왕건의 창업을 도운 공신이었다.

조부(祖父)는 금강(金剛)으로 상서성(尙書省)의 고위직을 지냈다. 그의 아버지는 고려 중기 검교소부소감(檢校小府少監)을 지냈고 상서성(尙書省)의 고위직을 증직 받은 집형(執衡)으로 시호는 문정(文靖)이다. 윤관은 시조(始祖)로부터 5대째 명문벌족(名門閥族) 출신으로 부조(父祖)이상이 모두 독자(獨子)로 파평 윤씨의 후예는 이분의 직계손(直系孫)이라 한다.

윤관 장군의 출생시기는 명확치 않으나 가승(家乘)에 따르면 1040년((靖宗) 6년) 6월 1일에 태어났다고 한다. 그의 자(字)는 동현(同玄)이었다. 어려서부터 학문을 좋아하여 책에서 손을 떼어 놓는 날이 없었다. 진중(陣中)에 나가서도 틈만 있으면 오경(五經)을 가까이 하는 호학적(好學的) 기질을 보였다.

그는 고려 문종 28년에 과거에 급제하여 습유(拾遺), 보궐(補闕)의 벼슬을 지내고 숙종 때에는 좌사낭중(左司郎中), 동궁시강학사(東宮侍講學士), 우간의대부 한림시강학사(右諫議大夫 翰林侍講學士), 지추밀원부사(知樞密院副士), 이부상서 동지추밀원사(吏部尙書 同知樞密院事) 등의 관직을 역임하고 숙종 8년(1103) 6월에는 지추밀원사(知樞密院事) 겸 한림학사 승지(翰林學士 承旨)에 임명 되었다.

장군은 현직에 있으면서 송나라에 보빙사로 자주 가게 되었는데 송의 정자(程子)로 알려진 이천(伊川) 선생은 '고려 사람으로 이처럼 훌륭한 문장 실력을 갖춘 이가 있는 줄 미처 몰랐다.'고 하면서 뛰어난 문장력에 놀라워했다고 한다.

숙종 3년(1098) 7월 13일 장군은 조규(趙珪)와 함께 고려 숙종의 사위연유(嗣位緣由)를 고하는 글을 가지고 입조(入朝)하였다. 이때에 응제시(應製詩) '유도방진 난재우아 금삼우제도춘(維道芳辰 亂再遇我今 三遇帝都春)'이라는 글을 지어 올렸는데 이 글 가운데 '三遇帝都春'이란 글귀는 오늘날까지 중국인들이 즐겨 쓰고 있다고 한다.

《송사(宋史)》 '고려전'에 보면 '왕성유불사칠십구(王城有佛寺七十構)'라는 기록이 있는데 개경 일대가 불교도시이고 수많은 사찰에 승려가 불도를 닦았다고 한다. 윤관의 집안도 독실한 불교집안으로 그의 아들 언암은 출가하여 흥왕사암이라고 하였고 차자 또한 그 아들을 출가시켰다. 윤관 자신은 구성(九城)의 하나인 영주성(英州城)에 호국인왕사(護國仁王寺)와 진동보제사(鎭東普濟寺)를 창기(創起)하여 기불(祈佛)하였다.

2) 북계(北界)에서의 야인 할거상황(割據狀況)

윤관이 살던 시기는 고려가 삼국을 통일하고 난 이후 서란·여신 등의 침입으로 북방경역이 한시도 편한 날이 없을 때였다. 북방의 침입자를 방어키 위한 대책으로 고려는 일찍부터 요소 요소에 성곽을 구축하였다. 덕종 때에는 유소(柳韶) 장군에게 명하여 장성(長城)을 쌓도록 하였다. 이 성을 일명 천리장성이라 한다. 서쪽의 압록강 어귀로부터 동쪽으로 위원(威遠)~의주(義州) 사이, 홍화(興化: 역시 의주 일원) 정주(靜州: 역시 의주 일원) 영해(寧海: 역시 의주 일원), 운주(雲州: 雲山), 안수(安水: 介川), 청새(淸塞: 熙川), 영원(寧遠), 정융(定戎: 義州地域), 맹주(孟州: 孝山), 삭주(朔州) 등의 성을 거쳐 요덕(耀德: 永興地域), 정변(靜邊), 화주(和州)에 이르러 정평(定平) 해안인 도련포(都連浦: 廣浦)까지 뻗쳐 길이가 1천여 리, 높이와 폭이 각각 25척이 되는 석축성이었다. 덕종(德宗) 2년(1033)부터 구축하기 시작하여 정종(靖宗) 10년(1044)경에 완성되었다.

이러한 장성(長城)의 중동부(中東部) 이북(以北)에는 여진족이 살고 있었다. 이들은 고구려 당시에는 고구려의 지배를 받았고 그후 발해가 건국되면서는 발해의 지배를 받다가 발해가 거란에 멸망당하자 요나라에 예속되어 숙여진(熟女眞)이라 칭했다. 중부 만주 이동(以東)으로부터 함경도와 압록강 상류지방에 남아있던 여진족은 거의 거란의 지배권 밖에 있어 생여진이라 불렀는데 이들은 통일을 이루지 못하고 부락별로 흩어져 살고 있었다.

생여진(生女眞)과 접경하고 있던 고려는 고려의 동북계(東北界:함경남도지방)에 있는 종족을 서여진(西女眞) 또는 서번(西藩)이라 불렀다. 이들 동서 여진족들은 때때로 육로와 해상으로 고려 내륙에 침입하여 노략질을 감행하였다. 이에 대해 고려에서는 회유를 겸한 무마정책을 펴면서 때로 위협을 가하기도 하였다. 이러는 가운데 일부는 고려로부터 벼슬을 받거나 물품을 받아 가면서 고려를 상국(上國) 또는 부모의 나라라 높이고 조공도 하였는가 하면 아주 귀화하는 자들도 적지 않았다.

3) 동북면행영병마도통(東北面行營兵馬都統) 윤관 장군의 출정

생여진(生女眞) 가운데 북만주 하얼빈 근처에 자리잡고 있던 완안부(完顔部)의 세력이 커지자 북방지대의 사태가 달라지기 시작하였다. 원래 완안부는 미미한 존재였으나 우고내(그의 아들 영가가 뒤에 금나라 목종으로 추존됨)와 조카 우야소(烏雅東: 금나라 강종으로 추존됨) 때에 이르러서 주위의 여러 세력들을 규합하여 강성해져 영향력이 함흥지방에 할거하고 있는 여진족에까지 미치게 되었다.

이렇게 되어 북방지대가 여진족들로 인해 점차 소란해지면서 고려의 국경지대에서는 충돌이 불가피하게 되었다. 고려 조정에서는 문하시랑 평장사(門下侍郎 平章事) 임간(林幹)을 판동북면행영병마사(判東北面行營兵馬使)에 임명하여 국경을 방비케 하는 동시에 직문하성(直門下省) 이위(李瑋)로 하여금 서북면행영병마사(西北面行營兵馬使)로 삼고 위위경(衛尉卿) 김덕진(金德珍)을 동북면행영병마사(東北面行營兵馬使)로 삼아 후원하게 되었다. 그런데 임간은 공(功)을 탐하여 경험도 없이 적진 깊숙이 들어갔다가 영가가 보낸 지훈(之訓) 등의 군사에게 패하여 병사의 태반을 잃었고 피해가 막대하였다. 다만 척준경(拓俊京) 등의 군대가 분투하여 정주성(定州城)을 겨우 보전케 되었다.

조정에서는 지휘관을 교체하여 추밀원사로 있던 윤관을 통북면 행영병마도통(東北面 行營兵馬都統)에 임명하여 재차 대비케 하였다. 그러나 기마를 갖춘 데다 활쏘기에 능한 여진족에 비해 고려군은 훈련이 제대로 되어 있지 않아 이 해(숙종9년) 3월 4일 접전에서 여진족30여 급을 베는 전과를 올리는데 그치고 고려군 중 상당수가 죽었다. 고려군의 사기는 매우 저하되었다. 숙종 임금은 크게 노하여 스스로 서소(誓蔬)를 지어 여진족의 정벌을 맹세하고 7월 20일 윤관의 벼슬을 높여 참지정사 판상서형부사(參知政事 判尙書刑部事) 겸 태자빈객(太子賓客)으로 삼고 철저한 여진 정벌을 준비하게 하였다.

이때 윤관이 임금께 '적의 세력이 강성하여 그들의 행동을 예측하기 어려우므로 마땅히 군사를 양성하여 후일을 대비해야 하겠습니다. 특히 전번에 우리가 패한 것은 적은 기병인데 반해 우리는 보병으로 싸웠기 때문이오니 우리도 기병을 양성해야 하겠습니다'라고 주청하였다. 윤관은 왕의 허락을 받아 별무반이란 군대조직을 갖추고 신기군(神騎軍), 신보군(神步軍), 항마군(降魔軍) 등의 부대로 구성하였다. 이때의 군대는 보직이 없는 관리와 이서(吏胥)를 비롯하여 장사꾼, 노비, 각 주·부·군·현의 남자로서 말(馬)을 가지고 있는 자는 누구를 막론하고 신기군에 편입시켰다. 말(馬)이 없는 자는 신보군에 편입하게 하였고 항마군은 승도(僧徒)들로 편성된 특수부대였다.

이 당시 별무반의 조직 범위를 보면 국가 총동원 체제하에 놓여있었다고 할 수 있다. 병역 의무 제외 대상자는 현직관리와 과거를 보아야 할 극소수의 인물들뿐이었다. 이러한 군사동원체제를 갖추고 군사훈련에 박차를 갖추고 병기의 제작과 군량미를 비축하였다.

숙종 10년(1105) 10월 2일 갑작스런 왕의 승하로 북벌숙원은 당분간 중지될 수밖에 없었다. 예종이 즉위한 직후인 11월 윤관과 오연총은 숭인문 밖에서 대규모로 신기군과 신보군을 사열하고 여진정벌의 기회만 기다리고 있었다. 예종 2년(1107)에 변경의 수장으로부터 여진족이 국경에 침입한다는 보고를 듣고 마침내 역사상 고려의 국위를 크게 떨칠 여진정벌이 단행되기에 이르렀다.

정벌 결행에 앞서 왕은 중광전(重光殿)에 소중히 비장하였던 숙종의 여진정벌 결행의 서소(誓蔬)를 꺼내 양부(兩部)대신에게 보인 다음 이를 대신이 봉독하게 하고 눈물을 흘리며 '선왕의 유지가 이와 같이 깊고 절실하니 어찌 그 뜻을 잊을 수 있겠는가'하며 정벌의 뜻을 중의(衆意)에 물었다. 이때 윤관이 상서(上書)하여 선왕의 유지를 받들어 여진정벌을 결행할 것을 청하였다.

예종 2년(1107) 10월에 왕은 출사의 뜻을 정하고 순천관(順天館) 남문에 나가 군사를 사열한 후 윤관을 행영대원수(行營大元帥)에 임명하고 오연총을 부장(副長)으로 보(補)하여 진군령을 내렸다. 17만의 군사를 이끌고 동여진을 치게 한 것이다. 일관(日官)의 진언에 따라 개경이 아닌 출정지를 서경으로 잡는 등 세심한 면까지 배려하였다. 서경에까지 몸소 행차한 왕은 부월(斧鉞: 군대용 도끼의 일종으로 장수가 출정할 때 주장(主將)의 명령에 복종하지 않는 자는 사형(死刑)에 처할 수 있는 권리를 부여하는 뜻으로 왕이 손수 주던 무기)을 건네주었다.

　윤관은 동계(東界)에 이르러 우선 군사를 장춘역(長春驛)에 주둔시키고 부하 장군들과 함께 전투준비를 갖추어 군사를 사군(四軍)으로 편성하였다. 제1군은 윤관이 몸소 거느리고 그 밖에 중군병마사 김한충(金漢忠), 좌군병마사 문관(文冠), 우군병마사 김덕진(金德珍)으로 하여금 각 1군씩을 맡아 네길로 정평관(定平關)을 출발하였다. 그리고 수군 2천6백명은 전함을 타고 도린포(道鱗浦:오늘날의 都連浦)를 출발하여 수륙 양면으로 여진의 근거지인 정평에 이르러 함흥평야로 향하였다.

　이 작전에서 고려군은 일종의 기습작전을 전개하여 적을 지리멸렬시키려 하였으나 뜻처럼 되지는 않았다. 여진족으로서도 정평을 빼앗기면 근거지를 원진히 잃어버리게 되는 까닭에 완강하게 저항할 수밖에 없었던 것이다. 그러나 오랫동안 갈고 닦은 고려군이 막강한 군사력을 바탕으로 잘 싸워 결국 적은 어쩔 수 없이 패퇴할 수밖에 없었다. 이 전투에서 척준경(拓俊慶)부대의 용전은 탁월하였다.

　윤관은 제일 먼저 동음성(冬音城)에서 이기고 다음에는 석성(石城)에서 승리하여 적에게 결정적인 타격을 주었다. 촌락의 파괴가 1백35부락, 적의 참살이 근 5천명, 포로 또한 1백30여 명이 넘었다.

　윤관은 이처럼 큰 전과를 올려 동여진의 근거지를 모두 장악하고 녹사(綠事) 유영(俞瑩)을 서울로 보내 전투 결과를 보고하게 하였다. 그와 함께 여러 장군들을 점령지에 각각 파견하여 경계를 확정하고 방비를 엄하게 하였다.

4) 공험진(公險鎭) 축성(築城)과 고려지경비(高麗之境碑)

윤관 장군이 여진 정벌시 점령한 지역의 명확한 경계를 ≪고려사≫에 기록되어 있지 않아 이후에 제설이 분분하게 되었다.

≪고려사≫에 보면 동쪽으로는 화관령(火關嶺)에 이르고 북쪽으로는 궁한이령(弓漢伊嶺)에 이르며 서쪽으로는 몽라골령(蒙羅骨嶺) 아래와 화관령 아래 및 오림금촌(吳林金村)과 궁한이촌(弓漢伊村)에 성을 쌓아 각각 영주(英州), 웅주(雄州), 복주(福州), 길주(吉州)라 명명하여 점령지를 지키는 근거지로 삼았다고 했다.

그런데 다음해인 예종 2년(1108)부터 생활 근거지를 빼앗긴 여진족이 나머지 병력을 수습하여 맹공격을 가해왔다. 이에 고려군은 여러 차례에 걸쳐 전투를 벌이게 되었다. 특히 예종 3년 2월에는 웅주(雄州)를 포위하는 등 공격이 심하였다. 윤관은 최홍정(崔弘正)을 보내 이들을 격파케 하고 이를 계기로 하여 함주(咸州)와 공험진(公險鎭)에 두 성을 쌓아 방비를 굳게 하는 동시에 고려지경(高麗之境)이라는 비석을 세워 우리나라 북쪽 경계로 표시하였다.

여기서 잠시 우리는 고려가 표방해 온 북방정책에 유의할 필요가 있다. 고려는 고구려를 계승한 나라로 압록·두만강 이남의 영토를 수복하는 데 그치는 것이 아니라 강 건너 만주지역 일대까지의 영토 수복을 염두에 두고 있었던 것이다.

그렇기 때문에 발해가 멸망하고 난 후 여진인들이 할거하고 있는 지역은 당연히 고려의 영역이라고 여겨 왔다. 따라서 윤관의 구성(九城) 설치나 공험진에서의 '고려지경(高麗之境)'이라는 경계표석의 의미는 이러한 맥락에서 이해되어야 한다.

그럼에도 불구하고 9성 설치에 대한 견해가 후대에 내려오면서 구구해진다. 그 실례로 조선시대 관찬문서(官撰文書)에는 공험진을 두만강북 7백리지점으로 보고 고려의 정계비라 할 수 있는 선춘령비(先春嶺碑), 일명 공험진비(公險鎭碑)는 공험진에 있다는 기록이 있다.

조선 후기 고증지리 학자들은 9성 설치 범위를 길주 이남으로 보는데 공험진비를 마운령상(磨雲嶺上)에 있다고 보는 견해가 있는가 하면, 함흥평야로 한정하기도 하고 두만강 이남까지로 보는 측도 있다.

이런 제반 설은 앞에서도 언급한 바와 같이 고려 윤관 장군의 출정(出征) 당시 고려의 영역의식과 관련해 고찰해야만 할 것이다. 고려 문종(文宗)당시만 하여도 동북여진 거주지역은 고려의 예속지로 상당수의 여진인 부락이 내부(來附)해 있었고 일부는 기미주(羈縻州)로의 편입을 유보한 지역도 있었다. 따라서 이들 지역은 마땅히 고려의 판도(版圖)내로 본 것이다.

그런데 숙종 9년에 들어서면서 여진족들의 단결로 동북지방의 기미주를 잃고 말았다. 고려는 기미주의 수복을 표방하게 되었고 이지역이 대외적으로 고려의 구지(舊地)임을 천명케 된 것이다. 요컨대 윤관의 여진정벌은 구지(舊地)의 수복과 호환영절(胡患永絶)의 의미를 담고 있었다고 보아야 할 것이다.

예종 3년 3월에 여진이 보(步), 기(騎) 2만으로 영주를 공격해와 윤관은 척준경으로 하여금 또다시 이들을 물리치게 하였다. 이 전투에서 포로 3백46명과 말 96필 및 소 1백여 마리를 전리품으로 얻어 나라에 바치는 동시에 의주(義州), 통태진(通泰鎭), 평융진(平戎鎭)에 성을 쌓아 함주·영주·웅주·길주·복주 및 공험진과 더불어 북계(北界) 구성(九城)을 삼고 이곳에 모두 군사를 주둔시켜 방비하는 한편 남부지방에서 백성들을 많이 옮겨 와 살게 하였다. 이리하여 명실공히 고려의 강역화(疆域化)하였다.

빼앗은 곳에 성을 쌓고 남쪽의 백성들을 이주케 하여 살게 하니 이민 호수는 함주에 1천9백48가구, 영주에 1천2백38가구(성곽 9백50간), 웅주 1천4백36가구(성곽 9백92간), 북주 6백80가구(성곽 7백74간), 길주 68가구(성곽 6백70간), 공험진 5백32가구였다. 여기에다 숭녕, 통태진, 진양의 세 개 성을 합한 것이 구성(九城)인 것이다.

윤관이 예종 3년 4월에 잦아 병들을 거느리고 전승장군(戰勝將軍)으로 개경에 귀환하니 왕은 고취(鼓吹)를 울리고 군위(軍威)를 갖추어 윤관 일행을 영접하였다. 종실(宗室)인 대방후(帶方候) 보(俌)와 제안후(齊安候) 서(諝)를 동교(東郊)까지 보내 위로연을 베푸는 등 극진한 예우를 함과 동시에 '추충좌리평융척지진국공신(推忠佐理平戎拓地鎭國功臣)'의 훈호(勳號)를 내렸다.

윤관이 개선하고 돌아온 이후 여진족들이 또다시 반격태세로 나오자 예종 3년 7월에 윤관을 다시 출정시켜 진압케 하였다. 이 공로로 이 해 9월에 왕은 윤관을 '영평현개국백(永平縣開國伯)'으로 봉하고 식읍(食邑) 2천5백호에 식실봉(食實封) 3백호(三百戶)를 하사하였다. 오연총(吳延寵)도 '양국진국공신(壤國鎭國功臣)'의 호(號)를 받았다.

5) 북계구성(北界九城)의 환부(還付)

여진족들은 설 자리가 없게 되자 추장 우야소가 강화를 청하고 9성의 환부를 조정에 간청하였다. 고려 조정에서는 여진족의 진압이 완전 무결하게 이루어질 것으로 알고 정벌을 단행했으나 수륙 양면으로 여진족이 계속 침략하자 근본적인 방비책의 어려움을 알게 되었다. 그러자 차제에 이제까지 개척한 9성의 땅을 여진족에게 돌려줌이 오히려 선책이라는 여론이 비등해졌다.

고려 조정의 동요가 이는 가운데 여진족들은 한편으로는 공격을, 한편으로는 강화를 청하며 9성의 환부를 간청하였다. 왕은 조정의 3품 이상의 문무백관을 모이게 하여 9성 환부의 가부를 물었다. 극소수의 신진선비들만이 반대하고 대부분이 환부 쪽으로 찬성하자 9성을 환부하기로 했다. 그러나 이 결정은 윤관의 신분에도 중대한 영향을 미쳤다.

9월 여진의 사자(使者)가 개경의 선정전(宣政殿) 뜰 앞에 엎드려 다음과 같은 맹서를 고려 예종 임금께 아뢰었다.

전(前)에 우리 태사(太師) 영가(盈歌)가 말하기를 '우리 조상은 고려 출신이니 대대로 고려에 순종하는 것이 마땅하다'고 하였으며 현재의 태사 우야소도 또한 고려를 '부모의 나라'로 여기고 있습니다. 숙종 9년(1104) 궁한촌인이 우야소에게 순종하지 아니하므로 우야소가 출병하여 이를 징벌하자 고려는 여진이 고려의 지경을 침범한 것이라 하여 여진을 징벌하였다가 다시 수호(修好)를 허락하므로 우리는 그대로 믿고 조공을 계속하였던 것입니다. 그러나 뜻밖에도 고려군이 대거 쳐들어와서 우리의 동족들을 살해하고 9성을 설치하므로 유망(流亡)한 여진인은 돌아갈 곳이 없게 되었습니다. 그러므로 우야소가 우리를 보내어 9성의 환부를 청하는 것입니다. 만약에 9성의 환부를 허락하시어 우리들로 하여금 생업에 평안하도록 하여 주시면 우리들은 하늘에 맹세하고 자손 대대로 정성껏 조공할 것이며 또한 기왓장 하나라도 고려지경(高麗之境)에 던지지 아니할 것입니다.

하였다.

윤관은 여진족들의 간청에 대해 예종 4년(1107) 7월 8일 행영병마별감인 최홍정과 병마사 문관을 보내 여진족 추장 거외에게 이르기를 '너희들이 만약에 9성의 환부를 원한다면 마땅히 지난번과 같이 하늘에 맹세하라'고 하였다.

여진족 추장 여럿이 함주성 문 밖에다 단을 만들고 하늘에 맹세하기를 '지금부터 자손 대대에 이르기까지 나쁜 마음을 갖지 아니할 것이며 해마다 조공을 올릴 것이나 만일 이 맹세를 저버린다면 번토(藩土)가 멸망할 것입니다'라고 맹약하였다.

6) 영욕(榮辱)의 뒤섞임 속에 충절(忠節)을 지켰던 윤관 장군

9성의 환부는 고려 정부의 씻을 수 없는 치욕적인 영토정책인 동시에 윤관 장군 자신에게도 커다란 오욕이 되어 모함을 받게 되었다. 예종 5년(1110) 12월에 윤관 장군은 복권되었으나 복직을 사양하였다. 왕은 다음과 같은 내용으로 그를 위로하여 관직에 복귀할 것을 명하였다.

옛날에 한(漢)나라의 이광리(李廣利)가 대완국(大婉國)을 정벌할 때 겨우 준마 30필을 얻어 왔으나 무제(武帝)는 그가 만 리나 되는 먼 곳을 정벌한 것이기 때문에 그의 잘못을 문제 삼지 아니하였으며, 진탕(進湯)이 지지(侄支)를 벌주(伐誅)함에 있어서 황제의 명령을 사칭하고 함부로 군사를 일으켰으나 한나라 선제(宣帝)는 그가 나라의 위엄을 오랑캐에게 떨쳤다 하여 그를 봉(封)하여 열후(熱候)로 삼았다. 경(卿)이 여진을 정벌한 것은 선왕(先王)의 유지(遺志)를 받들고 과인(寡人)의 정사(政事)를 본받아서 자신의 위험을 무릅쓰고 적지(賊地)에 깊이 들어가 적을 죽이고 포로로 한 자 헤아릴 수 없으며 또한 수백 리의 땅을 개척하고 구주(九州)에 성을 쌓아 국가의 수치를 설욕하였으니 경의 공은 참으로 크다고 할 것이다. 그러나 여진족은 인면수심(人面獸心)으로서 배반하고 복종하는 것을 예측할 수 없으며 또한 그들의 남은 무리들은 의지할 곳이 없게 된 까닭에 추장이 항복을 하고 강화를 청하니 여러 신하들이 모두 이것을 편리하게 여기고 짐 또한 차마 반대하지 못하여 마침내 그 땅을 돌려주었던 것이다. 그리고 유사(有司)가 법에 의하여 경을 탄핵함이 심하므로 경의 관직을 당분간 해면하였으나 짐은 어디까지나 경이 잘못한 것이라고 여기지는 않았다.

이제 다시 믿고 맡기는 것이다. 지금 경에게 주는 벼슬은 경의 구직(舊職)을 복직시키는 것인데 어찌 사양을 하는가. 마땅히 내 마음을 받아들여 속히 관직에 나오라.

하였다.

이렇듯 간곡한 임금의 복직 명령과 함께 그의 공적과 행장(行狀)이 참작되어 예종은 문경공(文敬公)의 시호를 내렸다. 인종 8년(1130)에는 신하로서 최상의 영광인 예종의 묘정(廟廷)에 배향되었다.

5. 고려 말 명신 최영(崔瑩) 장군과 요동정벌(遼東征伐)

1) 최영장군의 출생과 청장년기(靑壯年期)

최영(崔瑩)은 고려 충숙왕 3년(1316) 사헌부의 간관으로서 검찰직을 지낸 원직(元直)의 아들로 태어났다. 본향은 경남 창원(昌原)이다. 그의 집안은 고려의 명문가로 5대조인 최유청(崔惟淸)은 평장사(平章事) 벼슬을 지냈다. 그가 현직에 있을 때 무신(武臣)의 난(亂)이 일어나 문인들이 무더기로 학살당했음에도 불구하고 평소에 그의 덕망에 감복하였던 무장(武將)들이 적지 않아 이들의 적극적인 비호로 다행히 화(禍)를 면할 수 있었다.

최영은 이렇듯 훌륭한 가문의 후예답게 어릴 때부터 얼굴에 영기(英氣)와 호기가 서려, 위엄이 있었고 기골이 장대한 사나이 중의 사나이었다. 나이 16세 때에 아버지가 돌아가셨는데 아버지는 임종 때 아들을 불러 앉히고 유언하기를 세상을 살아가면서 재물을 탐하지 말라고 하는 '황금여견여석(黃金汝見如石)'이라 하여, 너는 마땅히 황금 보기를 돌같이 하라이라는 유명한 말을 남겼다. 이러한 아버지의 유지(遺志)를 받들어 청렴결백을 일평생의 신조로 삼고 살았다.

그의 첫 벼슬은 양광도도순문사(楊廣道都巡問使) 휘하에서의 군복무로부터 시작되었다. 왜구의 노략질이 심해 이들을 자주 토벌하였는데 여기에 자주 출전하여 승리를 거둬 그 공으로 우달치(于達赤:司門人)라는 벼슬에 승급되고 이어서 왕의 근위대원(近衛隊員)이 되었다. 공민왕 원년(1352년)에 안우(安祐)·최원(崔源) 등과 함께 조일신(趙日新)의 역모(逆謀)를 평정하여 무명(武名)을 떨쳤고, 공민왕 2년 장군의 나이 39세 때에 대장군 종삼품의 벼슬에 올랐다.

이 시기는 원(元)의 쇠퇴기로, 홍건적의 난이 일어나 감당키 어려운 상황에 놓인 원(元)이 고려에 원병을 청해 왔다. 고려는 최영으로 하여금 유탁(柳濯), 염제신(廉悌臣) 등 40여 명의 중진 장수들과 함께 군사 2천명을 거느리고 원나라로 출정케 하였다.

최영은 원나라의 승상 탈탈(脫脫) 등을 쫓아 중국 고우(高郵) 등지에서 싸우고 이듬해에는 회안로(淮安路)에서 적을 막았으며 팔리장(八里庄)에서 싸워 용맹을 떨쳤다. 이때의 원정은 이후 최영장군으로 하여금 원나라 내정의 부패·문란상을 실감케 해 주었고 반란군이었던 명나라 군사들의 전력도 파악할 수 있었다.

무엇보다 중요한 사실은 고려군이 원(元)·명(明) 그 어떤 나라 군사들에 비해 조금도 손색이 없을 뿐만 아니라 오히려 뛰어났음을 깨달았다는 점이다.

1355년 최영 장군은 원나라에서 귀국하였고 고려에서는 그 이듬해부터 배원정책(背元政策)을 쓰게 되었다. 공민왕 말년에는 원(元)이 극도로 쇠약해지고 반대로 명은 팽창하여 고려와도 지경(地境)을 상접하게 되었다. 처음에는 고려에 대하여 호의를 표하던 명나라가 점차 시간이 지남에 따라 고려로 하여금 신경을 쓰게 하였다.

예컨대 단자(緞子) 1만필, 면포 4만필의 대가로 하여 고려 말 5천 마리와 무역하겠다는 것이다. 이 요구에 대하여 고려는 말의 산출이 충분치 못한데다 품종 또한 왜소해 만족치 못하나 이들 말을 요동쪽으로 분송하여 보내겠다고 하였다.

공민왕은 명나라 황제가 즉위한 후 곧바로 반원친명(反元親明) 정책으로 전환하였다. 원나라와 약 90년간 종주국 관계를 유지해 왔기 때문에 이것은 대단한 모험이었다. 그럼에도 불구하고 친명정책을 표방하고 나선 것은 대조 윗전 이래 추진해온 정책을 실현시키기 위해서였다. 원의 멸망이 눈앞에 보이는 이때 옛 강토를 회복하는 길은 명나라와 손을 잡는 일이었다.

그런데 명나라의 요동에 대한 관심과 전략은 의외로 빠르게 나타났다. 고려에서도 기선을 제압하고자 1307년 이성계 등으로 하여금 1만 5천의 군사를 거느리고 압록강을 건너 환인(桓仁)의 우라산성(于羅山城)을 공략하게 하였다. 이성계 등은 많은 민호(民戶)를 압록강 이남으로 초무(招撫)하였고 요동의 요충인 요양을 함락시켰다. 그런데 이 성을 함락시킬 때 과실로 창고가 타 없어져 군량이 떨어져 엄동설한을 이겨내기 어려웠다. 결국 철수하지 않을 수 없었다.

고려의 출병은 요동정세의 변화를 숨가쁘게 돌려놓았다. 요양성 평장 유익(劉益)이 요양성이 고려군에게 함락되자 명나라 군사에게 투항한 것이다. 이러한 유익의 명나라로의 투항은 요동에서 세력을 크게 증대시켜 고려로 하여금 친명정책을 반명정책으로 전환시키게 하였다. 이렇게 되니 명은 고려의 표리부동한 정책을 힐책하였다.

한편 명나라의 요동경략 최대의 요충지인 우가장(牛家莊)에 원병(元兵)이 내침하여 10만여 석의 군량과 5천여 명의 군사를 잃은 큰 피해를 입힌 사건이 일어났다. 이렇게 되어 고려와 명나라의 관계는 악화일로에 놓이게 되었다.

1377년에는 원이 다시 북원(北元)의 연호를 쓰면서 고려와 국교를 재개하였다. 북원은 요양의 협공을 청하였다. 반면에 명의 황제는 고려에 압력을 가하는 수단으로 과중한 세공액(歲貢額)을 제시하고 이를 이행하지 않으면 정병(精兵) 수십만으로 정토(征討)하겠다고 위협하였다. 고려에서는 재정형편이 어려움에도 불구하고 1384년 금 5백근, 은 5만냥, 베 5만필, 말 5천필을 바쳐 우선 한숨 돌리기는 하였으나 명의 황제는 계속 위협을 가해왔다.

2) 요동지역은 고토회복의 1차 대상지

당시 압록강은 피아(彼我)의 국경이 아니었다. 강 양쪽의 주민은 성분도 비슷하고 경계라는 관념도 없었다. 그들은 서로 교역하며 매양 서로 친하게 지내는 통혼까지 하는 사이었다. 그러므로 양국은 서로 개발의 원동력인 민호(民戶)의 확보에 힘써 경쟁적으로 상대방 민호를 초무(招撫)하여 도강(渡江)을 원하는 자에게는 각기 양식을 관급(官給)하는 등의 조치를 취하고 있었던 것이다. 이러한 고려측의 기지(基地)가 바로 강계(오늘날의 만포진(滿浦鎭))이었으며 강계는 북원(北元) 및 명나라와 접촉하는 관문(關門)이 되었다.

강 건너 환인(桓仁)평야 일대와 요양(遼陽) 일대를 고려는 그들의 옛 강토로 여겨왔다. 고구려의 발상지일 뿐만 아니라 전날 몽골과의 전쟁 때 고려의 피난민들이 북상하여 많이 정착했기 때문이다. 원나라에서도 이곳에 고려군민 총관부를 두는 한편 그것을 심왕부(瀋王府)로 승격시켜 고려왕족을 심왕(瀋王)에 임명하였고 이들이 민정의 실권을 장악하고 있었다.

이처럼 요심(遼瀋)일대는 고려인이 집단 거주하는 특수지역을 이루고 있었다. 고려는 쌍성총관부(오늘날의 함경남도 영흥)와 같이 명의 지배력이 덜 미치는 곳을 선점하여 영토 확장의 첫 대상지로 하여 우리 영토임을 기정 사실화하고 뒷일은 정치적으로 해결하고자 하였다. 고려를 견제하려는 명은 요동을 폐쇄하였다.

이해 11월 장방평(張方平)이 이구(李玖), 이종덕(李鐘德) 등과 같이 우왕의 명을 받아 사신의 임무를 띠고 명나라로 들어가려 했을 때 요동에서 입국을 거질당한 것이나. 이에 소성은 대단히 긴장하여 좌시중(左侍中) 반익순(潘益淳)이 영삼사사(領三司事)인 최영에게 아뢰기를 '공손왕소기중 삼한소속망 금국가위이 개력도지(公先王所奇重 三韓所屬望 今國家危而 蓋力圖之)'라 함에 장군이 탄식해 말하기를 '집정기리적악(執政 嗜利積惡) 자속화패(自速禍敗) 노부장약지하(老夫將若之何)'라 했다는 내용이 ≪고려사≫ '최영전'에 보인다. 이 기사 밑에 시유인 자요동도래 고도당왈 제(明帝)장구처녀 수재급환자각일천 '우마각일천도당우지 영왈여차 즉여병격지가야(時有人 自遼東逃來 告都堂日 帝(明帝)將求處女 秀才及宦者各一千 牛馬各一千 都堂憂之 塋日如此 即與兵擊之可也)'라 한 것을 보면 명나라의 무리한 요구에 대해 고려인의 신경이 얼마나 날카로워지고 흥분했던가를 가히 짐작하고도 남음이 있다.

양국관계가 긴장일로에 놓여 있는 가운데 원나라는 우왕 14년 (1388)에 명나라에서는 사신으로 가 있던 고려인 설장수(楔長壽)를 통해 '철령(鐵嶺)'이북(以北) 이동(以東) 이서(以西)의 땅이 본래 원나라에 속하였던 땅이니 이 지역은 요동관할하에 두어야한다'라고 전해왔다. 고려 조정에서는 유사시에 대비하여 전국적으로 성(城)을 수축케하고 서북면에 무장들을 증파하여 수비를 굳건히 하는 한편 밀직제학(密直提學) 박의중(朴宜中)을 사신(使臣)으로 파견하여 철령 이북의 문천(文川)·고원(高原)·영흥(永興)·정평(定平)·함흥(咸興) 등은 물론 그보다 훨씬 북쪽의 공험진(公險鎭)도 원래 고려의 영토이었음을 주장하면서 명의 철령위 설치 철폐를 강력하게 주장하였다. 그러나 명에서는 받아들이지 않았다.

이보다 앞서 명의 후군도독부(後軍都督府)는 요동 백호(百戶) 왕득명(王得明)을 보내 철령위의 설치를 정식으로 통보하여 왔다. 비슷한 시기에 서북면도안무사(西北面都按撫使) 최원지(崔元趾) 또한 요동의 도사(都司)가 강계(江界)에 철령위를 설치하고 요동으로부터 철령에 이르기까지 70개의 역참(驛站)을 설치하여 한다는 사실을 보고 하였다.

그러나 명은 실제로 같은 시기에 강계만호 김완가(金完哥)의 내부(來附)를 계기로 요동의 봉집현(奉集縣)에 철령위지휘사사(鐵嶺衛指揮使司)를 설치하고 황성(黃城)을 중심으로 한 민호(民戶)의 초무(招撫)에만 나서고 있었다. 이러한 상황에 따라 고려에서는 전국의 정병(精兵)을 총동원하고 요동정벌에 나섰으나 위화도 회군으로 말미암아 수포로 돌아갔다.

철령위 설치문제는 흐지부지 되다가 1393년에는 봉집현에 두었던 철령지휘사사도 오늘날의 만주 철령으로 이전하고 말았다. 결국 명나라는 당초부터 철령위 설치를 적극적으로 추진하려고 했다기보다는 고려의 북진기도를 사전에 봉쇄하고 압록강 인근의 민호(民戶)를 초무함으로써 요동지역을 확실하게 장악하고자 하였던 것으로 보인다.

3) 최영 장군의 내정 수습과 왜구의 격퇴

최영 장군은 1359년 홍건적 4만 명이 침입하여 서경을 함락시키자 여러 장수와 함께 생양(生陽)·철화(鐵和)·서경(西京)·함종(咸從) 등지에서 적을 무찔렀다. 이듬해 평양윤(平壤尹) 겸 서북면순문사(西北面巡撫使)로 있다가 그 다음해에는 서북면도순찰사(서북면도순찰사)·좌산기상시(左散騎常侍)가 되었다. 1361년에 홍건적 10만이 다시 침입하여 개성을 함락시키자, 이듬해 안우(安遇)·이방실(李芳實) 등과 함께 이를 격퇴하여 개성을 수복하였다. 그 공으로 훈(勳) 1등(等) 도형벽상공신(圖形壁上功臣)이 되었다가 전리판서(典吏判書)에 올랐다. 뒤이어 양광도 진변사(楊廣道 鎭邊使)도 겸하였다가 도순문사(都巡撫使)를 겸하였다.

1363년 개경에 쳐들어온 홍건적을 물리친 후 왕이 환도하게 되었을 때 재상 김용(金鏞)이 행궁(行宮)을 습격한 역모가 발생하였다. 이를 흥왕사(興王寺)의 변(變) 또는 김용지란(金鏞之亂)이라고 한다. 최영 장군은 이 난도 충정을 다하여 평정시켰다. 이 공(功)으로 훈 1등에 진충분의좌명공신(盡忠奮義佐命功臣)이 되었다가 뒤이어 판밀직사사평리(判密直司事評理)를 거쳐 찬성사(贊成事)가 되었다.

1364년 원나라에 있던 최유(崔濡)가 배원적(背元的)인 공민왕 대신, 덕흥군(德興君: 忠宣王의 제3자)을 받들고 군사 1만명으로 압록강을 건너 선주(宣州:오늘날의 宣川)에 웅거하자 최영장군은 서북면도순위사(西北面都巡慰使)로 이성계 등과 함께 수주(隨州:오늘날의 定州) 달천(達川)에서 싸워 이를 물리쳤다. 또 동령로만호(東寧路萬戶) 박백야대(朴伯也大)가 연주(延州:오늘날의 雲山郡)에 침입하자 장수를 보내 물리쳤다.

이듬해 왜구가 교동(喬桐)·강화(江華)에 침입하자 동서강도지휘사(東西江都指揮使)가 되어 동강(東江)에 나가 진주하였는데 왜구가 창능(昌陵)에 들어와 세조(世祖)의 초상을 훔쳐간 일이 있었다. 이에 최영을 미워하던 신돈이 왕에게 이 사실을 빌미로 모함하여 최영 장군은 계림윤(鷄林尹)으로 좌천되어 귀양을 가게 되었다. 신돈은 이 기회를 이용하여 최영이 상하(上下)의 이간을 꾀하였다고 하여 이득림이라는 심복을 보내 고문을 자행하게 하였다.

최영 장군의 생명이 경각에 처했을 때 합포만호(合浦萬戶) 정사도(鄭思道)가 결사적으로 옹호하여 위기를 넘길 수 있었다. 1371년 신돈이 처형되자 최영 장군은 곧 소환되어 다시 찬성사가 되었다.

1373년 최영 장군은 육도도순찰사(六道都巡察使)가 되었는데 이때 군호(軍戶)를 편적(編籍)하여 전함(戰艦)을 만들게 하고 또 나이 70세 이상 되는 자로부터 쌀을 거두어 군수에 보충하여 백성들의 원성을 사기도 하였다. 이듬해 경상·전라·양광도도순무가 되었는데 이때 육도도순찰사가 되어 6도를 소란하게 하였다는 이유로 대사헌 김속명(金續命) 등의 탄핵을 받았으나 도리어 김속명이 파면되고 진충분의선위좌명정란공신(盡忠奮義宣威佐命定亂功臣)의 호(號)가 내려졌다.

그해 명나라가 제주도산 말 2천 필을 요구해 온 데 대해 제주도의 호목(胡牧)이 불과 3백 필만을 보내는 등 내심 불복하였다. 제주도는 원래 정동(征東)을 위해 원(元)의 군민총관부(軍民總管府)가 설치되어 달로하치라는 감독관을 두어 소와 말을 기르면서 원나라의 영향을 많이 받던 곳이다. 친원파의 목장관리인들이 반명적(反明的)인 감정을 가지고 반란을 꾀하여 총수인 최영이 양광·전라·경상도도통사(楊廣·全羅·慶尙道都統使)가 되어 도병마사 염흥방(廉興邦)과 함께 전함 3백14척, 군졸 2만5천6백의 대군을 편성하여 진압하였다. 장군이 개선하여 개경으로 돌아왔을 때에 공민왕은 이미 암살되고 우왕이 즉위해 있었다.

1375년(禑王 1) 판삼사사(判三司事)가 되었고 이듬해 왜구가 연산(連山) 개태사(開泰寺)에 침입하여 원수(元帥) 박인계(朴仁桂)가 패사(敗死)하자, 노구(老軀)를 무릅쓰고 출정하기를 자원하여 홍산(鴻山:오늘날의 夫餘郡)에서 왜구를 크게 무찔렀다. 이에 왕은 그 공으로 그를 시중(侍中; 수상(首相))으로 승진시키려 하였으나 장군은 '시중이 되면 출격을 쉽게 할 수 없다'고 사양하면서 '왜구를 모두 진압한 후가 좋겠다'고 하였다. 왕은 그에게 철원부원군(鐵原府院君)을 제수하였다.

1377년 도통사(都統使)가 되어 강화 통진(通津) 등지에 침입한 왜구를 격퇴하였는데 이때 왕에게 주청하여 교동·강화의 사전(私田)을 혁파하고 그를 군자(軍資)에 충당하게 하였다.

이 무렵 왜구가 침입하자 이성계·양백연(楊伯淵) 등과 함께 적을 크게 무찌르고 그 공으로 안사공신(安社功臣)이 되었다. 왜구들은 홍산전투에서 대패한 이래 최영이 이끄는 부대를 가장 두려워하여 피하다가 정면돌파를 꾀하여 형세가 매우 위급하게 되었다. 최영은 왜구의 침략을 막기 위한 방편으로 급한 대로 전함을 만들기로 하였다. 그리하여 각도의 승군으로 하여금 거함 1백30여 척을 만들어 요지를 지키게 함으로써 어느 정도 왜구의 침략을 둔화시킬 수 있었다.

이후 수상이 된 뒤로도 강직 청렴하여 당대의 권신 이인임(李仁任)의 청탁을 엄히 꾸짖었는가 하면, 신정군(新定君) 마경수(馬坰秀)의 탐학을 적발하여 1백여 대의 곤장을 쳐 유배도상에서 죽게 하였다. 뿐만 아니라 정사(政事)에 폐단을 일으키는 우왕의 유모 장씨를 우왕의 간곡한 청도 물리치고 참형에 처하였으니 공사를 위해서 이처럼 분명한 처단을 내리는 이는 우리나라 역사상 찾아보기 어렵다. 그는 이처럼 사심이 없었다. 오직 나라를 위하여서는 추호의 사심·편견이 없이 정사(政事)를 돌본 데 대해 왕은 그에게 철권(鐵券)이라는 영예로운 징표를 내리면서 다음과 같이 공(公)을 치하하고 있다.

"지금 장수들 중에서 공로가 많기로는 오직 경 한사람뿐이다. 또한 재상으로서는 충의를 다하고 위로 왕을 받들고 아래로 백성을 보살핌이 더할 나위 없으니 재상 중에도 참된 재상이로다. 전토와 노비로 상을 주는 것이 마땅하지만 경의 청백은 천성이 그러하니 반드시 굳게 사양하고 받지 않으리라. 그러므로 다만 철권을 내려 옥(玉)으로 축(軸)을 삼아 특례의 표창을 한다."

4) 요동정벌(遼東征伐)과 위화도 회군(回軍)

이듬해 장군은 수시중(守侍中)이 되었고 장군의 부친에게는 순충아량염검보세익찬공신(純忠雅亮廉儉輔世翊贊功臣)·벽상삼한삼중대광(壁上三韓三重大匡)·판문하사(判門下事)·영예문춘추관사(領藝文春秋館事)·상호군(上護軍)·동원부원군(東原府院君)이 증직되고, 어머니 지씨(智氏)는 삼한국대부인(三韓國大夫人)이 되었다.

최영은 뒤이어 영삼사사(領三司事)가 되었고 1384년 문하시중을 거쳐 판문하부사(判門下府事)가 되었다. 1388년 다시 문하시중이 되어 왕의 밀령(密令)으로 부패와 횡포가 심하던 염흥방·임견미(林堅味)와 그 일당을 숙청하였다. 그해 그의 딸이 왕비가 되었다. 이때 명나라가 철령위(鐵嶺衛)의 설치를 통고하여 철령(鐵嶺) 이북과 이서(以西)·이동(以東)을 요동에 예속시키려하자 요동정벌을 결심하고 팔도도통사(八道都統使)가 되어 왕과 함께 평양에 가서 군사를 독려하는 한편 좌군도통사, 조민수(曺敏修), 우군도통사 이성계로 하여금 군사 3만8천8백여 명으로 요동을 정벌하게 하였다.

최영은 요동의 명나라 병력이 모두 몽골방면에 출동하고 있어 방위가 소홀하고 요양지방에는 고려인과 더불어 여진인이 많은데 이들에 대해서는 여진 땅에서 자란 이성계의 명성이 크게 작용하리라 보았기 때문에 요동정벌이 시의적절하다고 보았던 것이다.

출정군은 이 해 5월 상순경에 압록강 하류 위화도에 진수하였다. 그리고는 계속해 요동정벌의 4불가론을 들어 회군의 필요성을 상서(上書)하였으나 거절당하였다. 4불가론이란

첫째, 소국(小國)이 대국(大國)을 침(侵)이요,
둘째, 여름철 농번기(農繁期)를 택(擇)함이요,
셋째, 거국적인 원정(遠征)의 틈을 타서 왜구의 침입을 우려됨이요,
넷째, 시기가 무더운 장마철이라 활이 풀리고 군대 내에 질병이 심할 것이 우려된다는 것이다.

5월 20일 이성계는 회군을 단행하고 개경 근방에 이르러 왕에게 최영의 파직을 요청하였다. 우왕은 이를 거부하면서 전 밀직부사(密直副使) 진평중(陳平仲)을 보내 서면으로 제장(諸將)을 유시(諭示)하였다.

이 유시를 담은 글월은 궁지에 몰린 왕이 병력을 거느린 쿠데타군 장령들에게 보낸 것인 만큼 그 성질상 내용에 거짓이 있다고 보기는 어렵다. 유시에서 왕의 명령을 어기고 회군한 처사를 힐책하고 회군의 이유를 다음과 같이 물었다.

"옛 강토 회복은 조종의 유지(遺志)이니 어찌 쉽사리 내 나라의 땅을 남에게 줄 수 있으랴. 그러므로 군사를 일으켜 우리의 땅을 지키려하여 제장에게 의논하였던 바 제장은 모두 옳다고 하지 않았는가. 지금 어찌하여 전약(前約)을 어기었는가!"

하고 힐난하였다. 최영은 진군해 오는 이성계의 부대를 막으려 하였으나 수적으로 도저히 당해낼 수가 없어 도성을 점령당하고 말았다. 이는 고려 말 구파(舊派) 군벌세력과 신진 군벌과의 대립에서 구파의 패배를 의미하는 것이다.

5) 사후(死後)에도 숭앙되는 최영 장군

청렴하고 강건하였던 최영은 이성계에게 잡혀 고향인 고봉현(高逢縣:오늘날의 高陽으로 귀양갔고 후에 다시 합포(合浦:오늘날의 馬山)·충주로 옮겼다가 공요죄(攻遼罪)로 개성으로 압송되어 순군옥(巡軍獄)에 갇힌 뒤 그해 12월에 참수되었다.

최영은 형장에 임하여서도 얼굴 빛 하나 변함이 없이 태연자약한 자태로 '내가 평생 탐욕의 마음을 가졌다면 무덤 위에 풀이 날 것이요, 그렇지 않았다면 풀이 나지 않을 것이다'라 하였다. 과연 그의 무덤엔 풀이 나지 않아 장군의 높은 기상을 돋보이게 하였다. 장군이 참형을 당했다는 소식을 들은 개성사람들은 저자문을 닫고 슬퍼하였으며 온 백성이 눈물을 흘렸다고 한다. 이성계가 새 왕조를 세우고 나서 6년 만에 무민(武愍)이라는 시호(諡號)를 내려 넋을 위로하였다.

최영 장군의 묘소는 오늘날 경기도 고양군 벽제면 대자2리 대자산(大慈山) 기슭 아버지 최원직(崔元直)의 무덤 앞에 있다. 장군의 묘소 뒤편 대자산 너머 파주군 광탄면 용미리 박달산 기슭에는 장군을 모신 사당이 자리하고 있다. 원래는 초가사당이었는데 1967년에 현존 사당을 건립하고 해마다 장군의 탄신일인 음력 8월 12일에 제사를 올리고 있다.

이 사당에 들어서면 샤머니즘적인 느낌을 진하게 갖게 되는데 이는 최영 장군을 민족의 수호신인 주술적 신앙대상으로 삼는 민간신앙 때문이다. 이밖에 장군을 추모하여 모신 사당은 전국적으로 상당수 있는데 그 가운데 덕물산, 추자도, 강릉 등지의 사당이 특히 유명하다.

용미리 사당 주위에 전해오는 이야기로 안능(安陵)이란 산에서는 임진왜란 때부터 나라 안에 변란이 일어날 때마다 징소리와 북소리가 울렸다고 하며, 8·15와 6·25 당시에도 이러한 소리가 들려 부락민들은 매우 기이하게 여겼다고 한다. 이 사당 터 인근 주변에는 아직도 기왓장과 대형 주춧돌이 눈에 적지 않게 띄는데 바로 이 자리가 그 옛날 최영 장군이 유배되었던 자리로 보인다.

서울 이북 황해도 일대의 무속(巫俗)에서는 이 장군당을 신앙의 본거지로 여기고 있으며 무당들은 덕물산(德勿山) 위에서 기도함으로써 무력(巫力)을 얻는다고 믿고 있다. 이 덕물산에서는 2년에 한 번씩 음력 3월 도당(都堂)굿을 하는데 각처의 무당들이 모여 성황을 이루어 전국 제일의 굿으로 친다고 한다. 영험과 전통을 드러내는 굿이 끝난 다음에는 잔치가 벌어지는데 이때의 명물이 국내 제일의 진미로 알려진 돼지고기이다. 이 돼지고기를 성계육(成桂肉)이라 한다. 이것은 두 말할 것도 없이 고려의 충신 최영을 죽인 이성계에 대한 분노를 나타낸 이름이다.

최영 장군은 너무도 유명해 설화도 도처에 널려 있다. 특히 경기도 강화군과 강원도 영월군의 설화가 유명하다. 장군에게 딸이 하나 있었는데 그녀에게는 사랑하는 남자가 있었다. 최영 장군은 사윗감을 자신이 직접 시험하여 자기만한 재능이 있는 사람을 고르려고 하였다. 그래서 젊은이를 불러서 먼저 자기의 재주를 보여주었다.

최영 장군이 목을 자르고 난 뒤 그 목이 다시 붙어 소생하는 재주였다. 딸은 아버지가 다시 살아나면 결혼이 성사되지 않을 것으로 판단하고 떨어진 목에 매운 재를 뿌려 아버지의 목이 다시 붙지 못하게 했다는 것이다.

이 설화는 대적 퇴치설화(對敵 退治說話)에서 전이(轉移)된 것으로 보인다. 최영 장군의 신이(神異)한 능력을 강조하는 의미와 억울한 최후를 드러내는 의미가 있다.

이상과 같이 최영 장군에 대한 추앙심은 실로 헤아리기 어려울 정도로 높다. 고려 말 최후의 위대한 인물로서 평생 티끌 한 점 부끄러운 것이 없는 참 '고려인'이라 하지 않을 수 없다. 그는 하나의 인간으로서 능히 만인(萬人)의 모범이 되었고 근면·성실·덕행·용맹을 지녔다.

최영 장군의 물실호기의 요동정벌을 이성계가 충실히 따랐다면 우리 민족의 숙원인 북방개척과 고토회복(故土恢復)은 달성되었을 것이다.

제 5 장

조선의 영토 수호와 개척에 헌신한 인물들

1. 명신으로 장군으로 명망 높았던 최윤덕(崔潤德)

1) 최윤덕의 생애와 관직

여말선초(麗末鮮初)의 무인(武人)인 최윤덕(崔潤德)은 지중추부사(知中樞府事)로 있던 최운해(崔雲海)의 아들로 태어났다. 이때가 고려 말 우왕(禑王) 2년인 1376년이었다. 본관은 통천(通川)이다.

그의 호는 임곡(霖谷), 자는 여화(汝和), 또는 백수(伯修)라 하였다. 태어나면서 어머니를 여의고 아버지는 국경수비(國境守備)에 나가 있어 한 마을에 사는 양수척(楊水尺)에 의하여 양육되었다.

어려서부터 힘이 세고 활을 잘 쏘았으며 어느 날 소에게 꼴을 먹이러 산에 갔다가 호랑이를 만나 화살 하나로 쏘아 죽였다. 그 같은 말이 널리 알려지면서 나라에서는 그를 음관(蔭官)으로 기용하였고, 아버지를 따라 여러 번 전공(戰功)을 세워 부사직(副使直)으로 승진하였다. 1402년(太宗 2년) 낭장(郞將), 호군(護軍)을 거쳐 이듬해 대호군(大護軍)이 되었다.

1406년 지태안군사(知泰安郡事)가 되었다가 1410년 무과에 급제하여 상호군이 되고 동북면조전병마사(東北面助戰兵馬使)가 되었다가 이듬해 우군동지총제(右軍同知總制)에 올랐다. 1413년 경성등처절제사(鏡城等處節制使)가 되어 동맹가첩목아(童孟哥帖木兒)를 복속시켜서 야인들의 준동을 막았으며 영길도도순문찰리사(永吉道都巡問察里使) 우군총제(右軍總制), 중군도총제(中軍都總制) 등을 역임하였다.

1419년(세종 1년) 의정부참찬으로 삼군도통사가 되어 체찰사(體察使) 이종무(李從茂)와 함께 대마도를 정벌하였고 1421년 공조판서가 되어 정조사(正朝使)로 명나라를 다녀 온 후 곧 평안도절제사(平安道節制使)가 되었다. 1426년 좌군도총제부사(左軍都總制副使), 1428년 병조판서가 되었다.

1433년 파저강(婆猪江)의 야인인 이만주(李滿住)가 함길도 여연(閭延)에 침입하였을 때 평안도도절제사가 되어 이만주를 대패시켰다. 이 공으로 우의정에 특진되었다. 이듬해 적이 또 변방을 침입하자 평안도도안무찰리사(平安道都按撫察理使)로 나가 이를 진압하였으며 무인으로 용맹성이 널리 알려져 그 위력이 변경에까지 떨쳤다.

돌아와서는 무관으로서 재상의 직에 있을 수 없다는 소(疏)를 올리고 무관직에 전임할 수 있도록 요청하였으나 허락되지 않았다. 1435년 좌의정으로 승진, 영중추원사(領中樞院使)에 전임된 뒤 1445년 궤장(几杖)을 하사받았다.

그는 성품이 자애롭고 근검하여 공무의 여가를 이용하여 묵은 땅에 농사를 지었고 호랑이에게 잡아먹힌 남편의 원수를 갚아달라는 여인의 호소를 듣고 그 호랑이를 잡아서 배를 갈라 남편의 뼈를 찾아 장사를 지내게 해주었다.

세종의 묘정(廟廷)에 배향되었고 시호(諡號)는 정열(貞烈)로 강원도 통천(通川)의 상렬사(尙烈祠)와 안주의 청천사(淸川祠)에 제향되었다.

2) 파저강(婆猪江) 연안의 야인 할거상황과 대응계책

조선 초기에는 변경의 여러 지역으로부터 소란이 발생했는데 그 가운데서 압록강 연안의 소요도 큰 두통거리 중의 하나였다. 압록강 하류 지방은 고려 말에 이미 우리나라 영토로 편입되어 갑주만호부를 설치, 관할하고 있었다. 그런데 세종 때에 이르러 파저강(婆猪江:일명 佟佳江)가로 여진족이 빈번하게 침입해 여연군 서남지방을 소란케 하였다. 무엇보다 길림, 봉주(奉州)지빙에 자리 잡고 있던 이반주라는 건주위 여진 추장 휘하의 세력이 파저강 유역으로 이동하여 변경을 침입, 소란케 하였다.

세종 14년 12월 초에 야인 4백여 기가 갑자기 여연(閭延) 경내에 나타나 주민을 생포해 가, 강계절제사 박초가 이를 추격하여 주민 26명과 말 30마리, 소 50마리를 되찾아왔다. 우리 측도 인명 손실이 적지 않게 발생해 전사 13명, 부상이 25명이나 되었다.

이상과 같은 내용의 보고를 받은 세종은 대로(大怒)하여 조정 중신들을 긴급히 소집하여 대책을 논의하였다. 그 결과 상호군 홍사석을 강계, 여연 지방으로 보내 접전 상황을 조사하게 하고 최윤덕을 평안도 도절제사로, 김효성을 도진무로, 최치운을 경력으로 임명하여 현지에 보내며 '야인들이 변경에 침입하여 백상들을 죽이고 사로잡아 감은 우리를 문약하게 보기 때문이다. 즉시 명하여 군대를 훈련시켜 무위(武威)를 보여주도록 하라'고 하였다.

이듬해 2월 8일에는 경회루에 나아가 상호군 홍사석 등 30인을 3대로 나누어서 활쏘기를 비교케 하고 후원으로 무사들을 불러 관사(觀射)하는 한편 전국민에게 그 뜻을 널리 알려 씩씩한 기풍을 따르게 하였다.

그리고 계속하여 야인들이 노략질해 간 물품과 종류, 그리고 산천의 형세, 도로의 멀고 가까움에 따른 노정(路程) 등 야인의 동태를 은밀하게 조사, 보고케 하였다. 특히 지난번에 이들이 침입한 경로지와 추격 상황에 대해 살펴보게 하니 야인들이 앙심을 품게 된 것은 무엇보다도 저들이 생포한 포로들이 우리나라 경내로 도망해 들어 왔을 때 돌려보내지 않았기 때문임을 알게 되었다. 또 저들을 추격해 갈 때 끝까지 추격할 수 없었던 것은 명나라 경역으로 도주하였기 때문임도 밝혀졌다.

이러한 전후 사정을 명나라에게도 알려 주는 것이 좋겠다고 하고, 이에 따라 보다 적극적인 대책으로 조정 중신들에게 야인정토에 대한 의지를 시험해 보고자 '야인에 대한 접대 방법과 죄를 성토할 것에 대한 계책을 보고하라'고 세종 15년 2월 8일에 명하였다.

야인 정벌에 대한 여러 가지 안이 거듭 논의되는 가운데, 우선 최해산을 평안도로 보내서 압록강에 부교(浮橋)를 만들게 하였다. 안숭선(安崇善)에게 그 사목(事目)을 작성해서 최해산으로 하여금 최윤덕에게 전하고, 군사 3천명으로 이 일을 완수케 하였다. 중추원부사 최해산이 명을 받들고 평안도로 향해 떠나게 되니, 세종은 그의 성공을 바라며 궁시(弓矢)와 말을 내려 주고, 이어 26일에는 최해산을 성책순심사(城柵巡審使)로 임명하여 목책(木柵)을 신설할 터를 택정(擇定)한다는 핑계로 압록강에 부교(浮橋)를 가설할 준비를 시켰다. 야인들이 모르는 사이에 비밀리에 다리를 놓기 위하여 꾸민 전략이었다.

3) 야인(野人)들의 참학(慘虐)을 응징하기 위한 출병

야인 정벌 계획이 진행되고 있는 가운데 3월 10일에는 지신사(知申事) 안숭선과 판승문원사(判承文院事) 김청이 파저강을 토벌하는 이유와 그 죄상을 밝히는 성죄방목(聲罪榜目)을 초안하여 올렸다. 그 성토한 죄목을 훑어보면, 당시 여진족들이 강계·여연 지방을 침입하여 노략질하던 상황을 엿볼 수 있으며, 초엽에 올량합(兀良哈)이 조선을 침입한 약사(略史)를 비교적 자세히 알 수 있다.

조선국(朝鮮國) 평안도 병마도절제사(平安道 兵馬節制使) 최윤덕(崔潤德)은 현재 변경의 혼란으로 인하여 직책을 담당하고 공경히 왕명(王命)을 받들어 이 방면을 제어(制御)한다. 너희 파저강(婆猪江) 등처에는 올량합(兀良哈) 등의 무리가 흩어져 살고, 우리 시성에 연이어 있어도 가끔 본도(本道)의 변군(邊郡)인 강계·여연 등지에 와서 먹을 양식(糧食)과 염장(鹽醬) 등의 물건을 구걸하기에, 대접삼아 요구를 들어준 지가 이미 여러 해 되었는데, 무슨 혐의와 틈이 있어서 떼를 지어 야인(野人) 올적합(兀狄哈);우디커)의 모양을 가장하고 강계·여연 등의 고을을 침입하여, 인민과 말·소 등을 죽이고 재산을 약탈하여, 아들은 아비를 잃고, 아내는 남편을 잃게 하는가? 그 참혹한 피해가 이미 심하였다.
이제 군마(軍馬)를 정비하여 직접 너희 도적의 소굴로 쳐들어가서 적괴(賊魁)를 사로잡아서 문죄(問罪)하고 처형하려고 한다. 그럼 이제부터 너희 올량합 등의 원한을 품고 침입하여 노략질한 사실을 다음과 같이 낱낱이 열거하겠다.

하고 서두를 꺼낸 다음, 그 죄상을 아래와 같이 일일이 열거하였다.

一. 너희들이 사로잡아 간 우리 군민(軍民)들이 도망쳐 변군(邊郡)으로 돌아오면, 그 근본을 자세히 가리어서 명나라의 군정(軍丁)이면 우리 관원을 시켜 명나라로 돌려보내고, 우리나라 사람이면 그대로 본업(本業)으로 돌려보내게 하였다. 그런데 너희들은 어찌 이러한 일을 가지고 분하게 여겨서 원한을 품는가?

一. 홍희(洪熙) 원년(세종 701, 1425) 윤 7월에 너희 천호(千戶) 동발탑 등이 와 조선으로 도망쳐 온 사람들을 돌려주지 않으면, 우리나라 강변의 인민을 그 대신 사로잡아 가겠다고 협박한 일이 있었고,

一. 또 같은 해 11월에 올량합(兀良哈) 장삼보(張三保)가 강을 건너와서, 도망해 온 사람들을 돌려주지 않으면 여름철이 되어 농사에 바빠서 인민이 사방으로 흩어졌을 때에 강가에 와서 사람을 사로잡아 가겠다고 위협한 일이 있었다.

一. 선덕(宣德) 원년(세종 8, 1426) 6월에 건주위 도사(建州衛 都司) 이만주(李滿住)가 지휘 임흑노(林黑老)를 보내어 '도망해 온 사람들을 돌려보내지 않으면 장차 우리나라 강변 주민들을 몇 배로 사로잡아서 멀리 깊은 곳에 사는 올적합(兀狄哈) 지방에 팔아버리겠다'고 한일이 있었고,

一. 세종 14년(1432) 7월에는 지휘 임합라(林哈剌) 등 5명이 여연군 강변에 들어와서 벼를 베고 있던 박강금(朴江金)을 잡아 포박을 지우고서는 '우리의 노비(奴婢)들을 조선에서 수용해 두고 돌려보내지 않으므로 지금 이 사람을 잡아가서 우리의 노비가 있는 곳을 묻겠다'고 핑계대고는 그를 데려갔는데, 금년 11월 초 7일에 박강금(朴江金)이 도망쳐 와서 고하기를 '임합라의 집에 살고 있는 우리나라 말을 잘하는 만월(滿月)이란 여인이 강물이 얼기만 하면 '임합라가 사람을 잡아 오려고 한다' 하였고, 또 임합라가 강금(江金)에게 '안심하고 여기에 있으면 너희 부모 처자도 잡아오겠다'고 하였습니다' 하였다. 이와 같이 여러 해 쌓인 분함을 머금고 지금 올적합의 모양을 가장하는가?

이밖에도 여덟 가지의 사례를 더 들어서 문죄를 하고 있다. 그 골자는 올량합들이 압록강을 넘어 여연군 방면으로 침입하여 와서 이곳

사람들을 마구 잡아가면서도 마치 내륙 지방 깊숙이 살고 있는 올적합이 작당하여 침입한 것처럼 꾸며 조선을 속이고 있으나, 사실은 조선과 표면적으로 평화로운 관계를 맺고 있는 이 만주 관하의 올량합들의 장난이라고 지적하고, 그들이 그 중간에서 간계를 피우는 가증스러운 일을 낱낱이 들어서 토벌의 불가피한 이유를 밝혔다.

그리하여 3월 15일에 평안도(平安道)·황해도 감사(黃海道監司)와 절제사(節制使)에게

지금 파저강의 도적을 토벌하고자 하여, 이미 병조(兵曹)로 하여금 그 도(道)의 군사를 발(發)하게 하였으니, 병조의 이문(移文)에 의할 것이며, 겸하여 좌부(左符)를 보내니 참험(參驗)하여 발병(發兵)하라.

라고 전지(傳旨)하는 한편, 3월 19일에는 야인을 토벌하는 일로써 종묘사직(宗廟社稷)에 고하였다. 그러는 가운데 이에 앞서 야인들의 소굴에 가서 모든 사정을 살펴 오라고 보냈던 박호문(朴好問)이 파저강 지방으로부터 돌아왔으므로 세종이 인견하고 야인의 모든 사정을 물었다. 박호문은 "군졸 3, 4명을 거느리고 주과(酒果)를 가지고 이만주의 집에 이르니, 이만주가 반갑게 대접하여 주과를 주며 밤을 지냈고, 이튿날 심타납노 등이 사는 곳에 이르러 밤을 자고 돌아왔는데, 산천의 험하고 평탄한 것과 도로의 굽고 곧은 것과 부락의 많고 적음을 살피고 돌아왔습니다."라고 아뢰었다.

세종은 그의 노고에 대하여 위로하고 토벌할 것을 결정하였다. 다음날 집현전 부제학(副堤學) 이선(李宣)을 보내어 북정장졸(北征將卒)에게 교서를 반포(頒布)하게 하고, 평안·함길 양도의 사람들에게 야인들과는 철물(鐵物) 매매를 일절 삼가도록 엄명하였다.

이 당시 파저강 야인들이 우리나라에 대하여 나쁜 감정을 가지게 된 또 하나의 이유는 파저강에서 온 김자환(金自還)이라는 사람 때문이었다. 그는 본 이름이 소소(小所)로 강계(江界)에서 살다가 임합라(林哈剌)에게 사로잡혀 여러 해 동안 종으로 살다가 틈을 타서 자기 아내와 함께 강계 지방으로 도망갔던 것이다.

소소는 최윤덕이 이 지방의 야인을 토벌하러 오자 그를 도와서 여러 차례 공을 세웠다. 세종은 그가 스스로 온 것을 기쁘게 여겨 상을 내려 주는 동시에 이름도 고쳐 김자환이라 하였다. 한편 임합라와 심타납노는 김자환이 도망한 후 찾으려고 사방으로 돌아다녀 보았으나 찾지 못하여 애를 태우던 중, 우리나라에서 그에게 상을 내리고 이름도 고쳐 주었다는 소식을 듣고는 매우 분하게 여겨 우리나라를 침범하기 시작하였다.

4) 출병(出兵)에 따른 전과(戰果)

세종 15년(1433) 4월 최윤덕은 드디어 평안도·황해도의 마보병(馬步兵) 1만5천여 명을 거느리고 만주정벌에 나섰다. 이것은 세종 원년의 대마도정벌(對馬島征伐), 곧 기해동정(己亥東征) 이후 두 번째의 큰 출병이라 할 수 있다. 세종이 집현전 부제학 이선(李宣)을 보내어 출정군에게 교서를 내렸다. 교서가 전해지자, 최윤덕은 모든 장수들에게 다음과 같은 군령을 하달하였다.

"주장의 명령에 위반하는 자는 군법으로 처단한다.
 싸움에 임해서 지휘에 따르지 않는 자,
 북 소리를 듣고도 전진하지 않는 자,

장수의 위급을 구출하지 않는 자,
군의 기밀을 누설하는 자,
요망한 말을 퍼뜨려서 군중의 의혹을 조장시키는 자는 목을 벤다.
자기의 1개 행오(行伍) 중에서 세 사람을 잃은 그 나머지 자들에게는 벌을 내리고,
또 패두(牌頭:지휘자)를 구출하지 않는 자는 목을 벤다.
그리고 적지에 들어가서 명령을 내리기 전에 적의 재물을 탈취하는 자는 목을 벤다.
적지에 들어가서 남녀 간에 늙고 어린 자를 치지 말 것이며, 비록 장정 일지라도 항복하면 죽이지 말 것이며, 지형이 험한 곳을 행군하다가 별안간 적과 조우했을 때는 행진을 멈추고 적을 공격하면서 각(角)을 불어 경보를 해야 한다. 이럴 때에 물러서거나 도망하는 자는 목을 벤다.
적의 가족을 함부로 죽이거나 가옥을 불사르거나 해서는 안 된다 대체로 토벌이란 정의로써 불의를 징벌하는 것으로 그 참뜻이 적의 마음을 치는 데 있다.
노약자를 함부로 죽이거나 당인(중국인)을 죽이거나 전공을 탐내어 규칙을 범하는 자가 있다면 아울러 군법에 의하여 처벌할 것이다.
강을 건널 때에는 모름지기 다섯 사람씩, 열 사람씩 순서 있게 배에 오르되 먼저 오르려고 다투지 말라.
이를 위반하면 처벌할 것이다.
전군은 19일에 일시에 적의 소굴을 강타하되 만일 일기가 불순하면 20일로 공격을 연기한다.

그리하여 동년 4월 초 10일 강계부(江界府)에 모여서 7도로 나누어 진격하였는데, 중군 절제사(中軍節制使) 이순몽(李順蒙)은 군사 2천5백 15명을 거느리고 적괴(賊魁) 이만주(李滿住)의 채리로 향하고, 좌군 절제사(左軍節制使) 최해산(崔海山)은 군사 2천70명을 거느리고 거여(車

餘) 등지로, 우군 절제사(右軍節制使) 이각(李恪)은 군사 1천7백70명을 거느리고 마천(馬遷) 등지로, 조전절제사(助戰節制使) 이징석(李澄石)은 군사 3천10명을 거느리고 올라(兀剌) 등지로, 김효성(金孝誠)은 군사 1천8백88명을 거느리고 임합라(林哈剌)의 부모가 사는 채리로, 홍사석(洪師錫)은 군사 1천1백10명을 거느리고 팔리수(八里水) 등지로 향하였는데, 최윤덕은 군사 2천5백99명을 거느리고 정적(正賊) 임합라의 채리로 직접 쳐들어갔다.

그런 후 최윤덕은 소탄(所灘)에서 시번동(時番洞) 어귀로 내려가 강가에 군사를 주둔시키고 다시 어희강(魚戱江)가에 군사 6백명을 주둔시켰다. 최윤덕 군이 강가에 영채를 세울 때에 노루 네 마리가 나타나 영채 가운데로 들어오니 최윤덕은 '노루란 야수인데 저절로 우리에게 와서 잡히게 되니 이는 야인이 섬멸될 징조로다'하고 기뻐하였다.

최윤덕 군은 예정대로 19일 새벽에 공격을 단행하여 임합라의 부락을 빼앗고 거기에 군영을 설치하였다. 그러자 심타납노 부락의 야인들이 모두 도망하였다. 최윤덕 군이 강가에 이르자 여진족 십여 명이 강 건너편에서 활을 쏘았다. 이에 최윤덕이 통사로 하여금 그들을 불러서 '우리들은 후라운을 잡으려는 것이지, 너희들을 잡으려는 것이 아니니 두려워하지 말라'고 하며 타일렀다. 그러자 그 여진족들은 모두 말에 내려 항복하였다.

20일에 홍사석 군이 최윤덕의 본군과 합세하여 적 31명을 사로잡았다.

26일에 최윤덕 군은 심타납노 부락 일대를 수색하다가 날이 저물어 철수하여 석문(石門)에 군영을 세웠다. 최윤덕은 지자성 군사 조복명(趙復明)과 지재령 군사 김잉(金仍)에게 명령하여 군사 2천5백명과 포로들을 거느리고 먼저 나아가 도로를 개척하게 하고, 조사석(趙師錫) 등으로 하여금 각지의 적 부락을 수색하게 하였으나 한 사람도 남아 있지 않았다.
 최윤덕이 개선할 때 세종은 앞서 계해년에 대마도를 정벌하고 개선한 이종무(李從茂)를 환영한 예에 따라 친히 모화관(慕華館)에 나가서 맞이하고자 하였으나 황희 등이 말렸다.

 상황(태종)께서 낙천정(樂天亭)에서 이종무를 위로한 것은 상왕께서 우연히 낙천정에 거동하였을 때에 마침 이종무가 그곳에 당도하였기 때문이었습니다. 오늘 최윤덕이 개선한 것은 국토를 수복한 공을 세운 것은 아니고 한낱 작은 도적을 토벌했을 따름이니 어찌 전하께서 나가 맞이하겠습니까?

 이에 세종은 근정전(勤政殿)에 나와서 잔치를 베풀어 출정 장수들을 위로하였다. 이때 상의원(尙衣院)에서 나누어 준 옷과 신을 갖추고 잔치에 참석하게 하였다. 세종은 친히 잔을 들어 최윤덕에게 권하고 또 세자에게 명하여 술을 돌리게 하였다. 그리고 최윤덕에게 명하여 그가 술잔을 앉아서 받게 하고, 군관으로 하여금 서로 마주서서 춤을 추게 하였다. 최윤덕도 술에 취하자 역시 일어나 함께 춤을 추었다.
 이때 포로로 잡은 남녀는 경기·충청 여러 고을에 수용했다가 후에 이만주가 글을 올려 화해를 애걸하자 돌려보내 주었다.

5) 인간미(人間味) 넘쳤던 최윤덕 장군

 최윤덕 장군의 인간미(人間味)를 엿볼 수 있는 이야기도 전해지고 있다.
 송희미가 경원군수로 있을 때 조화라는 수청 기생이 '어젯밤 꿈에 별안간 야인이 나타나서 영감 머리를 베어서 가더이다' 하고 말하였다. 얼마 후 야인이 침입한다는 보고를 받은 송희미는 그 기생의 꿈을 크게 언짢게 생각하여 문을 닫고 나가보지 않았다. 부하들이 '적의 형세가 아주 미약합니다. 우리가 먼저 공격하면 반드시 승리할 수 있을 것인데, 어찌 그들의 노략질을 앉아서 구경만 하고 나가서 공격하지 않습니까?'하고 말하였으나 끝내 듣지 않았다. 야인들이 말과 사람들 몇 백 명을 휘몰아 가지고 사라지자, 한 군졸이 몸을 솟구쳐 성을 뛰어넘어 가서 칼을 휘둘러 야인을 쳐서 잡혀가던 몇 십 명을 구해 돌아왔다.

이 일이 조정에 보고되자 임금이 크게 노하여 송희미와 이백경을 잡아들여 의금부에 가두고, 야인을 추격한 그 군졸을 사품관에 임명하는 한편, 송희미는 군법으로 사형에 처하였다.

송희미가 처형되기 위하여 형장으로 압송되던 도중 청파(青坡)길을 지나갈 때 정승 최윤덕이 송희미에게 술과 안주를 갖추어 권하고 '너무 슬퍼하지 마오. 공은 법에 따라 의당 죽어야 하고, 더구나 인생이란 누구나 한 번은 죽는 것이오. 나 역시 얼마 후에는 공을 따라 갈 것이오'하고 위로하였다. 또 다른 이야기로는 호환(虎患)으로 인해 지아비를 잃은 아낙네의 슬픔을 달래주기 위해 그의 남편의 시신을 찾아주기 위해 호랑이를 잡고자 며칠씩 산중을 헤맸고 여인의 고달픈 살림살이를 돌보아 줌으로써 참다운 재상의 도리를 다 했다는 일화가 인간 최윤덕의 참 모습을 보여주는 예라 하겠다. 이러한 성품의 최윤덕 장군은 후에 벼슬이 좌의정에 이르렀으며 세종은 묘정(廟廷)에 함께 모셔졌다.

2. 육진(六鎭)을 개척한 김종서(金宗瑞) 장군

1) 김종서 장군의 벼슬길

대호(大虎)라는 별명을 들을 정도로 지략이 뛰어나고 성격이 날카로웠던 김종서는 고려 말 공양왕 2년(1390)에 도총(都摠)의 벼슬자리에 있던 김제추(金制錘)의 아들로 태어났다. 이 때가 고려 공양왕(恭讓王) 2년인 1390년이었다. 본관은 순천(順川)이며 자(字)는 국경(國卿), 호는 절재(節齋), 시호는 충익(忠翼)이다.

그는 조선 태종 5년(1405년)에 문과에 급제하여 상서원 직장(尙書院直長)으로 있다가 세종이 즉위하자 그 해 11월 감찰로서 강원도의 답험손실(踏驗損失)로 백성들의 원성이 크자, 조정에서는 그에게 이 일을 다시 조사하게 하였다. 이듬해인 1419년 3월 행대감찰(行臺監察)로서 충청도에 파견되어 진휼(賑恤)상황을 조사하였고 같은 해 10월에 사간원 우정언(司諫院 右正言)이 되었다. 1420년 윤 정월에 광주판관(廣州判官)이 되었고 봉상판관(奉常判官)으로 있으면서 의주 삭주도(朔州道)의 진제경차관(賑濟敬差官)으로 파견되었다.

1426년 4월에는 이조정랑으로서 전라도에 파견되어 침입한 왜인의 포획상황을 조사 보고하였다. 다음해에는 민정을 살피기 위해 황해도 경차관으로 파견되었다. 특히 세종의 신임이 두터워 1433년 좌대언(座臺言)인 그에게 이부지선(吏部之選)을 관장하도록 특명을 내리기도 하였다. 이처럼 세종임금의 신임이 유달라 그의 관직생활을 주로 임금을 대신하는 특명을 수행하는데 있었다.

1455년에는 충청 전라 경상 3도의 도순찰사로 파견되어 삼남 지방의 목마장으로 적합한 곳과 방마(放馬)가 가능한 곳의 수효를 조사하여 보고하였다. 1446년 의정부 우찬성(議政府 右贊成)과 판례조사(判禮

曹事)를 겸직하였으며 충청도에 파견되어 태안(泰安) 등지의 책보(柵堡)를 심정하였다. 1449년 8월 달달(達達:Tatar) 야선(也先)이 침입하여 요동지방이 소란해짐에 이에 대처하기 위하여 평안도도절제사로 파견되었다가 이듬해에 소환되었다.

1451년 세종 사후인 문종 1년 좌찬성 겸 지춘추관사(知春秋館事)로 고려사를 찬진하였고 같은 해 10월 우의정이 되었다. 1452년 세종실록 편찬의 감수를 맡았고 고려사절요를 찬진하였다. 1452년인 단종 죽위년 좌의정이 되어 단종을 보필하다가 수양대군에게 살해되었다. 이 때가 1453년이다.

'국경 지방에 관한한, 세종(世宗)과 김종서가 없었다면 개척은 어려웠을 것이다'라고 사가(史家)는 평하였다.

1433년 12월 김종서는 함길도관찰사로 임명을 받고 7~8년간 북변에서 육지개척에 몰두하게 된다. 그는 두만강을 국경으로 확정하는데 크게 기여하였다.

남달리 세종의 신임이 두터워 세종이 '국경 지방에 관한한, 내가(世宗) 있고 김종서가 없었거나, 김종서가 있고 내가 없었다면 개척은 어려웠을 것이다'라고 말할 정도였다.

김종서는 세종의 뜻을 잘 받들어 북방지역 개척에 심혈을 기울였다. 함길도관찰사(咸吉道觀察使), 함길도병마절도사(咸吉道兵馬節度使) 등의 직을 맡아 고려 이후 올바로 관리하지 못하였던 북방지역에 6진을 설치하여 우리나라 영토사상 획기적인 업적을 남겼다.

두만강 연안의 동북지역은 조선왕조의 발상지역으로 특별히 중요시했으나 야인들이 할거 하고 있어 옳게 관할하지 못하고 있었다. 이를 안타깝게 여기고 있던 태조 이성계는 등극하자 그의 4대조를 추존하여 이 지역에 묘호와 능호를 정하고 아들인 정안군(靖安君:芳遠)을 보내어 공주(孔州)에 있는 덕릉(德陵)과 안변, 함흥 등지에 있는 선대(先代)의 능 등을 수치(修治)케 하였다. 따라서 이 지역의 개척은 조선왕조 발상지인 조기지지(肇基之地)라는 점과 역사적으로 당연히 수복되어야 할 고토라는 점이 맞물려 조상으로부터 물려받은 영토는 한 치도 줄일 수 없으며 영토를 개척함은 조종(祖宗)의 뜻이라는 것을 분명히 하였다.

이러한 배경 하에서 적극적으로 동북방면의 영토를 개척하고자 영북진(寧北鎭)의 전진기지를 경원부터 서쪽으로 확대시켰다. 영북진의 설치야말로 북방 영토의 경략과 국토확장에 대한 세종의 진취적인 의지의 표현이라 하겠다. 이같은 세종의 의지가 김종서의 영토관과 의기투합되었다.

세종대왕은 기회 있을 때마다 북방개척이라는 신취석인 의지를 가지고 영토 정책을 펴 나갔다. 김종서의 육진개척은 세종의 뜻을 받드는 일인 동시에 새로운 영토 확장이라는 국가적 중대사였다. 그런데 김종서에 대한 세종의 배려가 각별하면 할수록 이를 시기하는 신하들도 적지 않아 우여곡절을 겪지 않을 수 없었다. 예컨대 북방국경지대에서 근무하는 휘하 장병들이 추위에 견디려면 고기를 먹어야 하는데 조정 대신 중에는 이것이 군사비를 낭비한다고 하며 비방을 하기도 하였다. 이때마다 김종서는 '이곳을 지키는 병사는 10년 동안 고향집을 떠나 싸움에 임하고 있는데 이들에게 먹을 것마저 박대한다면 사기가 떨어져 어떻게 국방을 튼튼히 할 수 있겠는가! 개척지대가 완전히 정착된 후에는 소다리 대신 닭다리를 주어도 충분할 것'이라고 응대하였다.

2) 세종대왕의 국토수호의지와 장군의 오진형세소(五鎭形勢疏)

조정의 여러 신하들이 동북지방 문제에 대해 헌책(獻策)하기를 '경원(慶源)을 용성(龍城) 땅으로 후퇴시키면 북방의 정책이 한결 쉬워질 것이며, 민폐(民弊)도 거의 없어질 수 있을 것이옵니다'라고 하자 세종이 화를 내면서 '조종(祖宗)께서 지키던 땅을 한 자 한 치라도 버릴 수 없다'고 강경한 어조로 말하고 신하들의 주장을 물리쳤다. 그 후 이러한 논의가 다시 대두되어 조정이 시끄러워지게 되자 세종은 김종서에게 현지의 형편을 살펴서 보고하게 하였다.

김종서는 세종에게 올리는 '다섯 진의 형세를 아뢰는 논오진형세소(論五鎭形勢疏)라는 상소문(上疏文)'에서 동북 변경지방의 현지 형편을 상세히 조사, 이렇게 보고하였다. '덕(德)으로 나라를 세우는 일은 이루기도 쉽고 또 쉽사리 잃지도 않사오나, 힘으로 국토를 개척하는 것은 얻기도 힘들 뿐만 아니라 잃기도 쉬운 것이옵니다'라고 하면서 북변 지방 국토 개척의 어려움을 전제하고, 북관 개척에 대한 역사적인 사실을 다음과 같이 논하였다.

고려 예종(睿宗) 때에는 책략 있는 어떤 신하가 무진 애를 써서 오랑캐들을 크게 무찌르고 아홉 성(城)을 쌓았사오나 그 후 이것들은 오랑캐와 서로 쟁탈의 대상이 되어 왔사옵니다. 우리 태조께서 삭방(朔方)에서 일어나셔서 나라를 차지하시니, 국토가 동남쪽으로 바다에 이르고, 서북쪽으로 압록강에 이르고, 동북쪽으로 두만강에 이르렀사옵니다. 이 동북 지방에 공주(孔州)·경성(鏡城)·길주(吉州)·단주(端州)·청주(靑州)·홍주(洪州)·함주(咸州) 등 일곱 고을을 두었사온데, 이러한 일은 우리나라 개국(開國) 이래 일찍이 없었던 큰 업적이옵니다……

태종께서 뒤를 이어 나라를 잘 다스리어 오랑캐를 어루만져 이 나라 백성이 되게 하는 한편, 변경 지방을 튼튼히 방어하여 그 누구도 군말을 하지 못하게 하였사옵니다. 그러나 편안한 나날이 오래 계속되자 변경을 지키는 신하들이 잘못하여 불행하게도 경성(鏡城)이북 지방이 적의 소굴이 되고 말았사옵니다. 태종께서 이러한 일을 걱정하셔서 우선 부거(富居)에 경원부(慶源府)를 설치하고 그 지방을 다시 수복할 뜻을 두시었사옵니다.

세종이 석막(石幕)에 영북진(寧北鎭)을 설치하여 경계를 정하는데 따른 여부를 묻자

북방에 와서 현지에 나가 직접 돌아보지 않은 곳이 없고, 말하는 것을 듣지 않은 것이 없이 다 들어보았지만, 부거와 석막은 모두 경계로 삼을만한 땅이 아니오며, 용성 역시 요새가 될 만한 곳이 아니옵니다. 혹시 말하는 사람들이 용성만 잘 시킨나년 되놈[(胡人)]늘이 감히 우리나라 땅을 쳐들어오지는 못할 것이고 우리 백성들도 마음 놓고 편히 살 수 있을 것이라고 하오나, 이것은 아주 잘못된 판단에서 나온 말이옵니다. 용성은 되놈을 막을 만한 물[(江)]이 없사온데 무엇으로 험준한 요새를 만들 수 있겠사오며, 의지할 만한 산이 없사온데 어디에다가 든든한 요새를 구축할 수 있겠사옵니까? 이곳은 사방으로 흩어져서 싸우지 않을 수 없는 곳이므로 주위 네 고을[(四邑)]을 요충으로 삼아 대진(大鎭)을 만들고 지휘하는 장수를 두어 지키게 해야 할 것이옵니다. 장수가 네 고을을 지휘하여 적들과 싸우면 충분히 방어할 수 있을까 하옵니다. 아직도 이를 반대하는 사람들은 용성으로 정계(定界)를 삼아야 한다고 주장할 것이오나, 여기에서도 호인의 침입을 막을 수 없을 경우에는 뒷날 또 이 사람들은 반드시 마천령(摩天嶺)으로 경계를 삼아야 한다고 할 것이고, 마천령으로도 지키지 못할 경우에는 철령(鐵嶺)으로 다시 경계를 삼자고 할 것이옵니다. 이렇게 되면 고려 때의 동북 방면의 전철을 그대로 밟게 될 것이옵니다.

라 하며 용성이 경계로 적당치 않음을 다음과 같이 논리적으로 설명하였다.

당초에 용성을 경계로 삼자는 논의는 도리에 당치 않은 조건이 한 가지가 있고, 또 일하는 데 불리한 조건이 두 가지나 있사옵니다. 즉 조상의 땅을 줄이는 일이 한 가지 불의(不義)의 조건이옵고, 산천이 험하지 않은 것과 방어의 편의가 없음 두 가지의 불리한 조건이옵니다. 두만강을 경계로 삼으면 한 가지 대의(大義)가 있고, 두 가지의 큰 이익이 있사옵니다. 먼저 조상의 땅을 회복하는 일이 한 가지 대의이고, 두만강의 험준함을 이용할 수 있고 호인의 침입을 방어하기에 편리함이 두 가지 이점(利點)이옵니다. 그러므로 용성을 경계로 삼자고 하는 것은 생각이 부족한 데서 나온 소치이옵니다.

한편으로는

… 성상께서는 기회를 타서 한 사람의 병정도 수고롭게 하지 않고, 한 사람의 백성도 상하게 하지 않고, 옛 강토를 회복하여 이곳에 네 고을을 두었사오니, 조상의 유업을 잘 계승하시고, 또 빛내었다고 할 수 있을 것이옵니다.

라 하여 세종의 북방에 대한 정책을 극력 높이었다.

계속해서 김종서는 반대파의 의견을 누르기 위하여 현지의 실정에 대한 바른 보고와 자기의 솔직한 의견을 세종에게 주저 없이 진술하였다.

더군다나 첫해에 비록 눈이 많이 왔다고는 하지만 가축들이 그리 많이 죽은 것이 아니옵고, 그 다음 해에 돌림병이 심하였다고는 하나 사람들이 그리 많이 죽지는 않았사옵니다. 만약 반대하는 사람들이 말하듯이 그렇게 심하였다면 농우(農牛)·전마(戰馬)를 어떻게 마련할 수 있겠사옵니까? 또 군졸(軍

卒) 여정(餘丁)의 수가 그 전의 머릿수[(舊額)]보다 줄지 않았사온데, 이러한 사실은 어찌된 일이겠사옵니까? 여러 사람이 말하는 것은, 사실과 다르게 많이 과장된 것임은 구구이 밝히지 않아도 아실만한 일일 것이옵니다. 또 지난해의 일로 말하면, 그 화가 크다 하더라도 용성에서 한흥부(韓興富)가 죽은 일과 곽승우(郭承祐)의 군사가 대패한 일에 비하면 근본적으로 다르지 않겠사옵니까? 재해(災害)는 한 해 동안의 일에 불과하며 외적(外敵)은 수천 명을 넘지 않사오니, 어찌 걱정만 하고 매일 두려워만 할 일이겠사옵니까? … 우리나라는 북으로 말갈(靺鞨)에 연접되어 여러 번 그들의 침입을 받아왔으므로 고려 때부터 지금까지 그 화가 그치지를 아니하였사옵니다. 그러므로 이곳은 성곽의 수축(修築)과 군대의 훈련을 다른 도(道)보다 몇 백 배 하는 것이 당연한 일이옵니다. 올해 성을 하나 쌓고, 또 내년에 성을 하나 쌓아서 성을 쌓지 않는 해가 없다고 하더라도 이러한 일이 어찌 의(義)를 그르치는 것이 되겠사옵니까? 앞서 부거(富居)를 경계로 삼았지만, 여지껏 몇 척(尺)의 성곽도 쌓지 않고 있사오며, 그 인근 고을[(邑)] 역시 이러한 실정이오니, 용성 이남의 주군(州郡)이야 더 무엇이라고 말 할 필요가 있겠사옵니까? 이제 변경 정책을 종합적으로 검토해 보면 아주 실책(失策)이라 말할 수밖에 없사옵니다. … 또 모신(某臣)들이 헌책하여 백성들이 이미 회령의 성을 쌓고 또 경원의 성을 쌓는데, 기일을 넘기지 않아서 축성(築城)이 완료되었사옵니다. 더군다나 갑산·경흥의 성도 그곳 주민들의 힘으로 수축되어 모두 견고하고 북으로 야인의 침입을 능히 막을 만하게 되었사옵니다.

하고 김종서는 북변 현지에서 그곳 사람들이 이미 회령·경원의 성을 쌓았으니 당연히 성을 쌓아야 할 급한 지역은 오직 종성과 용성뿐이고, 이 두 성만을 쌓으면 더 근심할 일이 없을 것이라고 했다.

지난해 경원이 받은 화는 처참하다고 할 만하지만, 백성들이 모두 두려워하지 않고 흩어졌던 사람들은 곧 다시 모여들고, 도망쳤던 사람들도 다시 되돌아와 농사에 힘쓰며 생업(生業)에 전심하여, 여느 때와 다름없이 안정되어 가고 있사옵니다. 오늘의 이러한 사실로 보아 이들은 죽어도 이 고장을 떠나지 않고 나라를 위하여 싸울 것이며, 또 자기의 분(憤)을 참지 못하여 적편(敵便)에 뛰어들어 적의 목을 자를 용맹한 사람도 이들 가운데에서 반드시 나올 것입니다. 경원 한 고을의 일로만 보더라도 다른 세 고을의 군민(軍民)의 마음은 짐작하고도 남음이 있사옵니다. 신이 북방에 오래 있어서 야인의 형편을 잘 알고 있사온데, 부자 형제라도 이해(利害)가 상반되면 서로 죽이고 해치기를 마치 원수와 같이 하옵니다. 날마다 천금(千金)을 쓴다 하더라도 그들의 마음을 수습하기는 어렵고, 그들과 혹 이(利)로써 합친다고 하더라도 이(利)가 없어지면 다시 악독한 짓을 되풀이할 것이옵니다. 그러므로 겉으로는 회유하여 은혜를 베푸는 척하면서, 안으로는 방어에 만전을 기하는 것보다 더 나은 방법이 없사옵니다. 이렇게 하면 우리 편의 세력은 점점 강해지고, 저들 야인의 세력은 차차 약해질 것이옵니다. 이리하여 강해진 세력으로 약해진 세력의 틈을 이용하여 들이치면, 우리의 북방정벌의 뜻을 이룰 수 있는 것이옵니다. 신이 힘들어 성을 쌓고 갑병(甲兵)과 사졸(士卒)들을 훈련하고 군량(軍糧)을 저축하려는 것은 이러한 이유에서입니다. 성곽이 튼튼하고, 장병이 굳건하고 날카롭고, 사졸이 잘 훈련되면 네 진(四鎭)의 사람들이 제 힘으로 자기 고을을 지키고 적들과 싸울 수가 있을 것이옵니다. 어찌 다른 군대의 도움으로 외적의 침입을 종식(終熄)시킬 수 있으며, 외적의 마음을 복속시킬 수가 있을지 생각조차 하기 어려운 일이옵니다. 신이 북방으로 처음 왔을 때, 거의 허물어져 수리되지 않은 요새로써 충분히 적을 막아냈사온데, 지금 석성(石城)까지 쌓아 놓았으니, 자력으로 방위하는데 무엇이 두려울 게 있겠사옵니까? 백성들이나 관(官)에 모두 별로 저축한 것 없이도 기근(饑饉)에 굶어 죽는 것을 모면하였사온데, 지금 해마다 풍년이 들어 백성들에게 남는 곡식이 있사옵고, 관에서도 나머지 저축이 있사온데, 어찌 먹을 것이 떨어질까 봐 걱정을 하겠사옵니까? 관에서 한 자 한 뼘의 착취도 없고, 백성들이 이유 없이 내놓는 것이 조금도 없사온데 어찌 재정적으로 궁핍해진다고 하겠사옵니까? 백성들이 안정하여 상고 있으며, 자기가 살던 고장에서 떠나가는 사람이 날로 줄어들고 있사온데 어찌 다 달아난다고 할 수 있겠사옵니까? 종성(鍾城)의 축성만 끝나면 백성들은 저절로 쉬게 될 것이온데 어찌 힘이 지쳤다고 할 수 있겠사옵니까? 용성(龍城) 같은 곳은 지금 형세가 그리 없고 재력이 남는 것을 기다려 축성하여도 별로 늦지는 않을 것이옵니다.

하고 서울 조정에서 논의되고 있는 야인에 대한 회유책과 더불어 방어에도 만전을 기하여, 북방에서는 직접 침투를 막아야 한다고 주장하였다.

육진 개척을 반대하는 사람들은 모두 한결 같이 세종에게 충성을 다하는 중신(重臣)들이었다. 이들은 현지에서 김종서가 노고(勞苦)하고 있는 것은 인정하였으나, 그가 너무 혈기에 넘쳐 지나치게 자기 공명(功名)에 집착하여 있고, 또 세종이 분수에 넘칠 정도로 그를 신임하고 있는 데 대하여 못마땅하게 생각하였다. 김종서는 자기 의견에 대하여 사사건건 물고 늘어지는 이들에 대하여 보다 못해서 다음과 같이 상소하여 자기의 괴로운 심정을 술회하기도 하였다.

"모든 일에는 그 자취가 있으므로 아무리 흔적을 감추려고 하더라도 숨길 수가 없사옵니다. 어떤 것이 충(忠)이고 어떤 것이 사(邪)인지, 어떤 것이 공(公)이며 어떤 것이 사(私)인지, 신같이 어리석은 사람은 알 수가 없사옵니다. 공사(公私)의 분간이나 충사(忠邪)의 판가름은 오직 밝고 어지신 성상께만 있을 따름이옵니다. 예부터 먼 외방에서 일을 보는 신하는 반드시 갖은 비난과 모략을 당하여 화를 면하지 못하기가 일쑤였사옵니다.
고려 시대 때 윤관도 그 좋은 하나의 본보기 이옵니다. 윤관은 명문집 출신으로 큰 공이 많았지만 그래도 참소와 비방을 면치 못하였사온데, 신이 조그마한 공로도 없고 또 일을 이룩할 만한 능력도 없사옵고 오직 잘못한 것만 많사오니 오히려 한심하지 않겠사옵니까?"

김종서는 시간적인 여유를 두고 천천히 북쪽의 방어에 박차를 가하자고 하였다. 모든 일을 급히 서둘지 않아도 현재의 시설로도 당장 눈앞에 닥치는 야인들의 침입 정도는 막을 수 있으므로 그리 걱정할 것이 못된다고 하였다. 북변의 요새는 연차적으로 하나하나 쌓아 나가자고 하였다. 서울의 조정에 들어앉아서 반대만 하는 사람들은 현지 실정을 모르고 허튼소리만 하는데, 이것은 그가 굳건히 북방의 방어에 만전을 기하는 한 저절로 가라앉을 것이라 보았기 때문이다. 이에 따라 현지의 민심도 저절로 안정되고, 백성들에게 민폐도 거의 끼치지 않게 되고, 병력도 차츰 강해져 결국 야인들도 기세가 꺾이고 도둑질도 차츰 하지 않을 것이며, 새로 세운 고을들도 길이 안정될 것이라고 하였다.

세종15년(1433) 야인들 사이에 큰 분란이 일어난 것을 알게 된 우리나라는 다시없는 좋은 기회라 생각하고, 세종은 곧 김종서를 함길도 도절제사에 임명하여, 이 방면의 영토를 경영하는 한편 6진을 설치케 하였다.

김종서는 세종 16년에 철저한 방비 대책과 영토 확장을 위하여 성(城)을 쌓고 전략적으로 중요한 곳에는 진(鎭)을 설치하여 보다 적극적인 전진 기지 마련에 힘썼다. 이를 뒷받침하기 위해 가깝고 먼 곳을 가려서 유사시에 속히 연락하고, 또 서로 협동할 수 있도록 행정을 강화하여 여진족의 침략에 대비책을 세웠다.

이와 같이 세종 15년부터 본격적으로 동북(東北) 지방의 경영에 착수하여 새로이 6진을 설치하고 국방을 강화하는 한편 야인의 침입을 미리 막아 두만강 이남의 영토가 다시는 야인의 손으로 넘어가지 않도록 하는 데 결정적인 역할을 하였다.

세종 23년에는 종성(鍾城)·회령(會寧)·경원(慶源)·경흥(慶興) 등 네

곳에 진을 설치했으며, 그 뒤 온성·부령까지 진을 두게 되었다. 비로소 두만강 지방의 개척이 완료되어 압록강 방면의 여연·자성·무창·우예의 4군과 우리의 북쪽 지방 영토에 행정력이 제대로 미치게 되었다. 요컨대 육진의 개척은 이처럼 오랜 시간에 걸쳐 점차적으로 이루어졌으나, 그 사이에 이 계획을 실제 맡아서 추진하였던 실무자들의 고통과 애로는 말로 표현할 수 없을 정도였다.

3) 육진을 개척하고 개선한 김종서 장군

김종서는 서울 조정에서 오해와 반대를 당하였지만, 세종의 뜻에 부응하여 자기의 뜻을 지켜 나갔다. 북국의 싸늘한 바람, 삭막한 벌판에 휘몰아치는 거센 모래 바람 속에서도 나라와 임금만을 생각하였다. 휘하의 군졸들을 호랑이처럼 엄하게 다스려 철통같은 방어와 군률을 세우는 한편, 고향을 떠나 수 천리 북국의 차가운 눈보라 속에서 망향(望鄕)에 젖는 병사들에게는 어버이처럼 다정한 마음씨로 대했다. 오척단구(五尺短軀)였지만 피와 눈물을 지녔던 불세출(不世出)의 인물이었다. 황량한 북단(北端)에 수자리를 살러 온 남쪽의 군졸들에게 때때로 굶주림을 풀어주고 사기를 북돋아 주기 위하여 술과 고기를 넉넉히 주어 흠뻑 마시고 취하게 하였고, 이들과 함께 풍류를 즐겼다. 이러한 잔치에서는 상하의 구별 없이 장수나 군졸이나 누구든지 한껏 마시고 놀게 하였다. 김종서는 이렇게 해서라도 군졸들의 노고에 보답하지 아니할 수 없다고 생각하였다. 만년에 그를 배반한 신숙주도 이 당시 김종서의 막하(幕下)에 종군하여 계문(啓文) 등을 초안하는 문필의 일을 도왔었다.

그 후 육진 개척을 끝낸 김종서는 개선장군이 되어 함길도에서 서울로 돌아왔다. 김종서는 곧 정승의 자리에 발탁이 되어 다시 세종의 명을 받들어 ≪고려사≫의 편찬에 착수하였다. 그리하여 창업기 국사의 기틀을 바로잡는데 전심전력을 다하였다.

세종은 이미 편찬된 ≪고려사≫에 잘못된 것이 많음을 보고 역사를 바르게 써서 후세에 교훈으로 남겨주려는 뜻에서 김종서와 정인지로 하여금 다시 편찬케 한 것이다.

≪고려사≫의 편찬 도중에 세종은 승하하고 문종 때에 가서야 1백39권의 ≪고려사≫가 2년 7개월 만에 편찬되었는데, 이것이 오늘날 우리가 볼 수 있는 ≪고려사≫인 것이다.

이처럼 김종서는 밖으로는 국토를 개척하는 충신으로서 자기의 정력을 국가에 바쳤고, 안으로는 국가행정은 물론 역사 편찬에도 바른 정신으로 사실을 그대로 전하기에 힘쓴 충신이었다.

세종 때에 우리 국토가 두만강까지 이르게 된 동북방면의 개척은 모두 김종서의 노고에 의한 것이다.

3. 조선조 효종대왕의 북벌의지(北伐意志)

1) 효종의 심양생활(瀋陽生活)

조선 제 17대 왕인 효종은 부왕인 인조의 둘째 아들로 태어났다. 그의 자(字)는 정연(靜淵), 호(號)는 죽오(竹梧)이다. 병자호란으로 인해 형인 소현세자(昭顯世子)와 함께 인질로 청나라에 잡혀가 8년간이나 심양 땅에 머물러 있었다.

인질에서 풀려나 귀국한 후 형인 세자가 사망하여 인조대왕의 뒤를 이어 왕위에 올랐다. 왕으로 등극한 효종은 지난날의 굴욕적인 국치

(國恥)를 씻고자 우선 내정의 쇄신을 기하였다. 송시열(宋時烈), 송준길(宋浚吉) 등 새로운 인물들을 중용하여 군정에 힘썼다.

지난날 야인이라 멸시하던 여진족들이 청나라를 세우고 그 여세를 몰아 압록강을 건넌 지 불과 10여 일만에 서울 근교로 침입해와 인조는 결국 삼전도에서 항복하는 치욕을 당하였다. 청의 침략 징후는 이미 광해군 때부터 감지되었던 것인데 올바로 대처하지 못해 압록강을 도강해 물밀 듯 쳐내려오는 적에 대해 인조는 제대로 싸움 한번해 보지 못하고 패전을 당하였다. 이러한 불행의 요인은 북방정세에 적극적으로 대처하지 못한 결과였다.

이같은 상황 하에서 병자호란을 당한 인조는 어쩔 수 없이 왕세자와 함께 삼전도에 설치된 수항단에서 항복함으로써 근세사상 유례를 찾아 볼 수 없는 일내 치욕을 겪었다.

그리고는 다음과 같이 11개조의 조건을 수락해야만 하였다.

1. 조선은 청에 대해 신(臣)의 예를 행하고
2. 명의 연호를 폐지하고 명과의 교통을 끊고 명에서 받은 고명(誥命), 책인(册印)을 헌납하고
3. 조선은 왕이 장자(長子)와 차자(次子) 그리고 대신(大臣)의 자녀를 인질로 보내고
4. 청이 명을 정벌할 때 기일을 어기지 않고 원군을 파견할 것
5. 내외 제신과 혼인을 맺고 사호(私好)를 굳게 할 것
6. 성곽의 증축, 수리는 사전에 허락을 받을 것
7. 황금 1천량 외에 백은 1천량을 비롯한 20여 종의 물품을 세폐(歲幣)로 바치며
8. 성절(聖節), 정삭(正朔), 동지(冬至), 경조(慶弔)의 사신은 명나라의 구례(舊例)에 따르며

9. 가도(椵島:서해 철산 앞 바다에 있는 섬으로 당시 명나라의 모문룡군이 주둔하고 있었음)를 공격할 때는 병선을 보낼 것이며
10. 포로를 숨기지 말며
11. 일본과의 무역을 허락할 것 등이었다.

이에 따라 소현세자와 봉림대군, 척화파(斥和派)의 강경론자인 홍익한·윤집·오달제 등 삼학사가 잡혀가고 뒤에 김상헌도 잡혀 갔다.

이 당시의 참상에 대한 기록인 ≪심양장계≫ '4월 13일자'에는 이렇게 적고 있다.

세자일행이 혼하(渾河)변 야판(野板)에 이르자 청나라 조정을 대표한 용골대 등 1백20명이 강변 백사장에 차일을 치고 기다리고 있었다. 도착하자 위로하는 잔치를 베풀더니 강만 건너면 심양땅이나, 황제가 아닌 인근 왕후의 부인은 가마를 타고 다닐 수 없게끔 법도가 돼 있으니 말을 타고 성안에 들기를 요구하였다.

이에 우리 측에서는 세자나 대군부인들이 평생에 말을 타 본적이 없으니 예외로 해 달라고 해도 막무가내였다. 심양에 도착한 왕세자 일행은 그 후 단장(斷腸)의 애끊음에 눈물이 마를 날이 없었는데 소일거리라고는 문밖의 야판에 채소나 가꾸며 지낼 정도였다.

하는 수 없이 효종은 손수 채소밭을 가꾸며 지냈는데 이때의 일에 대해 후에 기술한 ≪연행록≫ 중 야판(野板)이라는 시제(詩題)속에 다음과 같이 적고 있다.

야판의 모진 세월 되뇌이니 눈물이 가이없이 흐르는 구나
동쪽으로 머리 돌리고 남은 눈물마저 닦으니
효종이 묻힌 능위에 저녁구름이 걷힌다.

야판의 밭 이랑은 어디 가고 밭가의 전자는 모래언덕이 되었구나
한마디 풀피리 울려오니 갈매기 안개 낀 물섬에 내려앉는다.

2) 효종의 북벌 준비

효종은 심양에서 겪은 인질로서의 고초와 치욕을 설욕하기 위해 성지(城地)를 개수하고 군비를 갖추어 북벌을 비밀리에 진행코자 하였다. 임경업 장군은 명과 연락하여 청을 치자고 하기도 하였다. 그러나 이러한 일들은 친청파인 김자점(金自點) 일당과 역관 정명수(鄭命守), 이형장(李馨長) 등의 밀고에다, 재원의 부족, 청측의 늦출 줄 모르는 감시에다 시운(時運)이 뒤따르지 않아 좌절되고 말았다.

북벌론은 북방을 토벌한다는 뜻이며 어울러 북방을 정복하고자 하는 민족의 뜨거운 집념이 응집되고 함축된 말이다. 광활한 만주와 연해주 일대는 그 옛날 우리의 선대들이 마음껏 경략해 온 우리의 땅으로 한시도 이 땅에 대한 민족적 염원은 지워지지 않았다. 북벌 문제가 논의된 것은 한두 번이 아니었다. 태봉국을 건립했던 궁예나, 고려의 태조 왕건, 윤관의 여진정벌, 최영의 요동정벌, 김종서의 육진개척 등에 이르기까지 고토회복 정신은 면면히 이어져 내려왔다.

1638년(인조 16) 호란 직후 강직한 성품으로 조야(朝野)에 신망이 두터운 용주(龍州) 조경(趙絅) 등은 지난날의 설욕은 북벌을 통해 실현해야 한다고 주장하였다. 이러한 기운은 효종 때에 들어서서 본격적으로 논의되었다. 효종은 즉위 직후 간신배들을 숙청하고 새로이 사림파들을 결속시킨 후 송시열, 김집, 송준길 등과 북벌을 논의하였다. 그러던 중 앞서 말한 친청파의 밀고로 청의 제재를 받아 일시 주춤했다가 효종 3년 6월에 어영군을 증강케 하고 군안(軍案)을 개정케 하였다.

북벌계획은 삼전도의 굴욕적인 맹약으로 조선의 성지(城地) 수축과 병기 정비에 상당한 제약이 가해지고 국내외적으로 밀정의 눈을 피해 추진해 나가야 했기에 예상외로 어려움이 뒤따랐다.

이같은 여건 하에서도 효종은 이완(李浣)에게 어영청(御營廳)의 규모를 확대케 하였다. 군인수는 2만1천명에 번포(番布)의 보(保)제도로써 일체의 경비를 충당케 하였다. 8월에는 금군(禁軍) 6백여 명에게 관마를 주어 기병대로 재편시키고 특별 대우를 하여 사기를 진작시키는가 하면 단결을 도모케 하였다. 이해 9월에는 수어사 이시방(李時昉)에게 명해 사포(射砲)를 병용케 하고 그 군사를 별도로 조직하였다. 다른 한편으로는 질이 좋은 말들을 계속 길러냈다. 군복은 기존에 소매가 넓은 것을 짧고 좁게 줄여 편하게 하고 군례 또한 국궁(鞠躬) 대신에 공수(拱手)로 바꿨다.

양병과 군비확충을 위한 재원을 마련하기 위해 군역의 의무가 없던 공경대부(公卿大夫)에게도 베 1필을 받치게 하였으며 승려들에게도 쌀 3섬씩을 거두어 들였다. 이러한 분위기가 나라 안 전체의 오랑캐에 대한 설욕 의지와 맞물려 북벌의 기운은 은연중 높아갔다. 정호겸(鄭好謙) 같은 사람은 논밭을 판 돈으로 전마와 융복(戎服)을 마련하고 그의 아들에게까지 조총의 사격법을 익히도록 할 정도였다.

효종은 자신이 8년간이나 청국에 억류되어 있어 사정을 익히 알고 있었지만 기회 있을 때마다 청국의 사정을 살피는 데 게을리 하지 않았다. 그러나 중국대륙의 형세를 반전시킬 만한 기회는 좀처럼 도래하지 않았다. 게다가 청측은 기회 있을 때마다 사절을 보내 어려운 문제를 제기하곤 하였다.

용의주도한 효종 또한 이에 적절히 대처하면서 원대한 북벌계획에 골몰하였다. 그는 자신의 눈으로 직접 본 요동 7백리의 넓고 넓은 대륙을 힘껏 달려보고 싶은 충동을 좀처럼 억누를 수 없었다. 그 옛날 고구려의 명장들이 질주하며 달리던 그 땅을 이제 다시 한번 찾아보려는 마음은 너무나도 당연하건만 이러한 대사가 결코 계획만으로 이루어지는 것이 아님을 효종은 너무나 잘 알고 있었다.

3) 나선정벌(羅禪征伐)에 역이용된 북벌계획과 삼학사(三學士)의 충성심

청에는 만만히 볼 수 없는 순치제의 섭정을 하고 있는 구왕(九王)이라는 인물이 있었다. 그는 청이 조선을 침략했을 때 서울에까지 와 왕족들을 인질로 직접 끌어간 자로 범상한 인물이 아니었다. 구왕은 화전양면정책을 펴면서 여진족들의 결속을 강화해 나가는 한편, 조선에 대한 압박도 점차 풀어주면서 회유해 나갔다. 그러나 막대한 공물을 빌미로 압박을 가하지는 않았다. 그리고 시간이 지남에 따라 포로로 잡아갔던 자들도 상당수 돌려보냈다.

그러나 당시 삼학사(三學士)로 알려지고 있는 홍익한, 윤집, 오달제는 끝내 처형되고 말았다. 청측은 이들 삼학사를 회유하려 갖은 술수를 다 썼으나 결코 절개를 굽히지 않음에 상자 속에 넣어 톱으로 썰어 처형하였다. 그런데 이들 삼학사의 키가 일정치 않아 먼저 톱날이 닿아 얼굴을 찡그린 키가 큰 홍익한에게 키가 작았던 오달제가 나라를 위해 당당하게 죽으라고 하였다는 설이 있다.

뒤에 효종이 심양에서 풀려나올 때 어려운 일이 발생할듯 하면 반드시 이들 삼학사의 혼령이 나타나 위험을 제거했다고 한다. 하도 신기해서 효종이 서울 근교에 다달아 하늘을 향해 이들 셋의 이름을 부르니 조금도 주저함이 없이 공중에서 그 음성이 들려오는데 '소신들

여기 있사옵나이다'하고 생시와 같이 응답하더라는 것이다.

  이에 왕이 이들의 영혼을 어떻게 위로하면 좋겠느냐고 하니까 자기들은 남한산성을 끝까지 지키지 못한 한(恨)이 있으니 그곳에 사당을 지어 주었으면 한다고 하였다. 이에 효종은 귀국 후 그들의 넋을 위로하고자 남한산성에 삼학사의 사당을 짓고 북벌의 의지를 굳혀 나갔다.

  이렇듯 처절하리만치 한(恨)이 맺힌 북벌 계획은 예기치 않은 러시아의 흑룡강쪽 침략으로 청측의 나선정벌이라는 요구에 그동안 양병해 놓은 병력을 엉뚱하게 소모하게 되었다.

  ≪비변사등록(備邊司謄錄)≫ '효종 5년 2월조'에 보면 나선부정군병(羅禪赴征軍兵)을 뽑아 보내는 절목(節目)에 서계(書啓)한다고 하고 출발기한이 자못 급하니 감(監)·병(兵)에게 선전관이 내려 갈 때에 지급하도록 하고, 함경북도 포수들을 영고탑(寧古塔)으로 들여보내라는 다음과 같은 절목이 보인다.

- 一. 포수 1백명을 북도에서 포기(砲技:대포쏘는 기술)가 뛰어난 자로 잘 뽑아서 정예하고 건장한 자를 뽑아 보내되 1명에 자장목(資裝木)15필씩 지급한다.
- 一. 화병(火兵) 20명은 북도의 군병 중에서 뽑아 보내되, 1명에 자장목 15필씩 지급한다.
- 一. 영장(領將) 1명에게는 자장목 30필을 지급한다.
- 一. 초관(哨官) 1명에게는 자장목 20필을 지급한다.
- 一. 영장의 수행원 22명 중에서는 군관통사(軍官通事)도 포함시킨다.
- 一. 영장의 복마(卜馬:짐을 싣는 말)는 2필로 한다.
- 一. 초관의 복마(卜馬)는 1필로 한다.
- 一. 군병들의 도복(都服)은 7명에 1필로 한다.

一. 군량은 영고탑에 당도한 뒤 청나라에서 지급하게 될 것인 바, 우리나라에서 영고탑에 당도할 때까지의 군량을 10일분으로 마련해서 지급해 보낸다.
一. 군병은 북도에서 혼자 감당하여 뽑아 보내나, 복마(卜馬) 및 10일분의 군량을 싣고 갈 말은 남관(南關: 함경남도)에 융통해서 마련하고 고세가(顧稅價)를 수봉해 가지고 인마(人馬)를 모집해 보낸다.
一. 초관 이하의 군병들이 뽑혀서 들어간 뒤에 그 가속(家屬)들에 대해서 관가에서 각별히 호휼(護恤)하여 잡역을 면제해 주고 경작할 능력이 없는 자들에게는 그 이웃 사람들로 하여금 도와주게 하여 실농(失農)의 폐단이 없게 한다.
一. 이번의 사기(師期)는 아문의 자문에 의하면 3월 10일까지 영고탑에 당도해야 한다고 하였는 바, 군병들을 2월 그믐 안으로 회령부에 집결시켜 행장을 꾸리고 정돈한 다음 3월 1일 출발시키면 10일까지 당도할 수 있을 것이다. 고세(顧稅)와 마필은 남관에서 일시에 발송하도록 독려하되, 육진(六鎭)의 토병(土兵)들이 가지고 있는 말은 본래 짐을 싣는 말이 아니므로 지금 만약 혼동해서 뽑아 보낸다면 장차 쓸모가 없게 될 것이니 전사(戰士)들의 기마는 절대로 혼동해서 뽑아 보내지 말아야 한다.
一. 차관의 말에 의하면 아역(衙譯) 김삼달(金三達)과 장효례(張孝禮) 등 2명을 이미 북경에서 영고탑으로 향해 출발시켰으니, 우리나라 군병들이 들어가면 나와서 인도하여 갈 것이라고 하였는 바, 아역(衙譯)이 도착하기 전에는 마음대로 국경을 넘어서는 안 될 것이다.
一. 군병을 선발하는 문제는 병사(兵使)가 주관하되 복마, 자장목, 군량 등에 관한 문제는 병사가 할 수 있는 바가 아니니, 감사로 하여금 구관(句管)하여 거행하게 해서 혹시라도 지체되는 일이 없게 해야 한다.

이후 조선은 또 한 차례의 나선정벌이 있었으나 북벌에 공동보조를 취할 남조(南朝: 明의 잔존세력)가 시원찮은 데다 군역의 과도한 부담에 따른 원성이 높아졌다. 1659년 5월 재위 10년 만에 41세의 아까운 나이에 효종이 사망함으로써 북벌론은 백지화되고 말았다.

피 끓는 적개심과 잃어버린 옛 땅에 대한 무한한 고토회복의 열정은 이렇다 할 성과를 거두지는 못하였으나, 다시 한 번 이 민족 자강자위(自强自衛)의 잠재역량을 깨우쳐 주었고 동시에 오늘에 이르기까지 민족고토회복의 열정을 면면히 이어주고 있다.

제 6 장
백두산 정계비와 국경문제

1. 조선 최초의 정계비 건립과 그 후의 국경론

1) 정계(定界) 접반사(接伴使)가 된 박권(朴權)의 인품

조선조 중기에 들어서서 한국영토사상 특기할 사건으로 1712년(숙종 38년) 백두산 상에 세워진 정계비 건립 문제가 발생하였다. 여기에 관련된 대표적인 인물로 박권(朴權)을 빼 놓을 수 없다.

박권은 북벌의 원대한 계획을 세웠던 효종 9년(1658년) 목사(牧使)의 직위에 있던 아버지 박시경(朴時璟)과 어머니 김씨(府使로 있던 金寅亮의 女息) 사이에서 태어났다.

숙종 12년(1686년) 별시문과에 병과로 급제하여 성균관 전적으로 있으면서 윤하제(尹夏濟) 조시기(趙嗣基)의 잘못을 통박하다가 황해도 평산으로 유배당하였다가 6년 뒤인 숙종 18년(1692년)에 풀려나 고향에 은거하기에 이르렀다.

숙종 20년 기사환국(己巳換局) 후 실각하였던 소론(少論)의 김춘택 한중혁(韓重赫) 등이 중심이 된 폐비복위 운동을 일으켰을 때 남인인 민암(閔黯) 등이 소론을 제거하려다 실패하여 화를 당한 사건이 일어 났는데 이 사건으로 민암은 사사(賜死)되고, 여타 남인들이 유배되면서 소론이 대거 등용되었다.

이 당시 박권은 병조좌랑으로 복직되고 이어서 정언(正言)이 되어 장희빈의 오빠 장희재를 정법(正法)대로 처리 할 것과 남구만을 공격한 유생들의 응시 자격을 박탈한 조치를 완화해 줄 것을 청하는 상소를 올렸다가 또다시 체직되었다.

그 후 오래지 않아 다시 부수찬 교리를 거쳐 서장관으로 청나라에 다녀 온 뒤에 삼사(三司)의 여러 직을 골고루 역임하였다. 끊임없는 주변의 모함 속에 숙종 28년 외직으로 밀려났다가 이듬해 파직되었다. 그 뒤 다시 예조참의로 등용돼 당시 고질적으로 만연되어 있는 과장(科場)의 폐습을 일소하고자 상소를 올렸다가 구설수에 휘말려 인천부사로 좌천되었다.

얼마후 황해 영남 감사로 나갔다가 이조참의로 재직중 박필명(朴弼明)의 탄핵을 받아 은거하기에 이른다. 이후 경기감사, 강화유수로 잠깐식 있다가 1711년 사은(謝恩)부사로 청나라에 다녀 온 뒤에 한성우윤이 되어 청측 목극등의 접반사로 백두산 정계사를 수행하게 된다. 그 후 병조참판이 되고 이어서 동지의금부사(同知義禁府事)를 거쳐 호조와 공조를 제외한 4조(四曹)의 판서를 역임하였다.

말년에 대사간 등의 여러 벼슬자리를 제수 받았으나 고사하고 벼슬길에 나서지 않았다. 이러한 그의 경력을 보아 알 수 있듯이 조정은 국사(國事)가 어려울 때마다 그의 출사를 바랐고 일단 벼슬길에 나서면 결단코 불의와 타협하지 않고 정도(正道)로 매진하였다.

사람됨이 강직, 청렴하여 친히 지내는 사람이 없었다. 그 때문에 사람들로부터 외경(畏敬)의 대상이 되었고 나라에 어려움이 있을 때마다 부름을 받았다. 그럼에도 불구하고 후에 목극등의 접반사로 나서게 되면서 백두산 정계문제로 인해 비난을 받게 되었다.

2) 접반사 박권의 북정일기(北征日記)

정계문제와 연계해 그를 좀 더 깊이 이해하려면 아무래도 그가 남긴 북정일기(北征日記) 가운데 언급된 북변 땅의 지명과 임무수행에 관한 사항을 지나칠 수 없어 이를 여기에 옮겨 보고자 한다.

박권이 벼슬길을 버리고 향리인 원주에 은거하고 있던 숙종 38년 3월 17일 왕명을 받고 20일 조정으로 나갔다. 23일에 왕을 뵙고 목극등 일행의 접반사로 나서게 되었다. 북정일기(北征日記)는 바로 그가 접반사로 명을 받고 난 후에 임무 수행사항을 날짜별로 간결하게 기록한 내용이다.

즉 임지로 향해 가는 도중과 귀경해 오는 노정, 숙식, 출영, 접대 관련사항등이다. 귀경노정에 진보(鎭堡) 등의 폐소와 교통로의 교차점 관광명소 산수형세 등의 견문사실을 간략하게 기술하고 있다.

3월 24일 사폐(辭陛)하다.
25일 양주 녹현역에 당도하다.
28일 철령을 넘어 석왕사에서 유숙하다.
4월 1일 영흥(永興)에 당도하다.
4월 6일 북청감사를 만나 백두산 형세를 들음.
10일 후치령(厚峙嶺)을 넘다.
13일 삼수(三水)에 도착.

18일 구가을파지(舊加乙坡支)에 도착.
19일 목극등 일행이 청양 땅을 출발하여 두도구로 향했으나 보름이 지나도록 소식을 접하지 못함.
25일 목극등 강계 혼곤(渾困) 삼수 근처에 도착.
5월 1일 목극등 일행이 구가을파지(舊加乙坡支)에 도착.
5일 문위관(問慰官) 영흥부사가 어첩(御帖) 및 명첩단자(名帖單子)를 전해 왔다는 말을 듣고 총관은 이는 전례에 없었던 일이라 하여 희색이 만면하다.
6일 총관이 직접 백두산을 등반하면 접반사와 감사도 동행할 것을 제의
10일 허항령(虛項嶺)을 넘다.
13일 총관의 길 안내자를 정하다.
17일 총관이 정계비를 세우고 하산한다는 소식을 접하다.
21일 목극등을 만나다. 입비정계의 잘못된 점을 시정코자 수원합류처(水源合流處)의 간심(看審)을 주장했으나 들어주지 않다.
30일 경흥(慶興)에 도착
6월 2일 경원(慶源)에 도착
7월 12일 철원(鐵原)에 도착

이상과 같은 기록 가운데 매우 중요한 사실은 목극등과 함께 등반, 정계를 조사하고자 하였으나 거절당했고 정계비를 세운 수원합류처(水源合流處)의 간심(看審)을 주장했으나 들어주지 않았다는 사실이다.

이러한 상황에 대해 목극등의 백두산 등반과 정계비 건립은 전적으로 우리 측의 의견을 무시하고 독단적인 판단에 의해 저들의 정치적 우위를 앞세워 자의적으로 정계(定界)하였음을 반증하는 자료이기도 하다.

그러한 그가 57세의 나이로 생애를 마치고 오늘날 강원도 원주의 문막면 동화리 호적동에 안장되어 있는데, 세인들의 정계비 건립에 따

른 비난에 대해 그의 묘비명에는 다음과 같은 글귀로 대응하고 있다.

　백두산 정상에 경계사를 시행하여 5백여 리의 땅을 얻고 돌아와 병조참판이 되었다.
　(白山之顚定以界限是行也 得地五百餘里還拜兵參).

　여기에는 여지승람이나 북관지의 내용이 잘못 기록되어 있어 우리나라 백성들이 산삼을 캐는데 있어 잠월(潛越)한 것으로 되어 있으나 앞으로는 경계가 정해진 사실에 유의해 피해를 입지 않아야 할 것이라는 의미도 함축된 것이라 해석된다.
　새로이 정해진 경계 내에는 본래부터 화구산지로 외부 타향인들이 들어와 수렵 채취함으로써 원주민들이 손해를 보는 일이 없도록 해야 할 것이라 하고, 강변(江邊)에서 소지하고 있는 공사간의 조총(鳥銃)들은 오랫동안 활용치 않아 총구가 녹슬어 일단 유사시에 대비키 어렵다고 하고 산양피(山羊皮) 녹용(鹿茸)에 대한 채록 분배문제 과세에 따른 폐단 등에 관해 언급을 내비치고 있으며 때에 따라 130리~140리를 강행군하는데 따른 어려움과 북부지방 통행의 불편함도 간간히 언급한 것으로 알려지고 있다.

3) 정계비 건립 실상기(實狀記)

　목극등의 우리 측 접반사의 동행 요구를 거절함에 따라 어쩔수 없이 저들이 선택한 하급관리들만이 동행하게 되었다. 따라서 정계비(定界碑) 건립에 따른 실상기(實狀記)는 우리나라측 역관으로 처음부터 끝까지 목극등을 따라 다녔던 김경문에 의한 구술 내지 보고문에 바탕을 둘 수밖에 없었다.

그러나 세간에는 김응헌 김지남 그의 아들 김경문과 홍세태 등의 기록이 있지 않나 하며 이의를 제기하고 있으나, 이 모두가 처음부터 끝까지 목극등을 따라 다녔던 김경문에 의한 구술 내지 보고문에 바탕을 둔 것이다.

홍세태의 유하집(柳下集) 권9 15면에서 22면에 이르는 불과 9장에 불과한 간략한 관련 기록이 후대의 이규경(李圭景)의 오주연문장잔산고(五州衍文長盞散稿) 가운데 실려있는 백두산변증설, 정동유(鄭東愈)의 주영편(晝永編), 심상규(沈象奎)의 만기요람(萬機要覽)속 군정편에 실려있는 백두산정계 기술에 절대적인 영향을 끼쳤기 때문이다.

백두산 정계를 위해 파견되었던 청측 목극등의 접반사로 갔던 박권을 따돌리고 역관과 최하급자들만을 동반해 비를 세우고 돌아온 과정을 끝까지 현장에 입회한 바 있는 김경문의 진술을 토대로 하여 비교적 사실적으로 기술한 홍세태의 백두산기가 박권의 짤막한 북정일기를 이해 보충하는데 매우 긴요한 자료가 되고 있기 때문이다.

여기에 그 내용을 옮겨 보고자 한다.

백두산은 북방 모든 산의 조종(祖宗)이다. 청 태조가 여기서 일어났고 우리의 북쪽 경계로부터 3백여 리 떨어져 있다. 중국은 장백산이라 하고 우리는 백두산이라 부른다. 두 나라가 백두산 마루에서 흘러내리는 두 줄기의 강으로 경계하고 있다. 그러나 지세가 워낙 넓고 크고 멀리 떨어져 있어 상세하게 알 수 없다.

1712년(숙종 38년) 3월 청나라 임금이 오라총관(烏喇總管) 목극등(穆克登)과 서위 포소륜(布蘇倫) 주사 악세(顎世)를 백두산에 보내 두 나라 의 경계를 획정하려 하였다. 우리 조정은 자못 의아해 하였다. 사군이 폐지되고 다시는 우리땅이 되지 않을까 걱정이 앞섰기 때문이다.

또한 혹자는 육진이 염려된다 하였다. 판중추(判中樞) 이모(李某)는 가로되 '마땅히 백두산 꼭대기에 있는 연못을 반씩 나누어 그 중간선을 기준으로 경계를 정해야 한다, 라고 하였다. 접반사 박권, 함경도 관찰사 이선부를 보내어 함께 가 살펴 처리하라 하였다. 김경문이 통역을 잘하므로 딸려 보냈다. 이미 산에 올라 경계를 정하고 돌아와 경문이 나에게 그 사실을 다음과 같이 전하였다.

이 해 4월 29일 김경문이 역마를 타고 서울을 출발하여 1천여 리의 변경에 도달하여 삼수군 운곤에서 목극등과 만났다. 목극등을 따라온 청국인 수백명, 낙타와 말이 2백여 필, 소가 20여 마리였다.

접반사 박권의 심부름꾼이 그 노역을 도왔고 또한 먹을 쌀과 고기를 보냈으나 받지 않고 말하기를 '우리 황제께서 조선국에 폐를 끼칠까 염려하여 극등에게 하사하신 물자와 양곡이 심히 많다. 우리가 가져온 물자로도 넉넉하니 염려하지 말라 하였다. 목극등이 북경에 있으면서 우리나라 사신을 만남에 일러 가로되 백두산을 올라 갈 때에 남쪽길을 택하고자 하니 너희 쪽에서 알아보라' 하였다.

목극등이 김경문에게 등산길을 물으매 답해 가로되 '그 길은 혜산을 거쳐야 합니다. 공의 이번 걸음은 기필코 경계선을 밝혀내어 획정하려 함에 있는 줄 아는바, 백두산 마루에 큰 못이 있어 그 못을 동쪽으로는 토문강이 되고 남쪽으로는 압록강이 된다고 합니다.

혜산으로부터 물줄기를 타고 거슬러 그 근원지에 도달하게 되는데 그 사이의 산로(山路)와 수로가 심히 험하고 가로 막혀 있어서 옛적부터 통하지 못하고 있습니다. 간혹 사냥꾼이 올라가려고 나무를 휘어잡고 원숭이처럼 기어오르나 아직 산꼭대기까지 올라가 본 자 없다고 합니다.

공이 어찌하여 그와 같은 험난한 길을 밟으려 합니까? 하였다. 극등이 답하되 "내가 황제의 명을 받고 왔는데 어찌 그 험난한 길을 두려워 하리요. 너는 너희 나라 경계선이 여기에 있다 하지만 어찌 그것만으로 우리 황제께 주상(奏上)하여 경계를 정할 수 있느냐 네가 하는 말이 너희 나라 사적(史蹟)에 실려있느냐 하고 반문하였다.

김경문이 대답하기를 "우리나라에서는 그것이 우리 국토의 경계선임을 어린 아이들도 다 알고 있습니다. 그와 같이 뚜렷한 사실을 어찌 새삼 황제께 주상하며 문자로써 운위(云謂)한다는 말입니까?

지난해 황제께서 창춘원(暢春苑)에 계실 때에 우리나라 사신을 불러 서북의 경계를 물으시매 우리 사자가 그와 같이 답했습니다. 귀공도 응당 들었을 것입니다. 압록, 토문 두 강의 그 근원이 이 못에서 흘러 나와 천하의 대수(大水)가 되어 있으니 이는 하늘이 남북의 경계를 정한 것입니다. 공이 한번 보시면 알 것입니다.

오월 초하루 구가진(舊加鎭)에 도달하여 임금의 친서를 전달하였다. 오월 초사흘 아침 일찍 출발하여 장령(長嶺)에 올라 북녘을 바라보니 백두산이 하늘 끝에 길게 뻗어있다. 높고 크고 먼 창공이 마치 흰 소 한 마리가 초원에 누워 있는 것 같다. 극등이 망원경으로 바라보고 3백리쯤 되겠구나 했다.

오월 초나흘 허천강을 건너 혜산진에 도달하였다.

오월 초닷새 접반사 박권과 함경도 순찰사 이선부 두 어른이 들어가 극등을 만나보고 난 후 사람을 보내어 우리 임금께서 드리는 선물입니다. 하고 금 오백냥을 주었더니 처음에는 사양하다가 나중에는 매우 기뻐하면서 말하기를 황제께서 굽어 이 나라를 염려하시므로 우리가 여기에 와 경계를 정하여 변방사람들이 영내에 침범하지 못하게 하려는 것이다. 라고 친절히 대해 주었다.

지방 사람 애순이 산삼 채취차 백두산에 등산한 일이 있어 남로(南路)를 잘 안다는 것이다. 극등이 애순을 불러다 물어 가로되 백두산에 올라가는 길을 네가 잘 알고 있다지, 지금 너의 죄를 용서할 것이다. 숨김없이 말하라 하였다. 애순이 모른다고 대답하였다.

극등이 웃으면서 사람들에게 일러 가로되 저놈을 앞세우면 길을 알게 될 것이다. 하였다.

오월 초엿새 극등은 필생(筆生) 소이창(蘇二昌) 통역 이가(李哥) 그밖에 가노(家奴) 20명, 낙타 소, 말 40~50필 인부 43인을 거느렸고 우리 측은 접반사 박권 그를 수행한 군관 이희복 순찰사 이공선 그의 군관 조태상 거산찰방 허량

(許樑) 나원 만호 박도상 통역관 김응헌 김경문 및 안내자 3명 도끼잡이 10명과 말 40필 인부 47명이 등반하게 되었다. 목극등을 수행하였던 소륜과 악세 일행은 허항령을 넘어 본국으로 돌아갔다.

오월 초이레 조반을 하고 난 후 털모자와 좁은 소매 옷에 무릎까지 올라오는 긴 장화를 신고 서로 바라보며 웃었다. 쾌궁정(掛弓亭)으로부터 강가에 내려가 오시천(吳時川)까지 올라갔다. 오시천은 경성군(鏡城郡) 장백산에서 근원을 발하여 이곳 압록강수와 합류한다. 여기서부터는 거친 돌과 자갈이 널려 있고 인가는 없었다.

북으로 압록강을 건너 나아감에 돌벽이 쇠를 깎아 세운 듯하여 더 이상 앞으로 나갈 수 없었다. 백덕에서 샛길을 만들어 가장 높은 산 언덕으로 걸어갔다. 언덕이 비스듬히 잇달아 높아지다가 그 위가 평탄해진 곳을 북방에서는 '덕'이라 하는데 백덕은 곧 백두산 기슭이다.

여기서부터는 잣나무가 많으며 길이 몹시 가파르고 급하다. 등성마루가 약간 평탄한 곳에 올랐는데 지세(地勢)는 한걸음한걸음 더 높아갔고 하늘을 뒤덮은 산림 속을 뚫고 들어가니 큰 나무뿌리들이 여기 저기 엉켜져 있었다.

도중에 비를 만나 길이 축축이 젖어 걷기가 어려웠다. 70리를 걸어 검천(劍川)에서 1박을 하였다.

오월 초파일 검천을 건너 25리를 걸어 곤장우(昆長隅)에 도달하였다. 처음 출발할 때 박권과 이선부가 백두산 꼭대기까지 올라가겠다고 하니 목극등이 내가 보건대 조선의 재상들은 움직이면 반드시 가마를 타는데 더욱이 연로한 당신들이 그토록 험한 곳에 갈 수 있겠는가. 중도에서 넘어지면 대사를 그르칠 것이다 하고 허락하지 않았다.

그리하여 두 분은 극등과 작별하고 또한 우리 측 6명과 함께 술을 마시고 위로하고 돌아갔다. 15리쯤 가니 큰 내가 있었다. 서쪽으로 건넘에 물은 얕으나 흐름이 달리는 말과 같았다.

오월 초아흐레 애순에게 시켜 10명의 도끼잡이들과 함께 길을 막고 있는 나무를 베게 하였다. 강의 낭떠러지가 급하여 5리 정도 길이 끊겼으므로 다시 평평한 산언덕으로 올라가 길을 걸었다. 화피덕 시백덕이라고 불리우는 이

언덕은 더욱 높고 험하며 그 꼭대기가 크고 넓은데 불타다 남은 등불 심지가 버려져 있었다.

이가(二哥)가 마름(菱)을 가리키며 애순에게 묻기를 너 길을 안다니 여기서 자고 간 사람을 알겠구나 하니 애순이 묵묵부답이었다. 80여 리를 걸으니 조그마한 못이 있었다. 사람이 쉬고 말들은 물을 마셨다. 목극등이 소 한 마리를 둘로 나누어 반은 우리에게 주고 반은 자기네가 차지하였다.

해가 넘어가려 할 때 하늘이 음산해지고 뇌성이 진동하더니 소나비가 쏟아졌다. 청인들은 모두 휘장 하나씩을 가져다 쓰니 그들은 비를 맞지 아니하고 우리편 여섯 사람은 오직 삼베로 만든 휘장 하나와 손바닥만한 기름종이였을 뿐, 그 휘장과 기름종이 속에 개미와 같이 모여들어 비를 피하였다.

따라온 사람들은 앉아서 비를 맞으며 추위에 떠는 가운데 밤이 깊어져서 비가 그쳐 겨우 죽음을 면하게 되었다. 오월 열흘, 동쪽으로 강 언덕을 따라 얼마쯤 가다가 다시 청국측 강가를 30여 리 걸었다. 이 30여 리 사이에서 아홉번 강을 건넜는데 평탄한 곳이라곤 두서너 걸음을 옮길 수 있는 정도일 뿐 나머지는 모두가 폭포수와 여울이었다.

시백덕으로부터 1백40여 리를 올라갔다. 거목이 산에 가득 차있고 하늘에 높이 솟아 해를 가렸다. 그 중 큰 나무는 둘레가 30여 척 되며 빽빽하게 직물을 짜 놓은 것 같았다. 나무와 나무 사이의 틈으로부터 빈곳을 찾아 옆을 뚫고 나와 이곳에 당도하니 비로소 하늘을 보게 되었다.

이따금 자빠진 나무가 누워있는데 가지가 어금니와 같이 뻗어 있어 앞으로 갈 수가 없었다. 이리저리 피하면서 가야 하는데 그럭저럭 100리 200리가 되었다. 나무는 삼나무 전나무 잣나무 자작나무 북나무 등이 많은데 소나무는 한 그루 밖에 보지 못했다. 붉고 흰 작약 꽃이 만발해 있었다. 나무가 있되 키가 몹시 작았다. 초생 잎이 새파란데 이러한 나무들을 속칭 두을죽(豆乙粥)이라 한다.

김경문 일행은 백두산 관목지대를 지나고 있었다. 오시천부터 새를 보지 못했으나 이곳에 오니 누런 새가 있었다. 잣나무 기름을 쪼아 먹고 사는 이 새는 그 울음소리가 몹시 성급하였다. 지방사람들이 이것을 백조라 하는데 깊은 산에 들어서니 백조 또한 울지 않았다. 범과 표범은 없고 곰 돼지 사슴 노루 등이 떼를 지어 놀다가 사람을 보고 놀라 뛰어 멀리 흩어져 달아났다. 담비 이리 족제비 박쥐 뒤제비 날다람쥐 따위 등 없는 것이 없다. 조금 나아가 비탈진 긴 언덕에 오르니 산이 굴곡을 지어 급경사의 골짜기를 이루고 있는데 그 모양이 지극히 장엄하고 험준하다. 애순이 말하되 이곳은 한덕림 지당입니다. 이 지방에서는 물이 돌에 부딪쳐 솟아 올라 사나운 소리를 내어 사자처럼 울부짖는 곳을 지당이라 합니다.

여름철이 되면 뭇사슴이 이곳에 모여들어 깨물고 쏘는 벌레의 해와 독을 피합니다. 덕립이 이 골짜기의 출입구를 독점하여 많은 사슴을 잡았으므로 덕립의 지당이라 합니다 하였다. 다시 비탈을 올라 8~9리를 가다 극등이 낭떠러지 언덕 위에서 말을 멈추니 모두 굳어져 멈췄다. 나 또한 말에서 내려 보니 절벽이 몇 천 장(丈)이나 되었다.

대지가 터지고 갈라져 가운데는 벌어져 있는데 폭포수가 높은 돌벽에서 토하듯 깊은 계곡에 떨어진다. 물줄기가 부닥쳐 진동을 하니, 바위 봉우리가 두려워하여 우뚝 서 있다. 좌우의 계곡에서 여울물이 모여들어 화살같이 달린다. 혹은 소용돌이쳐 웅덩이가 되고 혹은 돌과 격투를 벌여 장엄하게 울린다. 다시 10여 리를 가니 나무가 성글고 산이 점차 드러났다.

이제부터 산은 뼈대뿐이요 빛깔은 창백하다. 쌓이고 쌓인 기운이 응결하여 하나의 큰 물방울과 같은 암석이 된 것이다. 동쪽 한 봉우리를 바라다보니 험하고 힘차게 우뚝 솟아 하늘의 받침대가 되어 있다. 애순에게 산이 가까우니 오늘 중에 꼭대기에 당도하겠느냐 라고 물어 보니 그렇게 안 됩니다.

저 산은 소백산인데 소백산을 지나 서쪽으로 10리를 더 가야 백두산 터전에 당도합니다. 터전에서 꼭대기까지는 20~30여 리가 되며 또한 조금 더 가면 동쪽 고개가 있는데 이것을 소백산의 지산이라 합니다. 높고 험한 그 등마루에 오르면 비로소 백두산이 보입니다. 그 모양이 마치 높은 도마 위에 백색의 독을 거꾸로 엎어 놓은 것 같습니다. 그러므로 산 이름을 백두라 하는 것입니다.

이 마루턱부터는 한주먹의 흙과 한 포기의 풀도 없습니다. 간혹 소나무와 삼나무가 있으나 강풍에 시달려 왜소하고 구불구불합니다 라고 답하였다. 수십 리에 걸쳐 나무가 있으나 역시 울퉁불퉁 혹이 나 있고 그 높이가 두어 자에 지나지 않는다. 이것을 속칭 박달(朴達)이라 한다. 여기를 지나니 모두가 민둥산이다. 때는 저녁 노을이 한참인데 산허리에 조각구름이 걸려 있었다. 산 꼭대기에 엎드리듯 밑으로 내려왔다가 별안간 똘똘 말려 올라가 퍼져 하늘에 가득찬다.

애순이 큰 바람이 불고 비가 오겠다 하고 두려워하는 빛을 보였다. 목극등이 보고 왜 그렇게 무서워 하느냐 하니 애순이 우리가 지금 여기까지 올라왔는데 이 산에서 비가 오면 반드시 사람이 죽습니다. 바람이 불면 돌이 물거품과 같이 떠올라 사방에서 쏟아져 내려 눈 한 번 깜짝할 사이에 비탈진 골짜기를 메꾸어 버립니다. 헤아릴 수 없는 깊은 곳에 묻혀버리면 살아날 방도가 없지 않습니까.

백두산에 올라오는 사람은 반드시 목욕재계하고 무사함을 기도합니다 하고 대답하였다. 극등이 가로되 내가 천자의 명을 받고 온 관원인데 어찌 너희 채약사(採藥師)와 사냥꾼같이 하겠느냐 하였다.

경문이 답해 가로되 공의 말이 옳습니다. 그러나 옛적부터 기도와 제사는 숭상해 왔지 않습니까? 라고 하였다. 목극등이 김경문을 돌아보고 초를 찾아 기도하라 하였다. 저녁이 되니 구름이 개이고 달이 떠올라 머리 위에 있었다. 홀연 귀신과 같은 괴물이 나타나 우뚝하고 털이 많이 난 모양으로 좀 떨어진 곳에서 사람을 때리려 하였다. 자세히 보니 모두 낮에 본 노목들이다. 사람으로 하여금 부지불식간에 두려워하게 하는 것이다.

오월 열하룻날 새벽밥을 먹고 저들 셋 관원과 우리 측 관원 6명이 제각기 두 사람씩의 발걸음 좋은 자를 거느렸다. 또한 목극등이 데리고 온 화공 유원길 및 애순 등과 함께 떠나 50~60리를 걸었다. 산이 문득 횡으로 갈라져 구덩이를 이루었는데 깊이는 한이 없고 갈라진 폭은 겨우 두 척이었다.

말이 겁내어 벌벌 떨면서 건너지 못하였다. 삶이 내리고 마부가 먼저 북으로 뛰어넘어 고삐를 잡아 당겨 말을 건너게 하였다. 그렇게 한 후 극등이 먼저 뛰어 넘으니 사람들이 모두 뒤따랐다. 그러나 경문, 소이창, 이의복은 넘지 못했다.

　극등이 키 큰 사람으로 하여금 손을 내밀어 붙잡고 건너게 하였다. 5리쯤 올라가니 또 다시 아래와 같은 구덩이가 있는데 폭은 한 자 남짓 하였다. 길이 더욱 험하고 급하여 타고 갈 수 없어 말을 멈추게 하고 나무를 쪼개서 다리를 놓고 건넜다. 약간 서쪽으로 향해 내려와 압록강 상류를 건너 그 북쪽 언덕에 앉았다. 극등과 더불어 강역의 경계를 논의하다 여기서 약간 기운을 얻어 천천히 걸으니 심신이 상쾌했다.

　다시 4리쯤 앞으로 나가니 길은 더욱 사납고 경사는 더 한층 급하다. 다리에 힘이 없고 땀은 비 오듯 흘렀다. 목극등의 씩씩하고 민첩한 모양은 원숭이의 날램과 같아 따를 자 없을 성 싶다. 허량이 뒤에 가고 박도상, 조태상. 두 통역과 이가 등 차례로 올라갔다. 소윤, 이공선, 나 김경문은 맨 아래였다.

　모두들 허덕이는 모양이 눈이 목까지 빠진 소가 허덕이는 것 같아 차마 눈 뜨고 볼 수 없었다. 앞서 가는 사람을 따르려고 사력을 다하나 다리를 잡아매어 놓은 것 같아 걸음을 재촉할 수 없었다. 역부가 갖고 온 포대를 허리에 걸고 시종자 두 사람이 좌우에서 당기게 하였다. 멀리 미치지 못하여 앞서가는 사람을 바라보니 모두들 구름기가 아득한 곳에 있었다. 산정이 멀지 않으나 아직 반밖에 못 왔다는 느낌이 들었다.

　조금 쉬고 또 가니 마음이 더욱 무거웠다. 몇 발자국 가다 넘어지고 몇 발자국 가다 멈추곤 하였다. 혹은 부축하고 혹은 땅에 엎드려 엉금엉금 기어갔다. 힘을 다해 뒤 따르나 뒤쳐질 뿐이었다. 산정에 도달하니 이미 한낮이 되었다.

　백두산은 먼저 서북에서 일어나 곧 동으로 향해 오다가 이곳에서 높이 솟은 것이다. 그 높은 하늘에 다다랐는데 꼭대기에 큰 못이 있다. 사람의 머리 위에 숨구멍이 있는 것과 같다. 둘레는 20~30리인데 물빛이 검푸르기도 하고 검기도 하여 그 깊이를 헤아릴 수 없다.

　때는 초여름인데 얼음과 눈이 조금씩 쌓여있었다. 바라보니 사방이 전부 바다라 산의 형상이 멀리 있을 때에는 독을 엎어놓은 것 같더니 올라와 보니 산머리는 주위가 불룩하고 그 가운가 깊이 파져 독이 위로 향해 있는 것 같다.

밖은 희고 안은 붉으며 사면의 벽이 깎은 듯이 서 있어 마치 호단전과 같다. 중국인들이 하늘을 보고 외친다 하였다.

이날 낮이 맑게 개어 사방이 내려다보이는데 똑바로 1천리가 사무치게 넓고 아득하며 편편하게 눈 아래 있었다. 산을 둘러싼 눈이 점을 찍은 듯이 여기저기 이어져 있어 마치 흰 손이 흩어져 있는 것 같다. 서북쪽 뭇 산들이 겹쳐져 이어 나갔는데 모두들 두각(頭角)이 반쪽 드러나 구름과 서로 삼키고 뱉는다. 그것이 조청 양국 어느 쪽 산인지 알 수 없다.

그러나 경성(鏡城)의 장백산과 동서의 큰 산들은 분명히 알 수 없으나 가히 미루어 인정할 수 있었다. 포(哺) 다(多) 회(會) 알(關) 씨(氏) 등 소백산계 여러 봉우리는 모두 백두산의 크고 작은 지맥이다. 그 외의 것은 시력이 미치지 못하여 분별할 수 없었다.

목극등이 가로되 나는 대청일통지(大淸一統誌)를 관할하는 자로 칙지(勅旨)를 받들고 우리나라 각처를 탐방하여 내 발길이 천하에 두루 미쳤는데 백두산의 험하고 뛰어남은 생각지도 못하리만치 기발하다. 비록 중국의 명산에는 미치지 못하나 웅대한 세는 중국의 모든 명산보다 훨씬 낫다 하였다.

극등이 못물을 가리키면서 이 가운데 무엇이 있느냐고 묻자 경문이 답해 가로되 오래된 큰 조개가 있다 합니다 하고 답했다.

극등이 말하는바 어떻게 그것을 아느냐? 듣건대 명월주는 깊은 못에서 난다하니 여기에는 반드시 있을 것이다 하였다. 애순이 하늘이 온화하고 경색이 맑은 밤에는 못에서 이상한 기운을 토합니다. 그 광채가 하늘에 뻗쳐 바다에서 달이 떠오르는 것 같습니다.

또한 매년 6월이 되면 얼음이 녹고 7월에 다시 얼음이 업니다. 그동안이 한 달인데 지중에서 광채가 솟아오르는 것은 반드시 얼음이 풀리는 때입니다 라고 하였다. 사람들이 듣고 웃으니 애순이 경계하였다. 별안간 못에서 소리가 나더니 얼음장 밑에서 뇌성이 진동했다. 애순이 질색하고 극등은 못을 향해 꿇어 앉아 묵념하면서 몇 마디를 중얼거렸다.

산정에서 내려 동쪽으로 가는데 곰 한 마리가 모퉁이에서 뛰어 나왔다. 극등이 대갈일성 주먹을 휘두르면서 쫓으니 곰이 놀라 산등성이 쪽으로 달아났다. 경문이 극등에 일러 가로되 공은 황제의 측근인데 어찌 그와같이 가볍게 행동하느냐 하니 극등이 웃으면서 내가 하는 짓이 곧 자중(自重)이다.

　불의에 맹수가 나왔을 때 내가 두려워하면 맹수가 나를 업신 여길 것이니 어찌 버려둘 수 있느냐 하였다. 산등성이 마루를 따라 어슬렁 어슬렁 4리쯤 내려오니 비로소 압록강의 근원이 발견되었다. 물거품이 일면서 솟아오르는 샘이 있다. 줄기차고 풍성한 물은 산하의 못 물이 뚫어져 있는 구멍을 타고 흘러내리다가 여기서 지표에 나타난 것이다. 물이 졸졸 소리를 내면서 화살과 같이 달리는데 불과 수백 미터 지점에서 좁게 벌어져 있는 천검(千儉)의 골짜기로 쏟아져 들어간다. 양손으로 움켜 떠 갖고 마시니 물맛이 시원하여 상쾌하였다. 동쪽으로 짤막한 산등성이를 넘어서니 또 하나의 큰 샘이 있다. 샘물은 서쪽으로 흘러 불과 1백여 미터 지점에서 두 줄기로 나누어진다.

　그 한줄기는 동으로 흘러내리는데 이 줄기가 매우 가늘다. 다시 동으로 한 등성이를 넘어서니 거기에는 제3의 샘이 있다. 동쪽으로 흘러 불과 50미터 지점에 제2의 샘이 있는 산줄기에서 동으로 흘러오는 물과 합류한다.

　극등의 제2의 샘물이 갈라져 흐르는 중간 지점에 앉아 경문을 보고 일러 가로되 이곳이 이름 지을만한 분수령이다. 여기에 비를 세워 경계선으로 정함이 어떠하냐 하였다. 경문이 답해 가로되 옳고 밝은 처사입니다. 공의 이번 행차의 처사는 마땅히 이 산과 더불어 영원할 것입니다. 이 두 물줄기가 나누어져 사람 人자가 되어 있고 또한 갈라진 곳에 작은 바윗돌이 마치 범이 엎드려 있는 것 같습니다 하였다.

　극등이 가로되 이 산에 이러한 돌이 있는 것은 심히 기묘하고 이상스러운 일이다. 가히 비석의 받침돌을 만들만한 곳이다 하였다. 산을 내려오니 어두워졌다. 천막에서 밤을 새웠다.

　오월 열이틀 목극등이 가로되 토문의 원류가 단독적으로 땅밑에 들어갔다가 노출되어 강역의 경계선으로 분명치 못하다. 비 세우는 일은 경솔히 논할 수 없다 하고 곧 그가 데리고 온 두 사람 소이창 이가(二哥)와 애순을 보내어 수도(水道)를 찾게 하였다. 조선측 김응헌과 조태상 두 사람이 뒤를 따랐다. 일행이 60여 리를 갔다가 날이 저물어 돌아왔다. 소이창 이가 두 사람이 아뢰어 가로되 그 물이 과연 동으로 흐르고 있습니다 하였다. 극등이 사람을 시켜 비석을 만드니 너비가 2자요 길이가 3자였다. 또한 그 분수령에 비석의 받침돌을 만들었다. 비석이 이미 다듬어졌으며 大淸 두 자는 조금 크게 하고 다음의 글을 새겼다. 오라총관 목극등은 황제의 명을 받들고 변방을 시찰하기 위하여 이곳에 와 답사했다. 서는 압록강이 되고 동은 토문강이 된다. 그러므로 이 이수(二水)의 분수령에 비석을 세워 기록하였다.

康熙五十二年 五月 十五日
筆帖式 蘇爾昌 通官 二哥
朝鮮軍官 李義復 趙台相 差使官 許樑
朴道常 通官 金應瀗 金慶門 등이 만들고 새겨서 세우다.

이 공사를 마침에 산을 내려와 무산에 당도했다. 극등이 접반사 박권 함경도 관찰사 이선부에게 일러 가로되 토문의 원이 끊기는 지점에 높직하고 평평한 돈대를 쌓아서 그 하류와 접속시켜 경계를 분명히 드러나게 하시오 이번 걸음의 왕래가 무려 3개월인데 그 행로가 수천 리에 달한다 라고 하였다.

옛 전기를 읽음에 곤륜산은 그 높이가 2500여 리인데 황하의 원(源)이 거기서 발하였다. 한(漢)나라 장건(張騫)이 그 원(源)을 알아내었으며 사마천이 이것을 전하고 찬양하였다. 백두산은 동북방의 곤륜산인데 아직 올라가 본 자가 없다. 이제 금생(慶門)이 능히 그 꼭대기를 밟아 압록 두만 양대 강의 원(源)을 찾아 강역의 경계를 정하고 돌아왔으니 장하지 아니하냐, 그러나 나만은 한무제 때와 같은 성세(盛世)를 만나지 못하여 장건과 같이 이 산에 올랐으나 하나의 노복(奴僕)이 되어 오라총관의 심부름꾼이 되었으니 이것이 개탄스럽고 한(恨)이 된다.

4) 정계비 건립에 따른 조정(朝廷)의 논의

숙종 38년 12월 7일 홍치중(洪致中)이 북평사가 되어 설표(設標)초기에 현지를 다녀와서 보고하기를 백두산 설표처를 살펴보니 강물의 발원지는 백두산 동쪽 진장산(眞長山)에서 흘러 나온 물줄기가 두만강이 되고 있는데 이 강의 물 줄기는 네 갈래로 나뉘어 있습니다.

그 가운데 가장 남쪽의 네 번째 줄기를 북병사(北兵使) 장한상(張漢相)이 맨 먼저 찾아 나섰다가 빙설(氷雪)에 막혀서 더 이상 앞으로 나아가 살펴보지 못한 곳입니다. 여기서 북쪽으로 흐르는 세 번째 갈래는 북우후(北虞侯) 김사정(金嗣鼎) 등이 추후 간심(看審)한 곳이며 그 북쪽의 두 번째 갈래는 나난만호(羅暖萬戶) 박도상(朴道常)이 청차(淸差)가 왔을 때 도로차원(道路差員)으로 수행하였다가 찾아낸 물줄기입니다.

그리고 맨 북쪽의 첫 째 갈래는 수원(水源)이 좀 짧고 두 번째 갈래와의 거리가 가장 가까워 하류에서 두 번째 갈래로 흘러들어 두만강의 최초의 원류가 된 것입니다. 청차(淸差)가 말한 강원(江源)이 땅속으로 들어가 흐르다가(入地伏流) 다시 솟아나는(環爲湧出) 물줄기란 첫 번째 갈래의 북쪽 십여 리 밖 사봉(沙峰) 밑에 있는 것입니다.

당초 청차(淸差)가 백두산으로부터 내려와서 수원(水源)을 두루 찾을 때에 이곳에 이르러 말을 멈추게 하고 여기를 토문강의 근원이라 하면서 그 하류를 찾아보지도 않고 육로로 갔습니다. 두 번째 갈래에 당도하자 첫 번째 물줄기가 합쳐지는 것을 보고는 이 물들이 여기서 합쳐지니 이곳이 토문강의 원류라 단정하고는 경계를 정하였다고 합니다.

이상이 여러 수원(水源)의 갈래로 경계를 정한(定界曲折) 곡절의 대강(大略)입니다. 신이 여러 차원을 대동하고 청차(淸差)가 정한 소위 강원(江源)이 도로 들어간다는 곳에 다달아 보니 감역(監役)과 차원(差員)들이 한결같이 이 물이 총관(總管)이 정한 강원(江源)이라고 하지만 그때에 일이 급하여 미처 그 하류를 두루 살펴보지 못하였습니다.

지금 입표(立標)하는 때에 한번 가 보지 않을 수 없습니다. 신이 거산찰방(巨山察訪) 허량(許樑)과 나난만호(羅媛萬戶) 박도상(朴道常)을 두 차원(差員)으로 하여금 가서 조사하게 한즉 물줄기를 따라 내려가서 30리쯤 가 보았는데 이 물줄기의 하류가 북쪽에서 흘러나오는 다른 물줄기와 합하여 점점 동북으로 향해 가고 두만강에 속하지 않는데 끝까지 찾아보려면 호지(胡地)로 들어가야만 하는데 그러다가 만약 저편 사람들을 만나면 불편해짐으로 그냥 돌아왔다고 합니다.

청차는 단지 물이 나는 첫 갈래와 두 번째 갈래가 합쳐지는 곳만 보고 물줄기를 따라 내려가 찾아보지 않았습니다. 그가 본 물줄기는 다른 곳으로 향해 흘러가고 중간에 따로 첫 번째 갈래가 있어 두 번째 갈래와 합쳐지는 것을 알지 못하고 그가 본 물줄기가 두만강으로 흘러들어가는 것으로 잘못 알았던 것이니 이는 참으로 경솔한 소치에서 나온 것입니다.

이미 강의 수원이 잘못된 것을 알면서도 청차가 정한 것이라 하여 여기에다 설표를 한다면 하류가 저들의 땅으로 들어가 물줄기가 어디로 뻗쳐 나갔는지를 알 수 없는 형편인즉 강계(疆界)의 정한(定限)을 다시 의거할 데가 없게 됨에 이후에 난처한 경우가 생길 것입니다. 그래서 청차원(淸差員)과 상의하기를 이미 잘못 잡은 강원(江源)은 자의로 변경할 수는 없다고 하더라도 하류가 어떠한지는 논할 것 없이 물의 흐름이 끊어진 곳 이상(以上)은 계표를 세워 나가야 할 것입니다.

먼저 비가 선 곳부터 역사(役事)를 시작하여 위에서 아래로 내려가되, 나무가 없고 돌만 있는 곳에는 돌을 쌓고 돈대를 만들고 나무가 있고 돌이 없으면 나무로 목책을 세우기로 하였습니다. 조정의 뜻이 단번에 이 일을 마치라고 함이 아니니 급히 완성하기보다는 견고하게 함이 더욱 중요하다.

우선 물이 흘러나오는 곳까지 이르지 못했으나 작업을 중지하고 돌아간다고 하더라도 강의 수원을 변통하는 일은 조정의 논의가 있어 결정 되는대로 할 것이며 계표작업은 추후로 미루어도 늦지 않을 것이다 라고 했더니 차원들 모두가 옳다고 하였습니다.

그런데 신이 후에 들으니 허량등이 미봉하는 데만 급급하여 조정의 명을 기다리지 않고 목책을 마음대로 두 번째 갈래의 수원(水源)에다 대 놓았습니다. 목책이 끝나는 곳이 바로 국경의 한계가 되는 것인데 두 나라의 경계를 정하는 일이 얼마나 중대한 일인데 불과 한 두 차원의 뜻대로 강계를 정했으니 이는 마땅히 엄벌에 처해 강역에 관한 대사(大事)를 중히 여김을 보여야 할 것입니다. 그리고 강원건(江源件)은 조정에서 보다 좋은 방법으로 처리하도록 해야 하겠습니다.

하니, 왕이 그렇게 하라고 하였다.

또한 영의정 이유(李濡)가 아뢰기를 목차(穆差)의 정한 수원(水源)이 이미 잘못되었는데 차원들이 감사(監司)에 보고도 하지 않고 평사(評事)의 지휘도 받지 않고 임의로 설표 하였으니 매우 해괴한 일로 국문 치죄하고 감사도 문죄하여야 하겠다고 하니 왕이 이에 따랐다.

이에 형조판서 박권이 아뢰기를

홍치중(洪致仲)의 상소를 보면 수원중에 최초의 한 갈래는 목차가 정한 것인데 지금 입표한 것은 그 안으로 20여 리나 옮겨 세웠다고 하였습니다. 후일 저들이 와서 보고 자의로 옮긴 이유를 물을 때 무어라 대답하겠습니까?
목차의 정한 수원이 진장산 밖으로부터 돌아 내려가서 그 사이가 비록 넓다 하지만 기왕 목차가 정한 것인즉 이것으로 계한을 삼는다고 해도 무방할 것입니다. 그리고 그것이 끝내 북쪽으로 내려가서 두만강에 속하지 않았다면 목차에게 당초 정한 것이 잘못인 것 같다고 말하면 저들도 대답이 있을 것입니다.

라고 아뢰었다. 이에 이유(李濡)가 저들이 이미 정계하고 귀환하였는데 이러한 착오가 있는 것을 우리가 발단해서 힐책을 받게 된다면 사안이 매우 불편해질 터이니 우선 목차에게 사유를 물어서 회답을 보고 처리하는 것이 좋겠다고 임금께 아뢰었다.

이에 이 일은 불가불 급히 처리하여야 할 터인즉 도내의 수령 가운데 이 일을 잘 아는 자를 뽑아 차원으로 하여금 자세히 살펴보고 보고하는 것이 좋을 듯하다 하였다. 영의정 이유가 또다시 접반사나 감사가 데리고 간 군관 가운데서 한 사람을 가려 선전관이나 무신 가운데 한 사람을 선발해 보내 차원들과 함께 간심(看審)할 것을 청하니 왕이 허락하였다. 이후 우참찬 김진규가 상소하여 조신을 차출하여 보냄은 불가하다고 다음과 같이 아뢰었다.

물이 땅속으로 흐르고 있는 곳에 푯말을 세움은 목차가 한 말이 있으니 비록 우리편의 관원이 단독으로라도 할 수 있습니다만은 수원의 갈래가 어느 땅으로 들어갔는지를 살펴보는 것은 저들의 차원과 함께 하지 않고는 바람직한 일이 아닙니다.
저들의 차원 없이 단지 우리 측 한쪽만이 가서 도로 저쪽에 속하는지 이쪽에 속하는지를 모르면서 오로지 수원만 찾으려 한다면 과연 봉강(封疆)을 신중하게 지키는 도리(果愼守封疆之道)이겠습니까? 이에 전하가 대신들의 말에 따라 목차가 정계를 정하고 돌아간 뒤에 이러한 잘못이 있는데 만일 그 나라에 직접 주문한다면 그가 편하지 못할 것이니 우선 통문해서 그 회답을 보아서 처리하라고 하교하심이 좋을듯 합니다.
신의 생각은 강역사(疆域事)가 매우 중차대한 일인 만큼 정한 경계가 과연 잘못되었다면 사리상 당연히 그 나라에 먼저 알려 재심하게 하여야 할 것입니다. 어찌 그 나라에는 알리지 않고 그 신하에게 사문할 수 있겠습니까. 허량 박도상이 이미 체포되어 있으니 이들에게 좀 더 자세한 것을 알아서 저들 나라에 자문(咨文)을 보내거나 혹은 주문(奏文)하여 피차가 함께 간심하기를 청해야 정대(正大)할 것입니다.

하니 왕이 다시 조정 대신으로 하여금 의논하여 처리하도록 하였다. 이에 또다시 영의정 이유가 아뢰기를 진규의 상소가 대체로 옳은데 품계가 높은 관원이 저편 땅에 경솔히 들어간다는 것은 불편한 일이니 차원들을 잡아오기를 기다렸다가 상세히 물어보고 난 후 의논하여 결정하는 것이 좋겠다고 하였다.

그리고 또한 목차에게 사사로이 묻기보다는 마땅히 황제께 보고하여야 한다고 하였는데 여러 대신들의 의견이 한결같이 그렇게 되면 목차가 견책을 받게 될 것이며 나아가서 저편에서 만일 다른 차관을 보내서 재심하게 된다면 목차처럼 무난할지도 의문시되며 더 나아가 경계를 정하는데도 변개 감축될 우려를 배제하기 어려우니 먼저 도신(道臣)과 수신(帥臣)으로 하여금 그 고장 사람 중에서 일을 잘 아는 원주민 안내자를 선정하여 선발해 자세히 살펴보도록 하는 것이 좋겠다고 아뢰니 그렇게 하라고 하였다.

이후 차원 허량 박도상 등을 잡아왔다가 방면하였는데 비국(備局)에서 심문함에 허량 등이 공술하기를

"백두산 도형(圖形)을 가지고 말한다면 목차의 시시한 소류(小流)가 첫 번째 갈래가 되고 도로 차상원 박도상과 갑산인 등이 지적한 수원용출처(水源湧出處) 즉 지금 푯말을 세운 곳이 두 번째 갈래가 되며 송태선이 지적한 용출처가 세 번째 갈래가 됩니다.

당초 목차가 백두산에서부터 내려와서 박도상과 갑산 안내인들을 먼저 두만강원이 용출하는 곳으로 보내 기다리게 하였는데 목차 또한 뒤쫓아와서 물이 솟아나는 곳에서 십여 리 되는 곳에 못처럼 하나의 소류를 보고서 말을 멈추게 하고 말하기를 이 산세를 보면 이 물이 두만강으로 흘러들어갔을 것이라고 단정하고 곧장 두 번째 갈래 수원의 머리 밑 4, 5리쯤 되는 곳에 이르러서는 목차는 이 물은 원래의 갈래가 분명하니 내가 발원하는데 까지 가 볼 필요가 없다고 하였습니다.

그래서 군관 조태상(趙台相) 한 사람만 혼자 가서 발원한 곳을 살펴보았고 목차 일행들은 흐름을 따라 내려가다가 4, 5리를 지나지 않아 또 소류가 북쪽으로부터 흘러내려오는 것을 발견하자 앞서 발견한 첫 번째 갈래의 물이 흘러와 이리로 들어간다고 하였습니다. 또 20리를 더 가 노숙하던 곳으로 내려왔을 때 목차가 우리 측 여러 사람들을 오라고 하여 산도(山圖)를 내보이며 첫

번째 갈래의 물에다 목책(木柵)을 세우면 당신네 나라에서 말하고 있는 물이 솟아나는 곳에 비해 10여 리나 더 멀어지게 되니 당신네 나라에서 땅을 많이 얻게 되어 다행이다 라고 하므로 여러 수행원들이 기뻐하며 의심없이 믿고 중간의 8, 9리는 다시 간심하지 아니한 채 그대로 흐름을 따라 내려와 노은동산(盧隱東山)을 지나 어윤강(漁潤江)의 사신 처소로 모였습니다.

  8월 초순에 순찰사가 비국(備局)의 관문(關文)에 따라 다시 백두산의 푯말을 세우는 차원으로 차출했기 때문에 경성(鏡城)으로 달려가서 북평사(北評事)와 함께 역군들을 데리고 역사(役事)할 곳으로 갔는데 데리고 간 장교 손우제(孫佑齊)와 박도상 및 무산 사람 한치익(韓致益) 등과 함께 가서 30여 리를 가며 찾아보니 수세(水勢)가 점점 커지며 북쪽을 향해 흘러갔고 두만강으로 들어가지 않았습니다.

  30리를 오가는 동안 저쪽 사람들이 다닌 자취가 있었기 때문에 손우제는 혹 그들과 서로 만나게 될까 염려하여 나아가지 않으려고 하며 번번이 뒤쳐졌고 한치익 또한 저는 변방 국경에서 생장한 사람이기에 피차(彼此)의 지형을 잘 알고 있는데 이 물은 분명히 북쪽으로 흘러가고 두만강으로 들어가지 아니합니다. 만일 혹시라도 두만강으로 들어가는 것으로 한다면 뒷날에 제가 마땅히 터무니없이 속인 죄를 입게 될 것입니다 라고 했습니다.

  또 목차가 말한바 소류가 흘러와 합쳐지는 곳이란 데를 다시 간심(看審)해 보았더니 산골짜기 사이 수리쯤에서 곁으로 나온 것이었습니다. 그러므로 이것을 가지고 돌아가 평사(評事)에게 보고했더니 평사가 이 물이 이미 잘못되었다면 비(碑)를 세운 곳에서부터 역사(役事)를 시작하고 물이 솟아나는 곳에 이르러서는 우선 역사를 정지하되 품하여 결정하기를 기다린 뒤 처리하는 것이 합당하다 하라고 했습니다. 당초 저들과 우리나라 사람들이 흐름을 따라 내려올 때 바로 지금 푯말을 세우는 곳에서부터 아래의 대홍단(大紅丹)까지는 각각 이틀 반나절의 길이었는데 목차가 지적한 첫 번째 갈래라는 곳과 바로 지금 푯말을 세우는 곳의 중간지점에서부터 밋밋한 언덕이 시작되어 그대로 진장산(眞長山)이 되었고 구불구불 내려가 무산(茂山)까지 이르렀는데 그 사이에는 원래 다른 물이 내려와 합쳐지는 것이 없었습니다.

목차가 지적한 첫 번째 갈래에서 바로 지금 푯말을 세우는 곳과 거리가 대략 10리 가량이었고 평사(評事)가 말한 첫 번째 갈래는 곧 목차가 지적한 소류가 내려와 합쳐지는 곳인데 지금 푯말을 세우는 곳과 거리가 그렇게 멀지 않았습니다. 목차가 지적한 물이 이미 잘못 본 것이라면 박도상과 갑산 사람들이 지적한 두 번째 갈래는 원류(源流)임이 분명해 이곳에다 푯말을 세우는 것 외에는 다시 다른 도리가 없었습니다.

평사가 말한 첫 번째 갈래는 원래 산골짜기 사이의 몇 리 남짓에서 옆으로 나온 세류(細流)였으니 결단코 이를 가지고 물이 솟아나는 곳이라고 지적할 수 없으며 만일 기필코 목책(木柵)을 이 물로 옮겨 놓으려고 한다면 원류(源流)임이 분명한 상류(上流)를 버려두고 8, 9리쯤을 돌아 내려가 비로소 푯말을 세워야 하니 또한 합당하지 못한 일입니다. 또 흐름이 끊어진 곳에서 물이 솟아나는 지점사이에 북쪽으로 향한 소류(小流)가 5, 6갈래나 되고 물이 솟아나는 곳에서 아래로 남증산(南甑山)까지 소류로서 두만강으로 들어가는 것이 4, 5갈래인데 숲이 하늘에 닿아, 지척(咫尺)을 분간할 수 없는 곳에 소류가 이처럼 혼잡하므로 무식하고 얕은 생각으로는 만일 뒷날 차원(差員)이 잘못 알고서 북쪽으로 흐르는 물에다 목책을 세운다면 앞으로 염려가 없지 않을까 합니다. 그리고 영문(營門)을 오가는 동안에 반드시 보름 내지 한 달을 허비하게 되므로 사세로 보아 외딴 국경에서 마냥 기다릴 수도 없고 지친 백성들이 4~5일의 길에 여러 차례 역사에 동원되어 폐해가 적지 않았습니다.

한결같이 형편에 따라 우선 푯말을 세우고 시급히 영문에 달려가 자세하게 실상을 보고하는 것이 무방할 듯하였기에 여러 차원들과 함께 의논한 다음 비를 세운 곳에서 아래로 25리까지는 목책을 세우거나 돌을 쌓았고 그 아래의 물이 나오는 곳 5리와 건천(乾川) 20여 리는 산이 높고 골짜기가 깊으며 내(川)의 흔적이 분명하기 때문에 푯말을 세우지 않았습니다. 또 그 밑으로 물이 솟아나오는 곳까지의 40여 리는 모두 목책을 세우고 그 중간의 5~6리는 이미 나무도 돌도 없고 또한 토질이 강하기에 단지 흙으로 돈대만 쌓았습니다. 전후의 실상이 이러한데 불과합니다 하였다.

비국(備局)에서 이렇게 아뢰고 또 그들이 올린 도본(圖本)을 올렸다. 이어 아뢰기를

자신들을 해명한 말이라 그대로 믿기 어려우니 해당 도로 하여금 손우제 등 여러 사람과 조태상을 심문하여 임금께 아뢰도록 하되 그들이 진술한 것을 가지고 피차의 동이(同異)를 고찰해 보고 서서히 다시 조사하여 여부(與否)를 보고하게 하소서.

하니 임금이 윤허함으로써 일단락을 지었다.

이상과 같이 목극등의 정계비 건립에 따른 사후의 시비와 논의는 이어졌지만 뚜렷한 결론을 내리지 못하고 시시비비는 역사의 흐름과 함께 부침(浮沈)해 오면서 접반사로 나갔던 박권에 대한 영토관에 의문점을 제기하는가 하면 당사자인 박권은 정계사로 인해 백두산 정상에 경계(境界)를 시행하여 5백여 리의 땅을 얻고 돌아와 병조참판이 되었다(白山之顚定以界限是行也 得地五百餘里還拜兵參)라는 그의 묘비문(墓碑文)으로 답하고 있으며 이 당시의 불비점은 170여 년이 지난 후 한청감계담판(韓淸勘界談判)으로 이어져 왔고, 오늘날 간도 땅 귀속문제를 야기케 하고 있다.

2. 정계비 건립 170여 년 후 제기된 감계론(勘界論)

1) 감계대표(勘界代表)로 임명된 이중하(李重夏)

정계비가 세워진지 173년이 지난 1885년(조선 고종 22년) 9월 30일 함경북도 회령에서 한청(韓淸) 양국 간에 국경문제로 회담을 갖게 되

었다. 이 당시 우리나라 측 대표가 이중하(李重夏)였다. 그의 字는 후경(厚卿)이며 호를 지당(止堂) 또는 탄제(坦齊)라 하였다. 아버지는 현감 벼슬을 지낸 이인식(李寅植)으로 1846년(현종 12년)에 태어났다.

1883년(고종 19년) 승광문과에 병과로 급제하여 홍문관 교리로 있었다. 1885년 공조참의를 거쳐 안변부사가 되었다. 이때에 토문감계사로 명을 받고 청측 대표들과 백두산 정계비와 토문강 지계(地界)를 심사한 뒤 국경문제를 놓고 담판하였다.

회담은 청측의 우월적인 고압자세로 인해 견해 차이를 좁히지 못하였다. 이 당시의 담판을 을유감계담판이라 칭한다. 2년 뒤인 1887년 정해년에 감계문제를 가지고 담판을 벌였는데 이때에도 역시 이중하가 우리 측 대표로 나서게 되어 회담에 임했으나 을유감계담판시 보다 청측이 거칠세 회남을 이끌사 [자누단가 국토불가축(此頭斷可 國土不可縮)]이라는 유명한 말을 남겼다. 즉 내 목은 자를수 있을지언정 단 한치의 국토도 줄일 수 없다고 맞섰다. 이 당시의 상황을 감계전말(勘界顚末)과 감계일기(勘界日記)로 남기고 있다.

위의 감계전말은 1885년부터 1887년 사이에 안변 및 덕원 부사로 있으면서 청나라 총리 아문의 요구에 응해 감계사로 나아가 우리나라 서북국계에 대한 실지 답사와 측량을 한 결과 양측의 주장이 같지 않은 전말을 복명한 것이다.

이 보고서에는 숙종 때 정계비가 세워진 이래 계속되어 온 한청 양국간의 분쟁 사실을 자세히 기록하고 있다. 그리고 1886년 3월 청나라 총리아문이 건의한 감계의 주의(奏議)를 부기하고 있으며 변석고증(辨析考證) 8조를 첨부하고 있다. 본서는 필사본으로 2책 1권이다. 감계일기는 당시 한청 양국 간의 감계사실을 일자별로 작성한 내용이다. 이를 바탕으로 당시의 을유감계담판 내용은 1885년 9월 30일 회령에서 제1차 감계담판을 열고 10월 6일에는 토문강 수원(水源)지점을 둘러싸고 무산에서 논쟁을 벌였는데 이를 무산감계담판이라 한다. 10월 15일에는 수원(水源)지점을 세 갈래로 나누어 조사하기로 하였는데 이를 삼로분탐(三路分探)이라 한다. 정해감계담판은 1887년(고종 24) 6월 초 회령에서 열렸는데 양측의 주장이 엇갈리는 가운데 이해 5월 중순까지 공방을 벌이다가 결론 없이 끝나고 말았다.

2) 을유년(乙酉年) 회령(會寧) 감계담판(勘界談判)

1885년 9월 30일 회령에서 제1회 감계담판이 열렸다. 우리나라 측에서는 안변부사 이중하를 감계사로 하여 종사관 조창식(趙昌植)이 청측에서는 훈춘부 도통아문 소속 덕옥(德玉) 당지의 개간사무를 담당하였던 가원계(賈元桂), 길림성에 파견된 진영(秦瑛)이 회담에 임했다. 우리 측은 먼저 정계비를 조사하고 난 후에 감계회담을 갖자고 한 반면에 청측은 도문강(두만강을 지칭)이 양국 간에 국경임을 전제로 하여 단지 강의 여러 지류 가운데 어느 것을 본류로 보느냐 하는 것만 정하면 족하다는 태도를 취할 뿐 정계비에 대해서는 살펴볼 필요를 느끼지 않는다고 하여 양측이 회담에 임하는 기본적 자세가 처음부터 상반된 입장이었다. 양측의 견해를 살펴보면 다음과 같다.

청측: 이번의 경계조사는 마땅히 총서(總署)의 원문에 포함된 각절(各節)을 참조하여 숙의, 협상하여 이를 처리하는 일이다.
조선: 총서의 원문에 의하여 숙의 협상하고 공윤(公允)의 두 자(二字)로써 이를 처리할 것이다. 이 일은 비석에 기록된 것을 상세히 조사함에 있는 바 길림장군 서내(署內)에 참고 할 만한 기록이 있는가?
청측: 길림장군 서내의 옛기록은 썩고 헐어서 하나도 보존된 것이 없다. 훈춘

부도통아문(副都統衙門)에 조회, 조사하였으나 훈춘을 설치한 것이 강희 53년인 까닭에 51년의 기록은 없다. 오로지 비기(碑記)를 자세히 조사한다는 말은 타당치 않다. 이 비(碑)가 있었더라면 응당 압록강의 동쪽 도문강원(源)의 서쪽에 있으면 이른바 東爲土門 西爲鴨綠이란 증거가 될 것이다. 귀국의 공문에도 관리를 파견하여 토문강의 구계(舊界)를 조사하자는 것이다. 예부(禮部)와 총서(總署)에서도 이같이 정한바다. 이제 우리가 부사와 만나 감계하게 된 것도 도문강의 변계(邊界)를 조사 결정하려 함이요 비를 조사하러 온 것이 아니다. 비도 물론 조사할 것이다. 그러나 그것은 도문강을 조사하는 하나의 증거에 불과할 뿐이다. 그것은 증거가 될 수 도 있고 안 될 수도 있다.

조선: 어찌 감히 근거 없는 일로써 귀측을 번거롭게 하겠는가 우리 측은 북도(北道)의 흉년이 거듭되어 두만연변의 구금(舊禁)의 땅을 개간하였다. 그 사정은 가련하여 어찌할 수 없다. 훈춘의 파병들이 농민들의 집을 불사르고 이들을 쫓아냈다.

백두산 분수령에는 강희제가 세운 비석이 있다. 그러니 쫓겨날 곳이 아니다. 훈춘의 사람들은 이 비를 보지 않은 까닭에 오해가 있는 것이다. 조선은 영토를 확장하려는 생각은 없다. 단지 백성들의 참상을 보고 비석을 조사하지 않으면 강희제 입비의 본의에 어긋나는 것이기 때문이다.

비의 진위(眞僞)를 가려내기 어렵다고 하는데 대해서는 다만 놀라울 따름이다. 의심나는 일이 있으면 분명하게 말하라. 조정에 보고하여 처분을 기다릴 것이다. 지세(地勢)와 강형(江形)은 둘째 문제이다. 우리 측이 주장하는 바는 비석에 관한 문제이다. 그런데 여기에 의심을 품는다면 어찌 장황하게 다른 문제를 논할 수 있을 것인가.

청측: 비가 없다는 것이 아니고 이것을 의심하고 위물(僞物)이라고 보는 것이다. 우리나라에는 이를 증거할 기록이 없다. 부사가 복명한 이유는 다만 비퇴를 조사함에 있다고 하나 그러면 어째서 토문감비사(土門勘碑使)라 하지 않고 토문감계사(土門勘界使)라 하는가.

조선국과의 자문에도 입비의 구계를 조사 결정할 파원을 요청하지 않고 도문강을 조사결정할 사람을 청하였는가. 그리고 도문 두만은 실은 일수(一水)이다. 총서의 원안은 이를 지적함이 분명하다.

조선: 이번에 산에 올라가서 조사 목격한 결과가 두만강 상원(上源)이 만약 분수령 비석에 접하여 흐르면 우리 측의 말은 틀린것이 될 것이다. 그러나 처음부터 접류(接流)하지 않고 100여 리나 떨어져서 수원(水源)이 딴 강이 되어 강벽(江壁)이 문(門)과 같은 형상을 한 것이 있으면 우리의 하는 말이 근거가 설 것이다.

청측: 도문의 두 자는 만주어이다. 그 음(音)이 비슷하여 취한데 불과하다.

조선: 土門 圖門의 글자 모양이 다른데 어찌 달리 말하지 않고 항상 혼칭하는가?

청측: 청국은 양차의 대사(大事)에 국비를 아끼지 않고 장수를 보내서 귀국을 보호했다. 신하된 자로서 어떻게 하여 감격보은(感激報恩)하려 하는고, 천조(天朝)는 속방(屬邦)을 애휼(愛恤)한다. 이 지방이 과연 귀국 땅이면 대국이 어찌 이 구구한 영토 때문에 귀국과 쟁론하리오 석비(石碑)는 일을 기록하는 것이지 분계(分界)를 증거함에 족하지 않다. 도문강이 천연(天然)의 경계임은 우리나라의 전적(典籍)에 의해 명백하다. 귀국이 리(理)로써 굴함을 알고 장백(長白)에 발원하는 도문강으로써 경계로 할 것을 결정하고 그런 연후에 월간민(越墾民)은 설법안치(說法安置)할 것을 주상(奏上)하여 재가를 청한다면 모르거니와 계속 고집하고 사슴을 가리켜 말이라고 하고 두만(豆滿)의 두 자로써 일을 그르치려 한다면 후대에 누를 끼칠 것이다.

조선: 황상(皇上)이 국비를 아끼지 않고 우리나라를 보호한 은혜는 온 국민이 영세토록 감사해 마지않는다. 그러나 지금 명을 받들고 조사하려 하는 것은 오로지 비가 어느 곳에 있으며 물이 어느 방향으로 흐르는가를 증명하려는 것이다. 한번 상고하여 우리의 주장이 모순 기만이 아님을 밝힐 뿐 한 치의 땅이라도 넓히려는 것은 아니다.

두만도 역시 백두산 산록에서 발원하여 우리나라의 내지(內地)를 흐르다. 두만이란 강이름은 우리나라의 방언(方言)이다. 지금 변증(辨證)하고자 하는 것은 토문(土門)이다.

그리고 귀국은 토문(土門)과 도문(圖們)을 혼동하고 있다. 그러나 우리나라 사람이 들으면 놀란다. 오라총관(烏刺總管)이 비를 세워 동위토문(東爲土門)이라 하였다.

동쪽 수원(水源)에 따라 내려가면 토벽(土壁)이 문(門)과 같은 곳이 있다. 이에 우리나라 사람들은 이 강을 토문강(土門江)이라 하고 오늘날에 이르기까지 그렇게 알고 있다. 만약 두만으로써 토문이라고 하면 동위토문(東爲土門)의 뜻과 맞지 않는다.

그것은 그 발원이 전연 비퇴(碑堆)와 관계없는 까닭이다.

또 분수령(分水嶺)을 조사한바 압록 토문(鴨綠 土門)의 동서분수처(東西分水處)이다. 비는 영상(嶺上)에 있다. 그리고 좌우를 바라보면 구독(溝瀆)이 완연하다 동구(東溝)로부터 내려가면 석퇴(石堆) 토퇴(土堆)가 있다. 두만강의 발원지와는 너무나 거리가 멀어 중간에 산마루 고개가 가로 막힌 곳이 100 수십 리이다. 이것은 우리나라 사람이 두만이 경계가 될 수 없다는 근거이다.

또 종성(鍾城) 건너편 90리 되는 모자산(帽子山) 아래에 발가토(勃加土)에 이르면 여기가 귀국의 경계라고 하여 거기에서 한 발자국도 더 들어가지 못하게 하였다. 귀국의 문무관리(文武官吏)가 항상 기(旗)를 꽂아서 계표(界標)를 한 까닭에 조선사람은 다만 조선의 영토라고 인정하고 노고를 사양치 않고 노약자를 불문하고 고생스러우나 부역을 하기 240여 년이나 되었다. 그리고 이런 일이 없어진 것이 불과 40년 전 일이다.

요컨대 청국측은 사감정류(査勘正流)만을 주장하고 우리 측은 선감비(先勘碑) 후심강원(後審江源)을 주장하였다. 즉 청측은 도문과 두만을 같은 강이라고 강변하고 국난구조(國難救助)의 은혜를 팔고 또는 대국(大國)의 위세로 회담분위기를 위압하였다.

이에 우리 측도 약소국의 사신(使臣)이기는 하나 사리를 밝히고 응분의 예를 갖추면서 소신과 사명감을 피력하였다.

3) 무산(茂山)에서의 감계담판(勘界談判)

10월 1일에는 수원(水源)지점을 함께 답사하기로 하고 10월 3일 회령을 출발하였다. 그런데 10월 6일 무산(茂山)에서 또 다시 논쟁이 붙었다. 이것을 무산감계담판이라 한다.

조선: 정계(定界)의 표한(標限)은 비퇴(碑堆)이다. 이번 걸음은 먼저 비를 조사하여 두만이 경계이면 다시 조사할 필요가 없고 만약 토문이 정계이면 다시 가부를 의논함이 타당하다 지금 하류를 제도(製圖)하기 위하여 날짜를 허비하면 백산(白山)에 눈이 쌓여 경계를 조사하지 못할 것이다. 속히 계비를 조사한후 강원(江源)을 작도(作圖)함으로써 국사(國事)를 다하고 대명(大命)을 손상치 않게 하면 좋겠다.

청측: 토문(土門) 두만(豆滿)이 같은 강임을 총서의 지시에 이미 명확히 나타나 있다. 본관 등은 토문강 변계를 사정(査定)하기 위하여 파견된 것이다.

조선: 자문(咨文)가운데 토문구계(土門舊界)를 조사한다고 하고 총서(總署) 공문(公文) 끝에도 길림장군(吉林將軍)에 하명(下命)하여 경계(境界)를 조사한다고 했는데 구계(舊界)를 조사한다는 것은 정계(定界)의 구지(舊址)를 말함이다. 한번 계비(界碑)를 보고 당초의 표정(標定)을 살펴보면 공평(公平)한 판단이 설 것이다.

청측: 조선국왕 자문에도 토문강계지를 사정한다고 했는데 부사는 어째서 마음대로 먼저 비퇴를 조사해야 한다고 하는가. 이것은 회령에서 이미 밝힌 바이다. 이번 토문강(土門江) 구계(舊界)를 조사함에 강(江)을 조사하지 않을 수 없다. 토문강의 해랑하(海浪河)라는 것도 조사하지 않을 수 없다. 그러나 이제 부사가 비를 먼저 조사하고 강을 조사하자는

것에 대해서는 공문(公文)을 받지 않아 부사의 말을 따를 수 없다.
조선: 이는 순리를 따라 어구를 배열한데 불과한 것으로 마음대로 고칠것이 아니다. 경계를 조사하자면 비를 조사하여야 하고 계비(界碑)를 조사하면 스스로 동서(東西) 수원(水源)을 조사하게 될 것이다. 즉 사비(査碑) 사강(査江)은 같은 일이다. 일의 선후 차례로 보아 마땅히 먼저 비를 조사하여야 할 것이다. 어째서 이를 수락하지 못하는가? 해랑하 하류는 두만강에 합하고 상류는 하반령에서 발한다. 처음부터 비문 동쪽의 수원에 연립한 것이 아니므로 문제시 할 것 없다.

이처럼 비를 먼저 조사하느냐 마느냐 하는 문제로 서로 시비하다가 회담은 다음 날까지 이어졌다.

조선: 이번 일에 긴요한 것은 오로지 비퇴(碑堆)에 있다. 먼저 비가 서 있던 곳에 가서 동서의 수원을 살펴보고 물을 따라 경계를 조사하면 좋을듯 하다. 지금 하류를 제도하는데 날짜를 허비하려 하는 무산 회령 등의 강은 사계(査界)에 아무런 관계가 없다.
청측: 도문강 사계는 이미 총서의 보고를 마친 것이다. 본관들은 마땅히 지시를 받들어 원류를 자세히 제도하지 않을 수 없다.
조선: 이는 만백성의 사활에 관계되는 일이다. 모름지기 공평(公平)에 마음을 써서 편견을 갖지 않는 것이 좋을 것이다.
청측: 대소국의 백성은 모두 같다. 만약 한쪽으로 기울어지면 한 사람도 복종하지 않을 것이다.
조선: 오늘 화원이 돌아오면 내일 즉시 출발함이 좋겠다.
청측: 그렇게 하겠다.

이상과 같이 양측은 합의를 보지 못한채 수원지방으로 출발하기로 결정하여 11일 삼하강구에 도착하였다. 그런데 청측이 멀리 조선땅에서 발원하는 서두수로 향하려고 하여 이중하는 몹시 놀랐다.

조선: 교계(交界)를 버리고 처음부터 이번 일과는 무관한 내지를 조사함은 이해할 수 없는 일이다.

청측: 변계(邊界)가 확실치 않기 때문에 조사하는 것이며 산수를 조사하지 않으면 교계를 알 도리가 없다. 이론적으로 말하면 물줄기의 크고 긴 것이 정류요 물줄기가 적고 짧은 것이 지류이다. 정류와 지류를 분간하지 않으면 강원이 어디에 있는지 판단할 수 없고 교계를 알 수 없다.

조선: 산수를 두루 조사하여 교계를 안다고 하니 당초 입비정계(立碑定界)한 뜻은 어디 있는가? 이제까지 진심을 토로하였는데도 의심을 하니 어찌된 일인가.

청측: 부사를 의심하는 것이 아니라 조선국왕 자문의 원문에 길림 조선의 천연 경계선이 토문강으로써 경계하고 있다고 하였다. 강은 만고불변이다. 듣건대 비는 백여 근에 불과한 것이라 하니 어찌 사람이 이것을 옮김이 없다고 할 수 있겠는가. 하물며 이 비문은 분명히 분수령상에 있고 동위토문 서위압록이라 하였으니 토문강의 서쪽 압록강의 동쪽인 양 강원의 중간인 분수령에 있을 것이다.

두 강원을 탐사하지 않고 어찌 이 비가 처음 세워진 땅에 있다고 하겠는가. 비 근처에 토퇴 목항(木杭)이 있다고 하나 다 인력으로써 만든 것이다. 비가 선 후 200년이나 되는데 목책이 어찌 썩지 않을 것이며 후에 보완하였다고 하면 양국 지방관이 공문으로써 같이 하여야 할 것이다. 그렇다면 길림 훈춘에 기록이 없을 수 없다.

조선: 조선국왕의 자문에 토문강 구계를 조사한다는 것은 비의 동쪽 봉퇴(封堆) 이하의 수원을 지칭하는 것이다. 우리나라 사람은 비퇴가 서로 연이어 있고 토안(土岸)이 문과 같다고 하여 이것을 토문강이라 하고 길림에서는 황화송구자(黃花松溝子)라 칭하는 줄로 안다. 그러니 토문이라 함도 피차 같은 것이 아니다. 또 비를 옮겼다는 말은 꿈에도 상상못할 말을 지어내어 우리나라 사람을 당황할 지경에 몰아넣는 것이다. 천지신명(天地神明)이 살피고 있다. 입비전후의 자취를 이처럼 의심하면 상고 이래 어찌 믿을만한 사적(事跡)이 있겠는가. 이제 말하는 것을

보니 가히 동상이몽(同床異夢)이라 하지 않을 수 없다.

청측: 토문강의 구계를 조사할 것을 요청하였으니 토문강 상하원류도 조사할 것이다. 그리고 황화송구자 하류가 토문강과 상통하면 이 또한 토문강 원이라 할 것이다. 그러나 송화강으로 들어가면 토문강원이 아닌 것이 명백하다. 이것이 토문강이 어디서 발원하는가를 조사할 필요가 있는 바다. 소국의 살을 베어서 대국의 살에 붙이자는 것이 아니다. 하물며 대국은 이 땅을 얻더라도 구우(九牛)의 일모(一毛), 천창(千倉)의 일속(一粟)에 지나지 않는다. 그러나 소국이 이것을 잃으면 수천의 생령이 생명을 걸 데가 없다.

본관들도 다 양심이 있는지라 어찌 이에 이름을 참으리오.

조선: 대체 비의 동쪽의 물은 하류가 송화강으로 들어간다. 두만강으로써 말하면 그 원류가 토퇴와 접하지 않는다. 이 때문에 계지(界地)가 지금까지 불명하다. 수백 년 동안 황폐하여 백성들이 살지 않았기 때문이다. 지금 우리는 공평한 마음으로 일을 논한다. 다만 지도도 지지(地誌)가 자문(咨文)과 합하지 않음으로써 예전일이 아직 판명되지 않고 있다. 생각건대 자세히 제도하여 황상께 드리고 엎드려 상지(上旨)를 기다림이 지당할 것이다. 그런데 지금 이 밖의 의심을 하고 딴 일을 끌어낸다면 온 백성이 용납하기 어려울 것이며 귀국도 일의 그르침을 차마 들을 수 있겠는가. 귀측은 비문이 증거가 되지 못한다고 하면 처음부터 비를 의심하니 또다시 입비를 증거로 공연히 입술을 괴롭게 할 필요가 있겠는가.

청측: 비를 증거로 함이 족하지 않다는 것이 아니다. 강원(江原)을 조사하면 비는 이를 증거로 할 것이다. 강과 비문이 부합되면 조사는 완결된 것이다. 강이 비와 부합되지 않을 때는 다시 숙의 협상하여 처리할 것이다. 300년래 황조(皇朝)에서 능히 귀측 백성을 용납하였거늘 우리들에 이르러 어찌 이를 용납할 수 없겠는가.

조선: 귀관은 항상 우리나라의 자문으로 증거하거나 자문(咨文)에서 토문강이란 것은 분수령 입비의 구지(舊址)이다. 두만강계를 조사하려는 것

이 아니다. 토문 두만이 같은 만주어라는 말은 알지 못한다. 천연의 지형은 우리가 보는 바로서 토문의 형상을 딴 이름이 어찌 한 사람의 사언(私言)이겠는가 하류가 송화강이라고 한 것은 우리나라 고지도에 있다. 어찌 털끝만큼이라도 거짓을 말하리까. 토문의 해결에 먼저 두만강계를 조사함은 우리나라 국왕의 문서 가운데 나타난 본의가 아니다. 하물며 두만의 내지에서의 각 개 수원이 변계와 무슨 관계가 있는가. 교계에 관계가 없는 수원을 찾아서 600여 리를 헛되이 왔다 갔다 10여 일을 보냈다. 역시 총서주의(總署奏議)의 본의도 이런 것이 아닐 것이다. 이 서두수 등은 귀관등도 조선내지임을 알고서 구태여 심간(審看)하려 하는 것은 비를 옮겼다는 의심으로부터 나온 것이다. 비는 옮길 수 있을 것이나 토퇴 석퇴도 옮길 수 있을 것인가. 만약 옮긴다면 천백의 인부가 필요할 것이니 귀국에서 수렵하려 백두산에 왕래하는 자가 하루도 빠지는 날이 없다. 이처럼 큰 공사를 어찌 듣지 못할 수 있으리오. 후에 첨치(添置)하였다 하니, 길림지방에 공문 한 장 없이 이 일을 할 수 있을 것인가 증거가 있으면 명백히 보이라. 우리 일행은 감계의 명을 받들고 온 것이므로 내지에 따라 다니며 제도함은 의(義)에 있어 편안치 못하고 리(理)에 있어 부당하므로 수행할 수 없다. 여기서 귀환을 기다릴 것이다.

청측: 부사가 강원을 회감함을 바라지 않으니 강요할 수 는 없다. 또 도문강의 하류가 송화강으로 들어감을 모르는 바 아니라니 이 강은 송화강 발원의 별파이다. 토문강과 무슨 관계가 있는가. 토문강을 이름 지을 때 천여 리의 이름 지을 곳이 없어서 송화강 발원 별파(別派)의 수안(水岸)의 형상을 따라 이름 지었겠는가. 자문에 동위토문이라고 함은 토문의 형상을 지칭한 것이라 하나 토문이라는 것은 토문강을 말하는 것이 아닌가? 이번의 조사는 도문강의 구계(舊界)를 조사하는 것인즉 어느 것이 도문강의 정류(正流)인가를 알기 위하여 모두 조사할 필요가 있다.

부사는 말하되 토문 두만은 두 강이라 하니 조선국왕의 총서 주의에 접하였을 때에 어째서 자문을 내어 분명히 변론하지 않고 황급히 부사를 파견하여 입회 조사케 하였는가. 부사는 토문강이 어디인지 모르니 청컨대 어느 물이 토문강의 정류인가를 밝히고 본관 등과 회동하여 훈융진에 이르러 남류하여 바다로 들어가는지 또 비가 분수령상에 있는지 없는지, 또 과연 그 비의 서쪽이 압록강원의 정류인지 아닌지를 조사하여 하나라도 합치되지 않는 것이 있으면 모든 물줄기를 조사하여 보면 귀결을 지을 수 있을 것이다. 이것은 공사(公事)이다. 본관이 결코 독자적인 고집을 하려는 것이 아니다. 마땅히 널리 답사해야 한다. 또 말하기는 명백히 내지인 줄 알면서 구태여 심간하려 함은 비를 옮겼다는 의심으로부터 나온 것이라 하는데 비를 옮긴 것을 두려워하지 않았으면 어찌 수류(水流)를 조사함을 두려워하리오. 조사를 두려워하는 것을 보면 확실히 의심할 수 있다. 또 내지에 수행함은 의리부당(義理不當)이라 하나 양국이 서로 내지라하고 수행을 부당하다고 하면 이번 경계를 조사하는 사람이 발을 디딜 곳이 어디인가? 또 부사는 항상 감비(勘碑)라 하고 또 토문을 사감(査勘)한다 하고 토문강의 강(江)자는 한번도 말하지 않으니 만약 왕명에 감비 감토문이란 말만 있고 토문변계를 조사하라는 문자가 없으면 예부에 자(咨)한 원자(原咨)와 부합하지 않는가.

본관등은 상관의 공문에 따르지 않고 부사의 제의대로 비와 토문을 조사할 수는 없다.

조선: 귀관 등이 말하는 송화강의 상류를 우리나라 사람들은 토문강이라 한다. 수백 년 동안 전해 오는 강 이름을 어찌 지금 귀관 등에 대해 속이리오. 비의 분수령상에 있는 여부는 답사하면 볼 수 있을 것이다. 서두는 비퇴의 남쪽에 있어서 그 거리가 물줄기 중에서 가장 멀다. 지금 귀관 등이 이것을 두만강원이라 하여 조사하려 하니 전혀 겁낼 것은 없다. 그러나 조사하여 보았자 그 결과가 뻔하기에 말리는 것이다. 만약 봄이나 여름철 같으면 모르는 체 하겠으나 지금은 소설의 절기이다. 백산에 비를 조사하고 만약 눈에 막히면 곤란하기 때문에 처음부터 비를 앞서 하고 강을 뒤에 할 것을 누누이 말한 바이다. 그런데 강을 따라

제도하고 발족한지 10여 일에 겨우 2백 리밖에 못 왔으며 서두수 올구강(兀口江) 등의 수원을 일일이 조사하려 하면 금년 중에는 백산에 오르지 못할 것이다. 본관이 수천 리 명을 받들고 와서 한 번도 비면(碑面)을 보지 못하고 강류를 조사하는데 허송하게 됨에 서두수 감강(勘江)에 수행치 못하는 이유이다. 비를 조사하지 않고 강원을 조사하려 함은 그 근본을 헤아리지 않고 끝을 같이하려는 것이다. 수년 동안 하여 온 핵심은 오로지 이 비에 연유함이니 마땅히 먼저 비를 조사해야 할 것이다. 귀관등의 가짜 비라는 의심을 일일이 고증하여 후에 교계(交界)의 수원을 심명(審明)하면 뭇 사람의 보는 바에 따라 가리울 수 없는 공변(公辯)일 것이다. 피차에 어찌 털끝만치라도 사사로이 두둔하는 논이 있으리오. 강역(疆域)을 상심(詳審)하는 뜻도 이것이오, 변계(邊界)를 해결하는 법도 이것이오. 직무에 근신하는 도리도 이것이다. 그런데 귀관은 어째서 깊이 양해치 못하는가. 귀관등은 다만 강을 조사하기 위하여 지연하려 하고 항상 감비(勘碑)로써 이를 여사(餘事)로 돌리는 것은 비(碑)를 조사하기를 꺼리는 것이다. 만약 비(碑)를 조사치 않으면 경계(境界)를 조사한 것이 못되니 후에 조사를 게을리 한 허물을 본관에게는 돌리지 말라. 귀관등은 본관의 사명(使命)이 감계(勘界) 감비(勘碑)가 아니라고 하나 그것은 심한 곡해(曲解)이다. 입비(立碑)가 없으면 어찌 정계(定界)를 논할 필요가 있으리오. 감계(勘界)하려고 하면 반드시 감비(勘碑)를 먼저 하여야 함은 당연한 이치이다. 토문(土門)은 어디까지나 토문(土門)이오, 감계(勘界)는 즉 감비(勘碑)인즉 어찌 논의를 거듭하리오.

4) 홍토수 본류 탐색을 위한 삼로분탐(三路分探)

이상과 같이 서로의 주장을 펴기 3일 동안 양국 대표는 두만강 상류의 서두수(西豆水) 홍단수(紅丹水) 홍토수(紅土水)의 합류지에서 어느 것이 본류인지 몰라 세 것으로 나누어 조사하기로 결정하였다.

10월 15일 진영(秦瑛) 가원계(賈元桂)는 우리 측 감계사 이중하, 중군(中軍) 최두형(崔斗衡) 등과 함께 홍토수 수원(水源)을 따라 정계비 방향으로, 청측 덕옥(德玉)과 조선 종사관 조창식(趙昌植), 수행원 이후섭(李垢燮) 김우식(金禹軾) 등은 홍단수 수원(水源)지방에 청의 회도관(繪圖官) 염영(廉榮)과 조선측 수행원 오원정(吳元貞) 등은 서두수 수원(水源) 지방을 향하여 출발하였다.

서두수의 방면의 답사는 길이 멀고 눈이 쌓여 중지하였다. 답사를 마치고 27일에는 전원이 무산(茂山)에 돌아오고 11월 7일에는 각각 답사한 지방의 지도 초고(草稿)를 가지고 회의하고 지도의 정본(正本)작성에 착수하였다. 이 조사의 결과를 청국파원으로부터 정식 공문으로써 우리 측에 조회하고 우리 측은 이를 인준하였다는 뜻을 회답하였다. 11월 8일 청국파원이 보내온 조회문은 다음과 같다.

서두수의 강구(江口)지방으로부터 3로(三路)로 나누어 조사하여 이를 사면(射面)하다. 중국감계사 진영 가원계, 조선감계사 이중하 수행원 최두형 최오길은 백두산쪽 아래 일석비(一石碑)가 있는데 이 비각(碑刻)이 있는 곳을 분수령이라 한다. 여기서 동남으로 학항령(鶴項嶺)에 이르기 까지를 청인은 황사령(黃紗嶺)이라 부르고 조선인은 이 영(嶺)의 북수(北首) 장백산에 가까운 곳을 분수령이라 하며 그 중간을 허항령(許項嶺)이라 하고 남수(南首)를 학항령(鶴項嶺)이라 한다.

또 비의 서방 수보지(數步地)에 1구(一溝)가 있는데 서남으로 가서 압록강에 들어간다. 비 동쪽 수보지(數步地)에 1구(一溝)가 있는데 이것이 이알력개(伊戞力蓋)의 평지인데 청어(淸語)로 번역하면 황화송구자(黃花松溝子)이다. 이 구(溝)의 물이 내려가서 장백산의 동쪽 기슭을 끼고 돌아간다. 그 동남안(東南岸)의 상류에 석퇴(石堆)가 있고 하류에는 토퇴(土堆)가 있어 모두 180여 개가 된다.

대각봉(大角峰)을 지나서 구형(溝形)이 돌연 좁아지고 양안(兩岸) 토벽(土壁)의 높이가 수장(數丈)이 된다. 조선측은 이를 토문이라 한다. 퇴(堆)가 끝나는 곳이 비(碑)로부터 90리이다. 여기서부터 수십 리를 내려가서야 비로소 강물이 흐른다. 여기서 더 내려가면 이 강의 동방인 사을수(斜乙水)가 있다. 사을수 동쪽을 동유와붕수(東維窩棚水)가 합류해 낭랑고(娘娘庫)로 들어가고 낭랑고로부터 서류(西流)하여 양쪽 강 입구에 이르러 송화강에 들어가는 물줄기를 조사하였다. 또 석비(石碑)의 조금 남쪽에 이토산(二土山)이 있는데 조선인이 이를 가차을봉(可次乙峰)이라 부르고 그 남쪽은 연지봉인데 그 남쪽이 소백산 석비(石碑)로부터 40리이다. 그 소백산 동북쪽 언덕에 1구(一溝)가 있다. 구(溝)의 폭이 넓고 산언덕을 따라 동북으로 내려가서 수십 리에 구형(溝形)이 차차 좁아지고 여름철에는 물을 볼 수 있다. 그 남안(南岸)을 무봉(茂峰)이라 하고 그 북안(北岸)을 대각봉(大角峰)이라 하며 나누어져서 동으로 가서 팔봉(八峰)에 이르러 동유와붕수(東維窩棚水)에 이른다. 이 구(溝)의 물은 겨울에도 흐름이 그치지 않는다. 이로부터 동북으로 흘러 10여 리에 수류가 평강문(平岡門) 석지(石池) 가운데로 들어가 보이지 않다가 또 10수리(十數里)를 가서 다시 나온다. 이 물은 사을수의 서쪽을 흐르는 이알력개(伊戞力蓋)와 합류하여 낭랑고로 흘러가서 송화강으로 들어간다.

사을수는 팔봉의 북쪽 언덕에서 발원한다. 또 소백산 동북파(東北派)로부터 분파한 무봉의 동남 일대로부터 동북방에 이르러서는 다만 구릉의 기복이 심하여 봉우리를 볼 수 없다. 백여 리를 가서 홍토산에 이른다. 이 산은 장백산과 동서로 마주하기 120리이다. 홍토산의 동방은 장산령(長山嶺)이 시작되는 곳이다. 홍토산으로부터 서북쪽 5리인 평강(平岡) 위에 1원지(一圓池)가 있다. 못의 양쪽 각 2, 3리에 2수(二水)가 흐른다. 높지 않은 언덕으로부터 흐르기 시작하여 홍토산을 둘러서 합류하여 장백령 남쪽으로 향하다가 동남으로 굽어져 산의 북쪽을 흐르고 장파(長坡)를 지나 약 100여 리 가서 홍단수와 합류하여 도문강으로 들어간다. 이것이 진영 이중하 등이 조사한 산수(山水) 비퇴(碑堆)이다.

청측의 감계관 덕옥과 조선종무관 조창식 수원(隨員) 이후섭 등의 조사에 의하면 소백산 동남과 황사령(黃沙嶺) 편동(偏東)은 삼급포(三汲泡)의 서남(西南) 15리에 소령(小嶺)이 있는데 조선인은 이를 허항령(許項嶺)이라 한다. 또 서남 30리에 1수(一水)가 있는데 조선인은 이를 이면수(二面水)라 한다.

영파(嶺坡)를 따라 서남으로 흘러 내려가서 압록강으로 들어간다. 동방 영파(東方 嶺坡)를 따라 동쪽으로 30리를 더 내려가면 샘이 용출하는데 이것이 홍단수(紅丹水) 발원지이다. 여기서부터 내려가서 남에 도능하(刀凌河) 교하(橋河) 유하(柳河) 3수(三水)가 이에 들어온다. 동쪽으로 흘러 증산(甑山)의 남쪽을 거쳐 노인봉(老人峰)을 지나기 까지 약 200여 리 소홍단(小紅丹)에 이르러 홍토산(紅土山) 발원지의 물과 합류하여 동남으로 흐른다. 북쪽에서 홍단하(紅丹河)가 여기에 유입된다.

강구(江口)지방에서 서두수와 합류하여 도문강이 되는데, 조선은 이를 두만강이라 한다. 이것이 덕옥 조창식 등이 조사한 산수(山水)의 실제 정황이다. 청의 감계회도관 염영이 조선 수행원 오원정과 조사한 바에 의하면 황사령(黃沙嶺) 위에 이급포(二汲泡) 동남의 포담산(蒲潭山)을 조선에서는 보발산(寶髮山)이라 부르고 석비(石碑)로부터 약180리이다.

두 산의 중간에 만파(漫坡)가 있고 영(嶺)의 서파(西坡)에 1수(一水)가 있어 동쪽으로 흘러간다. 즉 서두수 지류의 발원처이다. 북보발(北寶髮)의 동북파(東北坡)에 1수가 있어 동남쪽으로 흐르고 남보발의 동파에 1수가 있어 동쪽으로 수십 리를 흘러서 2수(二水)가 합하여 하나가 된다. 다시 동북쪽으로 향하여 흐르기 수십 리 장교(杖橋)의 밑 평각평의 위에서 서두수와 합류하여 동북으로 흐르고 강구지방에 이르기까지 약 280리이다.

서두수로 흐르는 물은 길이 멀고 눈이 깊이 쌓여 더 이상 조사할 수 없었으나 원주민이 말하는 바에 따르면 물의 발원은 길주의 북경(北境) 학항령(鶴項嶺)의 북쪽 언덕에 있다 한다. 강까지 약 400리, 학항령으로부터 장백산 비석(碑石)까지 450리라 한다.

청측 조치문을 요약하면 황사령 서남의 물은 소백산 이남으로부터 도문강으로 들어간다. 이것이 염영 오원정이 조사한 산수(山水)의 실제 정황이다. 이에 상세히 제도(製圖)하여 설명을 붙이고 회동해 조인(調印)하고 어떻게 경계를 획정하면 공평할 것인가는 다시 상의(相議)할 것이나 이에 귀의(貴意)를 얻고자 한다는 내용이다.

이에 우리 측도 조회를 보고 회담을 하였다. 지도의 정본(正本)이 작성되고 왕복문서를 교환한 후에 11월 27일 또다시 회담이 시작되었다. 그러나 이때에도 청측은 정계비가 도문강원(源)과 부합하지 않는다고 의심하여 처음의 주장을 굽히지 않고 우리 측도 비퇴(碑堆)가 후세에 이동한 것이 아니라는 바를 설명하였고 토문 도문 동일론에도 동조하지 않았다.

그때 필담으로 교환한 변론은 다음과 같다.

조선: 경계를 논하기 시작한 이래 함경도에 보내 귀측 조회(照會)의 문자를 보면 강희제의 성지(聖旨)로 정계(定界)한 비(碑)를 의심하고 또 비를 동록하(東麓下)에 옮겼다 하여 조선인을 불측한 것으로 몰아넣음은 사리에 어긋날 뿐만 아니라 모골(毛骨)이 소연할 정도이다.

이러한 말을 들은 이후 심신을 편케 할 수 없고 검사의 날이 오기만 기다렸으나 본인이 명을 받들고 와서 귀관 등과 변론하였는데 귀관들도 확실히 의심된다고 하여 강원(江源) 각파(各派)를 일일이 살펴보고 조사함에 이르렀다. 조금이라도 숨긴 것이 있으면 다 드러나 의심의 여지가 없을 것이다.

그런데 계비(碑界)를 조사한즉 처음부터 동쪽이 아니고 백산(白山)의 초락(初落) 남록하(南麓下)의 분수령에 있다. 비문(碑文)은 82자로, 봉퇴(封堆)는 180여 개 소로서 나무가 그 위에 나서 아름드리가 될만 하니 우리의 주장을 더 이상 설명하지 않더라도 명백하지 않은가. 비 동쪽 토문이하의 물은 동류북절(東流北折)하여 송화강으로 들어가는 고로 송화강의 한줄기는 처음부터 교계(交界)를 사감(査勘)하는데 거론하지 않았음은 귀관 등도 잘 아는 바이다. 총서주의(總署奏議)의 인증

(引證)과 비면(碑面)에 실은 문자는 다 황조(皇朝)의 문헌에 속한다. 본인이 감히 운운할 바는 아니나 백성들의 고충을 말하지 않을 수 없다. 상류로 말하면 설퇴(設堆) 계표(界標)의 땅은 두만강의 원류 가운데 가장 가까운 곳을 횡격(橫隔)하고 있으며 하류로 말하면 종성 건너편 30리의 땅에 200년 동안 이름지어져 온 한계(限界)가 있다. 그리고 지금 한민(韓民)이 월간(越墾)하는 곳은 강안(江岸) 5리 혹은 10리에 불과하고 먼 곳도 20리의 땅에 불과하다.

이들을 쫓아내고 혹은 구렁창에 처넣고 혹은 타곳으로 유리(遊離)케 하면 그 억울함이 말 할 수 없는 것이다.

청측: 정계비에 관한 것은 중국의 기록에는 없다. 따라서 믿기 어렵다. 조선에 이 기록이 있으면 어찌 하여 공람(公覽)케 하지 않고 있는가? 또 기록이 있다손치더라도 입비처(立碑處)의 서변수(西邊水)가 압록강으로 들어가고 동변(東邊)의 물이 송화강으로 들어가니 비문(碑文)에 쓰여 있는 東爲土門 西爲鴨綠과는 맞지 않는다.

이 비는 후세의 위작(僞作)이 아니면 당년(當年)의 착오이다. 오라총관은 강희연간의 관리인데 당시 오라아문에 만주문이 있었다. 입비에 만한(滿漢) 양문자(兩文字)를 썼을 것인데 이 비에 하나의 만주문자가 없음은 의심할 것의 하나이다. 이 비문의 연한이 200년이 되는데 풍우(風雨)에 시달려서 자획(字劃)의 잔결(殘缺)이 없을 수 없는데 지금까지 온전하니 의심되는 바 둘째이다.

입비처가 강원(江源)과 부합하지 않고 남쪽으로 40리를 가서 소백산 북쪽 언덕의 물도 송화강으로 들어간다. 그렇다면 동위토문(東爲土門)이란 어디에 있는가 의심할 바 셋째이다. 본관 등은 의심을 즐겨하는 것이 아니라 사실상 의심할 수밖에 없다. 비문(碑文)에 늑석분수령상(勒石分水嶺上)이라 하였는데 장백산으로부터 학항령에 이르는 것이 하나의 대분수령(大分水嶺)이다. 그런데 현재 입비지(立碑地)는 압록강과 송화강과의 분수령이다. 남쪽으로 수십 리를 가서 소백산 남쪽에 이르고 또 동남 학항령에 이르러서는 압록강과 도문강의 분수령이 된다.

그 당시 오라총관이 참으로 정계입비(定界立碑)하여 동위토문(東爲土門) 서위압록(西爲鴨綠)이라 하였다면 이 비는 응당 소백산 남쪽의 분수령에 있어야 하며 소백산 북쪽의 분수령에 있을 수 없다. 설퇴입표(設堆立標)한 곳과 두만강에서 가장 가까운 원(源)이 홍토산수(紅土山水)이다.

홍토산수(紅土山水)는 그 원(源)이 서북향이고 또 상류의 서북향의 물과 함께 송화강으로 들어간다. 이 강은 송화강과 원(源)을 마주하여 압록강과 멀다. 그 당시 만약 이곳을 경계로 하였다면 그 토퇴(土堆)가 어찌 연속되지 않는가. 또한 퇴(堆)는 예로부터 횡격(橫隔)하여 4~5리나 되지 않는가. 중간에 사을수 및 소백산에서 발원하는 동유붕수(董維棚水)가 있어 이를 가로막고 있다. 부사는 이곳을 말할 때에 어찌 그 상류를 떼어버리려고 하는가. 종성 건너편 90리에 200년 동안 역수(役輸)를 했다는 지점이 있다고 하는 것은 어느 때 중국기록에 있는가, 이 기록을 공개하라. 귀국 왕이 도문강 구계(舊界)를 답사(踏査)할 것을 청하고 정부에 명하여 입회조사하게 하였는데 부사는 시종 도문강 석자를 말함을 꺼리니 어떻게 된 일인가?

조선: 정계비(定界碑) 일절(一節)은 귀국의 기록에 근거할 바 없다. 그러하니 우리나라에서 목극등의 주문을 등사한 것이 있으니 참고하기 바란다. 당년의 착오 운운은 단론(斷論)할 수 없다. 후세의 위작설같은 것은 말도 안 된다. 비면(碑面)에 만주문자가 없다고 하여 의심하는 것은 뜻밖이다.

황조(皇朝) 개국이래 조선과의 왕복문서에 만주문자를 쓰지 않았으며 광주(廣州) 삼전도(三田渡)라는 곳에 병자년 동정(東征)의 비각(碑刻)이 있으나 만주문자만은 없다. 비자(碑字)의 연구무결(年久無缺)하다 함은 구태여 의구심을 찾아내려는 것이다. 170여 년 간 어찌 잔결(殘缺)의 리(理)가 있으리오. 다만 토문이하의 수류가 송화강으로 들어가서 구획을 지을 수 없으나 옛 일은 알 도리가 없다. 그리고 동변토안(東邊土岸)의 문과 같은 형상을 한 것은 귀관 등이 목격한 바이다.

청측: 비는 마땅히 소백산의 분수령 위에 있어야 한다. 소백산 북의 분수령에 있을 수 없다고 함은 소백산 이동이서(以東以西)의 물은 상거(相距)가 77리이니 어찌 분수령이라 할 수 있느냐.
지금 비석(碑石)이 있는 곳은 백산(白山) 대택하(大澤下)에서 처음으로 동서로 구덩이가 있어 그 거리가 수보(數步)에 지나지 않으니 일대 분수령이라 할 것이다.

조선: 비(碑)는 마땅히 소백산 허항령에 있을 것이라는 말은 가당치 않다. 이 영(嶺)은 장백산으로부터 100여 리나 떨어져 있다. 지금 천하의 도적(圖籍)을 상고(詳考)하면 장백산은 양국 사이에 자리 잡고 있어 산의 남쪽이 조선에 속한 것은 예부터 알려진 사실이다. 이제 하루 아침에 귀관등의 주장에 따라 장백산을 조선의 영토밖으로 둘 수 있겠는가? 학항령(鶴項嶺) 분수처(分水處)는 백산(白山)으로부터 4500리가 되는 우리나라 길주(吉州)의 땅이다. 경계를 논하는데 무슨 관계가 있는가 홍토산수(紅土山水)는 토퇴(土堆)에 가장 가깝다. 그러나 그 거리는 40~50리나 된다. 농민들이 강안을 경작함도 역시 인정으로써 살펴야 함은 앞서 말한 바이다.

5) 을유년(乙酉年) 감계담판(勘界談判) 결과 보고

12월 3일 진영 이하 7명의 청국파행원(淸國派行員)들은 화룡령(和龍嶺)으로 향하고 덕옥 이하 6명, 가원계 이하 9명은 훈춘을 향해 떠났다. 그리고 우리측 감계사 이중하는 감계전말을 임금께 보고하였는데 내용은 아래와 같다.

비는 대택(大澤) 남록(南麓) 10리 쯤에 있고 서쪽 수보(數步) 거리에 구덩이가 있는데 이것이 압록강의 원(源)이요, 비의 동쪽 수보(數步) 거리에 있는 구덩이가 토문강 원(源)이다. 석퇴(石堆) 토퇴(土堆)를 90리 가량 건설하였는데 퇴(堆)의 높이가 수척이요 퇴상(堆上)에 나무가 자생하여 이미 늙어서 아름드리가 되는 것이 있으니 분명 당시의 표한(標限)이다. 대각봉미(大角峰尾)에서 구덩이가 갑자기 좁아지고 토안(土岸)이 대립하여 문(門)과 같다. 두만강 상류 중수(衆水)가 발원중(發源中) 가장 비퇴(碑堆)에 가까운 것이 홍토수원(源)이다. 횡(橫)으로 만파(漫坡)가 건천(乾川)인데 동으로 100리를 가서 비로소 물이 나고 동쪽으로 유전(流轉)하여 북으로 송화강에 들어간다.

송화강은 즉 흑룡강 상원(上源)의 한 줄기이며 길림 영고 등지가 다 그 가운데 있다. 청국파행원(淸國派行員)은 청국과 조선과의 교계(交界)는 본래 도문강으로 경계하고 총서(總署) 예부(禮部)의 주의(奏議)에도 도문강 구지(舊址)를 사감(査勘)한다는 말이 있는데 이제 이 비는 동쪽 강이 송화강 상류이고 보니 동위토문(東爲土門)의 의(義)와 부합하지 않는다 하며 의혹의 설을 주장하는데, 신은 하류는 비록 송화강으로 들어가더라도 표한(標限)의 비퇴(碑堆)가 이미 그러하고 토문(土門)의 형상이 또한 이러하여 두만 상류와는 접하지 아니하니 우리로서는 다만 토문으로써 정계(定界)함을 인정할 따름이다 라고 하며 처음부터 추호도 숨김이 없는 고로 극력 변론하나 그들은 오로지 도문강으로써 정원(正源), 정계(正界)라고 주장하고 신은 다만 비퇴(碑堆)의 경계로 증거함에 서로 갈등하고 피차 대립되어 따로 회본(繪本)을 만들어 보고할 생각으로 10여 일간 상의하여 비로소 초목을 만들었다. 조회 공람한 후에 다시 정본을 그렸다. 그 회도관의 화법이 자세하고 빈틈이 없어 정간(井間)을 그렸고, 리수(里數)를 표하고 윤도(輪圖)를 펴고 방위를 살펴 여러날 걸려서 완본을 만들었다. 홍단수의 형편은 서쪽으로 압록의 지류에서 75리나 되고 입비처(立碑處)로부터 남북으로 130리나 된다. 서두수의 정류(正流)는 길주지방에 이르러서 입비처와 남북으로 4, 50리가 되니 비문(碑文)의 동위토문(東爲土門)과는 처음부터 상관이 없다. 처처지증(處處指證)하고 일일이 변론하여 그 의심을 풀려하였으나 청국파원은 또 비계(碑界)와 강원(江源)이 중국의 도지(圖誌)와 합치되지 않는다 하여 시종 의심이 풀리지 않았다. 아무리 시간을 오래 끌더라도 지정(指定)의 길이 없을 것 같아서 각각 비문(碑文) 일본(一本), 도회(圖繪) 일본(一本)을 가지되 회본(繪本)은 서로 조인(調印)

하고 따로 조회(照會)를 하였다. 11월 30일 회령부에서 헤어졌다.

회령으로부터 귀국한 청국파원들도 그간의 경과보고를 이듬해 3월 25일 총리각국사무아문(總理各國事務衙門) 주의(奏議)로써 청황제(淸皇帝)에게 보고하였는데 요지는 다음과 같다.

덕옥 진영 등 감계위원은 조선 안변부사 이중하와 회동하여 도문 양안(兩岸)의 산수(山水) 및 전종성부사(前鐘城府使)가 주장한 비석 봉퇴(封堆)를 일일이 감험(勘驗)하고 상세히 제도(製圖)하여 회인화압(會印畵押)하고 각 1통(一通)을 가지다. 조사해본즉 도문강은 조선이 두만강이라 부른다. 무산으로부터 상류 70리에 이르러 강수(江水)가 두 갈래로 되는데 남류하는 것을 서두수라 한다. 다시 올라가서 평보평(平甫坪)에 이르러 동서(東西) 2원(二源)으로 갈리는데 북류하는 것은 홍단수이고 상류 또한 남북 2원(二源)으로 나뉘어진다. 그리고 장백산을 조선에서는 백두산이라 부르는데 산꼭대기에 큰 못이 있어 방원(方圓)이 수십 리가 된다. 북쪽이 송화강 정원(正源)이요 산 남록(南麓)에 소석비(小石碑)가 있다. 비면(碑面)에 한문(漢文)으로 康熙 五十一年 烏剌總管 奉旨查邊此審視 西爲鴨綠 東爲土門 등의 문자가 있다. 비 서쪽에 구(溝)가 있어 서남쪽으로 흘러 압록강으로 들어가고 비 동쪽에 구(溝)가 있어 장백산 동쪽을 돌아 나간다. 조선에서는 이알력개(伊戞力豈)라 하고 청나라말로 번역하여 황화송구자(黃花松溝子)라 한다.

구(溝)의 동남안(東南岸)은 석퇴(石堆) 토퇴(土堆) 100여 개가 있고 그 퇴(堆)가 끝나는 곳으로부터 장백산에 이르는 정동(正東)을 대각봉(大角峰)이라 한다. 비의 동남 40리를 소백산이라고 한다. 구가 있어 대각봉으로부터 동북으로 흘러 사을수와 황화송구자수(黃花松溝子水)와 배합(背合)하여 낭랑고로 유입하여 송화강으로 꺾여 들어간다. 이것이 각 수(水)와 비퇴(碑堆)의 상황인데 장백산 남록으로부터 조선 길주계(吉州界)의 학항령까지의 약 4,5백리가 일대 분수령을 이루고 영(嶺)의 서남쪽 물은 압록강으로 들어가고 동북의 물은 소백산 이남 도문강으로 들어가며 그 이북은 송화강으로 들어간다.

도문강원(源)을 논하면 서두수는 조선 내지에 있어 양안(兩岸)에 사는 백성들이 많고 옥자(屋字) 분묘가 모두 오래 이것은 단연코 도문강 정원(正源)이 아니다. 다만 소백산 동남에서 발원하고 삼급포(三汲泡) 동면(東面)의 홍단수(紅丹水)가 당년(當年)의 정계비(定界碑)가 삼급포(三汲泡) 일단의 분수령 위에 있었더라면 방위(方位)와 처소(處所)가 서위압록(西爲鴨綠) 동위토문(東爲土門)의 여덟자와 상합(相合)할 것인데 안변부사는 끝내 비퇴(碑堆)를 의거하여 동위토문(東爲土門) 넉자는 황화송구자(黃花松溝子)가 양안(兩岸)의 형상이 문(門)과 같은 것이 있다하여 토문강이라 고집하기에 강박할 수 없어 도본(圖本)을 가지고 회보(回報)하기로 하였다.

도설(圖說)을 상고하여 보니 홍단수는 즉 직성여지전도(直省輿地全圖)의 소(小)도문강이요 소두수(小豆水)는 대도문강(大圖們江)이다. 조선측은 비퇴(碑堆)로 증거하나 비(碑)는 정위(正位)가 없고 사람의 힘으로 옮길 수 있으되 문(文)은 증거가 있어 강(江)으로써 계한(界限)하였던 것이다. 그런데 조선의 백성들이 비를 이곳으로 옮기지 않았다는 것을 어찌 알 수 있을 것인가.

그리고 황화송구자(黃花松溝子)는 본래 송화강원(源)이고 도문강원(源)이 아닌 것이다. 당년 입비(立碑)가 마땅히 삼급포(三汲泡)의 분수령 위에 있을 것이라는 것은 포담산(蒲潭山)의 여도(輿圖)와 부합되는 것만 같지 못하나 서두수 강원(江源)에는 백성들이 많이 모여 살고 있으니 조용하게 다루는 것이 조정(朝廷)의 뜻에도 합당할 것 같다.

북양대신(北洋大臣) 자문(咨文)에도 비퇴(碑堆)와 토문(土門)으로 증거한 조선국왕의 자문(咨文)에 접하였다 하여 전주(轉奏)를 청하였으나 살피건대 흠정황조통전(欽定皇朝通典) 문헌통고(文獻通考)에 길림(吉林) 조선은 도문강으로 위계(爲界)라 하였고 흠정회전도설(欽定會典圖說)에도 대도문강은 장백산 동록(東麓)으로부터 발원하여 2수(二水)와 합하여 동쪽으로 흘러가고 소도문강은 북산(北山)으로부터 발원하여 2수(二水) 합하여 동남류(東南流)로 합하고 동(東)으로 영고탑(寧古塔) 남경(南境)을 거쳐 갈합리하(噶哈里河)를 합하고 꺾어서 동남으로 흘러 북으로 이소수(二小水)를 합하고, 훈춘성(渾春省) 서남(西南)을 거친다는 말이 있으며 "康熙 五十年 諭旨에도 土門江 長

白山東邊流出 向東南 流入於海 土門江西南係 朝鮮地方 江之東北 係中國地方"이라 하여 역시 강(江)으로 위계(爲界)하였으며 흠정회전일통여도(欽定會典一統興圖)에도 산천맥락(山川脈絡)을 분명히 고증하여 확실히 의거할 수 있으나 산명(山名) 수명(水名)의 방음(方音)상 차이가 없지 않으며 신구각도(新舊各圖)를 참고하여 공정(公正)을 바라나 서로 차이가 없지 아니하다.

또 다음과 같은 의견도 첨가하였다.

목극등의 비문에 명백히 동서이수(東西二水)를 대거(對擧)하였고 또 도문이 토문임은 강희의 유지(諭旨)에 이미 그러하며 다른 지지(地誌)에도 보인다. 방언(方言)상 경중(輕重)의 차이를 분별하지 못하고 곡해한 것이니 담판하려는 자의 첫째요. 조선은 강희시에 지다소인(地多人小)하여 함경의 서북이 비어서 황무시가 되었다.

조선국왕의 내자(來咨)에 이곳이 원래 백성들의 개간을 허락한 땅이 아닌데 근래에 유민이 침입하여 경종(耕種)한다. 관리가 수시로 살피지 못하니 조선의 책임이라 하였다. 이곳은 길림성과 가깝고 본래 봉금(封禁)의 땅이라 종전 중강(中江) 호란(呼蘭) 등처(等處)의 봉금(封禁)에 대하여 사간(私墾)을 허락하지 않음과 같다. 조선이 반봉(潘封)의 의(義)를 지켜 유민을 들어가지 못하게 한 것은 정분(情分)이 확연하다. 근년에 땅은 좁고 인구는 늘어나 점간(占墾)함이 늘어났다.

그렇더라도 이곳 관리들이 어찌 봉산의 금을 어기고 개간을 도모할 수 있을 것인가, 이것이 담판하고자 하는 둘째요, 길림장군 내자(來咨)에 홍단수는 소도문강 서두수는 대도문강, 포담산(蒲潭山)은 낭비덕리산(郎費德里山)이라 한 것은 아직 정확하지 않으며 더 연구를 요한다. 황조일통여도(皇朝一統興圖)에 홍단수(紅丹水)는 홍단하(紅丹河)로서 무산(茂山)의 남(南)쪽에 있다. 그 무산의 북(北)쪽을 흐르는 소도문강과는 관계가 없음을 알 수 있다. 서두수(西豆水)는 홍단(紅丹)의 남쪽에 있어 피국(彼國)의 길주(吉州) 내지(內地)의 학항령(鶴項嶺)에 발원(發源)하니 그것이 대도문강이 아님을 알 수 있다. 낭비덕리산(郞費德里山)은 흑산지남(黑山之南) 도문(圖們)의 북(北)에 있으니 그것이 서두수(西豆水) 서원(西源)인 포담산(蒲潭山)이 아님을 알 수 있다. 이에 대한 증거가 정확하여야 비로소 단정할 수 있을 것이다. 이것이 담판하려는 셋째요, 조선국경 무산의 동쪽 회령 종성 온성 경원 경흥 5개부(府)로부터 동으로 녹둔도(鹿屯島) 해구(海口)에 이르기 까지는 도문강의 천연계한(天然界限)이 있다.

이는 조금도 의심할 것이 없다. 피차 결정되지 않은 것은 무산 서쪽으로부터 분수령 위의 목극등 늑석(勒石)의 지(地)에 이르는 280리의 사이뿐이다. 이것이 강희유지(康熙諭旨)의 소위 두 강 사이의 불분명한 곳이 있음으로써 이곳을 자세히 고찰하는 것이 감계(勘界)의 요령이다.

본 위원들이 리수(里數)를 계산함에 토인(土人)의 말을 근거로 하여 믿을만한 것이 못되니 반드시 위도(緯度)를 측량하여 증거로 하여야 함이 고증할 첫째요, 280리 사이는 서쪽은 길림의 경(境)에 계입(計入)하고 남쪽은 와산으로 들어간다. 분계(分界)의 눈은 혹은 산세에 따라 혹은 수형(水形)에 따라 강원(江源)을 찾는 것으로써 위주하고 동서를 똑바로 끊어서 제정함에 있지 않다. 해장군(該將軍)이 말하는 계비(界碑)는 수척에 불과하다. 점간(占墾)하는 주민이 이를 북으로 가만히 옮겼는지의 유무를 속히 철저히 규명할 것이 고증할 둘째요, 회전(會典)에 실려 있는 소도문강은 대도문강 내지의 북에 있으니 말할 것이 없고 대도문강은 장백산 동록(東麓)에서 발원하여 2수(二水)에는 반드시 그 이름이 있을 것이다. 방언을 살펴 그런가 아닌가를 조사하면 홍단상류(紅丹上流)의 2원(二源)은 혹시 따로 이름이 있을까 하는 것이 고증의 셋째요, 목극등의 비문(碑文)에 분계(分界)의 두 자가 없는 것은 2수(二水)의 근원을 기록한데 불과하다는 것을 말한다.

그러니 이곳은 당시 비를 세운 곳이지 나눈 곳은 아니다. 어째서 조선인은 이것을 가지고 분계(分界)의 증거로 하는가 고증할 넷째요, 압록강의 상원은 압록이라 하지 않고 건천구(建川溝)라 하니 도문강의 상원(上源)도 도문의 이름은 없을 것이다. 중국에서 제(齊)의 원(源)은 침(沈)이라 하고 한(漢)의 원(源)은 양(樣)이라 한다. 그러니 침(沈)과 양(樣)이 제한대천(濟漢大川)의 이름을 칭할 수 없는 것은 대천(大川)이 소천(小川)을 거느리는 까닭이다. 그런 즉 홍단수(紅丹水)가 홀로 도문강원(圖們江源)이라고 말 할 수 없을 것인가 하는 것이 고증할 다섯째이다.

6) 미완(未完)의 정해감계담판(丁亥勘界談判)

정계비와 토문강 경계조사를 고집하다 을유감계담판이 결렬된 지 2년 후인 1887년(고종 24년) 4월에 또 다시 감계담판이 재개되었다. 이때 청국측에서는 독리길림조선통상회변(督理吉林朝鮮通商會辯) 변방영무(邊防營務) 진영, 훈춘 승변처(承辯處) 방랑(方郎) 등을 파견했고 조선에서는 이전의 감계사 이중하에게 다음과 같은 요지의 조회를 보내왔다.

본국 정부의 지시와 같이 양국의 경계는 무산의 동쪽으로부터 녹둔도에 이르기까지는 도문강의 천연계한(天然界限)이 있어 조금도 이의가 없으나 무산의 서쪽으로부터 분수령 위의 비가 세워져 있는 곳까지가 불분명하니 이를 변리(辨理)하라고 본관들에게 통지가 내렸다. 그리고 이 명령서를 받는 즉시로 조선국 감계사에게 조회(照會)하여 속히 재감(再勘) 품신(稟申)하라고도 했다. 귀관은 이를 양지하고 급히 와서 회합(會合) 재감(再勘)하기 바란다.

이상의 내용을 검토해 보면 저들은 을유감계 당시 근본 현안으로서 아직도 미결사항이었던 토문강 동쪽의 감계문제를 재론하려는 것이 아니라 독단적인 방침에 따라 도문강을 경계로 할 것을 미리 전제해 놓고 다만 무산 서쪽 정계비까지 재감 결정하자고 한 것이니 청의 정치적 위세에 따른 것이라고 밖에 할 수 없다. 이 당시 우리 측 감계사 이중하는 을유년 감계시에 비퇴감계설을 끝까지 주장하다가 결말을 보지 못한채 담판이 결렬되고 말았음에도 불구하고 청국측에서는 끝까지 무산의 서쪽만을 감계(勘界)할 것이라는 독단적이고 위압적으로 감계에 임하고 있어 논리정연(論理整然)한 주장을 아무리 펴도 받아들여지지 않을 것을 잘 알고 있었다. 이에 이번 감계담판에는 다른 사람으로 대체해줄 것을 국왕께 아뢰고 조정에서 논의하여 쇄환(刷還)할 수도 포기할 수도 없는 우리 강북(江北)의 변방 백성들을 어떻게 처리할 것인지를 결정해 달라고 하였다. 청국측이 내세우는 도문강 경계설을 어찌할 수 없는 상황에서 강북(江北) 백성들의 처리를 걱정하지 않을 수 없었고 또 이는 강토인민(疆土人民)의 사활(死活)에 관계되는 중대한 일이기 때문에 조정의 기본방침을 요청하지 않을 수 없었던 것이다.

그럼에도 불구하고 조정에서는 별다른 대책도 훈령도 없이 그로 하여금 다시 감계사의 임무를 수행하도록 명할 뿐이었다. 정해년의 감계담판은 4월초에 회령에서 열리게 되었다. 당시 국내상황은 갑신정변(1884년)이래 청국의 군대가 서울에 주둔해 있고 젊은 원세개가 통리조선통상교섭사의(統理朝鮮通商交涉事宜)라는 명목으로 소위 종주국의 위세를 행사하고 있던 시기이다.

감계문제(勘界問題)로 파견된 청국 위원들의 강압적인 태도 역시 오만무례하기 이를데 없었다. 이러한 때에 우리 측 감계사 이중하는 청국정부가 발한 명령적인 주장의 요지에 반하는 조사는 도저히 용납되지 못할 것을 알고 부득이 저들의 주장하는바 무산의 서쪽으로부터 정계비까지를 조사할 것이라는데 따를 수밖에 없었으며 다만 이 억지회담을 될수록 결렬로 이끌어 후일을 기하려 하였다. 이번의 담판에서도 청국측이 먼저 장황한 필설을 들고 나왔으니 요지는 다음과 같다.

왕년에 귀관과 도문강원(源)을 입회(立會) 조사하였으나 조정의 명의(命意)는 강류(江流)를 따라 강원(江源)을 탐사(探査)하려는 것이요 강원(江源)을 골라서 강류(江流)를 정(定)하자는 뜻이 아니다. 을유년에 이미 지도를 작성하고 상호 기명 조인하여 이론(異論)이 없었는데 오늘에 와서 또 이의를 내놓으니 이 대체 어찌 된 일인가? 소(小)로써 대(大)를 섬기는 의리가 이럴 수 있는가.

귀방(貴邦)은 어째서 해란(海蘭)을 가리켜 도문이라 하고 도문을 두만이라 하며 심지어는 송화강원인 황화송구자를 도문강이라 하였는가. 우리 조정의 주의(奏議)에도 귀국 봉산(封山)의 금(禁)을 숙지하고 있으면서도 영토를 확장하려는 음모를 한다고 책하였다. 이에 귀 정부 문중(文中)에도 전과를 뉘우치고 과오를 알았다 하였다.

그런데 이제 귀관의 말을 들으니 조금도 경외각성(敬畏覺醒)하는 마음이 없다. 이제 귀관이 와서 강계(江界)를 사정(査定)함에 미쳐 먼저 비퇴(碑堆)를 말하고 때로는 복류(伏流)를 들어 강변하며 때로는 홍토수(紅土水)로써 원류(源流)라 하여 굽히는 기색이 없으니 이는 강원(江源)을 택하여 강류(江流)를 사정(査定)하는 것이다. 조정의 명의(命意)와 크게 틀리는 바이다. 소위 계비(界碑)를 들추어 증거 삼아 무은(無隱)의 마음을 밝힌다 하니 이는 변경조사(邊境調査)의 비(碑)로써 분계(分界)의 비(碑)라고 하는 억지소리다.

귀 정부에 기록되어 있는 승문원(承文院)에는 우리 예부에서 보낸 자문이 있는바 거기에는 강희 50년 월 4일 칙령(勅令)으로 목극등을 파견하였는데 장백산에 이르러 우리의 변경을 조사할 때에 피국무섭(彼國無涉)이라는 말이 있다. 이미 귀방(貴邦)과 관계 없다는 자구(字句)가 없으니 이 비는 변경조사(邊境調査)의 비로 경계를 나누고자 하는 비가 아닌 것이 분명하다. 또 비문에도 분계(分界)라는 자구(字句)가 없는 것이다. 송화강 원류의 비로써 증거를 삼는다면 특히 우리 조정의 명의와 합치되지 않을 뿐만 아니라 귀국 승문원 기록과도 부합되지 않는다. 또 귀관이 말한 바 우리나라의 흠정회전일통여도(欽定會典一統輿圖)에 서두수(西豆水)를 어윤하(魚潤河)라 주(註)하는 홍단수(紅丹水)는 홍단하삼지(紅丹河三池)라고 주(註)하였다는 것은 명목이 부합되지 않을 뿐만 아니라 족히 신뢰할 수 없다.

그 지도는 방간(坊間)에서 시판(市販)하는 것으로서 지도 가운데 설명이 상세하지 못하다. 이번에 우리 조정에서 도문강계 재조사를 명한것은 전자의 고증이 완료되지 못했으며 리수(里數)의 계산이 겨우 토인(土人)의 소설(所說)에 의거한 것이라 족히 신용할 수 없기 때문이다. 마땅히 귀관과 무산 서쪽에 동행하여 산세(山勢)와 수형(水形)에 따라 하류로부터 원류로 올라가면서 리수(里數)를 측량 명기하고 사명(査明) 상의하여 경계를 획정함이 경계를 나누는 요령이며 우리 조정 명의(命意)의 본 뜻이다.

강류(江流)에 세 갈래가 있음은 이미 조사한 바로 측량원을 선파(先派)하여 연도(沿道)를 측량케 하고 본관등은 귀관과 동행하면서 조사해 볼 일이다.

이상과 같은 저들의 몹시 무리한 강압에 대해 우리 측 감계사는 대체로 다음과 같은 반박서를 제시하였다.

지금 귀관 등의 말에 조선이 척지(拓地)를 음모(陰謀)한다고 하니 필구(筆句)의 독단이 어찌 이다지도 심한가. 귀서(貴書) 중에 지난해 비퇴(碑堆)를 사감(査勘)할 적에는 본관이 수류동접(水流東接)이라 해 놓고 이제 와서 이의를 말한다 하니 이는 대체 무슨 말인가. 홍토수가 계비(碑界)에 접하지 않음은 당시 산에 오르기 전부터 분명하게 설명한 바이다. 그날의 담초(談草)가 아직도 있으니 바라건대 다시 한 번 재고하기 바란다. 귀서(貴書)의 비계(碑界)는 분계(分界)가 아니라 하나 백두산 정계비가 조·청양국간에 300년 동안 계한(限界)이었음이 사료(史料)에 기재되지 않은 데가 없다.

그리고 그날 귀관 등은 이 비(碑)를 후인(後人)의 위작(僞作)으로 돌리고 또 간민(奸民)이 옮겨 놓은 것이 아닌가 의심하였다. 이것이 사리(事理)에 어그러짐은 변명하지 않아도 명백하다. 대저 변경(邊境)을 조사하여 비(碑)를 세움은 경계(境界)를 정(定)하는 것이 아니고 그 무엇인가.

우리나라 승문원(承文院) 정계사적(定界事跡) 중에 있는 목총관(穆總管)의 주문조회(奏文照會)는 그 모두가 당시의 경계(境界)를 나누는 것을 가리킨 것이다. 고사(故事)를 깊이 살피지 않고 무심히 이를 보면 이 비(碑)가 압록.송화의 양원간(兩源間)에 있음이 부합되지 않는다고 하겠지만 성경통지(盛京通誌)에 장백(長白) 남쪽은 조선의 땅이라 하였고, 흠정통전(欽定通典)에 조선은 도문강으로써 경계한다 하였으니 목총관이 변계(邊界)를 조사하고 비(碑)를 세울 때에 어찌 장백(長白)을 버리고 소백산(小白山)에 세우며 도문(圖們)을 버리고 홍단수(紅丹水)를 취하였겠는가. 특히 도문의 원(源)은 비(碑)와 거리가 멀기 때문에 토퇴(土堆)를 설치하여 서로 접하게 한 것이다.

지금 압록강에 퇴(堆)가 없고 동변(東邊)에 퇴(堆)가 있는 것은 그 까닭이다. 귀측이 임금에게 아뢰기를 압록강원(鴨綠江源)을 압록이라 이름하지 않고 건천구(建川溝)라 하는 사실은 도문의 상원(上源)을 반드시 도문이라 이름하지 않음과 같은 예라 하였으나 이는 귀관등이 지난해 변계사정(邊界事情)을 홍단(紅丹)으로 보고하지 않았기 때문이다. 전날의 귀측 조회문(照會文) 중에도 봉퇴(封堆) 남쪽은 조선의 땅, 그 북쪽은 청국땅이라 하였다. 아직 그 먹물이 마르기도 전에 어찌 천만부당한 홍단수(紅丹水)를 지적하는가. 삼가 살피건대 귀국의 일통여도(一統輿圖) 가운데는 압록 도문의 경계에 점획의 표시가 확실하며 홍토수(紅土水)가 대도문강임은 확실하다. 그 남쪽에 따라 소백산 삼지 홍단하 등지를 밝힌 문자가 있으니 이것이 정확한 증거가 아닌가.

전번의 경계 조사시에 귀관 등은 항상 도지(圖誌)로써 증거를 삼았다. 본관이 누누이 이를 한번 보기를 간청하였음에도 귀관등은 한번도 이를 보여주지 않은 까닭에 귀경후 본관은 이를 북경에서 구해 보았다. 그런데 귀관등이 이를 시중의 판매물이라 하여 믿을 바 못된다고 하니 이 통여도(統輿圖) 중에 무엇을 가리켜 믿을 수 없다는 말인가. 하나하나 응답하라.

요컨대 이번의 감계에서는 우리 측은 삼가 도문 옛 경계를 지킬 뿐이다. 바라건대 귀관 등이 깊이 양찰(諒察)하여 공평(公平)을 기하라 또 가지고 온 귀 조정 명령서와 여도(輿圖)를 우리에게 보이고 공명히 고정(考訂)하라. 위원을 먼저 보내 측량케 하자는 제의는 일리가 있으나 이제 귀관등이 우리의 수백년간 내지(內地)로 내려온 홍단수(紅丹水) 서쪽 계곡을 가리켜 측량하자고 하니 이것은 교계(交界)가 아닌 까닭에 다시금 재감(再勘)할 필요가 없다. 양찰(諒察)하기 바란다.

그러나 청측 파원은 송화강의 상류에 정계비가 있을 수 없다고 하고 측지(測地)위원을 파견하여 측량케 하고 감계위원이 그 뒤를 따라서 도문강 물줄기를 따라 강원(江源)을 찾아 국경을 획정하자고 독촉하였다. 우리 측 대표인 이중하 감계사는 산 위의 비가 정계비임이 명명백백하며 조선 경내에 있는 홍단수(紅丹水)를 도문의 본류로서 입계(立界)함은 온당치 않다고 하였다. 도문강은 홍토수인바 비를 강원(江源)에 세워 목극등이 세운 정계비를 보족(補足)하고 그것을 국경으로 한다면 이의가 없다고 하였다. 그러나 이견은 좁혀지지 않은 채 4월 22일 회령을 떠나 29일에 무산 서쪽인 장파(長坡)에 도착, 우리 측은 정계비에서 가장 가까운 홍토수를 조사하려 하고 청측은 서두수를 조사할 것을 주장함에 결국 절충안으로 우선 중간의 홍단수(紅丹水)를 조사하기로 하고 장파로 돌아와서 서두수이든 홍토수이든 둘 중 하나를 택하자고 하였다. 윤 4월 2일 양국 파원은 홍단수(紅丹水)를 조사하고 6일에는 장파(長坡)로 돌아왔으나 여기에서 또 다시 논의가 재개되었다. 청측은 도문강과 연속되고 있는 강이면 모두 도문강의 지증(指證)이 확실하다며 계한(界限)도 자명(自明)할 것이라고 하였다. 도문강은 장백산으로부터 흘러나온다. 그런데 장백산 입구에 와서 장백산을 조사하지 않고 도문강이 아닌 서두수로 가려는 이유가 어디 있느냐고 우리 측 감계사는 항변하고 서두수 조사를 반대하였다. 그러자 조선측은 홍토수(紅土水)를, 청측은 서두수(西豆水) 조사를 강변함으로써 서로가 한 치의 양보도 하지 않았다. 이에 청측이 적당히 타협하기를 바랐으나 이중하는 한 줌의 흙, 하나의 돌덩이라 하더라도 신하된 자 어찌 계한(界限)을 축소하는 일을 자의로 협상할 것인가. 설사 본관이 이를 인정한다 하더라도 조정이 어찌 이 일을 묵과하겠는가? 하고 응하지 않았다. 이에 청측은 축지(縮地)가 아니라 증지(增地)라고 하였다. 윤 4월 13일 홍토수(紅土水)를 조사하기로 하고 16일에 다시 회견하였다.

청측: 홍토수(紅土水)는 비퇴(碑堆)와 상접(相接)하는가
조선: 비퇴(碑堆)가 홍토수(紅土水)에 접하면 무엇 때문에 경계조사의 다툼이 있겠는가?
청측: 복류(伏流) 40리라고 하는데 동붕수(董棚水)를 조사하니 정말 홍토수(紅土水)에 접하던가.
조선: 접하지 않는다.
청측: 홍토수(紅土水)는 비퇴(碑堆)로부터 멀고 동붕수(董棚水)는 홍토수(紅土水)에 접하지 않으니 귀관의 뜻은 어떤가.
조선: 비퇴(碑堆)가 홍토수(紅土水)로부터 먼 까닭에 표석(標石)을 사이 사이에 둔 것이다.
청측: 비(碑)가 증거되지 않음을 나는 이미 안다. 이 비(碑)가 원래 어디에 있었고 누가 옮겼다는 것은 차마 말할 수 없다.
조선: 비를 옮긴 것을 안다면 공문(公文)으로 명백히 하라. 이것은 큰 사건이다. 본관은 시급히 우리 조정에 알려야 한다.
청측: 차마 말할 수 없다.
조선: 명백히 공언(公言)하지 않으면 안 된다. 어째서 공언(公言)하지 않는가. 비는 옮길 수 있다 하자 퇴(堆)도 옮길 수 있으면 퇴(堆)위에 수목(樹木)이 자라 노목(老木)이 된 것이 많다.
청측: 퇴는 장백산 기구(祈求)를 하러 다니는 표시이다.
조선: 목극등이 비를 세울 때 보낸 왕복문서가 있다니, 말이 되느냐.
청측: 귀관은 홍토수 밖의 것은 언급하지 않음은 무엇 때문이냐.
조선: 귀측이 나에게 의론코자 하는 것은 우리나라 땅을 줄이려고 하는 것인

데 내가 어찌 줄이는데 협의할 수 있는가.
청측: 모든 수원(水源)을 조사하였으니 공평하게 말하라.
조선: 공평히 말한다면 홍토수(紅土水)이다.
청측: 어찌 그것이 공평하다는 말인가.
조선: 수백년의 경계를 구함이다. 사리 당연한데 어째서 화를 내는가?
청측: 또 다시 화를 내며 더 이상 논의할 것 없이 홍단수(紅丹水)로 결정하겠다.
조선: 홍단수는 조선의 땅이다. 귀측이 정한다 해도 나는 정할 수 없다.
청측: 이는 길림의 땅이다. 어떻게 조선의 땅이냐?
조선: 귀국의 일통여도(一統輿圖)에도 대도문(大圖們)의 계한(界限)이 있다. 바라건대 공증(公證)함이 가하다.
청측: 지도는 황제가 내린 것인가, 총서(總署)에서 보낸 것인가, 지도는 증거가 되지 못한다.
조선: 총서주의(總署奏議)에 항상 지도를 인용하고 있다. 이것이 증거가 안 되면 무엇이 증거가 되는가.
청측: 총서의 공문을 보려는가 그 뜻은 홍단(紅丹)을 경계로 함에 있다.
조선: 전년 감계시에도 홍토수 말은 한 번도 없었다. 총서는 처음부터 홍토수가 있음을 몰라서 그런 것인가.
청측: 귀정부는 누누이 북양대신(北洋大臣)과 총서에 홍토수의 일을 청하였다. 그러나 총서는 이것을 허락하지 않았으므로 홍단하로 경계를 정하려는 것이다.
조선: 총서주의(總署奏議)중에 수원(水源)지형은 논리가 매우 상세하다. 홍토수(紅土水)가 대도문(大圖們)임이 분명하다.
청측: 총서도 자세히 알지 못한다. 다만 우리의 보고 여하에 달려있다.
조선: 이번에 상세히 제도(製圖)하여 바치면 결정될 것이다. 우리가 이렇게 논쟁할 필요가 어디 있겠는가. 이 일은 옛 경계를 밝히는데 있다. 귀관은 따로 새로이 경계를 정하려고 한다. 근 300년 이래 옛 경계가 상존해 있다. 어째서 오늘에 와서 다른 경계를 정하려는가.
청측: 옛 경계를 누가 아는가. 귀관이 아는가.

조선: 홍토수가 옛 경계이다.
청측: 홍토수가 비와 접하지 않음을 보고도 그같이 내세우니 이 일은 오늘 결정하지 않고는 하산할 수 없다. 이를 밝혀 말하라.
조선: 내 머리는 자를 수 있을지언정 강역(疆域)은 축소할 수 없다. 여기에는 국가 도지(圖誌)가 있다. 어찌 이리 강박하느냐.
청측: 홍토수(紅土水) 이외는 거론(擧論)할 수 없다 하니 귀정부의 명의(命意)가 본시 그러한가.
조선: 우리 정부에서 나를 파견할 때에 다만 홍토수(紅土水)의 옛 경계(境界)로써 경계(境界)를 정함을 알뿐, 홍단(紅丹) 서두(西豆)의 설(說)은 우리 정부는 예상(豫想)조차 하지 않았다.
청측: 귀 정부의 뜻은 다만 홍토수(紅土水)에 있는가.
조선: 그렇다.

이상과 같이 청국측은 자기들의 관찬제(官纂製) 일통여도(一統輿圖)를 믿을 수 없다고 하는 자기모순을 범하면서 까지 억지를 써 사리와는 전혀 관계도 없는 우리나라 안의 서두수로써 경계를 정하고자 강박해 왔으나 이중하 감계사는 홍토수 일설을 주장, 끝까지 굽히지 않았다. 이리하여 무산 장파의 회담도 결렬되고 말았다. 양측 위원들은 5월에 다시 회령으로 돌아왔다.

회령에서도 또 다시 담판이 시작되었는데 이번에는 청국측에서 지금까지 주장해 오던 홍단수설을 포기하고 홍토수의 지류(支流)인 석을수(石乙水)라는 작은 물로써 양국의 경계를 정하고자 마치 큰 선심이나 쓰듯이 제의하여 왔다. 석을수라는 것은 소백산 동남기슭 30여리에서 발원하여 홍토수로 들어가는 강인데 처음에는 그 명칭조차도 없던 것이요 을유년 감계 때에 거론하지도 않은 것이었다. 청국측이 석을수를 말하며 마치 대폭 양보라도 하듯이 하였으나 실상은 감계담판을 어떻게든지 성취시킴으로써 토문강 남쪽 두만강 북쪽의 땅을 모두 차지하고자 할 뿐만 아니라 석을수도 두만강의 본류(本流)가 아닌 우리의 땅을 흐르는 한 지류이기 때문에 두만강 상류의 연안까지도 송두리째 차지하려는 저들의 또 다른 표현에 불과하였던 것이다. 따라서 우리 감계사 이중하는 이것을 그대로 인정할 수는 도저히 없었다. 그리하여 다음과 같은 세 가지 항목을 들어 저들의 부당성을 지적하였다.

첫째 강류(江流)를 소급해서 올라감에 있어서 대원(大源)을 버리고 소류(小流)를 취하여 거론함은 부당하다.
둘째 석을수(石乙水)는 귀국의 일통여도(一統輿圖)에 분명히 나타나 있는 대도문강의 경계에 부합되지 않으니 부당하다.
셋째 장백 이남이 조선의 땅임은 고래(古來)로 이론이 있을 수 없는 명백한 사실인데 이제 그 장백산 동쪽 기슭의 물을 버리고 조선의 내지(內地)에 있는 소백산 동쪽 기슭의 물을 취하려는 것 또한 부당하다.

우리 감계사의 이 사리(事理) 공명한 공문을 마지막으로 정해년 감계논의는 사실상 결렬된 채 또 다시 다른 기회를 기다릴 수밖에 없게 되었다. 그런데 우리가 이 정해년의 감계사실을 검토함에 있어 간과할 수 없는 것은 을유년 감계담판에서 그처럼 강력하게 토문강 경계설을 주장하던 이중하가 정해년의 담판에서는 두만강(도문강)상류 가운데에서 가장 북쪽에 위치하고 또 비퇴(碑堆)와 그래도 비교적 가깝다고 할 수 있는 홍토수 경계설을 내세움으로써 토문 경계에 비하면 수백 리의 땅을 양보하고 있다는 사실이다.
그 이유는 청조(淸朝)의 구지(舊誌)에 의하더라도 송화강의 상류가 되는 토문강을 경계로 주장하여 저들의 이의(異議)를 봉쇄할 만한 확고부동의 사적(事跡) 사지(事址)를 우리가 갖추고 있지 못하고 있었다는 점과 당시 종주국으로 행세하던 청조(淸朝) 총리아문(總理衙門)이 이미 도문강계(界)를 강변, 무산 동쪽은 불문에 붙이고 그 서쪽만을 감계하겠다고 억지로 강박해 옴에 강약이 부동인 상황에서 이 감계사 자신도 지난날처럼 토문강경계설을 끝까지 관철하는데 한계를 느낀 것이 아닌가 여겨진다.

우리 측 이중하 감계사는 청측의 억설과 위협적 태도에 조금도 굴하지 않고 내 목은 자를 수 있어도 강토는 단 한 치도 줄일 수 없다라고 대응하면서 1887년 5월 18일 정해사정(丁亥査定)을 마무리 짓는 다음과 같은 조회서를 청국대표에 전하였다.

감계를 함에 있어 아직 확정짓시 못한 난시 홍토(紅土) 석을(石乙)의 합류처 이북의 서원(西源)이다. 우리 측은 장백산에서 홍토수에 이르는 사이의 경계로 정하려 하였고 귀측은 소백산에서 석을수에 이르는 사이를 경계로 정하려 하였다. 이렇듯 여러차례의 회담을 통해서도 의견의 일치를 보지 못하였다. 공동으로 측량(測量)한 리수(里數)에 따라 지도를 만들어 총서(總署)에 제출하여 칙재(勅裁)를 얻어 경계를 정함이 공평(公平)할 것이다.

이에 청측의 회답이 5월 19일에 왔다.

홍토수는 수류(水流)가 다하는 곳과 동붕(董棚)의 전면(前面)인 동북쪽을 향해 흐르는 물이 접하지 않고 비퇴(碑堆)와도 서로 접하지 않는다. 소백산 동쪽 기슭인 석을수(石乙水) 원류(源流)가 여러 면으로 옛 경계(境界)와 상응한다. 이를 조사하여 경계로 하려 하였으나 귀측이 이미 측량한 리수(里數)에 따라 지도를 만들어 총서(總署)에 보고하고 칙재(勅裁)를 얻어 경계(境界)를 정(定)하자고 하니 본관은 측량한 리수(里數)에 따라 상세히 지도를 만들어

공동으로 확인하고 실제에 따라 보고하겠다.

라고 함으로써 결론 없이 정해사정도 끝났다. 이상과 같이 두 차례에 걸친 미증유의 근대적 국경회담을 당시 정치적 우위에 있던 청측을 상대로 힘겨운 논쟁을 벌이면서 내 나라 내 강토의 수호를 위해 혼신의 힘을 다해 청측의 위협을 막아낸 이중하는 1890년 이조참의(吏曹參議)가 되어 충청도 암행어사의 임무를 수행하였고 1894년 외무부협판(外務部協辦) 의정부 도헌(都憲)의 직분을 맡았다. 동학운동이 일어나자 진압에 앞장섰으며 김홍집 내각 때 내무부 협판, 이후 대구부관찰사로 재직 시 을미의병 봉기로 많은 관리가 희생되었는데 그는 민심을 잃지 않아 무사하였다. 1903년 외무부(外務部) 협판(協辦) 칙임(勅任) 2등이 되어 문헌비고(文獻備考) 편집당상(編輯堂上)을 맡았고 1910년 규장각제학(奎章閣提學)으로 있으면서 일제의 병합에 극렬하게 반대하였다. 저서로 규당문집(圭堂文集)이 있다.

제 7 장

간도 귀속문제와 감계담판(勘界談判)

1. 미완의 감계담판(勘界談判)과 간도 귀속문제

1) 간도관리사로 파견된 이범윤

이범윤(李範允)은 1863년(哲宗 14) 경기도 고양에서 태어났다. 그의 아버지는 대원군의 신임을 받아 훈련대장을 역임한 바 있는 이경하(李景夏)이다. 이경하는 대원군 시절 기독교 신자들을 박해할 때 포도대장으로 있으면서 자기 집인 낙동에서 교인들을 취조해 세인들이 그를 염라대왕처럼 무서워하였다. 그의 형인 범진(範晉)은 법부대신과 주러시아 공사를 지냈다.

이범윤은 의정부참정(議政府參政)이던 김규홍(金奎弘)이 북간도 일대의 한국 거류민을 보호하여야 한다는 건의에 따라 이범윤을 간도관리사로 천거하면서부터 세상에 알려졌다.

광무 6년(1902) 5월 21일 우리나라에서는 이범윤을 간도관리사로 임명하고 길림, 토문, 두만강 이북 일대에 거주하는 한인들을 순찰 위무함과 동시에 거주민의 호수와 인구를 상세히 조사하게 하였다.

이 임무를 수행하는 데 시찰사 이범윤 이외에 수행원으로 이병순, 이승호 등이 그 해 6월 25일 종성에서 두만강을 건너 임지에 도착하였다. 현지의 실정은 눈물 없이는 볼 수 없는 참담한 상태였다. 날로 심해가는 청인들의 박해에 대항하는 길은 오로지 스스로를 지키기 위한 자구책을 강구하는 길밖에 없었다.

그리하여 우선적으로 본국 정부에 필요한 병력을 요청하였으나 이는 불가능한 요구였다. 어쩔 수 없이 현지 동포들 가운데 장정들을 동원하여 사포대(私砲隊)를 조직하고 모아산(帽兒山), 마안산(馬鞍山)에 병영을 설치하고 두도구(頭道溝)에도 이에 못지않는 시설물을 갖추도록 하여 장정들을 훈련시켰다.

그리고 충분치는 못하나 서울로부터 약간의 총기를 가져와 무장을 하게 하였다. 차츰 사포대가 정비되면서 국내의 의병과 구한말 군인들까지 이 부대에 합세하게 되었다.

다른 한편으로는 행정조직도 정비하여 압록강 상·중류의 대안(對岸)지방을 서간도로, 백두산과 인접한 송화강 중류지방을 동간도, 서부, 백두산 동쪽 두만강 대안지방을 동간도 동부라 하여 막연히 구분해 불러 오던 지역들을 북간도 일대를 포함하여 함경북도 회령(會寧)·무산(茂山)·종성(鍾城) 온성(溫城) 등과 만주의 양수천자(凉水泉子)·화룡곡(和龍谷)·육도구(六道溝) 등에 미치는 광대한 영역에 행정관리소를 두어 자율적인 행정을 시행하게 하였다.

한민 거주자들의 호구를 조사하여 10호를 1통으로 하고 10통을 1촌(村)으로 하여 통장과 촌장을 임명하고 모든 일에 자치적인 행정 관리가 가능하도록 하는 한편, 청측의 조세를 거부케 하였다.

이제까지 한국인들을 괴롭히던 청국향약(淸國鄕約)도 없애 완전 자치·자활의 터전을 만들게 하였다. 종전까지 내던 세금은 자치 행정관리와 사포대 운영에 따른 경비로 충당하였다.

2) 호구조사와 한민보호(韓民保護)의 필요성을 청측에 통보

현지의 각사방곡(各社防曲)으로 사람을 파견하여 인구 호수의 조사는 물론, 전토(田土)의 결수(結數), 지세(地稅)의 총가(總價)에서 개간지로 소요비용, 가옥의 건축 또는 매입비, 부동산의 원가(原價) 등에 이르기까지 호별로 정사(精査), 등록(登錄)하도록 하였다.

이러한 조사활동의 결과 10만 여에 달하는 인호(人戶)의 호적이 작성되었는데 편제(編制)된 호직부는 무려 52책이나 되있다. 이들 자료들은 작성 직후 중앙정부의 내부(內部)에 보내졌다. 이주민들의 고향, 연령분포 상황 등과 함께 행정체계를 살펴볼 수 있어 매우 중요시 되어야 할 자료로 판단된다.

무엇보다 국제법상 영유권분쟁에 있어 거주민의 수 및 이들의 의사 등이 커다란 비중을 차지한다고 볼 때, 열악한 조건하에도 생활 터전의 뿌리를 내린 이들의 노고(勞苦)는 우리나라 영토사에 매우 의의 있는 족적(足跡)이 아닐 수 없다.

이제 본 호적안(戶籍案)에 수록된 관할 면별(面別) 호수와 인구수를 간추려 보면 다음과 같다.

≪간도 일원 면별(面別) 및 거주민 상황≫ 1902년(고종 39년)

[단위: 호, 명]

面別	戶數	男	女	計
帽兒山面	103	207	150	357
間島面	117	167	116	283
九道面	245	389	229	618
八道面	247	311	178	489
七道面	121	310	187	497
新別面	45	87	48	135
龍城面	380	834	519	1353
大同面	142	297	184	481

이상의 면단위의 호수는 리(里), 통(統)으로 행정체계화 하여, 통(統)에는 통수(統首)를 두었고 각 통(各統)에는 10내지 20여 호를 관할하는 촌락제를 채택하고 있었다.

광무 4년 9월 4일에 주한청국공사에 대하여 우리 정부는 다음과 같은 내용의 통첩을 보냈다.

북변간도는 본래 청한교계(淸韓交界)에 속하여 백성이 거주하지 않고 오랫동안 비어 있었다. 수십 년래로 우리 백성의 이주자가 점차 많아졌으나 아직 관(官)을 설치하여 산업을 보호하지 못하였다.

이곳 백성의 호소에 의하여 본부로부터 서쪽 이범윤을 파견하여 정황을 시찰하고 황화(皇化)를 선포케 하였다. 이에 시찰의 보고에 접하였는데 우리나라 백성으로 간도에 이주한 자는 호수로 1만여 호, 인구 10만 여가 된다. 그래서 관원을 파견하여 관할하지 않으면 청나라 관리의 학대를 받을 것이므로 외부에 이문(移文)하여 주한청국공사에 전조(轉照)하여 일체를 상의 처리하여 침해를 방지하고 생명을 보전케 하라고 하였다.

3) 한·청(韓·淸) 양국간의 대응(對應)과 조처(措處)

이주자가 그처럼 많으나 의지할 바 없어 우선 보호관을 두지 않을 수 없었다. 이에 주민의 청원에 의하여 시찰 이범윤을 명하여 관리하라 하고 이곳에 주둔하여 일체의 사무를 전관변리(專管辨理)하고 생명재산을 보전케 함은 이미 칙재(勅裁)를 얻었으므로 간도 부근의 청국 관리가 변발을 강제하고 법외(法外)로 학대함을 못하게 하여 민생을 안거(安居)케 하고 인의(隣誼)를 돈독케 하도록 청국 관리에게 통지하기 바란다.

또 모든 청국공사의 이문(移文)은 본부(本部)에 교부하여 그곳 관리에 전달하는데 편케 하여 주기 바란다. 살피건대 서북교계(西北交界)에 있는 청측 지방관이 여러 번 우리 백성을 능욕한 고로, 전에도 이미 여러 번 교섭하였으나 이번에 간도의 관리를 보내 우리 백성을 보호함은 실로 마땅한 일이다.

이에 조회(照會)하니 시급히 이문(移文)을 본부에 교부하여 해관리(該官吏)에 전치(轉致)하여 간도 지방의 귀국관리에 전송하여 다시 침입하여 학대하는 일이 없도록 함은 실로 양국의 인의(隣誼)를 돈독케 하는 선결 과제인 것이다. 이러한 한국 외부(外部)의 조회(照會)에 대하여 주한 청국공사 허대신(許臺身)은 간도 주재의 한국인은 본래 청국의 영토에 월간(越墾)한 것이므로 여러 번 쇄환(刷還)을 청하였으나 청·한조약을 체결함에 이르러 이미 월간(越墾)한 자는 안업(安業)케하고 생명재산을 보호케 되었다. 그러나 이 보호권은 청국에 있으며 한국으로부터 관리를 파견하여 관리하라는 조문(條文)은 없다. 특히 이범윤은 방약무인의 행동을 하고 조약을 지키지 않고 스스로 향약을 만들고 장정을 편제(編制)하고 사람을 체포하고 과세(課稅)를 하려는 고로 수차에 걸쳐 돌아갈 것을 요구하였다.

또 청국 지방관은 한국인을 잘 보호하고 결코 법외(法外)로 학대한 사실이 없다. 마땅히 양국 육로장정(陸路章程)의 의정(議定)을 기다려 관리를 보내 경계를 조사할 것이므로 관리사의 파견은 인정키 어렵다라고 하여 거절해 왔다.

그런데 한국 정부에서는 청·한조약 제12조에 '변민(邊民)으로 이미 월간(越墾)한 자는 그 업에 편안케 하고 생명 재산을 보호한다'라는 규정은 본시 상호적인 규정으로 청국 관리가 한국인을 보호하라는 것은 아니라고 해석하고 이범윤의 행동에 제재를 가하지 않았다.

간도의 한국인은 오랫동안 청국의 압박을 받아왔으므로 그 보복으로 경토(境土)를 회복할 때는 바로 이때라 하여 서간도 지방에 이르기까지 활동을 개시하였다. 그런데 1904년(광무8)에 러·일 전쟁이 일어남에 청국은 변경에 사단(事端)을 일으킴을 경계하여 같은 해 1월 14일자로 다시 한국 정부에 조회(照會)하여 이범윤의 소환을 요구하고, 또 경계문제 및 육로무역 장정(章程)은 시국의 안정됨을 기다려 상변(商辯)할 것이므로 러일개전으로 양국 변계(邊界)에서 사단(事端)이 일어나지 않도록 권고하니 변계(邊界)의 관리에게 파병월계(派兵越界)하지 않도록 엄명할 것을 요청하고, 이해 3월 16일 또다시 공문(公文)으로서 이범윤을 소환하고 월강(越江)의 군대를 두만강 우안(右岸)으로 철수하고 위원을 파견하여 경계(境界)를 합동 감정(勘定)할 것을 한국 정부에 조회(照會)하였다.

같은 해 6월 15일 한국 교계관(交界官)겸 경무관과 진위대장으로 하여금 청국 연길청지부(延吉廳 支部) 진작언(陳作彦) 길강군통령(吉强軍統領) 호전갑(胡殿甲)과의 사이에 종성간도(鍾城間島) 광제욕의 청관(淸館)에서 중한변계선후장정(中韓邊界善後章程) 12개조를 체결하였다.

이 협정은 국제조약의 성격이 아니고 단순한 현지 관헌간의 약정에 불과한 것으로서 주요 내용은 다음과 같다.

○ 양국의 경계는 백두산비의 기록을 기점으로 하나 양국 정부에서 사람을 보내 감계케 한다. 감계하기 전에는 도문강을 경계로 하여 각각 그 구역을 지키고 무기를 가진 병사가 월경(越境)하여 일을 일으키지 않도록 한다.
○ 이범윤이 북간도를 관리함은 청국 정부가 인정하지 않는 바로서 청국의 경계관은 이를 인정치 않는다. 조선의 경계관도 인정치 않기로한다.
○ 옛 간도 즉 광제욕(光霽浴) 가강(假江) 땅은 여전히 종성 간도인에게 경작권을 허여 (許與)한다.

이 때에 이범윤은 이미 러시아군에 가담하여 일본에 대항하고 있었기 때문에 철퇴에 대해 귀담아 듣지 않았다.
광무 8년(광서 30) 6월 28일

"청측 허(許) 공사는 한국 정부에 조회(照會)하여 본대신이 우리 외무부로부터의 전보에 접하였기 때문에 주한 일본 공사와 회담하였는데 일본 공사의 말이 '도문강 간도는 청한(淸韓) 교계(交界)이나 양국이 서로 논쟁하여 일본 파원(日本派員)의 입회조사(立會調査)을 원하는 모양인데 일로간(日露間)의 군무(軍務)가 긴급하고 또 교계사(交界事)는 유예할 것이나, 길림장군에게 신중히 방어하도록 통지할 것이다.
바라건대 대한(大韓) 외부(外部)에 고하여 약속을 신명(申明)하고 다시 경계를 넘어감이 없도록 하여 서로 상안(相安)을 기하도록 하라' 운운(云云)하였다. 이미 감계사는 잠시 상의를 유예할 것이며 병민(兵民)이 경계를 넘어가는 건은 양국 교의(交誼)에 관계될 뿐 아니라 동방의 시국과 관계되는 일이라 우리 외무부로부터 길림성에 통지할 것이니 귀대신(貴大臣)도 즉각 변방의 관리에 훈령하여 결코 경계를 넘지 않게 하고 사건이 일어날 만한 일을 일으켜 전쟁에 관계될 우려로부터 면케 하면 대국(大局)을 편안케 하고 중생을 안도케 할 것이라."하여 감계 상의의 중지를 권고하여 왔다.

그러나 청·일에 대한 이범윤의 항쟁정신은 러일 전쟁이 발발하자 일제에 대항하여 독립을 쟁취하고자 이미 조직되었던 5백여 명의 무장한 장정들을 러시아군의 편에 서게 했다.

그는 연해주와 간도일대를 무대로 풍상로숙(風霜路宿)을 하는 가운데서도 간도관리사의 직분을 잊지 않고 언제나 관련문건을 직접 챙겨 휴대함으로써 한시도 그의 몸에서 떼지 않았다고 한다. 그런데 그가 세상을 뜬 후 자신의 생명처럼 소중히 여기던 간도관계 자료는 행방이 묘연해졌다. 이국땅 그 어느 곳에서라도 이들 문서가 발견되어 민족의 품에 다시 돌아갈 날을 기다리면서 간도관리사 이범윤의 애국적 영토정신에 다시 한 번 머리를 숙이지 않을 수 없다.

2. 국계(國界)문제 해결을 위한 명저 〈북여요선(北輿要選)〉

1) 북여요선(北輿要選) 발간의 공헌자(貢獻者)들

을유(1885년), 정해(1887년) 감계담판이 결렬된 이후 간도 일대에 이주해 살고 있던 한국민들은 날로 청국 관헌의 탄압이 심해져 대한제국정부의 적극적인 보호·요청을 내부(內部)에 진정했다. 특히 오삼갑(吳三甲) 등 많은 주민들이 연명 하에 국경이 감정되지 못하고 백성들이 판적(版籍)에 누락된 사실을 고해와 정부에서 이를 조치토록 하였다.

1899년 봄, 연이어 내부에 다시 호소해 오자, 함경북도 관찰사에게 경계를 조사 보고케 하였더니 한결같이 그곳 백성들의 말과 부합되었다. 1902년 간도인 한태교(韓台敎)가 솔선하여 이일을 하루빨리 끝내고자 하여 현지의 유지(有志)인 지용수(池用洙), 장봉한(張鳳翰), 김병섭(金炳燮) 등과 함께 거듭 진정하자 서울 사람 정창석(鄭昌錫)도 이를 의롭게 여겨 이들과 전후하여 소(訴)를 올렸다.

이에 내부에서 황제께 아뢰어 이범윤을 사찰사로 이병순(李秉純), 이승호(李昇鎬)를 위원으로 파견하여 현지를 조사케 하고 그곳 주민들을 위무하도록 하였다.

이범윤은 간도시찰사로서 거주민을 보호하고 청측의 주장을 논박하여 우리나라 측의 정당성을 제기하여 간도관리사로서 좀더 강력한 입지와 정당성을 확보하고자 이 지역의 지지(地誌)를 저술, 간행하고자 하였다.

그는 기존의 제반 자료를 수집할 수 있는 대로 수집하고 거주민들의 증언과 연혁을 정리하여 ≪북무통람(北巫通覽)≫, ≪북지통람(北誌通覽)≫, ≪북여요선(北輿要選)≫ 등 세가지 책명까지 생각해 두었다. 그리고는 이 지역의 유력 인사인 김수정(金水汀)에게 보여주어 교정을 보아 달라고 하였다.

그러던 중 이 지역의 또 다른 저명인사인 학음(鶴陰) 김로규(金魯圭)라는 처사(處士)가 있음을 알게 되었다. 김로규는 경원군(慶源郡) 아산면(阿山面) 출신으로 일찍이 사서삼경(四書三經)에 능통하였고 역학(易學)에 심취하여 천문지리에도 밝았다. 그러면서도 그의 출생지가 변경인 까닭에 향토애와 아울러 전래해 오는 국경문제에 큰 관심을 두고 관련자료를 오랫동안 수집하고 있었다. 이러한 사실을 알게 된 이범윤은 곧바로 김로규에게 저술을 맡아 주도록 간청하였다. 김로규는 자신의 문하생인 최상민(崔相敏)과 오재영(吳在英)에게 자신이 가지고 있던 자료를 주고 이를 보충해 나가면서 필사하도록 하였다.

원고가 완성된 이후 이범윤은 출간을 서둘렀다. 그래서 종성사람 조항식(曺恒植)과 오재영 등으로 하여금 원고를 가지고 서울로 가도록 하였다. 이 당시만 해도 책을 출간한다는 것은 재정상으로나 보급면에서 쉽지 않았다. 그래서 내부대신인 이건하(李乾夏)에게 적극적인 협조를 원하였는데 이건하가 돌연히 사임함에 따라 책의 출간은 어렵게 되었다. 하는 수 없이 조항식은 원고를 가지고 귀향할 수밖에 없었다.

그런데 돌아오는 도중 원산(元山)에서 이를 분실하였다. 이로 인한 실망은 이루 다 말할 수 없었으나 낙심하지 않고 곧바로 오재영이 초고본(草稿本)을 바탕으로 하여 다시 원고를 정리하여 간행을 추진하였다. 이 책의 간행은 이미 1903년 7월 황성신문에 ≪북여요선(北輿要選)≫이라는 책명으로 출간을 예고하는 광고가 나갔을 정도였다.

이 책의 저작자가 비록 김로규의 명의로 되어 있기는 하나 이 책이 햇빛을 보기까지에는 숱한 분들의 희생과 노고가 뒤따랐다. 그 가운데서도 오재영의 필사적이고 헌신적인 원고 정리와 교정 그리고 종성에 살던 조항식이 공분(公憤)에 불타 천금을 희사하고 천리길을 마다않고 초부(樵夫) 유완무(柳完茂), 한태교(韓台敎), 장봉한(張鳳翰) 등과 함께 서울로 오는 등 여러 사람이 온갖 성원을 아끼지 않았다.

김로규를 도와 이 작업에 열중했던 최상민은 ≪북여요선≫ 초간본 오재영의 서(序)에 나오는 최기헌(崔基憲)과 동일 인물로 생각되는데 최기헌은 간도 일대에 많은 전토(田土)를 가지고 있었으며 그의 스승 김로규가 제시한 자료와 이범윤이 작성했던 동종의 자료를 참고로 본서의 '안기(案記)' 중 상당 부분을 집필한 듯하다. ≪북여요선≫은 1925년 최상민과 명천사람 이창종(李昌鍾)의 노력에 의해 증보현토본(增補懸吐本)이 나오기도 하였는데 최기헌은 이책의 서문을 쓰기도 한 인물이다.

《북여요선》은 2권(二卷), 1책(一冊) 전(全) 일백부(一百部)로 1904년 전사자체(全寫字體)로 인쇄하였다. 전사자체란 철종 때 구리로 만든 활자로 일명 운현궁(雲峴宮) 활자라고도 하는데 청조체(淸朝體)의 근대적 활자로 자수(字數)는 약 8만에 달하였다. 이러한 인쇄체로 세상에 모습을 드러낸 《북여요선》은 간도문제를 논하는 데 매우 긴요한 저작물로 평가되고 있다.

《북여요선》은 조선조 후기 홍세태(洪世泰)의 《백두산기(白頭山記)》, 홍량호(洪良浩)의 《북새기략(北塞記略)》 등과 같이 우리나라에서 저술된 북방영토문제 관련서로는 가장 돋보이는 자료이다. 따라서 간도문제를 논함에 있어 《북여요선》은 빼 놓을 수 없는 명저(名著)이다.

이 책에는 네 분의 서문을 책머리에 싣고 있는데 맨 첫 면에 당시 규장각 학사이며 의정부 찬정에 내무대신을 지낸 이건하의 서문, 두 번째로 의정부 찬정 농상공부대신 겸 표훈원 의정관 훈삼등(勳三等)인 김가진(金嘉鎭), 세 번째로 백산 초부(樵夫) 유원무, 끝으로 오재영의 서문이 그것이다.

발문(跋文)은 북간도 조약위원 이병순, 교정에는 오재영, 의손 조항식(曺恒植)으로 되어 있다.

2) 《북여요선(北與要選)》의 내용

이 책의 구성체계는 상·하권으로 나뉘어 있으며 상권에는 백두고적고(白頭古蹟攷), 백두구강고(白頭舊疆攷), 백두도본고(白頭圖本攷), 백두비기고(白頭碑記攷) 하권에는 탐계공문고(探界公文攷), 감계공문고(勘界

公文攷), 찰계공문고(察界公文攷), 사계공문고(査界公文攷)로 되어있다.

◇ 백두고적고(白頭古蹟攷)

백두고적고에는 백두산의 위치에 대해 ≪동국문헌비고(東國文獻備考)≫와 ≪대명일통지(大明一統志)≫의 기록을 인용하고 있다.

백두산은 옛 회령부 남쪽 60리에 있으니 가로 뻗치기를 1천리, 높이가 2백리인데 그 위에 못이 있어 둘레가 80리이니 남쪽으로 흘러 압록강이 되고 북쪽으로 흘러 혼동강(混同江)이 되고 동쪽으로 흘러 아야고하(阿夜苦河)가 된다고 하고 있어 두만강이라는 명칭과 달리하고 있음을 알 수 있다.

또 해좌지도설(海左地圖說)을 인용, 백두산과 천지에 관해 언급하고 있는데 천지 북쪽 변두리가 두어 자 길이로 터져 물이 넘쳐 나가 폭포가 되니 이것이 흑룡강의 발원이고 산등성이를 따라 3, 4리 내려가서야 비로소 압록강이 발견된다.

천지의 물은 세 방면으로 흐른다. 북쪽으로 흐르는 것이 송화강의 참 근원이 되어 흑룡강, 혼동간에 이르며 압록강의 근원은 이 못의 조금 남쪽 산등성이에서 나오니 그 동쪽으로 흘러 아야고하가 된다. 필시 대담(大潭) 가까이 있는 물을 가리킨 것으로 보이나 정확하게 알 수 없다.

지난날 목극등이 물길이 나뉘는 어간에 앉아 동서를 구분하여 서쪽으로 갈라져 흐르는 것을 압록이라 하고, 동쪽으로 갈라져 흐르는 것을 토문이라고 한 것을 상기하면 ≪대명일통지≫에 기록한 아야고하란 이 강이 아니겠는가 하고, 천하의 지리가들이 물길이 나뉘는 곳에 앉아 분수령이라 한 뜻을 상고한다면 비의 기록에 토문은 분수령·지류의 하나라고 말하지 않을 수 없지 않겠느냐 하고 있다.

또 ≪영조보감(英祖寶鑑)≫을 인용하여 백두산에 제사를 올릴 것에 대해 중신들과 논의한 내용과 함께 함경도 관찰사에게 명해 갑산부(甲山府) 80리 지점 운룡보(雲龍堡) 북쪽 망덕평(望德坪)에 장소를 골라 각(閣)을 세우고 망조(望兆)하도록 했다고 한다.

본문과 달리 '부백두산하발상고적(附白頭山下發祥古蹟)'에는 백두산 못 밖 남쪽 구렁을 지나 장백령 고개를 넘어 백여 리 지점에 두만강 본원이 비로소 발한다고 하고 강물은 홍토산수(紅土山水)와 홍단수(紅丹水)를 합쳐 점차 불어나 무산(茂山)에 이르러 북쪽으로 삼하면(三下面)을 받아들이고 남쪽으로 서두수(西豆水)를 받아들여 무산읍을 거쳐 회령을 지나 종성의 동건(童巾:오늘날의 동관진(潼關鎭))에 달하는 유로를 어윤강(魚潤江) 또는 어이후강(於伊後江)이라 하였다.

분계강(分界江)과 만나는 아래쪽을 옛날에 두만강이라 하고 여기서 온성(穩城)을 끼고 미전(美錢)에 이르러 동쪽으로 삼한강(三汗江)을 받아들여 경원(慶源)의 동림(東林)에 이르러서는 훈춘강(揮春江)이 동쪽에서 들어오고 남쪽으로 십리쯤 내려가서는 오룡청(五龍川) 서쪽으로 들어와 녹둔도(鹿屯島)에 이르러 물줄기가 갈라져 5리쯤 가는데, 오늘날 무산 이하를 통칭 두만강이라 부른다.

백두산하의 고적에 관해서는 남구만(南九萬)의 ≪용당도기(龍堂圖記)≫, ≪국조보감(國朝寶鑑)≫, ≪북관지(北關誌)≫를 인용, 이 지역이 왕업(王業)이 발흥된 중지(重地)라 하였고, ≪선원기략(璿源紀略)≫, ≪정릉구비문(定陵舊碑文)≫, ≪속강목(續綱目)≫ 등을 인용, 목조의 남경(南京) 고적을 논하고 경원, 용당 일대의 천연적 지세에 남겨 놓는 유적에 관해 논하고 있다.

◇ 백두구강고(白頭舊疆攷)

백두구강고(白頭舊疆攷) 편에서는 ≪고려사≫를 인용해 서희의 거란 침입에 대한 항변으로 영토를 수호한 사실과 윤관과 오연총이 동여진을 쫓아내고 영토를 개척, 구성(九城)을 쌓게 하였으며 임언(林彦)으로 하여금 영주 관사(館舍)의 벽에 '동쪽으로는 대해(大海)에 이르고 서북으로는 개마산에 연결되었으며 남쪽으로는 정주, 장주 두 고을에 접해 있어 산천의 수려함과 토지의 비옥함이 가히 우리 백성을 살게 할 만한 곳으로 본래 고구려의 소유였다. 그 고비(古碑)·유적이 오늘날까지 남아 있다'고 하고 있다. 고구려가 앞서 잃은 것을 금상(今上)이 뒤에 얻은 것이 어찌 하늘의 시킴이 아니겠는가 라고 '윤관본전(尹瓘本傳)'을 들고 있다.

또, 공주(孔州)는 일명 광주(匡州)라 하였는데 후인이 땅을 파 동인(銅印)을 얻으니 그 인문(印文)에 광주방어지인(匡州防禦之印)이라 새겨져 있다 하고, 공주가 본래 고구려의 옛 영토로서 고려 윤관이 성채를 설치하고 공험진(公險鎭) 내방어소(內防禦所)로 삼았음을 ≪여지승람(輿地勝覽)≫과 ≪북관지(北關誌)≫ '경원연혁조(慶源沿革條)'를 들고 있다.

≪여지승람≫ '회령고적조'에 회령 고령진에서 두만강을 건너 고라이(古羅耳)를 넘어 오동참(吾童站), 영가참(英哥站)을 거쳐 소하강에 이르면 강가에 공험진 옛터가 있어 남쪽으로는 구주·탐주와 이웃하고 북쪽으로는 견주에 접해 있다.

≪고려사≫ '지리지 공험진조'에 대해 고려 예종 2년(1107)에 성을 쌓고 진(鎭)을 설치하여 방어사(防禦使)를 두고 산성을 쌓았다고 하고 주(註)에 일명(一名), 공주(孔州) 또는 광주(匡州)라 하는데 일설에 선춘령 동남 백두산 동북에 있다고 하는가 하면, 소하강변에 있다고도

하였다.

경원(慶源)을 공주(孔州)라고 한다면 선춘령 동남 백두산 동북이나 아니면 소하강가에 있다 함이 옳을 것이다. 선춘령은 회령의 두만강 북쪽 7백리에 있는데 윤관이 영토를 개척하여 이곳 공험진에 성(城)을 쌓고 영(嶺) 위에 비석을 세워 '고려지경(高麗之境)'이라 새겼다. 비석 4면에 모두 글이 새겨져 있었으나 호인(胡人)들이 모두 긁어 버렸다.

구주·탐주·견주 이 세 고을은 발해, 요(遼), 금(金)의 고읍명(古邑名)으로 보이는데 동사(東史)를 통해 상고해 보면 삼한(三韓)때 갈은왕(葛恩王)이 살았던 갈은수란 것이 지금의 소하강이 아닌가 한다.

남경(南京)은 종성부의 강화(江化) 근방에 있고 원지(元地)에 개원부(開元府) 서남을 영성현, 서남을 남경(南京) 또는 그 남쪽을 합란부(哈蘭府)라 했는데 합란(哈蘭)은 지금의 함흥이고 개원은 옛날의 읍루(挹婁), 물길(勿吉)이다.

개원(開元) 세 나라가 또한 부여고국(夫餘故國)으로서 지금의 영고탑(寧古塔)의 경역에 속해 있고, 부여·단군의 후예이면서 읍루·물길이 모두 그 부락이 되어 있으나 그 지역이 조선에 속했던 것은 의심할 여지가 없다.

고려는 그 경계가 선춘령에까지 달해 남경, 거양이 모두 경내(境內)에 있었다.

경원부에서 강을 건너 현성 북쪽 90리에 이르면 산 위에 석성(石城)이 있어 이름을 어라손참(於羅孫站)이라 하고 그 북쪽 30리에 허을손참(虛乙孫站), 그 북쪽 60리에 유선참(留善站)이 있으며, 그 동북 70리에는 토성고기(土城古基)가 있으니 곧 거양성이다.

그 성안에 두 개의 석주(石柱)가 있으니 옛날에 종을 매달던 곳이었고, 성은 바로 고려 윤관이 쌓은 것이다.

현성 북쪽 2일 행정(行程)에 여탑(麗塔)이 있으니 고구려 때에 성의 경계를 한정했던 것으로 속칭 검몰계탑(劍沒界塔)이라 한다.

≪길림통지(吉林通誌)≫에 고려 이북지(以北地)를 별십팔(別十八)이라 하여 필언(筆言)으로서 오국성(五國城)이라 한다. 이 오국성은 옛날에는 오국두성(五國頭城)이라 일컬었으니 이는 그 땅이 오국(五國) 총로(總路)의 수위(首位)에 자리 잡았기 때문에 그런 명칭을 얻은 것으로 후세에 와전되어 단지 오국성이라고 한다.

오국(五國)이란, 요사(遼史) 영위지(營衛志)에 부아리국(剖阿里國), 분노리(盆奴里), 월리돈국(越里篤國), 월리길국(越里吉國)으로 기록하고 있다. 오국에서는 절도사(節度使)를 설치하여 통치하였으며 황룡부(黃龍府)에 속했다.

건륭기(乾隆期)에 부도통(副都統) 극탁(克托)이 백도눌성(伯都訥城)을 쌓다가 송(宋) 휘종(徽宗)이 그린 매[鷪] 그림 1축(一軸)을 발굴했다. 자단간(紫壇澗)에 넣어져 천여 년 묻혀 있었으나 묵적(墨跡)이 새것과 같았다.

또 고자기(古瓷器) 수십 건을 얻고, 아울러 비갈(碑碣)을 발견했는데 휘종(徽宗)의 말년에 일기가 적혀있었다. 아직도 그 개략을 해득할 수 있으니, 천회(天會) 13년(1125)에 자취를 이곳에 부쳐 수년이 지난 뒤에야 비로소 오국성(五國城)이 바로 이곳임을 알았다고 한다.

≪강목훈의 (綱目訓義)≫에 백두산 일대가 옛 강역(疆域)이었음은 대개 기씨 시대부터였으나 연혁(沿革)의 자세한 기록은 얻을 수 없다. 고구려 강성기에 서쪽으로는 요동 땅에 닿았고, 북쪽으로는 흑수(黑水)·부산(部山)의 3면을 통할하여 모두 그 소유가 되었더니 당나라가 고구려를 멸망시키던 때에 백산 동쪽의 성을 들어 신라가 차지하였다.

신라의 위력이 북방에는 충분하지 못했기 때문에 고구려의 유민들이 그 허점을 틈타 그곳을 지키다가 마침내 발해국이 되었다. 오계시대(五季時代)에 발해는 거란에게 망하고, 신라는 고려에 호국(護國)하게 되자, 고려 태조는 거란과 혼동강(混同江)을 한계로 하여 지켰다. ≪영주청벽기(英州廳壁記)≫에 예종의 말에 여진은 본래 고구려의 부락으로 개마산 동쪽에 모여 살면서 대대로 그 관직을 승습(承襲)하며 우리 조종(祖宗)의 은택(恩澤)을 받음이 깊다고 했다. 고구려인들이 백두산 이하 검산(劍山)에 이르기까지를 가리켜 개마라고 통칭했은즉 옛 영토를 상상할 만하다.

그렇지만 여진의 소란에 윤관·오연총 두 장수가 구성(九城)을 쌓게 하였으며 선춘령에 경계비를 세웠다. 그러므로 지금도 그 자취를 찾으면 내공험(內公險)·외공험(外公險)은 명칭이 같으면서 두 진(鎭)이고, 선소하(先蘇下) 후송화(後松花)는 명칭은 다르나 같은 강이니, 공험진이라고 부르는 곳은 소하 강변 선춘령임이 명백한데, 거양이 선춘에 가깝다고 혹자가 말하는 것은 와전이 아니겠는가.

≪길림통지(吉林通志)≫에서 말한 오국성(五國城)의 교계(交界)는 대개 고려 태조가 경계지은 곳을 가리켜 저들 거란이 오래도록 잊지 않아 저들대로 옛 강토를 증명하여 지금 청국의 장고(掌故)에까지 나타나 있는 것이다. 하물며 고려의 국호는 기실 고구려의 옛 이름에 의한 것이고, 조선이 고려의 강토를 이어받아 맡은 지 5백여 년임에도 세계가 항상 일컫기를 고려라 하니, 고려의 경계가 모두 조선의 경계로서, 비록 고구려 옛 영토를 다 회복한다 하더라도 의리상 불가할 것이 없으나, 고려의 선춘이 그 안에 있고, 조선의 토문이 또 그 안에 있으니, 토문 하류는 송화강에 접해 있고, 지금 청의 백도눌성(伯都訥城)은 송화강 이북의 땅인즉 그 성 남쪽의 산천은 그리 멀지 않으니 고려의 경계로서 본시 우리나라 영토였음을 증명한다.

≪태조조보감(太祖實鑑)≫과 ≪정축실록(丁丑實錄)≫에 고려 안변 이북은 자주 여진에 점거를 당해 정령(正令)이 미치지 못했다. 예종이 장수를 보내 깊숙이 들어가 싸움을 이겨 공(功)을 이루고, 성과 읍을 건치(建置)하긴 했으나 오래지 않아 다시 잃어버렸다. 왕(王)이 즉위한 이후 성위(聲威)와 교화(敎化)가 멀리 퍼져 백성들이 비로소 생업에 안락(安樂)할 수 있어 전야(田野)가 날로 개척되고 인구가 날로 번성하게 되었다.

야인(野人)의 추장들이 모두 왕위에 오르기 전부터 복종하고 섬겨서 동정서벌(東西征伐)에 따르지 않는 적이 없었다.

이 태조가 즉위 요량(料量)하여 그들에게 만호(萬戶)·천호(千戶)의 직(職)을 주고, 이두난(李豆蘭)을 시켜 여진을 초안(招安)시키니, 야만의 습속이 모두 의관(衣冠)의 풍속을 본받아 따르고, 금수 같은 행습을 고쳐 예의의 가르침을 익히고, 우리나라 사람과 혼인을 하게 되었으며 노역과 납세가 판적(版籍)에 편입된 민호(民戶)와 같았다. 그리고 추장에게 사역(使役)을 당하는 것을 부끄럽게 여겨 모두 우리 백성이 되기를 원했다.

공주(孔州)에서 북쪽으로 뻗어 갑산(甲山)에 이르기까지 읍과 진을 설치하여 민사(民事)를 다스리고, 학교를 세워 경서를 가르쳐 문무(文武)의 정사가 모두 시행되었다.

그리하여 종횡 천리가 모두 판적(版籍)에 들고, 강외(江外)의 풍속 다른 족속이 다투어 서로 정의에 향념하여, 혹은 몸소 내조(來朝)하기도 하고, 혹은 자제(子弟)를 보내기도 하며, 혹은 작명(爵名)을 받기를 청하기도 하고, 혹은 내지(內地)로 옮겨와 기르는 말이 좋은 새끼를 낳으면 모두 저들이 갖지 않고 다투어 바쳐 온다.

강 가까이 거주하는 자들이 우리나라 사람과 송사를 다투면 관청에

선 그 곡직(曲直)을 판단하여 혹은 옥에 가두기도 하고, 혹은 곤장을 치기도 하나 감히 원망을 지니지 않았다.

또 요장(遼將)이 사냥을 행할 때에는 모두 삼군(三軍)에 소속되기를 원하여 짐승을 잡으면 관청에 바치고, 율(律)을 범하면 벌을 받아 우리나라 사람과 다름이 없다.

또 말하기를 '진화백(奏化伯) 정도전(鄭道傳)을 동북면도선무순찰사(東北面都宣撫巡察使)로 삼아 군현의 경계를 정하고 편의종사(便宜從事)를 허락했다'고 했다.

문충공(文忠公) 권근(權近)의 '송경원도병마사신유정서(送慶源都兵馬使辛有定序)'에 우리 국가가 천명을 받아 대동(大東)의 땅을 소유하여 고려 동북의 옛 영토를 회복했으나, 오직 공주(孔州)는 가장 궁벽하고 밀어 원나라 밀엽에는 아주 황무하게 되있더니, 우리 태상왕(太上王)이 왕업을 시작하여 선조 14대(代)를 왕으로 추봉(追封), 고려를 목왕(穆王)이라 시호함에 그 산릉(山陵)이 이곳에 있으므로 주(州)를 승격시켜 경원부로 하고 유민(遺民)을 불러 모아 살게 하자 이로써 거진(巨鎭)이 되었다.

문경공(文景公) 막경원(莫景源)이 지은 청해백(靑海伯) 배열공(裵烈公) 이지란(李之蘭)의 신도비(神道碑)에 참찬문하부사(參贊門下府事)로서 군병마사에 임명되어 북방에 진(鎭)을 잡고 여진 교화·효유시켜 귀순케함에 여진이 모두 이 나라 백성이 되기를 원하여 다 의관(衣冠)의 풍속을 본받아 따르게 되어 장백산을 거처 훈춘강(訓春江)에 이르기까지 천여 리의 땅이 판도 안에 들어왔으니 이는 공(公)의 공적이라고 하였다.

고려의 구성(九城)을 여진에게 잃었고, 여진은 몽골족의 원에게 귀부(歸附)했다. 원이 쇠하게 되자 고려가 그곳을 수복하긴 했으나 땅은 넓고 사람은 드물어, 읍을 설치하기는 단지 길주에 그칠 뿐이었다.
　조선이 개국한 지 7년에 이양열공(李襄烈公) 지란(之蘭)을 보내어 성진(城鎭)을 별치(別置)하니 경원계(慶源界)는 동쪽으로 훈춘강 근원에까지 이르렀고, 경성계(鏡城界)는 서쪽을 장백산 등성이에까지 이르렀으니 이른바 공주(孔州) 이북으로서 지금 두만강의 좌우·상하(左右·上下)의 땅이다.
　당시 판도에 들어온 것이 천리를 넘었으니, 강 밖의 산천(山川)이 ≪여지승람≫과 ≪북간지≫에 나타나 있다. 회령강외(會寧江外)의 공험진·선춘령과 종성강외(鍾城江外)의 남경과 경원강외(慶源江外)의 거양성·현성평·훈춘강·야춘산(也春山)과 경흥강외(慶興江外)의 남라이포(南羅耳浦)·필단탄(匹段灘)·사이산(沙伊山)·진주지(眞珠池) 등이다.
　태종 때에는 야인(野人)이 분란을 일삼으므로 경원을 경성에다 합병시켜 마침내 그곳을 비워버렸다.
　세종 때에는 그 복구에의 뜻이 간절하여 먼저 육진(六鎭)인 경원·부령·회령·종성·온성·경흥을 설치했다.
　대체로 야인(野人)은 중국(中國)에서도 제어하지 못하는 바이나 충민공(忠愍公) 김종서(金宗瑞)의 계책으로 변방에 분쟁이 일어날까 염려하여 물러나 두만의 요험(要險)을 지키며 오래도록 그들이 복속해 오기를 기다렸다.
　숙종 때는 더욱 회복을 도모하여 새로 무산부(茂山府)를 설치하고 백두산 동남쪽 주맥(主脈)을 관할케 하자 청국이 마침 토문강 동쪽 한계로 정해 버렸으니, 대개 청국의 군신들이 그곳이 우리나라의 처음 강토임을 명백히 알고서 그렇게 한 것이다.
　근원을 아는 자는 억지로 숨기고, 강류(江流)에 연(沿)한 자는 그대로 거주하여 한갓 경계를 정(定)한 명분만 있을 뿐, 끝내 강토를 회복하는 실질이 없었다.

지난날 양국(兩國) 변경의 형세를 돌아보면 한국이 청(淸)의 제어를 받아 그 강약(强弱)·중과(衆寡)가 거의 정(鄭)·초(楚)가 대적할 수 없음과 같았다.

그리고 개시(開市)하여 토색하고, 국경부근에서 공갈하기가 해마다 끊이지 않았으나, 공물을 바치는 외교의 처지라 어느 겨를에 국토를 회복할 논의를 발하겠는가.

◇ 백두도본고(白頭圖本攷)

조선의 숙종은 백두산도(白頭山圖)에 제시(題詩)하기를, '그림으로 보아도 오히려 장관인데 실제로 오른다면 그 기운 어떠하겠는가. 하늘을 누가 멀다고 하는가, 북두성을 꼭 만질 것 같구나' 하였다.

경계를 정할 때는 군관 이의복의 기사(記事)에는 다음과 같이 쓰여 있다고 하였다.

'강희(康熙) 51년(1712) 5월에 접반사 박권과 관찰사 이선부(李善溥)는 허항령(虛項嶺)에서 만나 의논하고 양국의 경계를 정하는 것이 얼마나 중대한 일인지는 알고 있사오나, 모두 노병(老病)이 날로 심해 간신히 이곳까지 왔으나 실로 걸어가기가 어려우니 죄송무지이오며 천평(天坪)에 머무르고 있습니다. 남북관(南北關) 수령(守令)이 많지 않는 것은 아니나 가히 보낼만한 자는 만호(萬戶) 이의복과 조태상(趙台相)입니다. 노신(老臣)은 비록 못가나 이 두 사람으로 오라총관 목극등을 접반하여 가서 살피고 경계를 정하도록 하겠습니다' 하고 청사(淸使)를 동반·호위하여 백산 유게소(白山 留憩所)에 이르러 묵었다. 해 돋는 뒤에 쳐다보니 백산(白山)앞에 작은 금성산(金星山)이 있었다. 이것이 세속에 전하는 가차봉이다.

유게소(留憩所)는 질척한 땅으로 나무만 있고 조그만 못과 같았다. 이곳을 지나자 해묵은 빈관목(彬灌木)이 빼곡히 들어찼는데 이른바 '박달나무'라는 것으로 어지러이 사람의 얼굴을 쳤다.

간신히 5, 6리를 가니 중천(中川)이 있었다. 속칭 옥류동천(玉流洞川)이라는 것이다. 비로소 주토봉(朱土峰)을 보고, 하산하여 6, 7리를 걸어 설책(設柵)한 곳에 이르렀다.

백산(白山)을 바라보니 그 서편 산들은 눈이 녹아 등성이를 드러내고 있었고, 동편 골짜기엔 얼룩덜룩 눈 더미가 퇴락해 있었다.

수풀을 뚫고 언덕을 짚으며 올라가 시계(視界)에 임하여 자세히 살펴보니 백두(白頭)는 해임(亥壬)을 배좌(背坐)로 하고 사병(巳丙)을 전면(前面)으로 했다.

큰 못을 굽어보니 신룡(神龍)이 꿈틀대고 푸른 물결이 허공을 쳤다. 보다회(甫多會)와 장백 등의 산은 백두보다 낮고 작아 흰 눈썹처럼 가로 놓여 있는데 감계방(堪癸方)은 저들 땅의 산이고, 인갑방(寅甲方)의 육진산(六鎭山)이 모두 눈에 들어왔다.

토문강의 물은 인축방(丑寅方)으로 흘러드는데 보이는 곳은 거리가 80리나 되었다.

혼동강은 큰 못에서 나와 감계방(堪癸方)으로 흐르고, 두 산이 벽(壁)처럼 마주 서서 멀리서 바라봄에 마치 문(門)과 같았다.

앉은 곳을 자세히 살펴보니 앞에는 네 개의 봉우리가 있는데 역시 한 포기의 풀도 없고 흰모래와 검은 자갈이 서로 섞여 있었다.

내명당(內明堂)은 길이와 넓이가 거의 10리나 되고 외명당(外明堂)은 내명당보다 백여 길 낮으며, 저쪽과 이쪽의 땅을 둘러보니 모두 평판(平版)으로 수백 리를 뻗쳐나가 안계(眼界)가 굉장히 넓고 국세(局勢)가 짜임새 있었다.

바위를 잡고 나뭇가지를 휘어잡으며 내려오니 장백의 맥(脈)이 평지로 뚝 떨어져 경태방(庚兌方)으로 골을 지으며 다시 축(丑)·간(艮)·인(寅)으로 굴곡(屈曲)하다 일어나서 소백두산이 되었다.

노전(蘆田)에 돌아와 묵고 20여 리를 가서 토문강변에 이르니 강물의 폭은 30여보가 될 만하고 흰 모래펄이 펴져 있는데 물 흐른 흔적이 낭자했다.

강을 따라 5, 6리를 가니 골까지가 깊어지고 바위가 많으며 또 흐르는 물이 있었다.

다시 좌변(左邊)의 덕(德)위에 올라 4, 5리를 가자 지세가 점차 높아갔다.

북변(北邊)에서 하산하니 바로 토문강 수원(水源)이 솟아 나오는 곳이다.

물은 2, 3리를 흐르다 다시 땅속으로 들어가 30여 리를 숨어 흐르다 다시 솟아 나와 비로소 큰 내를 이루었다. 그 위쪽은 물이 없거나 혹 넓고 좁으며, 산은 높고 골은 깊어 계한(界限)이 분명하니 이는 하늘이 남북을 한계한 것이리라.

분수령이 있는 봉(峰)은 넓이가 30보쯤인데, 오른편은 미곤방(未坤方)이며, 왼편은 인갑방(寅甲方)으로 다 계곡(界谷)이 나 있으며, 산 왼편 밑에 평지가 약간 튀어 나왔고 그 위에 암석이 있어 이 암석을 그냥 받침대로 만들었다.

청사(淸使)가 이곳에 여러 날을 머무르며 두루 물이 나뉜 형세를 살피고 나서, 기(記)를 새겨 받침대에 의지하여 돌을 깎아 세우고는 우리나라 사람을 돌아보며 하는 말이 '너희 나라가 얻은 땅이 자못 넓다'고 했다.

백두산지도(白頭山地圖)는 반드시 구본(舊本)이 있었을 것이고, 앞의 어제시(御製詩)는 기실 정계시(定界時)의 도본(圖本)에 의거하여 써서 내린 것이다.

지금 그 전본(全本)을 볼 수는 없으나, 앞의 이의복의 기사(記事)는 대개 당시 몸소 밟고 눈으로 본 가운데서 나온 것이니, 또한 지도를 참작한 증거의 하나이다.

대개 백산(白山)은 우뚝이 대동(大東)의 교암(喬巖)이 되어 있는데, 정북(正北)에는 백암상각(白巖上角)이 있고, 그 남쪽 5리 쯤에는 병사암(兵使巖)이 있으며, 그 남쪽 10여 리를 도범이측지(桃凡伊側只)라 하고, 그 서쪽으로 수십 리 돌아간 곳을 마천우라 하며, 북쪽으로 수십 리를 돌아가면 소항(小項)이 된다.

또 동북으로 수십 리 돌아가면 층암(層巖)이 높이 솟아 백암(白巖)과 상대해 서있으니, 둘레가 백여 리요, 가운데 큰 못이 있어 마치 노구솥처럼 생겼다. 북쪽으로 넘쳐나는 물을 천상수라 하니 위의 어제시(御製詩)에 쓴 '넓고 넓은 하수(河水)가 된다'는 것이 그것이다. 병사암 앞의 한 줄기 산록이 동쪽으로 10리쯤 내려앉았는데, 그 내려앉기 시작하는 1리쯤에서 숨어 있는 산맥이 남쪽으로 향하는 곳이 분수령이 되니, 곧 정계비가 서 있는 곳이다.

계미년의 경략사(經略使), 탐계도본(探界圖本) 을유년의 감계사도본(勘界使圖本), 정유년의 관찰사도본(觀察使圖本), 을해년의 사계파원도본(査界派員圖本) 이 네가지는 그때그때를 따라 모전(模傳)한 것으로 각자 본 바에 의거했다. 만약 새로이 북변구강(北邊舊疆)을 그린다면 토문강의 흐름을 송화·흑룡강이 바다로 들어가는 곳까지 가서, 한(韓)·청(淸)·아(俄)·삼국(三國)의 지역을 모두 그려넣고, 거주민 부곡(部曲)으로 그 남방에 있는 것을 별도로 그려 1본(一本)을 만들고 난 뒤에야 북국(北國) 천만중(千萬重)의 강산을 어지간히 보게 될 것이다.

◇ **백두비기고(白頭碑記攷)**

평사(評事) 김선(金璿)이 지은 경성 〈원수대비각기(元帥臺碑閣記)〉에는 다음과 같이 쓰여 있다.

이 못난 사람이 왕명을 받들어 수주 온평(溫平:愁州)에서 선비들을 시험보이고, 드디어 그 여가를 틈타서 불함산(不咸山:白頭山)의 꼭대기에 올라서 선춘(先春)·오라(烏剌)의 지계(地界)와 운환·양관(陽關)의 토지를 바라보니 주위가 거의 천리가 되었다.

오라총관 목극등이 와서 정계(定界)할 적에 순찰사 접반사 이하는 질병을 칭탁하고 회동하지 않고, 오직 그 지방 군관 약간 명이 박도상(朴道常)을 따라 참여했을 뿐이었다.

이 어찌 성에 그득하도록 사람을 죽이고, 들판에 그득하도록 사람을 죽이고 난 뒤에 땅을 잃은 것인가. 앉아서 잃어버리고 그 잃은 연유를 알지도 못하니 또 '국토를 줄일 것'에다 견주어 논할 여지도 없다. 분노하고 한탄스러워 성난 머리털이 갓을 치받으려 했다. 청인들이 올 때에 저들의 발상지를 취한다고 성명(聲名)했으니 이는 참으로 구설(口舌)로 다툴 것은 못 된다.

그러나 '주례(周禮)에 천자(天子)는 오악(五嶽)에 제사한다' 했고, 한 무제 때에 노나라는 태산을 바친 적이 있었으니, 오악(五嶽)이 제후의 나라에 있어도 제후에게 진실로 해(害)되지는 않았다.

만약 이 주(周)·한(漢)의 예(禮)로 힐난했던들 저들이 반드시 즐겨 따랐을 것이다. 불행히 다투어서 경청하지 않았다 하더라도 저들이 반드시 주나라에도 사람이 있구나라고는 했으리니, 앉아서 잃어버리고 그 잃은 사연을 알지도 못하는 것보다는 낫지 아니할까.

도상(道常)이 쓴 답기(答記)에 이르기를 '사람은 나는 사람같고, 말은 나는 말같다'고 했으니, 마치 난장이가 키 큰 사람을 보고서 벌벌 떨며 물러서는 것과 같아서 스스로 위신을 차릴 겨를이 없었다.

고려 때에 정계비를 선춘령에 세웠으니 곧 백산(白山)의 술해방(戌亥方) 한 줄기가 비스듬히 동쪽으로 뻗어가며 송화강 북빈(北濱)에 벌여 놓은 산록이다. 조선의 강토와 인민은 곧 지난날 고려의 소유였으므로 매양 선춘령으로써 북쪽 국경을 표시해 왔다.

만력연간(萬曆年間)에 청인이 건주(建州)에서 일어남에 송화강 이북은 역시 그들의 본거지였다. 강희 임진년에 발상지를 취한다고 성명하고 목극등을 명하여 백두산을 살피고 경계를 정하게 했다.

대저 두 나라의 천연(天然)으로 이루어진 계한(界限)은 산록(山麓)으로선 선춘령을 넘지 않고, 강파(江派)로선 대택(大澤)에서 북쪽으로 흐르는 물줄기만한 것이 없다. 이 산령(山嶺)과 이 물 줄기로 경계를 하면 저들의 소위 발상지도 아마 우리 강토에 속할 것이다.

그러므로 목극등이 그 북쪽으로 흐르는 물을 가리켜 '어디로 향해 가는지 알 수 없다'하고는 드디어 백산동록(白山東麓)을 찾아 별도로 '분수령'이라 이름하고서 임의로 기(記)를 지어 돌에 새겼다.

우리나라 중신들은 늙고 빈약해 스스로 주저앉고 단지 미관말직등만이 방관하는 가운데 한 마디의 고충(苦衷), 단 한마디의 논쟁도 없이 앉아서 우리 동방천년(東方千年) 선춘의 옛 계한(界限)을 잃어 버렸으니 지사(志士)의 공분(公憤)을 금할래야 금할 수가 없다.

◇ 탐계공문고(探界公文攷)

탐계공문고(探界公文攷)를 보면 성상(聖上) 임오년(고종 19년, 1882년) 겨울에 청의 길림장군이 우리나라에 공문을 보내 '황지(皇旨)를 받들어 토문강과 서쪽과 북쪽에 토지를 점거, 개간하고 있는 조선 빈민을 본국으로 돌려 보내겠다'고 했다. 계미년 (1883) 4월에 또 돈화현(敦化

縣)으로부터 종성·회령 양읍의 월변민(越邊民)에게 빠짐없이 본국으로 돌아가도록 고시(告示)했다.

이에 변민(邊民)들이 비로소 돈화현(敦化縣)이 두만강을 토문강으로 오인(誤認)했음을 알고서 백두산의 정계비가 서 있는 곳을 가서 살펴보았다.

비의 동쪽에 잇달아 석퇴(石堆)와 목책(木柵)을 설치했으며, 석퇴(石堆) 산퇴(山堆)로 계한(界限)을 삼았고, 그 아래쪽에 토문강이 있으니, 두 벼랑이 마주 서서 문(門)과 같았는데 그 벼랑이 바위가 아니라 흙이었다. 그 아래쪽에 발원(發源)하는 물이 있어 별도의 물길을 이루고 있었는데, 이 물이 합류하는 곳은 강언덕에 길이 끊어져 강류(江流)를 따라갈 수 없어 돌아왔다는 것이다.

종성·은성·회령·무산 네 읍의 변민(邊民)들이 다같이 종성부사 이정래(李正來)에게 호소하기를

"생각하건데, 돈화현(敦化縣)은 지금 신설되어 두 나라 계한(界限)이 어디에서 어디까지인지를 아직 명확히 알지 못하고 있어, 두만강 이북을 가리켜 토문강 이북이라 하는가 합니다.

상국(上國)의 자문(咨文)과 길림의 공문을 상고해보면 '토문강으로서 경계를 삼는다'는 말이 있으며, 또 '점거하에 개간하는 땅은 토문강 이북과 이서에 있다'고 하고, 일찍이 두만강 이북에 관해서 언급한 적이 없습니다.

토문강은 분수령에서 조사하여 정계한 곳에 있으나 두만강은 그 근원이 본국(本國) 지계(地界)안에서 나오므로 상국(上國)이 알 수 없을 것입니다.

상국(上國)이 혹은 토문(土門)이라 일컫기도 하고, 혹은 '도문(圖們)'이라 함은 경원(慶源) 이하의 바다로 들어가는 강입니다.

본국에선 우리나라 지계(地界) 안에서 발원하여 바다에 들어가는 유로(流路)를 두만강이라 통칭하고 있기 때문에 '도문'이라 일컫는 것은 본국 '두만(豆滿)'의 역음(譯音)과 서로 다른 것입니다.

지금 두만 이북을 가리켜 토문 이북이라 하는 것은 토문 이남에 입거(入居)한 상국(上國)의 유민들이 봄이면 곡식을 심고 가을이면 거두어 돌아가는 것을 보고서 강(국경으로 오인된 두만강)을 지나쳤다고 출입을 금지하고는 이에 따라 불법으로 토지를 점거·경작하는 것으로 인정하여 돈화현에 무고(誣告)함으로써 빠짐없이 본국으로 돌아가도록 고시(告示)하기까지에 이른 것입니다.

청컨대 이런 뜻으로 돈화현(敦化縣)에 조회(照會)하여 즉시 경계를 조사하여 귀정(歸正)케 하십시오."

이때 서북경략사 어윤중(魚允中)이 경원에서 그 사건을 듣고서 드디어 종성사람 김우식(金禹軾)을 보내 조속히 분수령에 있는 정계비를 조사하게 하니 이날이 바로 5월 15일이었다.

김우식의 《탐계노정기(探界路程記)》에는 다음과 같이 적혀 있다.

15일에 날이 밝자, 어둑하게 구름이 끼고 비가 퍼붓다가 아침이 지나자 바람이 일어 구름이 걷히고 비가 그쳤으니 과연 귀신이 도와주는 것 같았다.

정계비를 세우던 강희연간(康熙年間)과 비를 조사하러 떠나는 지금 광서연간(光緒年間)의 달과 날짜가 또 부합되었다. 잠시 비문을 베끼고 나서 상각(上角)에 올라 바위 끝에 턱을 괴고 아래로 대택(大澤)을 넘겨다 보니 넓기가 큰 바다 같고, 북변(北邊)에 가마솥 모양을 하고 있으면서 물이 넘쳐나는 것이 있어 '천상수(天上水)'라 한다.

물은 1백 수 천 길의 높이에서 떨어져 흐르니 바로 흑룡강의 근원이다. 못 속에서 한결같이 소리가 나고 구름이 위로 올라와 퍼지며 봉만

(峰巒)을 휩쓸자, 지척을 분간할 수 없고 회오리 바람이 돌을 굴렸다. 잠시 동안 나침반을 놓아 보고 총총히 돌아 내려오매 구르고 넘어져 서로 부축했다. 초경(初更: 밤 7시~9시)에 어제 묵었던 곳에 돌아왔다.

이튿날 느지막이 정신을 가다듬고 다시 올라가 비석이 서 있는 곳에서 정계의 표시를 살펴보니 비석의 동편에 돌무더기 셋을 쌓았고, 축축한 곳 1마장까지는 연이어 나무 말뚝을 박았는데 말뚝은 땅위로 반자 남짓 나와 있었다. 구덩이가 벌어지기 시작하여 간묘간(艮卯間)으로 활짝 트였는데, 나무 말뚝이 끝나는 곳인 개[浦]의 동편으로 가끔씩 돌을 쌓은 것이 10여 리이고, 그 아래로 이따금 돌을 모아 15리를 가서 돌무더기가 다하자, 수목 사이에 어느 만큼의 흙둔덕이 있어 60여 리를 가서 그쳤다.

17일에 흙둔덕이 있는 곳에서 내려가니 갯물은 숨어 흐르고 포석(泡石)의 마른개가 되어 10여 리를 가서 숨어 흐르던 물이 다시 솟아나와 차차 시내를 이루다.

29일 우식이 경략사에게 보고하고, 9월 초하룻날엔 경략사를 모시고 종성에 도착했다. 경략사는 우식에게 재차 분계(分界)의 근원을 탐사(探査)케하고 종성에 사는 오원정(吳元貞)을 동반시켜 보냈다.

또 무산부에 감결(甘結:상급관청이 하급관청에 공문을 보냄)하여 비문을 탑본할 사람을 정하니 향임(鄕任) 이종려(李琮呂)와 이곳 출신 권흥조(權興祚)였다.

18일에 비석을 세운 곳에 이르러 비문을 탑본하고 드디어 토문 분계(分界)의 원류를 찾아 나섰다. 김우식의 《탐계일기(探界日記)》에 다음과 같이 적혀 있다.

14일에 견봉 밑에 이르자 장마비가 시작됐다. 18일 날이 샐 무렵에 이르러서야 비가 그치긴 했으나 시원하게 개지는 않았다. 아침이 지나 비(碑)가 서 있는 곳에 올라가 5인이 각자 비옷을 입고 비를 둘러 막고 겨우 8장을 탑본했으나 모두 꼴이 아니었다. 비바람에 쫓겨 내려왔다.

이튿날의 기상도 전날과 같았다. 또 가서 20장을 탑본하고 서쪽으로 대각봉을 넘어 돌둔덕의 꼬리 부분에서 흙둔덕을 거쳐 토문을 나와 포석포(泡石浦) 80여 리 지점에 내려와 갔다. 이곳 위쪽은 건천(乾川)으로 거리가 100리에 가깝고 아래쪽부터는 차차 내를 이루어 계속 흘러 물줄기가 커졌다.

21일에 물줄기를 따라 60여 리를 내려가 서쪽으로 토문강을 건너 빈목포(彬木浦)에서 투숙했다.

22일에 북쪽으로 5리를 가서 동쪽으로 토문강을 건너 북쪽으로 장산(長山) 끝머리를 넘어 영동을 끼고 80여 리를 가서 석능(石陵)의 세 강이 합하는 입구에서 투숙했다. 원류는 토문강이고, 두 물줄기는 북증산(北甑山)에서 흘러나오는데 서쪽으로 흐르는 것은 황수(黃水), 북쪽으로 흐르는 것은 황구령수(黃口嶺水)이다.

이 세 강이 여기서 모여 북쪽으로 흘러 흑룡강으로 들어간다. 연변(沿邊)에 육로는 없고, 다만 물이 얼면 얼음을 통하여 길림으로 왕래한다고 한다.

23일에 이곳에서 동쪽으로 80리를 갔다.

24일에 동북간으로 70리를 25일에는 북쪽으로 70리를 가서 북령산(北嶺山) 서쪽 산협(山峽)에서 하룻밤을 지냈다.

26일에 북쪽으로 40여 리를 가서 북증산(北甑山)에 올랐다. 산의 둘레는 수백여 리나 되고, 산 모양은 마치 사람의 배꼽과 같았다. 산 동남편에서 두 줄기의 큰 냇물이 나와서 정남편에서 합류, 2백여 리를 흘러 두만강으로 들어가니, '올구강(兀口江)'이라 불렀다. 산 서남편에서도 두줄기의 큰 냇물이 나와서 토문강으로 들어갔다.

북편에서 나가 동쪽으로 흐르는 것은 해란강인데 산 서쪽에서 큼직한 줄기가 떨어져 내려 곧장 서북쪽으로 뒤집혀 나갔다. 멀리까지 바라보려고 했으나 수목이 깊숙해서 속 시원히 볼 수 가 없었다. 곧 산 밑으로 돌아와 하루를 지냈다.

27일에는 동북간으로 백리 긴 골을 나가니 남쪽에 평야가 열려 있는데 이것이 이른바 청산(靑山)이다.

28일에 서쪽으로 고산(高山)에 올라가 하반령(下伴嶺)을 마주 바라보니 한 줄기 큰 강물이 고개 밑에서 흘러나오고 있는데, 청인(淸人)이 '평하통수(坪下通水)'라 부르니 예부터 전하는 분계강(分界江)이 바로 이것인 것 같다.

이 강의 근원에서 토문강계(土門江界)와의 사이에는 영(嶺)이 격(隔)해 있어 통하지 않고, 이 강은 아래로 내심자(來心子)에서 합류할 것임이 분명하여 의문의 여지가 없기 때문에 다시 동쪽으로 해란평(海難坪)을 향했다.

7월 초하룻날 회령에 돌아와 경략사에게 임무의 완료를 보고했다. 경략사는 종성부사로 하여금 다음과 같이 돈화현(敦化縣)에 조회(照會)하게 했다.

중외(中外)의 계한(界限)을 조사함에 있어서 전날 토문강으로써 경계를 삼아 본국은 다만 두만강 밖에 다시 토문강별파(土門江別派)가 있는 것으로 알아왔다.

옛 지도를 보아 증거로 하고 실은 일찍이 그 강류(江流)를 거슬러 가보지 못했다. 지금 별읍(別邑)의 민간인들이 사적으로 그 막다른 근원을 가보고 돌아와 보고를 해왔으나, 민간인들의 사적인 말로서 이를 근거로 증빙을 삼을 수는 없어서 무관을 파견하여 백두산의 분수령을 살펴보고, 강희조(康熙朝) 목총관의 비기(碑記)를 탑본하고 토문강의 원류(源流)를 답사(踏査)케 했더니 과연 민간인이 보고한 바와 부합하였다.

별도로 한 강파(江派)가 되어 있고 강을 연(沿)하여 모두가 낭떠러지와 우뚝한 절벽이었다. 이에 황구령(黃口嶺)까지 갔다가 돌아왔다.

새 지도를 그린 것이 있어서 옛 지도와 비교 열람해 본즉 토문강과 분계강(分界江) 사이에 서로 연속되지 않는 것이 있어 일찍이 의심스럽게 생각했는데 지금 사람을 보내어 답사(踏査)하게 했더니 또 그와 같았다.

본직(本職)이 강역도지(疆域圖誌)에 있어 일찍이 상실(詳悉)하지 못하고 또 귀현(貴縣)으로 말하면 황무(荒蕪)함을 열어 관서(官署)를 세운 지가 아직 오래지 않으니 마땅히 사실을 조사하고 감정(勘定)하여 한결같이 강희조(康熙朝)에서 획정한 감계(勘界)를 따라야 할 것이다.

청컨대 귀현(貴縣)에서 사람을 파견하여 함께 먼저 백두산 정계비를 살펴 토문강의 발원처를 알고 이어서 계한(界限)을 조사하여 밝히고 강토(疆土)를 변별하도록 하는 것이 타당할 것이다.

이에 민간인이 바친 바에 의거하여 토문강과 분계강(分界江) 이남의 구도(舊圖)를 모사(模寫)한 것 1본과 신도(新圖) 1본과 백두산 분수령의 정계비문의 탑본 1본을 함께 보내니 사조(査照)하여 헤아려 변별함이 옳을 것이다.

경략사는 또한 이 해에 조정에 돌아가 어전(御前)에 주달(奏達)했다. 그래서 변민(邊民)들은 옛 경계의 감정(勘定)을 하루빨리 바라고 있었다.

생각해 보건대, 분수(分水)로 정계(定界)한 뒤에 우리나라는 토문강의 원류를 조사하여 본강(本疆)을 회복하지 못하고, 청인(淸人)의 세력은 한창 강하여 토문 이남의 성진(城鎭)을 이전대로 그냥 두고 가지 않고 단지 상류(上流)의 남안(南岸)에 어쩌다 그 나라의 도민(逃民)으로서 숨어든 자가 있으면 매양 데려가곤 했을 뿐이었다.

함풍(咸豊:淸 文宗의 年號) 말(末)에 아라사인(俄羅斯人)이 토문강 하류 이남의 바다를 연(沿)한 한광(閒曠)한 땅을 엿보고 할거(割據)·개간하자 우리나라 백성들이 흉년으로 인하여 그곳으로 들어가 살게 되었다.

이로 말미암아 변금(邊禁)이 점차 해이되고, 이어서 상류의 남안(南岸)을 점거·개간하는 청인들도 또한 불어나 주인격(主人格)이 되어 도리어 우리 백성들이 강(두만강) 건너 가까운 땅에서 막(幕)을 짓고 경작하는 것을 금지했다.

돌아보건대 지난날 정계(定界)의 공법(公法)이 어디에 있는가. 이런 까닭으로 계미년(癸未年) 탐계(探界)의 본말(本末)이 있게 되었다.

◇ 감계공문고(勘界公文攷)

성상(聖上) 을유년(고종 22, 1885) 가을에 안변부사(安邊府使) 이중하를 감계사로 삼아 토문강 지계(地界)를 감계토록 했다.

9월 27일에 감계사와 종사관(從事官) 조창식(趙昌植)이 회령부에 도착했다. 청국파원(淸國派員) 덕옥(德玉:琿春 副都統衙門의 파원(派員으로 邊務交涉承辯處事務), 가원계(賈元桂:護理招墾邊荒事務), 진영(秦營:吉林 派員 督理商務委員) 등이 연일로 내회(來會)했다. 30일과 10월 1일의 두 차례 담판에 쌍방이 다투어 고집하는 바가 많았다.

초사흗날에 출발하여 무산땅인 두만강의 세 근원이 합류되는 곳에 이르자, 청국(淸國) 파원(派員)들이 오로지 정류(正流)만 사감(査勘)하려고 했다.

그러자 감계사는 먼저 정계비에 기록된 경계를 사감(査勘)하고 난 뒤에 강원(江源)을 살피자고 여러 번 주장했다.

이에 세 길로 나누어 전진할 의논을 정했다. 15일에 종사관(從事官) 조창식과 수원(隨員) 이후섭(李垕燮:會寧에 사는 折衝將軍)과 김우식은 훈춘 파원(派員)인 덕옥과 함께 홍단수의 근원을 사감(査勘)하러 가고, 수원(隨員) 오원정은 중국의 회도관(繪圖官) 염영(廉瑛)과 함께 서두수(西豆水)의 근원을 사감하러 가고, 감계사와 안무중군(按撫中軍) 최두형과 수원(隨員) 최오길, 권홍조는 중국 파원(派員) 진영·가원계와 함께 홍토산 수원(水源)을 따라 곧장 백두산을 향하여 주야 험난한 길을 애써 가서 비석이 서 있는 곳을 찾아 나섰다.

황량한 비탈과 우뚝한 절벽, 어지러운 수목과 빽빽한 수풀을 고생스레 전진하여 겨우 2백리 길에 이르자 산천이 험조(險阻)하고 게다가 풍운(風雲)까지 몰아쳐 중도에서 노숙했다.

가원계가 정계비를 조사하는 것을 마땅찮게 여겨 감계사로 하여금 곤경에 빠뜨려 자퇴(自退)하게 하려고 한밤중에 근근히 걸어감에 쌓인 눈이 차고 천지는 캄캄하여 허다한 인마(人馬)가 거의 위태한 지경에 이르렀다.

홀연히 동남쪽 하늘이 개며 아침 해가 돋아 올라 비로소 비석이 서 있는 곳을 찾았다. 밤길을 헤아려 보면 60리가 되었다.

비문을 탑본하여 청국의 파원(派員)과 각각 1본씩을 가지고, 동서의 수원(水源)과 토퇴(土堆)·석퇴(石堆)의 모양을 낱낱이 가리켜 증거했다.

그리고 나서 하산하자 조창식이 사감(査勘)해 허항령에 이르러 눈을 뚫고 겨우 돌아 왔으며, 서두수의 사감원(査勘員)도 차례로 와서 모였다.

27일이 되어 일제히 무산에 도착하고, 감계의 연유를 자세히 적어 즉시 장계(狀啓)를 띄웠는데 다음과 같다.

'엎드려 생각하옵건대, 감계의 사(事)로 정계비의 형편(形便)을 말한다면, 비는 대택(大澤) 남쪽 산록 10리쯤에 있으며 비가 서 있는 수보(數步) 지점에 구학(溝壑)이 있어 압록강의 근원이 되고, 비의 동편 수보(數步) 지점에 발원점이 있어 토문강의 근원이 됩니다.

석퇴(石堆)와 토퇴(土堆)를 90리에 연하여 설치했는데, 퇴고(堆高)는 수척(數尺)이고, 퇴상(堆上)에는 나무들이 저절로 나서 이미 고목이 되어 아름드리가 될 만한 것이 있으니, 이는 분명히 당시의 계한 표지입니다.

대각봉(大角峯)의 끝부분에 이르러서는 중간의 구형(溝形)이 갑자기 좁아지니, 흙벼랑이 마주 서서 마치 문(門)과 같다는 것은 바로 이곳을 가리킵니다.

두만강 상류의 뭇 수원(水源) 가운데 봉퇴(封堆)에서 가장 가까운 것은 홍토산 수원(水源)이나, 편편한 언덕이 가로막혀 상거(相距)가 이미 4, 50리의 원거리입니다.

토문강 상하류(上下流)의 형편으로 말하면, 비의 동편에 건천(乾川)이 동쪽으로 1백여 리를 뻗치다가 비로소 물이 나와서 동북쪽으로 흐르다가 굽이쳐 북쪽 송화강에 들어가니 송화강은 곧 흑룡강 상류의 한 가닥이며 길림·영고 등지가 모두 그 가운데에 있습니다.

중국의 파원(派員)은 중국·조선의 교계(交界)는 본래 도문강(圖們江)으로써 경계를 삼았다 하고, 총서·예부의 주의(奏議)에도 역시 '도문강 옛 자리를 사감(査勘)했는데, 지금 이 비 동쪽의 구학(溝壑)은 송화강 상류로서 동쪽으로는 토문으로 한다는 뜻과 부합되지 않는다'고 하여 전전(轉轉)하여 의문의 설(說)이 많습니다.

그러나 신은 생각하건대 하류가 비록 송화강에 들어가나, 계한 표지의 비퇴(碑堆)가 이미 저와 같고, 토문의 형편이 또 이와 같아 두만강 상류와는 아주 접하지 않으므로 우리나라 사람은 단지 토문강으로서 정계했음을 알 따름이요, 당초 털끝만큼도 속이거나 숨길 것이 없기 때문에 힘을 다해 변론함에 저들은 오로지 도문강 정류(正流)로서 경계를 정하려 하고, 신은 오직 비퇴(碑堆)의 경계로서 증거하고자 하여 양측이 서로 갈등하고, 이쪽저쪽이 서로 맞지 않았습니다.

그래서 별도의 회본(繪本)을 만들어 조정에 돌아가 보고할 생각으로 10여일을 상의하여 비로소 초본을 만들어 상호 조회하고 열람한 뒤에 다시 정본(正本)을 그렸습니다. 회도관(繪圖官)이 화법(畵法)이 섬세하여 정간(井間)을 그어 리수(里數)를 표시하고, 나침반을 열어 방위를 분별하여 여러 날을 두고 공력(工力)을 들여 이에 완본을 만들었는데 산수 형세와 위치가 심히 어긋나지는 않았습니다.

홍단수의 형편은 서편 압록강의 지류와 떨어져있는데, 그 상거(相距)가 75리이고, 비석이 서 있는 곳의 남북과는 거리가 1백 30리입니다.

서두수 정류(正流)는 길림 지방까지 이르는데, 비석이 서 있는 곳으로부터 남북과의 상거(相距)가 4, 5백리인즉 비문의 '동쪽으로는 토문강으로 한다'는 것과는 당초 상관이 없습니다. 곳곳을 가리켜 증거하고, 낱낱이 변론하여 그 의심을 깨치기에 족했으나, 중국의 파원(派員)은 또 비석에 기록된 경계의 강원(江源)이 중국의 도지(圖誌)와는 부합되지 않는다고 해서 끝내 의심을 풀지 못하여 두어 달을 기다렸으니 마침내 결정을 지을 방도가 없었습니다.

그래서 각기 비문 1본, 도회(圖繪) 1본을 가졌는데, 이것을 줄 땐 상호 인장(印章)을 찍어 별도로 조회(照會)를 하고, 이에 11월 30일 회령부에서 피차 돌아섰습니다.

변계(邊界) 형편과 견문(見聞)한 사실을 두어 조목으로 간략히 적고, 신의 우견(愚見)을 첨부하여 별도로 1건을 갖추고 아울러 비문 1본, 도회(圖繪)과 1본, 조회등초(照會騰抄) 1권, 담초(談草) 1권을 승정원에 올려 보내오니 친히 열람하옵소서. 신이 종사관 조창식과 함께 즉시 회환(回還)코자 하여 이에 연유를 계문(啓聞)합니다.

정해년(1887)에 와서 재차 사감(査勘)했으나 일은 귀정(歸正)되지 못했다.

생각해 보건대, 이 양국의 계한(界限)은 물줄기로써 나누고, 비석으로써 정했다. 그러나 물은 황막(荒漠)한 데를 흐르니 실상 구석구석 찾기 쉬운 것은 아니요, 비석은 높고 먼 산 위에 세워졌으니 또한 때때로 올라가 보는 사람이 없다.

그러므로 저들은 비록 근원을 알고 있었으나 항상 그 경계가 저들 국토에서 보다 바깥쪽에 걸쳐 있음을 싫어하지 않았고, 우리는 근원을 찾기가 어려워 스스로 그 경계가 좁아든 것을 깨닫지 못했다.

계미년(1883)에 이르러 다행히 분수(分水)의 참 근원을 얻어 경계를 탐사(探査)한 것이 이미 자세하여 마침내 을유년(1885) 양국의 사감(査勘)이 있게 되었으니, 이는 공공(公共)의 도리이다.

그때 담판이 피차에 쌓인 의심을 깨뜨려 1백70여 년의 계한이 하루아침에 분명하게 되기에 족하며, 감계사의 계본(啓本)은 향후 국사(國事)에 관한 증빙이 될 것으로 사료되는 바이다.

◇ 찰계공문고(察界公文攷)

대황제(大皇帝) 광무(光武:1897년) 가을에 함경북도 관찰사 조존우(趙存禹)는 사명을 띠고 부(府)에 이르러 탐계(探界)·감계(勘界) 두 사적(事蹟)을 고거(考據)하여 형세를 살피고, 도본(圖本)을 정밀하게 작성하고서 여기에 담판 내용을 첨부했으니 모두 5조목이다.

첫째, 백두산 분수령의 형편.

백두산은 조선의 조종(祖宗)이다. 그 정동(正東)에 한 줄기 산록이 떨어져 내려 나뉘어 남향이 되는 그 산목에 정계비를 세웠으니, '분수령'이라 한다.

비의 서편에 커다란 구렁이 있어, 서쪽으로는 백산(白山)을 끼고 동쪽으로는 분수령을 끼고 있으니 곧 압록강이 발원한 곳이다.

비의 동편에 축축한 개[(浦)]가 있어 남쪽으로는 대각봉을 끼고 북쪽으로는 비 뒷산을 끼고, 양안의 상벽(上壁)이 문(門) 모양을 하고 수십 리 뻗쳤으므로 '토문(土門)'이라 한다. 비의 동쪽에서부터 석퇴(石堆)가 십수리, 토퇴(土堆)가 50리이고, 퇴상(堆上)의 수목이 이미 아름드리가 되었는데, 토퇴(土堆)가 끝나는 곳에 물이 나오니 곧 삼포(衫浦)다.

삼포(衫浦)에서 북증산(北甑山) 서편에 이르기까지 능구(陵口)·황구수(黃口水)와 대사허(大沙墟)·구등허(九等墟) 각 골의 물이 합류하여 3백여 리를 가서 양양구(兩兩口)에 이르러 송화강에 들어간다.

둘째, 북증산(北甑山)·하반령(下畔嶺)·분계강(分界江)·올구강(兀口江)의 형편

백산 분수령에서 온 산맥이 동쪽으로 3백여 리를 떨어져 북증산이 되는데, 증산의 남쪽에 물이 있어 이름을 올구강(兀口江)이라 한다.

강은 정남쪽으로 2백여 리를 흘러 무산의 삼하(三下)에 이르러 두만강에 들어간다.

증산의 동쪽에 한 줄기 물이 있어 이름을 '장인강(長引江)'이라 한다. 대개 분수령의 토문강이 동쪽으로 3백여 리를 흘러 증산을 지나 송화강에 들어가니, 토문강 이동, 증산 이남의 우리 영토가 두만강에 흘러드는데 그 원류(源流)엔 단지 하반령(下畔嶺)만 격(隔)해 있어 그 흐름의 모양이 '팔자(八字)'같이 되어 있다.

이로써 논한다면 이렇다 할 산수(山水)가 모두 우리 분수령에서 나

간 것이다. 그러므로 하반령(下畔嶺) 이서(以西)의 청국 땅을 이름하여 '변리(邊裏)'라 하고, 또 분계강(分界江) 장인강(長引江)의 사이엔 산명으로 '모자산(帽子山)', 지명으로는 '발가토(勃加土)'라 하는 것이 있다.

지난날 개시(開市)한 지 수백 년 이래로 청관(淸官)과 상가(商賈)가 종성에서 거두어 돌아갈 적엔 화물의 수송에 모두 우리나라 사람을 부렸는데 짐바리가 이곳 90리 지점에 이르면 '조선의 지계(地界)는 여기서 끝난다'고 했으니, 이 역시 어찌 명백한 징험이 아니겠는가.

셋째, 두만강의 형편

두만강은 그 근원이 장산령지(長山嶺池)에서 나와, 분수령의 비가 서 있는 곳과는 상거(相距)가 90여 리나 되어 원초 토문강에 접속되지 않는다.

넷째, 거민(居民)의 정형(情形)

무산에서 월변(越邊)하여 길이가 혹은 1백여 리, 넓이가 혹은 수삼십리나 5,60리인 동북계(東北界)에서 온성계(穩城界)에 이르기까지의 6백리 땅에 한민이입자(韓民移入者)가 이미 수만호를 넘으나, 청인의 수는 한인(韓人)의 100의 1에도 차지 않고, 한인으로서 머리를 깎고 옷을 바꿔 입은 것(淸人으로 歸化)도 역시 100분의 1에도 차지 않는다.

이들이 토지를 점거 개간함에 있어 처음엔 우리 땅인 줄 알고 들어가 거주했다가 마침내 저들의 땅이 되었으니, 부득이 한때 생활할 수밖에 없고 조상의 분묘가 이쪽에 있으며 부자 형제가 각각 양국에 갈린 자들이 많아, 고토(故土)를 잊지 못하고 매양 정계(定界)하기를 해를 바라듯 바라고 있다.

다섯째, 양차(兩次) 감계변설(勘界辨說)

처음 임오년부터 우리나라 사람들이 강을 넘어가 점거 개간했는데, 계유년에 경략사 어윤중이 사람을 시켜 백산(白山)의 정계비를 탐방

(探訪)하게 하여 어전(御前)에 주달(奏達)했고 안무사(按撫使) 조병직은 연유를 자세히 써서 계문(啓聞)했다.

을유년에 감계사 이중하는 청국의 파원(派員) 진영·덕옥·가원계와 다투어 의견을 주장했는데, 저들은 '토문(土門)과 도문(圖們)은 같은 물을 가리킨다'하고, 우리 측은 토문(土門)과 도문(圖們)이 같다 함은 분명히 '고인(古人)의 착오'라 하여 타결을 짓지 못했다. 정해년에 또 감계했으나 정계(定界)가 되지 못한 것은 상대하는 양측의 형세가 현격하고 강약이 대적할 수 없었던 소치다.

그러나 이 땅이 한광(閒曠)한 상태로 수백여 년이 됨에 양국이 서로 금(禁)한 곳이었는데, 청인이 차원(差員)을 뽑아 수(守)자리를 불태우고 내몰아 돌려 보내고는 우리나라 사람이 어쩌다 들어가면 율(律)에 의거, 효수(梟首)하는 등 엄단했다. 근래에는 청국도 금지하지 않고, 우리도 또한 금지하지 않아 양국인이 섞이어 살며 개간해 왔는데 주객(主客)이 현격하게 달라져 우리나라 사람이 고용살이나 다름없이 되어 있으니 어찌 원통하다 하지 않겠는가?

끝에 가서 다음과 같이 판단했다. '오른쪽의 여러 조목이 이미 백산(白山)과 토문(土門)으로 한 분계(分界)를 드러냈지만, 이제 ≪공법회통(公法會通)≫을 살펴보면, 제283장(第二八三章)에 두 나라가 어떤 곳의 황지(荒地)에 점거(占居)한 부락으로 경계의 구분이 정해져 있지 못하고, 계한이 될 만한 강하(江河)나 산령(山嶺)이 없으면 응당 한 중간에다 경계를 획정해야 한다'고 했는데, 여기선 토문(土門) 분수(分水)의 계한이 분명하다. 제295장에는 '두 나라가 강하(江河)로써 경계를 삼고, 그 속의 섬은 만약 조약의 명언(明言)이 없으면 반드시 섬에서 가까운 나라의 관할에 귀속되며, 만일 섬이 물의 꼭 중앙에 있으면 균분(均分)하는 것이 옳다'고 했는데, 여기선 조약의 명언이 비석에 밝히 실려 있는 데다, 또 이르기를 '두 나라가 서로 잇대어 있으면 응당 회동하여 강계(疆界)를 사정(査定)하여 명백하게 지도를 그리고 설명을 붙여 후일의 의단(疑端)을 막는 것이 옳다'고 했다. 이 문명(文明) 개화(開化)의 시대에 지도를 참고하고 방위를 분변하여 비문을 사감(査勘)하고 강류(江流)를 사감(査勘)함은 이 조항에서 벗어나지 아니하고, 풍속을 관찰하며 경작을 원함도 역시 이에서 벗어나지 않는다. 비록 촌척(寸尺)의 땅이라도 잃지 않게만 된다면 뭇 백성들은 마치 회생(回生)의 때를 만난 듯하여 모두 그 공(功)을 떠받들 것이다.

특히 각국의 공사(公使) 영사(領事)들에 한 차례 담변(談辯)을 행하여 그 경계를 바로잡게 된다면 진초(晉楚)가 정(鄭)나라를 침공하지 못할 것이요, 오(吳) 촉(蜀)이 다시는 형(荊) 땅을 다투지 않을 것이다.

생각해 보건대, 을유년에 감계할 때 양국이 한바탕 회동 논쟁을 하였는데, 분수령에 비석이 있어 동서가 이미 정해졌고, 천작(天作)의 토문강원(土門江源)이 있어 남북이 저절로 한계(限界)지어졌으므로 인적(人跡)이 통하기 쉬워 비록 심상한 행로라도 왕왕 보아 살필 수 있어 물정(物情)을 억제하기 어려운지라, 비록 범용·우매한 이들의 좌담중에라도 모두 역력히 가르쳐 증거할 수 있으니, 진실로 이 형세에 따라 일을 다스려가면 옛 강토의 회복은 물건의 자리를 바꿔놓듯 매우 쉬운 일이었다.

정해(丁亥) 이후로 변경 일을 논의할 틈을 갖지 못해 천연되어 10년의 오랜 세월에 이르렀으니 때가 아직 미치지 못했음이리라. 그러나 이 접경은 사실상 함경북도의 시정권(施政圈)안에 속해 있으므로 그 형편을 캐내어 살펴 각국의 공사(公使)·영사(領事)와 담변(談辯)함이 급선무라 하겠다.

◇ 사계공문고(査界公文攷)

　대황제(大皇帝) 광무(光武)2년 무술년(戊戌年) 가을에 함경북도 종성에 거주하는 백성 오삼갑 등이 백두산 못 아래의 정계비 사적과, 분계(分界)·두만(豆滿) 두 강 사이의 지계(地界)가 감정(勘定)되지 못한 일과 월변(越邊)하여 사는 백성들이 판적(版籍)을 상실한 일을 아뢰어 칙지가 내려 정부로 하여금 처리케 하였다.

　기해년 봄에 오삼갑 등이 내부에 급히 호소했더니 내부대신 이건하가 함북관찰사에 시달하고, 관찰사 이종관은 경원군수 박일헌을 사계파원(査界派員)으로 정하고 본부주사(本府主事) 김응룡을 보내어 함께 가서 심감(審勘)하도록 했다.

　4월 16일(음력 3월7일)에 출발하여 먼저 분계강(分界江)의 근원을 살피고, 백두산의 비가 서 있는 곳까지 갔다 돌아왔다.

　파원(派員)은 먼저 분계강(分界江)에 가서 흐름을 거슬러 근원을 찾으니 근원은 하반령(下畔嶺)에서 나와 소지명(小地名) 토문(土門) 자수(子水)에 합류하여 2백리 지점 내심자(來心子)에 이르러 온성(穩城) 어이후(於伊後)로 흐르는데, 물이 모이는 곳은 확실히 원래 정한 계한(界限)인 토문강의 하류는 아니다.

　전전(轉轉)하여 산을 넘고 물을 건너 남쪽으로 장인강(長引江)을 지나, 청산(青山)·평강(平崗)·사도구(四道溝)·광평(廣坪) 등 2백여 리에 달하는 원거리를 거쳐 무산군에 도착하니 정계비가 있는 곳에서 3백 50리 떨어진 곳이었다.

　바람을 먹고 이슬 위에 잠자며, 험한 곳을 건너 위태로운 곳을 기어 올라 두만강의 근원을 두루 사감(査勘)하고 백두산 분수령 위에 이르니 과연 한 개의 청질(青質) 석비(石碑)가 우뚝 서 있어, 북쪽을 좌배(坐背)하고 남쪽을 향했으며 자획(字劃)이 분명했다.

5월 15일(음력 4월6일)에 사계파원(査界派員)은 관찰부에 다음과 같이 보고했다.

'비의 동서에 있는 분수구학(分水溝壑)은 꼭 '팔자(八字)'모양 같으므로 지남침(指南針)으로써 방위를 살펴보았더니 서쪽이 압록의 구학(溝壑), 동쪽이 토문의 구학(溝壑)임이 명확하고 의심이 없어 털끝만큼도 어긋나지 않습니다.

비퇴(碑堆)가 두만강의 상원(上源)과 떨어지기는 90여 리의 원거리가 넉넉하며 당초 토문강의 발원과는 접속되지 않은즉 두만강을 가르켜 토문강이라 함은 구차한 주장으로 성립될 수 없는 것입니다.

비가 있는 자리에서 동쪽 구학(溝壑)을 따라 내려가며, 3, 4보(步)쯤의 간격으로 이따금씩 돌을 쌓아 20리쯤의 대각봉에까지 뻗쳐 있고, 거기서부터는 산처럼 토퇴(土堆)를 쌓아가 동쪽으로 비스듬히 뻗쳐 70리에 이르는데, 무더기는 모두 1백 80여 톤이 되며 무더기 위에 저절로 나서 저절로 고목이 된 나무는 모두 이미 아름드리가 되었습니다.

흙을 쌓은 중간에 문처럼 마주선 토벽(土壁)이 수십 리쯤이 되어 '토문(土門)'이란 이름을 얻었으니, 이는 만고(萬古)에 걸쳐 바뀌지 않을 경계입니다. 계한(界限)의 표지가 이처럼 정확한데 하필 이 토문(土門)의 참 근원을 버리고서 논의를 북증산(北甑山)·하반령(下畔嶺)에서 발원하는 물에다 두는가? 비의 동쪽 토문강의 근원은 석퇴(石堆)·토퇴(土堆)를 지나서 삼포(衫浦)에 이르러 물이 비로소 솟아 나와 비스듬히 북증산(北甑山)의 서쪽 능구(陵口)·황구수(黃口水)·대사허(大沙墟)·구등허(九等墟)·양양구(兩兩溝) 등에 달하기까지 5, 6백리 정도를 흘러 송화강과 합류하여 동쪽으로 흑룡강에 달해 바다에 들어갑니다.

토문강의 상원(上源)에서부터 하류의 바다에 들어가는 곳 이동(以東)이 진실로 계한(界限) 안의 땅이나, 우리나라는 당초 변경에서의 분쟁을 우려하여 유민(流民)을 엄금하고 그 땅을 비워 두었습니다. 그래서 청국은 자기네 영토라 하여 먼저 점거하여 아라사(俄羅斯)에게 1천여 리의 땅을 할양하기에까지 이르렀습니다.

당시 토문을 한계로 경계를 정한 것으로 본다면 이같은 일은 용납할 수 없지만, 당초에 정한 계한(界限)도 아직 원만한 감정(勘定)을 못보고 있어 민생(民生)이 이로써 곤경을 당하고, 이에 따라서 변경문제가 또 더욱 불어나, 국가간의 교섭이란 점을 헤아려보면 이는 실로 합당한 상태가 못되고 있으나, 이 두 나라의 화호(和好)를 약정하는 때에 미쳐서 우리 강토를 우리가 다스림도 또 마다 못할 것입니다.

총괄해서 말하면 이 지계(地界)의 옛 계한(界限)을 다시 밝힘은 한(韓)·청(淸)·아(俄) 세 나라에게 유관한 것이니 서로가 기일을 앞서 정해두고 적당한 사람을 파견하여 이들이 회동(會同), 먼저 백산(白山)의 정계비를 조사하고 토문강의 근원에서부터 강류(江流)를 따라 물이 바다로 들어가는 곳에 이르기까지 분명히 답사(踏査)하여 공정한 관점으로 지도를 그리고, 피차가 각국 통행(通行)의 법례(法例)를 가져다 비추어 공평하게 타결한다면 계한은 저절로 분명해질 것이요, 변경에서의 분쟁도 불어날 리 없을 것입니다.

이는 비단 본국 변민(邊民)의 안정 문제가 끝나는 것일 뿐 아니라, 실로 세 나라의 돈독한 친선이니 어찌 아시아주 동쪽 구석의 대행(大幸)이 아니겠습니까. 이번 시달(示達)을 받들어 경계를 조사한 길은 단지 하반령(下畔嶺)에서부터 백두산 정계비에 이르기까지의 형편과, 두만강 상원(上源)을 일일이 답사하여 지도를 그렸을 뿐, 비퇴(碑堆)의 토문강 하류가 바다로 들어가는 곳에 있어선 길이 험하고 멀어서 수삼 개월로써도 두루 조사할 수 없기 때문에 실지 조사는 하지 못하여 그 토문 하류의 지계(地界)는 자세히 형세를 그릴 수 없었습니다.

그래서 지계회도(地界繪圖)와 정계비본(定界碑本) 각 일건(一件)을 첨부하여, 지계(地界)의 정형(情形)에 대해 증거 할만한 사적(事蹟)은 다음에 여섯 조목으로 개진(開陳)하여 보고합니다.

첫째, 백두산 분수령 토문강의 형편.

대략 말하면, 백두산의 한 줄기가 동쪽으로 떨어져 내려 남쪽을 향하면서 분수령이 되었고, 영(嶺) 등성이에 정계비가 있습니다. 영(嶺)의 정동(正東)과 정서(正西)에 구학(溝壑)이 있어 서쪽의 것이 압록강, 동쪽의 것이 토문강이 됩니다. 토문강은 송화강에 합류하여 흑룡강에 이르러서 바다에 들어갑니다.

지금 비를 살펴 경계를 조사하는 마당에 있어 비기(碑記)의 '동위토문(東爲土門)(동쪽으로는 토문강으로 한다)' 넉 자는 실로 양국의 공정한 판난에 부합됩니다.

둘째, 두만강과 토문강 2수(二水)의 변(辯).

대략 말하면, 현재 ≪관북지(關北誌)≫를 참고하면 옛날 사람들은 동건(童巾) 이상을 '어이후강(於伊後江)'이라 불렀고, 그 이하를 두만강이라 했으니, 곧 지금의 온성·종성의 접계(接界)라 했습니다.

따라서 무산·회령·종성 세 고을의 강은 기실 어윤강(魚潤江)으로서 곧 어이후강(於伊後江)의 변칭(變稱)이요, 애초 '두만(豆滿)'이란 명칭이 없었음을 분명히 알 수 있는데, 어떻게 '토문(土門)'의 전음(轉音)이 될 수 있겠습니까. 가령 어윤강(魚潤江)과 두만강이 일찍이 '토문(土門)'이란 명칭을 얻었다고 하더라도 분수령에서 발원하는 그 토문강과는 크게 다르니, 분명 두 토문일 것이요 같은 한 강으로 논할 수는 없습니다.

셋째, 분계강(分界江)은 토문강 하류가 아니라는 변(辯).

대략 말하면, 하반령(下畔嶺)에서 발원하는 물은 혹은 '포이합통하

(佈爾哈通河)'라 부르기도 하고 혹은 '분계강(分界江)'이라 부르기도 하는데, 옛날 사람들이 이 강을 토문강 아류로 지목하여 허랑하게 '분계(分界)'란 명칭을 얻은 것이 아닐까요. 대개 분수령에서 발원하는 토문강은 동쪽으로 3백여 리를 흘러 북증산(北甑山)을 지나 굽어져 송화강으로 들어가니 분계강(分界江)과 송화강이 두 근원임은 저절로 밝혀집니다.

넷째, 관북지(關北誌) 사적(事蹟).

다섯째, 고로(古老)의 전설(傳說).

여섯째, 변계사정(邊界事情).

대략 말하면, 현재 두만강 일대에서 송화강 하류에 이르기까지 이내(以內)의 땅은 지면(地面)이 멀고 넓어 어림잡아 수천 리가 되고, 우리나라 사람으로 거주하고 있는 자가 무려 기십만호(幾十萬戶)입니다.

이 땅의 개척은 오로지 우리나라 사람의 힘에 의지했고, 청(淸)·아(俄) 두 나라의 백성은 우리나라 사람의 10분의 1에 불과합니다. 우리나라 사람은 당초 거듭된 흉년으로 인하여 강을 건너 개간생활을 하다 마침내 압제(壓制)의 곤경을 당했으니, 친척을 떠나고 조상의 무덤을 버림이 어찌 본심이겠습니까? 또 비적(匪賊) 부쩍 성하여 인명을 해치고 재물을 약탈하는 폐가 자주 있어 모두들 황황히 조석(朝夕)을 보장할 수 없는 것 같이 했습니다.

이번 사계시(査界時)로 지나온 곳의 남녀노소가 왕왕 말머리를 둘러싸고 울며 그 곤고(困苦)함을 말하고, 다만 경계를 편안하게 살 수 있도록 해주기 바랐습니다. 이들 모두가 우리 선왕(先王)의 적자(嫡子)입니다. 만약 빨리 구제하지 않으면 필시 사경(死境)에 떨어지고 말 것이니, 말이 이에 이르매 어찌 가엽게 여기지 않겠습니까? 생각하건대 민심은 역시 천의(天意)입니다. 옛 경계를 찾아 획정하고 유민(流民)을 안정시킴이 어찌 천의(天意)에 응하고 민심에 따르는 것이 아니겠습니까.

삼가 〈공법회통〉을 살펴보면, 296장에 '두 나라가 서로 잇대어 있으면 응당 회동하여 강계(疆界)를 사정(査定)하여 명백하게 지도를 그리고 설명을 붙여 후일의 의단(疑端)을 막아야 한다.'

또 297장에는 '두 나라가 만약 산령(山嶺)으로써 경계를 삼고서, 산록(山麓)이냐 산정(山頂)이냐를 지적·명시한 조목이 없으면, 물은 산정(山頂)에서 내려오고, 사람의 거주도 또한 반드시 물을 따라 내려가므로, 반드시 산정(山頂)으로써 경계를 삼는다'는 등의 말이 명시되어 있는데, 백산하(白山下)의 동서 분수(分水)는 천연(天然)의 계한이라 확정하여 비석에다 지적·명시했습니다.

또 283상에는 '두 나라가 어떤 곳의 황지(荒地)에 점거(占居)한 부락으로 경계의 구분이 정해져 있지 못하고, 계한이 될 만한 강하(江河)나 산령(山嶺)이 없으면 응당 한 중간에 경계를 획정해야 한다'는 등의 말이 명시되어 있는데, 당시에 강하(江河)·산령(山嶺)으로서의 계한 표지가 없었다고 하더라도 응당 경계를 획정하는 논의가 있을 것인데, 하물며 이미 정한 계한(界限) 안의 1척촌(尺寸)의 국토(國土)라도 기천만(幾千萬)의 우리 국민이 기꺼이 다른 나라의 관할·압제에 내주겠습니까.

이는 참으로 천고거민(千古居民), 뜻있는 이들이 다같이 개연(慨然)해 하는 바이라, 우견(愚見)을 이와 같이 붙이니, 어떻게 처분할지가 궁금합니다.

같은 달 25일(음력 4월16일)에 관찰사는 내부대신에 보고했는데, 다음과 같다.

'당해(當該)의 파원(派員)의 사계(査界)는 이미 자상했습니다. 대저

지역을 구획하고 경계를 정함에 반드시 산령(山嶺)의 등성이와 강류(江流)의 줄기로써 계한을 삼는 것은 예부터 바뀌지 않는 전례입니다.

그러므로 순(舜)이 12주를 처음으로 정함에 산을 돋우고 내를 쳤으며, 우(禹)가 9주를 나눔에 고산(高山)과 대천(大川)을 정했으니 이는 정규(定規)입니다.

지금 우리나라의 경계로서 백두산의 서쪽 압록강과 동쪽 토문강은 이 역시 천연(天然)의 계한이요 인력(人力)의 할 바가 아닙니다.

청국 총관 목극등이 변경을 조사하고, 경계를 정함에 비석을 토문강(土門江)이 발원하는 곳인 분수령 위에다 세워 토문강 남북으로써 한(韓)·청(淸) 양국의 계한을 정한 것은 이 역시 고금(古今)의 규례(規例)를 따른 것입니다.

전 감계사(前 勘界使) 이중하가 분수령 위에 정계비를 세워 토문강으로 확증(確證)·고변(誥辯)했으나 일이 끝내 성취되지 못하여 우리나라 신민(臣民)이 지금토록 통한(痛恨)해오다, 다행하게도 천명(天命)과 인사(人事)가 일치할 듯하니 두 나라의 경계가 확정될 때 가히 명증(明證)할 만한 것은 곧 분수령인 토문강으로 전날 이미 정해진 경계입니다.

청의 파원(派員) 진영이 담변(談辯)할 때에 홍단수 서두수를 경계라 한 것은 당초 목극등이 비석을 세워 계한을 정한 표시를 두지 않았으니 무엇을 가리켜 증명하겠습니까?

그리고 우리나라 사람으로 들어가 사는 자가 기만호(幾萬戶)나 되는데 저들 백성은 기천호(幾千戶)에 불과합니다. 저들이 선점(先占)한 위세로 우리 백성을 압제하고 천역(賤役)에 구사(驅使)하여 우리나라 사람이 혹은 머리를 깎았으나 그 본심인즉 모두 우리나라의 백성이 되기를 바라니 천의(天意)를 가히 민심에서 증험할 수 있습니다. 변방의 정형이 이와 같사오니 오직 양사(兩査)의 처변(處辨)에 있습니다.

정계비문 한 벌과 변계지도(邊界地圖) 1본을 굳게 봉하여 날인(捺印)하고, 부주사(府主事) 김응룡(金應龍)을 파원(派員)으로 정하여 올려 보냅니다. 이에 보고합니다.

3. 북여요선은 북방영토문제 해결의 명저

 생각해 보건대, 북도(北道) 관찰사의 찰계(察界)의 담변(談辯)이 대충 정해지자 마침 변민(邊民)이 조정에 호소해온 일이 있어 조령(朝令)을 준행하여 경계를 사감(查勘) 했으니, 파원(派員)이 앞 사람을 이어 착실하게 살핀 것이 더욱 자세하다.
 그 보고에 '한(韓)·청(淸)·아(俄) 3국이 회동하여 비를 조사하고, 토문강의 근원에서부터 강류(江流)를 따라 물이 바다로 들어가는 곳에 이르기까지 분명히 답사(踏査)하여 공정한 관점으로 지도를 그리고 피차가 각국 통행(通行)의 법례(法例)를 가져다 비추어 공평하게 타결한다면 계한(界限)은 저절로 분명해 진다'고 했으니 이는 참으로 확론(確論)이다.
 아아, 토문 이남의 강토가 분명하지 않음이 아닌데 청은. 우리에게 반환하지 않고, 자의로 아라사(俄羅斯)에게 할양(割讓)하니, 계책이 고식적이라 아라사(俄羅斯)의 요구가 그치지 않아서 경자(庚子)의 화(禍)를 부르기에 이르렀다.
 3국이 혼처(混處)하여 국세(局勢)가 분분하니 사감(查勘)한 경계가 어느 때에나 정해지겠는가라고 탄식하면서 끝을 맺었다.
 이상이 ≪북여요선(北輿要選)≫의 주요 내용으로 앞으로 제기될 우리나라 북방국경문제 해결에 주요 참고자료가 될 것이다.

맺는 말

　영토문제에 관심을 갖고 반평생을 보내오면서 왕조별(王朝別), 각 시대별에 따른 영토상(領土像)과 이와 관련된 인물상(人物像)을 마음속에 그리며 지내온 지 오래이다.

　그때마다 무수히 떠오르는 인물들의 상(像)이 연상되나 막상 관련 인물들의 직·간접적인 자료를 접해보려면 자료의 빈곤(貧困)함을 떠나 전혀 언급할 수 없을 정도로 영성(零星)한 상태에 빠져 망연자실(茫然自失)한 적이 한 두 번이 아니었다. 반면에 설화나 전설로 전해지는 부면은 적지 않았다.

　왜 그럴까 하는 의구심은 여타의 역사관련 자료에 귀착될 수밖에 없었고 도리어 관련 사실(史實)들은 주변의 이해당사국(利害當事國)들의 기록물 속에 찾아 볼 수 있었다.

　실례로 고구려 시대의 인물인 양만춘(楊萬春)장군의 경우를 들어 보면 장군의 이름 석 자가 우리나라 사서(史書)에 오르내리게 된 것은 조선왕조가 개국하고도 200여 년이 지난 1588년(선조 21년) 월정(月汀) 윤근수(尹根壽)가 종계변무(宗系辯誣:明의 太祖實錄과 大明會典에 朝鮮王朝의 太祖 李成桂가 高麗國의 權臣 李仁任의 아들로 되어 있어 開國이래 누차 정정을 요구하였으나 명나라에서는 〈太祖實錄〉은 고칠 수 없다고 거절한데 대해 이를 조선에서 잘못되었음을 아뢰고 정정해 줄 것을 요구한 일)로 명나라에 주청사(奏請使)로 갔을 때 비로소 세상에 알려지게 되었다.

이에 대해 당대의 석학이었던 송준길(宋浚吉)의 문집인 동춘당선생별집(同春堂先生別集)과 연암(燕巖) 박지원(朴趾源)의 열하일기(熱河日記)에서 조차, 장군의 성(姓)을 양(梁) 또는 량(楊)으로 표기할 정도이었다.

   이뿐만이 아니다. 백제의 요서(遼西)땅 경략에 대해서 삼국사기 백제본기에는 언급도 되어 있지 않으나 중국사료인 양서(梁書)나 송서(宋書) 및 자치통감(資治通鑑)에는 기술되어 있는가 하면, 근세기에 들어와서도 우리나라 북방영토 관할상 요충지(要衝地)로 또는 방술지(防戍地)로 오랜 기간 자리매김해 온 녹둔도(鹿屯島) 관련 기록도 일본이나 러시아에 의존할 수밖에 없어 자탄(自歎)하지 않을 수 없는 실정이다.

   실상이 이러할진대 영토관련 인물상(人物像)을 제대로 그려낼 수 있겠는가? 이에 대한 기술은 포기할 수밖에 없다고 마음속으로 무수히 다짐하였지만 그때마다 떠오르는 또 다른 상념(想念)은 여기에서 멈추지 말고 우선 정리할 수 있을만한 인물들부터 시작해 보면 어떨까 하는 주변의 잇단 권고에 용기를 내어 우선 출간에 응하였다.

   총명불여둔필(聰明不如鈍筆)이라는 옛 선현의 말씀을 되새기면서, 비록 명석하지 못하고 거친 작품일망정 기록을 정리한다는 명분으로 자위하며 맺음말로 가름한다.

2012년 12월 21일
聖水山下 寓居에서
忘憂齋 梁 泰鎭

참고문헌

◇ 제1장 ◇

漢書地理志, 後漢書 東夷列傳, 三國志 魏書 東夷列傳, 宋書 夷蠻列傳.

梁書 東夷列傳, 南史 東夷列傳, 隋書 舊唐書 東夷列傳, 新唐書 東夷列傳 및 北狄列傳.

新五代史 四夷附錄, 國譯 中國正史朝鮮傳, 國史編纂委員會刊, 1986.

中國古今地名大事典, 商務印書館, 中華民國 20年.

林惠祥, 中國民族史 및 傳斯年 中國土古史論輯 上.

기수연, 後漢 東夷列傳硏究, 白山資料院, 2005.

金庠基, 東夷와 淮夷 西方에 대하여, 東方史論叢, 서울大出版部, 1983.

◇ 제2장 ◇

金富軾, 三國史記 卷第十四 高句麗本紀 第二. 大武神王 元年條.

金富軾, 三國史記 卷第十三 高句麗本紀 第一 始祖 東明聖王 元年 및 六年條.

良右堂 編輯部, 古代의 人物 －韓國의 人物 1－, 良右堂, 1985.

李奎報, 國譯 東國李相國集, 第三卷 東明王篇 －古律詩－, 民族文化推進會, 1980.

李石來, 韓國의 名著, 東國李相國集, 玄岩社, 1968.

李承休, 帝王韻紀, 二卷 二冊 中 下卷 第一部 東國君王開國年代篇.

李佑成, 韓國의 歷史, －高麗中期民族敍事詩－, 創作과 批評社, 1976.

이지린·강인숙, 고구려사연구, 북한 사회과학출판사, 1967.

張德順, 國文學通論, 英雄敍事詩 新丘文化社, 1960.

拙著, 韓國領土史研究, －高句麗 初期의 領域－, 法經出版社, 1991.

國防部 戰史編纂委員會編, 高句麗 對隋. 唐戰爭史, 同會刊 1991.

國史編纂委員會編, 韓國史論 1－古代篇－, 同會刊, 1977.

金富軾, 三國史記, 卷第四十四 列傳 第四, 乙支文德傳.

金富軾, 三國史記, 卷第四十六 列傳 第六, 崔致遠傳.

金富軾, 三國史記, 卷第二十四 百濟本紀 第四, 近肖古王 二十七年 正月條.
金富軾, 三國史記, 卷第二十六, 百濟本紀 第四, 東城王 元年條.
金富軾, 三國史記, 卷第二十二, 高句麗本紀 第十, 寶藏王 下 六年條.
金富軾, 三國史記, 卷第二十二, 高句麗本紀 第十, 寶藏王 下 七年 一月條.
金富軾, 三國史記, 卷第二十二, 高句麗本紀 第十, 寶藏王 下 七年 四月條.
金富軾, 三國史記, 卷第二十二, 高句麗本紀 第十, 寶藏王 下 七年 九月條.
金富軾, 三國史記, 卷第二十一, 高句麗本紀 第九, 寶藏王 上 四年條.
金富軾, 三國史記, 卷第二十一, 高句麗本紀 第九, 寶藏王 上 五年 五月條.
金富軾, 三國史記, 卷第四十九, 列傳 第九, 蓋蘇文傳.
金聖均, 渤海의 版圖로 본 民族地緣, 白山學報 第2號 1967. 5.
金元龍, 乙支文德의 出身에 대한 疑論, 全海宗博士回甲紀念史學論叢, 1979.
洪良浩, 海東名將傳 第一卷 純祖 十六年(1861年).
金敎軒, 大東風雅, 一冊 上·下 1908年.
江西郡誌 勳臣編, 發刊年度 未詳.
신채호, 을지문덕, 이순신, 독립기념관 한국립운동연구소, 1989.
金毓黻, 渤海國志長編, 出版社 및 刊行年度未詳.
金治弘, 신채호의 을지문덕연구(단재 신채호전집)국어국문학 86, 1981.
김세익, 요서지방에 있었던 백제의 군에 대해여, 력사과학 2호, 1967.
盧泰敦, 淵蓋蘇文과 金春秋, -韓國市民講座-50, 1989.
大原利武, 滿洲史, (日本)近澤書店, 1933.
島山喜一 渤海史上 諸問題, 風間書房, 1968.
東史綱目, 第三 下, 高句麗 寶藏王 六年 秋七月條.
馬端臨編纂, 文獻通考 四裔考.
武田幸男, 高句麗 廣開土王期의 對外關係記事, 三上次男頌壽紀念,東洋史考古學論叢, 1965.
朴性鳳, 廣開土好太王期의 內政整備에 대하여,韓國史學論叢, 1985.
박시형, 광개토대왕릉비, 사회과학출판사, 1966.
박시형, 광개토왕릉비, 력사과학 5호, 1965.
박시형, 발해사 연구를 위하여, 력사과학 1호, 1962.
박영해, 발해는 고구려 계승한 국가, 력사과학 3호, 1986.
朴殷植, 천개소문/몽배금태조, 독립기념관 한국독립운동연구소, 1989.

房玄齡, 猪遂良 等 編纂, 晉書 四夷傳 東夷條.
북한사회과학원편, 조선전사 7 발해사, 1972.
司馬光 等纂 資治通鑑 卷九十七 晉記 十九 永和 二年 一月條.
손영종, 발해의 서변에 대하여(1, 2), 력사과학 1~2호, 1980.
申采浩著 鄭弼善 譯, 乙支文德, 廣學書鋪, 1908.
阿桂 等纂 滿洲源流考, 淸 乾隆年間.
良右堂 編輯部, 古代의 人物 -韓國人物史 1-, 良右堂 1985.
梁泰鎭, 韓國領土史研究, 法經出版社, 1991.
王建群, 廣開土大王碑文研究, 日本 雄揮社, 1984.
魏收 編纂, 魏書, 百濟傳.
柳得恭, 渤海史考, 出版社 및 刊行年度未詳.
李基伯, 李基東 韓國史講座 一 -古代篇-, 1982.
李乃洙, 淵蓋蘇文의 執權과 道敎, 歷史學報 99·100號 合輯, 1983.
李萬烈, 講座 三國時代, 知識産業社, 1976.
李丙燾, 韓國古代史研究-廣開土大王의 雄略-, 博英社, 1979.
李龍範, 渤海考, 新東亞 附錄-韓國의 古典選-新東亞社刊, 1969년 1월號.
李元台, 倍達民族疆域形勢圖, 서울대학교출판부, 1972.
李瀷, 星湖塞說類選 出版社 및 刊行年度未詳.
이지린, 백제의 요서진출, 력사과학 3호, 1966.
李鉉綜, 겨레를 빛낸 사람들, 문현각, 1981.
李鉉琮, 韓國의 歷史, 大旺社, 1982.
李亨求 朴魯姬 共著, 廣開土大王碑新研究, 同和出版公社, 1986.
李弘稙, 韓國古代史의 研究, 新丘文化社, 1971.
李弘稙, 淵蓋蘇文에 對한 若干의 有疑, 李丙燾博士回甲紀念論叢, 1956.
林樹陶, 啓東錄 一千八百七十九年(淸 光緖 五年).
資治通鑑, 卷一九八, 貞觀 十九年 六月條.
資治通鑑, 卷一九八, 貞觀 十九年 六月 丁巳條.
전락승 저 신승하 역, 中國通史, 1974.
戰史編纂委員會編, 東國兵鑑, 同委員會刊, 1984.
전준현, 당나라침략자를 반대한 고구려 인민의 투쟁, 력사과학 2호, 1978.
丁謙, 梁書 夷貊傳 地理考證.

鳥田好, 高句麗 安市城 位置에 對하여 (日本) 歷史地理 49-1.
周書 百濟傳.
朱榮憲, 渤海文化, (日本)雄山閣, 1978.
中國歷史 四, -隋唐帝國史- (日本)講談社, 1974.
震檀學會編, 韓國史-古代篇-, 乙酉文化社, 1959.
津田左右吉, 滿鮮歷史地理硏究報告-渤海考-第一冊, 1915.
津田左右吉, 好太王征服地域考 朝鮮歷史地理 壹, 1913.
崔棟, 朝鮮上古民族史, 東國文化社, 1966.
通典, 遼西 晉平郡條.
韓國精神文化硏究院編, 民族文化大百科辭典 14, 1991.
韓鎭書, 海東繹史, 續編 十五卷, 地理考, 百濟傳.
海外民族文化硏究所, 高句麗文化國際學術會議 論文輯, 1994.

◇ 제3장 ◇
高麗史 卷第九十四 列傳 第七卷 徐熙傳.
高麗史 世家 成宗 十二年 五月條, 八月條 및 十月條.
金健瑞 等編, 增正交隣志, 卷之四 -鬱陵島 磯竹島辯正顚末-.
金教植, 독도수비대, 선문출판사, 1979.
金文經, 9世紀 在唐 新羅人의 集落과 構造, 李弘稙博士 回甲紀念 韓國史論叢, 新丘文化社, 1969.
金富軾, 三國史記 卷第四十四 列傳 第四, 張保皐傳.
金富軾, 三國史記 卷第十一 文聖王 十三年 二月條.
金富軾, 三國史記 卷第十一 文聖王 七年 三月條.
金庠基, 朝鮮名人傳-徐熙篇- 朝鮮日報社, 1939.
金庠基, 古代貿易形態와 新羅 海上發展에 對하여 東方文化交流史論攷, 乙酉文化社, 1988.
金庠基, 東方의 海上王-韓國의 人間像 2- 新丘文化社, 1965.
南九萬, 藥泉集 卷之三十一.
內藤儁輔, 新羅人의 海上活動에 對하여, 朝鮮史硏究, 1965.
大韓公論社編, 獨島-독도수비대비사-, 同社刊, 1965.

東史綱目, 卷五 上 丙寅 文聖王 八年 春條.
萬機要覽, 軍政篇 四 海防 東海, 江原道條.
閔丙河, 韓國의 人間像 2 -徐熙-, 新丘文化社, 1965.
朴斗圭, 淸海鎭大使 弓福論考, 創作과 批評, 1979.
邊例輯要 第十七卷, 鬱陵島篇.
備邊司謄錄 第四十七~四十八册, 肅宗 十九年(癸酉) 十一月 十四日 及 二十年(甲戌) 七月 初四日.
三國遺事(崔南善 譯註), 卷第二 紀異編, 三中堂, 1948.
世宗實錄 卷四 世宗 元年 五月 己酉條.
世宗實錄 卷四 世宗 元年 五月 丁巳條.
世宗實錄 卷四 世宗 元年 六月 庚寅條.
世宗實錄 卷四 世宗 元年 六月 癸巳, 壬寅條.
孫弘烈, 高麗末期의 倭寇, 史學志 9, 1975.
孫弘烈, 麗末鮮初의 對馬島 征伐, 湖西史學 6, 1978.
肅宗實錄 卷三十, 肅宗 22年 9月 25日 戊寅條.
肅宗實錄 卷三十, 肅宗 22年 10月 13日 丙申條.
肅宗實錄 卷三十, 肅宗 22年 10月 21日 甲辰條.
申景濬, 旅菴全書, 第六卷 疆界考-鬱陵島-.
新增東國輿地勝覽, 第四十五卷 江原道 蔚珍縣 山川條.
新增東國輿地勝覽, 卷三十七, 康津郡 古跡條.
安龍福將軍記念事業會編, 安龍福將軍, 同會刊, 1981.
良友堂 編輯部, 古代의 人物-韓國人物史 1-, 良友堂, 1985.
양태진, 뉘라 감히 독도를 넘보랴, 향토와 문화, 5월호, 1996년 7월호.
梁泰鎭, 韓國領土史研究, 法經出版社, 1991.
莞島郡編, 莞島郡誌, 1977.
莞島文化院編, 張保皐의 新研究, 莞島文化院刊, 1985.
外務部, 獨島關係資料集(2), 1977.
尹炳熙, 新羅下代 均貞系의 王位繼承과 金陽, 歷史學報, 96.
李圭景, 五洲衍文長箋散稿 壹, 卷三十五 -鬱陵島事實辨證說-.
李圭遠, 鬱陵島檢察日記, 1882.
李命雄, 東國地理志, 封疆條, 間年未詳.

李瑄根, 近世鬱陵島問題와 觀察使 李圭遠의 探險性과 그의 探險日記를 中心한 若干의 考察, 大東文化研究 1, 1962.

李晬光, 芝峰類說, 卷之二, 地理部-島-.

李永擇, 張保皐 海上勢力에 관한 考察, 韓國海洋大學 論文集 14, 1979.

李翼, 星湖塞說 壹 天地門 查鬱島.

李鉉琮, 겨레를 빛낸 사람들, 문현각 1981.

日野開三郞, 羅末三國의 鼎立과 大陸海上交通貿易(2), 朝鮮學報 17, 1960.

日曜新聞社編, 歷史의 故鄕 下卷, 同社刊, 1982.

日曜新聞社編, 歷史의 故鄕, 同社刊, 1982.

조선수군사, (북한) 사회과학출판사, 1991.

增補文獻備考 卷三十一, 輿地考 十九.

增補文獻備考 卷七, 輿地考 六.

震檀學會編, 韓國史 中世篇, 乙酉文化社, 1961.

太宗實錄 卷十五, 太宗 八年 二月 壬午條.

太宗實錄 卷十六, 太宗 八年 十二月 丁酉條.

浦生京子, 新羅末期의 張保皐의 擡頭와 反亂, 朝鮮史研究會 論文集 6, 1979.

河上隨錄 坤, 安龍福傳.

한국방송공사 동우회, 독도비사, 동사간, 1996.

한국일보, 독도 유일한 주민 김성도씨, 1996년 1월 14일자.

韓贊奭, 獨島秘史, 東亞日報, 1962.

洪鳳漢 等命撰, 增補文獻備考, 卷三十一 輿地考 十九 海防 一 東海.

◇ 제4장 ◇

高麗史, 卷九十四, 顯宗世家 十年 二月條.

高麗史, 卷一 百十三, 崔瑩傳.

高麗史, 禑王 三年 十月, 同王 九年 五月條.

高麗史節要, 顯宗條, 世傳.

高麗史節要, 卷二十, 高麗史世家, 崔瑩傳.

高麗史節要, 卷二十, 高麗史世家, 尹瓘列傳.

國譯 新增東國輿地勝覽 二卷~六卷, 민족문화추진위원회, 1989년.

國譯 新增東國輿地勝覽, 鐵原都護府 人物, 第四十七卷, 1989.
金九鎭, 公險鎭과 先春嶺碑, 白山學報 22, 1976.
金九鎭, 尹瓘 九城 範圍와 朝鮮六鎭의 開拓, 史叢 21.22 合輯, 1977.
金基雄, 武器와 火藥, 세종대왕기념사업회, 1977.
金庠基, 丹寇와의 抗爭, 國史上의 諸問題 二.
金庠基, 國史上의 諸問題, 4-女眞關係의 始末과 尹瓘의 北征, 1959.
金庠基, 朝鮮名人傳, 朝鮮日報社, 1939.
金庠基, 韓國의 人間像 2-女眞征伐의 將相 尹瓘, 新丘文化社, 1972.
同文彙考 原編, 卷七十二 및 七十六 軍務, 禮部 回咨.
閔丙河, 韓國의 人間像 2, 新丘文化社, 1965.
方東仁, 尹瓘九城考, 白山學報 22, 1976.
備邊司謄錄, 第十七冊 孝宗 五年 甲午 三月 十三日.
備邊司謄錄, 第十七冊 孝宗 五年 甲午 二月 初二日.
宋炳基, 東西北界의 收復, 韓國史 9, 國史編纂委員會 1974.
申奭鎬, 高麗史編纂始末, 韓國史料解說集, 韓國史學會 1964.
安鐘和編, 國朝人物志, 隆熙 三年(1909年).
良友堂編輯部編, 高麗의 人物, -韓國人物史- 尹瓘篇, 良友堂, 1966.
양태진, 一萬里 朝鮮疆土의 侵縮史, 白山出版社, 2011.
譯註 高麗史 列傳 尹瓘篇, 延世大學校 東方學研究所, 1955.
尹炳熙, 高麗의 北方政策, 世界文化社, 1963.
全相運, 韓國科學史 -崔茂宣과 火藥兵器-, 1984.
李瑄根, 韓民族의 國亂克服史, 徽文出版社, 1978.

◇ 제5장 ◇
李仁榮, 鮮初廢四郡地理考, 青丘學叢 二十九 및 三十號.
李仁榮, 韓國滿洲關係史의 研究, 乙酉文化社, 1984.
李鉉琮, 韓國의 人間像 2, 新丘文化社 1972.
李鉉琮, 겨레를 빛낸 사람들, 문현각, 1961.
李炫熙, 人物로 본 韓國史, 學園出版公社, 1988.
日曜新聞社編, 歷史의 故鄕 下, 同社刊, 1962.

朝鮮王朝實錄, 太祖實錄 卷七, 太祖 四年 四月 壬午年, 崔茂宣傳.
朝鮮王朝實錄, 太祖實錄 崔瑩.
朝鮮王朝實錄, 世宗實錄.
安鐘和 編, 國朝人物志, 隆熙 三年(1909年).
차상찬 편, 朝鮮名臣錄, 조선일보사, 1935.
李仁榮, 韓國滿洲關係史의 硏究, 乙酉文化社, 1984.
李仁榮, 鮮初廢四郡地理考, 靑丘學叢 二十九 및 三十號.
國譯 新增東國輿地勝覽 二卷~六卷, 민족문화추진위원회, 1989.
한국민족문화백과사전, 22권 한국정신문화연구원, 1991.
李瑄根, 韓民族의 國亂克服史, 徽文出版社, 1978.
이이화, 인물한국사 5, 한길사, 1995.
李鉉琮, 韓國의 人間像 2, 新丘文化社 1972.
宋炳基, 東西北界의 收復, 韓國史 9, 國史編纂委員會 1974.
洪以燮, 世宗大王, 世宗大王記念事業會, 1971.
申奭鎬, 高麗史編纂始末, 韓國史料解說集, 韓國史學會, 1964.
孝宗實錄, 孝宗 元年 五月 八日條.
孝宗實錄, 孝宗 五年 二月條 -羅禪征伐軍 選拔 節目-.
孝宗實錄, 孝宗 五年 三月 丁巳 晝講時 金應海 啓.
孝宗實錄, 孝宗 六年 四月 二十三日 丁丑條.
孝宗實錄, 孝宗 十年 五月 四日條.
備邊司謄錄, 第十七冊 孝宗 五年 甲午 二月 初二日.
備邊司謄錄, 第十七冊 孝宗 五年 甲午 三月 十三日.
同文彙考 原編, 卷七十二 및 七十六 軍務, 禮部 回咨.
車文燮, 朝鮮朝 孝宗의 軍備擴充, 檀國大學校論文集 1·2, 1967~8.

◇ 제6장 ◇

交涉衙門, 照會謄抄, 筆寫本.
國會圖書館編, 間島에 關한 領有權拔萃文書, 同館刊, 1975.
金寓軾, 探界路程記.
金慶門, 通文館志 12卷 6冊 中 5, 6, 7卷, 朝鮮史編修會 史料叢刊 21輯, 1944.

朴權, 北征日記, 筆寫本.
肅宗實錄 肅宗 38年 12月 7日條.
肅宗實錄 肅宗 38年 3月條.
沈像奎, 萬機要覽-軍政編-全 二卷, 朝鮮總督府 中樞院, 轉寫本, 1937.
外務部, 間島西北邊境 歸屬問題 關係史料 拔萃 其一.
李圭景, 五州衍文長箋散稿, 古典刊行會, 影印本.
李重夏, 勘界使交涉報告書, 筆寫本.
李重夏, 勘界事實(壹 貳 參 四), 筆寫本.
李重夏, 勘界顚末, 筆寫本.
李重夏, 復勘圖們談錄, 筆寫本.
鄭東愈, 晝永編.
篠田治策, 白頭山定界碑, 樂浪書院, 1938.

◇ 제7장 ◇
間島省公署 總務廳 文書課, 間島史(上)稿本, 康德 三年(1938年).
國會圖書館編, 間島領有權關係拔萃文書, 同舘刊, 1975.
金魯圭, 北輿要選, 1904.
申基碩, 間島領有權에 關한 硏究, 探求堂, 1979.
梁泰鎭, 韓國國境史硏究, 法經出版社, 1992.
李東歡 譯, 北輿要選, 領土問題硏究 創刊號(1983年).
李昌種編, 增補懸吐 北輿要選, 1925.
李漢基, 韓國의 領土, 서울대 出版部, 1969.
作成者未詳, 咸北勘界成册, 光武 七年 筆寫本.
統監府, 間島派出所紀要, 1910年 3月.

찾아보기

· ㄱ ·

간도 관리사 319
갈석산(碣石山) 61, 62
감계공문고(勘界公文攷) 329, 351
감계담판(勘界談判) 284, 288
강감찬 182, 183, 184, 186, 187, 188, 189, 190, 191, 192, 193
강동 6주(江東六州) 184
고구려 49, 51, 53, 61, 65, 70, 71, 73, 75, 76, 78, 79, 81, 82, 83, 92, 93, 94, 96, 99, 101, 103, 109, 110, 111, 113, 114, 115, 173, 184, 216, 334, 335
고구려군 98, 105
고려 129, 139, 140, 164, 173, 175, 176, 179, 194, 202, 203, 204, 207, 210, 213, 214, 215, 216, 217, 218, 239, 253, 333, 335, 336, 337
고려지경(高麗之境) 208
공도정책(空島政策) 160, 167, 168
공험진(公險鎭) 208, 209, 210, 332, 335, 338
광개토대왕 74
광개토대왕릉비 52, 65
구성(九城) 208, 209, 210, 212, 332, 337
구이(九夷) 12, 14
규원사화(揆園史話) 30, 34
김로규 327
김종서 239, 240, 241, 242, 244, 245, 248, 249, 250, 253

· ㄴ ·

나선정벌(羅禪征伐) 255
녹둔도(鹿屯島) 331

· ㄷ ·

다물(多勿) 49
단기고사(檀奇古史) 40
대마도 130, 131, 133, 135, 136, 137, 138, 140, 141
대마도정벌(對馬島征伐) 234
대문구문화(大汶口文化) 17
대북방정책 175, 284
대조영 110, 112, 113, 117
독도 148, 167, 168, 169, 170, 172
독도문제 171
동국여지승람(東國輿地勝覽) 77

동두철액(銅頭鐵額) 32
동명성왕 43, 49, 99
동이(東夷) 9, 14, 17, 22, 29
동이족(東夷族) 8, 10, 23, 24
두만강 113, 275, 294, 320, 338, 345, 346, 360, 361, 363

· ㅁ ·
목극등 263, 264, 267, 274, 282, 343

· ㅂ ·
박권 260, 261, 264, 265, 266, 274, 339
발가토(勃加土) 357
발해 109, 115, 116, 174, 184, 335
백두고적고(白頭古蹟攷) 329, 330
백두구강고(白頭舊疆攷) 329, 332
백두도본고(白頭圖本攷) 329
백두비기고(白頭碑記攷) 329, 343
백두산 275, 279, 320, 330, 331, 332, 334, 345, 355, 360, 366
백제 54, 55, 57, 58, 60, 61, 65
북방개척 241
북방정책 191
북여요선(北輿要選) 326, 327, 328, 329, 367
북정일기(北征日記) 261, 264
분계강(分界江) 331, 357, 360, 363, 364

블라디보스토크 96
비화하집단(非華夏集團) 16

· ㅅ ·
사계공문고(查界公文攷) 330, 360
사이(四夷) 14, 16
산해경(山海經) 13
산해관(山海關) 95
삼국사기 48, 116
서희 174, 176, 177, 178, 179, 180, 182
석을수(石乙水) 315, 317
선춘령 333, 335, 338
선춘령비(先春嶺碑) 209
송도(松島) 150, 157, 164
송화강 115, 296, 299, 320, 335, 353, 363, 364
신라 62, 122, 164
신라원(新羅院) 121

· ㅇ ·
안시성 95, 99, 100, 101, 104, 105
안용복(安龍福) 145, 146, 147, 148, 150, 151, 152, 156, 158, 159
압록강 101, 173, 185, 216, 230, 232, 251, 299, 363, 366
양만춘(楊萬春) 100, 106, 107, 108
연개소문 88, 90, 92, 97, 99
영고탑 257
오녀산성 53

찾아보기 381

요동(遼東) 50, 60, 79, 110, 215, 218,
　　222, 254
요동성 97, 98, 99, 102, 105
요동정벌 218, 222, 223, 226, 253
요서(遼西) 60
요하(遼河) 66, 73, 74, 79, 93, 101,
　　111
용산문화(龍山文化) 10
울릉도 148, 153, 154, 156, 160, 164,
　　166, 167, 168
울릉도 검찰일기 160, 167
위화도 회군 218
육로장정(陸路章程) 324
육진 개척 248, 249, 253
윤관(尹瓘) 201, 202, 203, 204, 205,
　　207, 208, 210, 211, 212, 253, 332,
　　333
은문화(殷文化) 10
을유감계담판 283, 307
을지문덕(乙支文德) 74, 75, 76, 77, 78,
　　83, 86, 87
이규보 49
이규원 159, 160, 166, 167
이범윤(李範允) 319, 325, 326, 327,
　　328
이승휴(李承休) 44, 109
이종무(李從茂) 128, 131, 132, 138,
　　139, 141, 237
이중하(李重夏) 282, 283, 295, 301,
　　312, 351, 358, 366

· ㅈ ·

자산도(子山島) 157
장보고 119, 120, 122, 123, 124, 126,
　　127, 128
정계비(定界碑) 263, 282, 307, 345,
　　346, 351, 356, 357, 366
제왕운기(帝王韻紀) 44, 109
조선 164, 335
종계변무(宗系辨誣) 100
주몽(朱夢) 25
죽도(竹島) 169, 170
중국고금지명대사전(中國古今地名大辭
　　典) 61
중한변계선후장정(中韓邊界善後章程)
　　324
진국(震國) 113

· ㅊ ·

찰계공문고(察界公文攷) 330
천리장성 203
철령위(鐵嶺衛) 218, 222
청동기문화(靑銅器文化) 10
청해진 127
청해진대사(淸海鎭大使) 122, 123
최무선 194, 195, 197, 198, 199, 200,
　　201
최영(崔瑩) 128, 213, 214, 217, 219,
　　220, 222, 224, 225, 226, 253
최윤덕(崔潤德) 227, 231, 234, 236,
　　237, 238

치우(蚩尤)　26, 35, 36
치우천왕(蚩尤天王)　28, 30, 31, 34, 37

· ㅌ ·

탁록(涿鹿)　32, 33, 34, 35
탁현(涿縣)　34
탐계공문고(探界公文攷)　329, 344
탐계노정기(探界路程記)　346
탐계일기(探界日記)　347
토문강(土門江)　284, 287, 307, 338, 341, 345, 351, 353, 356, 363, 366, 367

· ㅎ ·

하바롭스크　115
해동명장전(海東名將傳)　77
해동성국(海東盛國)　115
해상왕국　127
헌원(軒轅)　30, 32, 34, 37
홍순칠　170
홍재현(洪在顯)　168, 169
환단고기(桓檀古記)　30, 33
흑도문화(黑陶文化)　10
흑색도기(黑色陶器)　23

양태진

지은이는 황해도 벽성군 출신으로 6.25 전란으로 월남하여 성균관대학과 중앙대학교 대학원 및 국방대학원에서 수학하였다. 이후 교과부, 통일부, 행안부에서 공직생활을 하였고, 부산대 대학원 등에 출강, 인천대학교에서 정년퇴임하였다. 연구단체 활동으로 영토문제연구 모임인 토문회를 조직 운영하였고 현재는 동아시아영토문제연구소를 운영하고 있다. 영토문제 연구 관련서로 한국영토사 연구, 한국변경사 연구, 한국국경사 연구 등 다수의 관련 저서와 논문들이 있다. 본서는 이러한 저작물들을 바탕으로 하여 엮어낸 결과물이다.
현재 동아시아영토문제연구소장과 북한학회 이사로 활동하고 있다.

겨레문화 23
우리 영토를 지켜온 위인들 이야기

2012년 12월 28일 초판 1쇄 펴냄

지은이 양태진
펴낸이 이은경
펴낸곳 도서출판 이회

책임편집 한나비
표지디자인 윤인희

등록 2001년 9월 21일 제307-2006-55호
주소 서울특별시 성북구 보문동7가 11번지 1층
전화 922-4884(편집), 922-2246(영업)
팩스 922-6990
메일 kanapub3@chol.com
http://www.bogosabooks.co.kr

ISBN 978-89-8107-467-8 93300
ⓒ양태진, 2012

정가 20,000원
사전 동의 없는 무단 전재 및 복제를 금합니다.
잘못 만들어진 책은 바꾸어 드립니다.